Leben am See

Band 24

Leben am See
Band 24

DAS JAHRBUCH
DES BODENSEEKREISES
BAND XXIV
2007
HERAUSGEGEBEN
VOM BODENSEEKREIS,
DER STADT FRIEDRICHSHAFEN UND
DER STADT ÜBERLINGEN

VERLAG SENN, TETTNANG

Vorwort der Herausgeber

Liebe Leserinnen und Leser,

Sie halten den 24. Band des Kreisjahrbuchs „Leben am See" in Händen, der Ihnen wieder viel Interessantes aus dem Bodenseekreis erzählen und Ihnen besonders die Menschen, die hier leben, näher bringen will.

200 Jahre Mediatisierung in Oberschwaben und die Landesausstellung „Adel im Wandel" waren uns Anlass, diesem Phänomen in der Bodenseeregion nachzugehen. Archivar Jürgen Oellers erläutert anschaulich die territoriale Neugestaltung. Weiter zurück blickt Kreisarchivar Dr. Elmar L. Kuhn in seinem Beitrag „Vom Fluchen, Saufen, Heiraten und Bauen" über Recht und Gesetz in der Grafschaft Montfort um 1570, während Brigitte Geiselhart bei Herzog Friedrich und Herzogin Marie von Württemberg erfahren hat, wie der Adel heute unter uns lebt.

An große Baukunst erinnern Stadtarchivar Walter Liehner und Sylvia Floetemeyer in ihren Beiträgen zum Überlinger Münster. Schreinermeister Max Kitt aus Überlingen denkt zurück an seine Lehrzeit in den 1950er Jahren.

Im Bereich Industrie ist die Rede von dem historischen Dornier-Flugboot „Libelle", das zum zehnjährigen Jubiläum des Zeppelin Museums an den See zurückkam, wie von den „AkA"-Kameras, die bis 1960 in Friedrichshafen gebaut wurden, aber auch vom Hightech- und Wehrtechnik-Unternehmen Diehl BGT Defence und dem Systemausrüster für die zivile und militärische Luftfahrt Diehl Avionik Systeme in Überlingen, von Elektroniksystemen bei MTU und den Bemühungen der BA, Frauen für den Ingenieurberuf zu gewinnen. Mann und Frau dürfen genießen, wenn es um „Grand Cru"-Schokolade oder um gepfefferte Pralinen geht.

Der Kulturpreis 2006 des Bodenseekreises war Anlass für ein Porträt der 40-jährigen Birnauer Kantorei. Brisant waren in Zeiten der braunen Diktatur vor allem die Parodien auf Fred Raymonds bekannten Schlager „Es geht alles vorüber..." – Oswald Burger und Eckhard John sind den Spuren nachgegangen.

Wer würde denken, dass eine Mülldeponie zum Vogelparadies werden kann? Gerhard Kersting hat dort eine bunte Vogelvielfalt entdeckt, während Hilde Nagler beim winterlichen Niedrigwasser den See weit draußen suchen musste. Kuriose Grenzverläufe entdeckte Rainer Barth bei seinem Ausflug auf den Höchsten, wo drei Landkreise aufeinander stoßen. Kurios sind auch manche Beobachtungen, die Martha Dudzinski bei ihrem Besuch in der Häfler Partnerstadt Peoria gemacht hat.

Frauen im Bodenseekreis waren wieder ebenso ein Thema wie die Kunst, der Sport und ausgewählte medizinische und soziale Einrichtungen, aber lesen und entdecken Sie selbst. Wir danken allen Autoren und Fotografen, dem Redaktionsteam Christel und Helmut Voith, dem Verlag Senn und allen, die zum Gelingen dieses vielseitigen Bandes beigetragen haben.

Siegfried Tann	Josef Büchelmeier	Volkmar Weber
Landrat	Oberbürgermeister	Oberbürgermeister

„Adel heute"
– Mit Blick zurück in die Zukunft

Ein Besuch bei Herzog Friedrich und Herzogin Marie im Schloss Friedrichshafen

BRIGITTE GEISELHART

Er ist eine „Königliche Hoheit" und wohnt mit seiner Familie in einem großen Schloss. Aber er hat keine Krone auf dem Kopf und fährt auch nicht mit einer goldenen Karosse vor. Sein Terminkalender ist voll, aber seinen Arbeitsalltag gestaltet er nicht von einem Thron, sondern von einem ganz normalen Schreibtisch aus. „Noblesse oblige – Adel verpflichtet." Dieser Grundsatz gilt für ihn auch in Gegenwart und Zukunft und dennoch hat er mit einem überheblich anmutenden Standesdünkel nichts am Hut.

Das Schlosstor öffnet sich. Wenn man Friedrich Herzog von Württemberg in seiner häuslichen Umgebung begegnen darf, kann man sich von irgendwelchen klischeehaften Vorstellungen schnell verabschieden. Von Klara Beck, der langjährigen

Sein Terminkalender ist voll: Herzog Friedrich an seinem Schreibtisch.

Sekretärin und rechten Hand des Herzogs empfangen und begleitet, geht man die sechzig Stufen hinauf ins zweite Obergeschoss des Friedrichshafener Schlosses. Erster Eindruck: Das Gegenüber ist ein Mann, der sich seiner Herkunft, seines Namens und seiner exponierten Stellung wohl bewusst ist und trotzdem keine „Prinzenrolle" einnehmen möchte. Ein Mann, der sich Geschichte und Tradition verbunden fühlt, seiner sozialen Verantwortung aber stets gerecht zu werden versucht. Ein Mann, der seinen Weg kompromisslos geradlinig geht und mit beiden Beinen auf dem Boden heutiger gesellschaftlicher Realitäten steht. Der Gesprächspartner ist charmant, die Atmosphäre ist freundlich und verbindlich zugleich.

Adel heute – was ist das? Ist das vor allem die glamouröse und skandalumwobene Schickeria-Welt der Schönen und Reichen, die den Lesern der so genannten „Yellow Press" immer wieder großflächig und in spektakulärer Aufmachung präsentiert wird? Von solch verkürzten Sichtweisen hält Herzog Friedrich gar nichts – genauso wenig wie von unstandesgemäßem Verhalten und öffentlichen Entgleisungen mancher Adelsvertreter. „Als Adliger gehört man wie jeder andere Bürger zur Bevölkerung", bringt er seine Position unmissverständlich auf den Punkt und hat auch gleich ein Beispiel parat. Am zweiten Tag seiner Bundeswehrzeit wurde er vom Kompaniechef gefragt: „Sie sind der Sohn des Herzogs. Wie sollen wir Sie behandeln, wie sollen wir mit Ihnen umgehen?" Die herzogliche Antwort ließ an Klarheit nichts vermissen: *„Ich will keine Privilegien. Ich möchte nicht besser oder schlechter als die anderen behandelt werden, sondern genau gleich."*

Eine führende Rolle übernehmen – ja, aber *„nicht auf dem hohen Podest sitzen"*. Mit diesem Standpunkt ist bereits vieles über die eingangs erwähnte Bodenhaftung gesagt, die im Hause Württemberg eine große Rolle spielt. *„Die Bürger suchen Kontinuität, Geradlinigkeit und Verlässlichkeit, gerade in einer Zeit, in der das Vertrauen in Personen des öffentlichen Lebens vielfach geschwunden ist"*, sagt Herzog Friedrich. *„Natürlich kann man es nicht allen immer recht machen. Dennoch darf man nicht ständig in andere Richtungen schwanken und muss auch den Mut aufbringen, mal Nein zu sagen, selbst wenn man den einen oder anderen damit verärgert."*

Herzog Friedrich und Herzogin Marie von Württemberg

Die Ausbildung von Herzog Friedrich ist solide und breit gefächert. Er ging zunächst in Friedrichshafen zur Schule. Nach dem Tod des Großvaters zog die Familie 1975 ins Stammhaus nach Altshausen um. Im Anschluss an das Gymnasium in Saulgau folgten verschiedene Ausbildungs- und Studienaufenthalte im Ausland und eine Ausbildung als Offizier bei der Bundeswehr. Seit 1992 arbeitet der Herzog, der fließend Englisch, Spanisch und Französisch spricht, bei der Hofkammer des Hauses Württemberg und ist seit 1997 Chef der Verwaltung. Er ist darüber hinaus Kuratoriumsmitglied der Zeppelin University und Mitglied beim Universitätsbund Hohenheim sowie beim Universitätsbund Tübingen.

Dabei hatte er anfangs ganz andere Visionen. Die Aussicht, Herzog zu werden, war für den jungen Friedrich nicht die Erfüllung seiner Träume. Forscher oder Archäologe zu sein, das reizte ihn außerordentlich. *„Aber je älter ich wurde, umso kleiner wurde die Welt und umso mehr Forscher und Archäologen gab es bereits und somit blieb von meinem Kindheitstraum nicht mehr viel übrig"*, blickt der Erstgeborene von Carl Herzog von Württemberg und seiner Gattin, Herzogin Diane, zurück. *„Dafür wuchs in mir die Erkenntnis, dass der Herrgott mich in diese Position hineingeboren hat und es somit meine Verpflichtung ist, mich für die Entwicklung des Hauses und seines Vermögens im Sinne der künftigen Generationen einzusetzen."*

Herzog Friedrich: Manager und Familienmensch

Wann beginnt der Tag eines Herzogs? *„Wenn möglich, versuche ich um 7 Uhr gemeinsam mit meiner Frau und den Kindern zu frühstücken"*, outet sich Herzog Friedrich als Frühaufsteher. *„Manchmal bin ich auch schon vorher im Büro. Dann wird's mit dem Frühstück etwas später."* Der Arbeitsablauf ist nicht jeden Tag der gleiche, dazu sind die Aufgaben zu unterschiedlich. Um 6.15 Uhr mit dem Flugzeug nach Travemünde und um 14 Uhr schon wieder zu Hause zu sein, das ist genauso möglich wie eine Rückkehr erst am späten Abend oder in der Nacht. Präsent zu sein für seine etwa hundert Mitarbeiter, ob in Friedrichshafen oder anderswo auf der Welt, heißt auch ständig unterwegs zu sein, zum Beispiel zum herzoglichen Weingut nach Stuttgart, zu den diversen Liegenschaften, zum Stammhaus nach Altshausen oder zu Besuchen bei Mitarbeitern in Georgia, New York oder in der kanadischen Provinz British Columbia. Intensivierung der landwirtschaftlichen Aktivitäten oder doch lieber eine neue Immobilie in den USA? Unterlagen und Papiere müssen geprüft, Telefonate geführt und Entscheidungen getroffen werden.

Neue Ideen positiv umzusetzen, dabei aber immer auf dem Teppich zu bleiben, heißt die Maxime. Als Manager steht Herzog Friedrich in erster Linie für Traditionsbewusstsein, aber auch dafür, neue Herausforderungen zum Wohle des Hauses Württemberg zu suchen, mit Partnern im In- und Ausland zusammenzuarbeiten, ohne dabei die Heimatregion zu vergessen. Besonders die „gewachsenen" Eigenbetriebe in Forst, Landwirtschaft und Weinbau liegen ihm am Herzen. Mit nicht weniger Engagement kümmert er sich um die vom Bodensee bis nach Frankfurt und von Österreich bis nach Frankreich verstreuten Liegenschaften und um Industriebeteiligungen und Finanzanlagen. Vor zwei Jahren hat er sogar den Hubschrauberpilotenschein gemacht, auch um zeitlich noch flexibler zu sein.

Herzog Friedrich liebt seine Arbeit, ist aber auch ein politisch denkender und nicht zuletzt ein Familienmensch. *„Liebe und Gott – diese zwei Worte bedeuten viel in meinem Leben"*, betont der Katholik und bekundet großes Vertrauen in den deutschen Papst Benedikt XVI. Aus der großen Politik hält er sich bewusst heraus, was ihn aber nicht daran hindert, manchmal sehr direkt seine Meinung zu sagen. Nachhaltiges und verantwortliches, zukunftsorientiertes Handeln ist für ihn ein wichtiger Maßstab. Dem allgemeinen Werteverfall, zu dem seiner Ansicht nach die mediale Welt in erheblichem Maß beigetragen hat, will er mit einer glaubhaften Vorbildfunktion entgegentreten und bedient sich dazu eines Vergleichs aus der Natur: *„Wir sollten Humus sein, auf dem die Pflanzen der Ethik und Werte wieder wachsen und gedeihen können."*

Die Frage, ob er sich als „Häfler" fühle, beantwortet der Herzog mit einem wie selbstverständlich von den Lippen gehenden „ganz großen Ja" und fügt schmunzelnd hinzu: *„Wenn man im Schloss Friedrichshafen geboren wurde und an dem Tag, an dem man auf die Welt kam – wie mir meine Mutter erzählte – ein furchtbarer Sturm das Wasser des Bodensees über die Ufer gehen ließ und bis in den Schlosspark trieb, dann kann man sich nur als waschechter Häfler fühlen."*

Wenn Zeit bleibt, um mit der Familie gemeinsam in Urlaub zu fahren – und das sind maximal 18 Tage im Jahr –, geht's im Winter zwei Wochen zum Skifahren, im Sommer ein paar Tage nach England oder zu einer befreundeten Familie nach Jordanien. Jedes Jahr macht Herzog Friedrich sein Sportabzeichen und trainiert dazu mit der Betriebssportgruppe der MTU. *„Die Jagd ist kein Hobby, sondern eine angenehme Verpflichtung"*, sagt er und geht gemeinsam mit Förster Carl Deppler oft in seinen geliebten Wald. Den Segelschein hat er beim Württembergischen Yachtclub gemacht und beim Golfen bringt er es auf ein beachtliches Handicap 28. *„Dass es mir gut geht, dafür sorgt meine Frau"*, lacht er. *„Wenig Fett, nicht jeden Tag Fleisch, sondern abwechslungsreiche Kost steht auf dem Speiseplan."* Im herzoglichen Haushalt wird sehr auf gesundes Essen geachtet.

Blick vom See her auf das Schloss.

Ein Wunsch hat sich leider bis jetzt nicht erfüllt: die gemeinsame Hausmusik mit seiner Familie. *„Kontrabass wollte ich lernen, um mit meinen Kindern musizieren zu können, aber ich habe einfach zu wenig Zeit"*, bedauert der Herzog. *„Allerdings habe ich in meiner Jugend Klavier gespielt. Das hat jetzt den Vorteil, dass die Kinder beim Üben nicht mogeln und einfach ein paar Noten auslassen können – das merkt der Papa trotzdem."*

Geschichten aus dem Nähkästchen

Wie ist das mit den Kontakten zu anderen europäischen Adelshäusern? Wie hält man so ein riesiges Gebäude wie das Schloss Friedrichshafen in Schuss? Auch bei solchen und anderen neugierigen Fragen gibt sich Herzog Friedrich alles andere als zugeknöpft und plaudert gerne aus dem Nähkästchen. Da ist zum Beispiel die Geschichte, als er nach dem Mauerfall in den neuen Bundesländern war, um sich ein Gewehr machen zu lassen. *„Der Büchsenmacher fuhr mit mir zum Graveur und dieser war geradezu enttäuscht, weil er gedacht hatte, ein echter Herzog hätte einen roten Mantel um und käme nicht im Auto, sondern in einer Kutsche angefahren."* Eng und freundschaftlich seien die Beziehungen zu anderen Häusern, etwa nach Baden oder Bayern, aber auch zum Hochadel, wie zum spanischen König Juan Carlos, dem Patenonkel seiner Schwester.

Dass das riesige Häfler Schloss auch sehr renovierungsintensiv ist, ist für den außenstehenden Betrachter leicht nachvollziehbar. Vor ein paar Jahren wurden die Fenster erneuert und die Fassade komplett saniert. *„Es ist ein sehr großes Haus für nur eine Familie"*, konstatiert Herzog Friedrich. *„Deshalb haben wir uns auf eine*

Wohnung beschränkt." Nach dem Zweiten Weltkrieg wurde seinem Großvater, Philipp II. Albrecht von Württemberg, zunächst vorgeschlagen, das völlig zerstörte Gebäude abreißen und eine neue Villa bauen zu lassen. Viele schöne Kindheitserinnerungen gaben aber dann doch den Ausschlag, das Schloss zu erhalten.

Wer weiß schon, dass Herzog Friedrich seit frühester Kindheit ein echter Porsche-Fan ist? *„Ein Schlüsselerlebnis war sicher, als damals in den sechziger Jahren ein 300er Flügeltürer mit iranischer Nummer bei uns im Hof gestanden hat"*, weiß er genau. *„Er gehörte dem Enkelsohn des Schahs von Persien, der heute noch mit meinen Eltern befreundet ist. Ich erinnere mich gut, dass er mit meinem Vater eine kleine Spritztour nach Ravensburg gemacht hat und ich saß – oder lag – hinten auf der Kofferablage."*

Der Blick ins herzogliche Gästebuch – ein Hochzeitsgeschenk von Erwin Teufel – ist besonders spannend. Das Stabscorps der schwedischen Armee hat sich dort verewigt, Erzherzog Otto von Habsburg, Mitglieder der Offiziersgruppe, zu der auch Reserveoffizier Herzog Friedrich gehört, Startenor Placido Domingo, die letztjährige Badische Weinprinzessin, Politiker, Unternehmer und Künstler, aber auch „ganz normale" Leute, wie zum Beispiel Bewohner des Königin Paulinenstifts, diabeteskranke Kinder und Preisträger von „Jugend musiziert".

Der „Halbmond" ist Herzog Friedrichs Lieblingsplatz auf dem Schlossgelände.

Hat der Herzog einen Lieblingsplatz auf dem weitläufigen Schlossgelände? *"Ja, der "Halbmond"* (d. h. der frühere Wintergarten). *Weil man von dort aus den herrlichen Blick auf den Spielplatz, den Bodensee, die Libanonzeder und die Altstadt mit dem Hafen genießen kann."*

Noch etwas: *"In der Zurückhaltung liegt die Kraft unseres Hauses"*, sagt Herzog Friedrich. Interviewanfragen der Regenbogenpresse werden deshalb grundsätzlich abgelehnt.

Exkurs: Das Haus Württemberg

Das Herrscherhaus der Württemberger, das sich bis ins 11. Jahrhundert zurückverfolgen lässt, nahm seinen Anfang im Remstal. 1083 wurde die von Konrad von Württemberg errichtete Stammburg bei Stuttgart geweiht. Im Jahr 1495 errangen die Grafen von Württemberg die Herzogswürde. Graf Eberhard wurde von Kaiser Maximilian I. auf dem Reichstag zu Worms zum Herzog erhoben. Nach turbulenten Jahrhunderten mit vielen Kriegen und Verwüstungen erhob Napoleon I. 1806 die Herzöge von Württemberg zu Königen.

König Friedrich I. regierte als absolutistischer Herrscher bis 1816. In die Amtszeit seines Nachfolgers Wilhelm I. fällt auch die Revolution von 1848 und die damit verbundene Demokratisierung des öffentlichen Lebens. Als Wilhelm II., der im Jahr 1918 auf den Thron verzichtete, drei Jahre später ohne männliche Nachkommen starb, ging das Privatvermögen auf Herzog Albrecht, den ältesten Sohn Herzog Philipps I. – des Begründers der katholischen Linie des Hauses Württemberg – über. Albrecht und seine Familie lehnten das NS-Regime ab und zogen sich deshalb im Dritten Reich die Feindschaft der Machthaber zu. Als sich sein ältester Sohn Philipp Albrecht 1934 weigerte, an seinem Wohnhaus, dem Kronprinzenpalais Stuttgart, die Hakenkreuzfahne zu hissen, wurde er gezwungen, mit seiner Familie Stuttgart zu verlassen. Im Zufluchtsort Altshausen übernahm er, der nach dem Tode seines Vaters im Jahr 1939 Chef des Hauses Württemberg war, die Verwaltung des umfangreichen Grundbesitzes seiner Familie. Wegen des Verzichts seines ältesten Sohnes Ludwig auf seine Zugehörigkeit zum Haus steht seit dem Tod Philipp Albrechts im Jahr 1975 sein jüngerer Sohn Carl als Erbfolger dem Hause Württemberg vor.

Carl heiratete am 18. Juli 1960 Diane d'Orléans, eine Tochter von Henri d'Orléans aus dem Hause Bourbon. Aus dieser Ehe gingen sechs Kinder hervor. Am 1. Juni 1961 wurde Friedrich geboren, in den Jahren darauf seine Geschwister Mathilde, Eberhard, Philipp und Michael, im Jahre 1977 seine jüngste Schwester Eleonore Fleur. Friedrich Herzog von Württemberg ist seit 1993 mit Herzogin Marie, geborene Prinzessin zu Wied, verheiratet. 1994 kam Sohn Wilhelm, 1996 und 1997 die Töchter Marie-Amelie und Sophie-Dorothée zur Welt. Die Familie wohnt im Schloss Friedrichshafen, das gleichzeitig auch Sitz der zentralen Verwaltung der Hofkammer ist.

Elf Fragen an Herzog Friedrich

Wenn Sie sich selbst einschätzen: Was sind Ihre Stärken?
(Legt spontan die Hand an die Stirn) *Ich denke, dass ich gut auf Menschen zugehen und mit ihnen umgehen kann. Ich glaube auch, dass ich mich bei Entscheidungen auf meine schnelle Auffassungsgabe verlassen kann.*

Gibt es vielleicht auch ein paar Schwächen?
Ja. Ich liebe Schokolade. Ich esse für mein Leben gern und muss aufpassen. (Verschmitzt) *Wenn mich etwas nicht interessiert, gehe ich zu schnell darüber hinweg – aber an dieser Schwäche arbeite ich.*

Was meinen Sie: Welche Wesensmerkmale schätzt Ihre Frau an Ihnen besonders?
Erst neulich sagte sie zu mir: „Man kann dich ärgern, so viel man möchte, und du behältst die Ruhe und Gelassenheit." Das muss ich auch, um nachdenken zu können. Ich glaube, dass sie auch meinen Humor schätzt.

Welche Eigenschaften mögen Sie bei Mitmenschen nicht so gern?
Ich hab's nicht gerne, wenn man mich anlügt. Da bin ich knallhart – und Intrigen und Tratsch mag ich auch nicht.

Haben Sie ein Vorbild?
Mein Vater und mein Großvater, den ich als Kind sehr wohl wissend miterleben durfte, sind für mich große Vorbilder. Von ihnen habe

Herzog Friedrich und Herzogin Marie.

ich sehr viel gelernt. Nicht zu vergessen mein Urgroßvater Herzog Albrecht – aus militärischer Sicht. Ich diene der Bundesrepublik sehr gern als Offizier der Reserve.

Welche Begegnungen mit berühmten Persönlichkeiten waren für Sie besonders beeindruckend?
Da fällt mir spontan Juan Carlos, der König von Spanien, ein. Er ist mein Onkel und Pate meiner Schwester. Kurt Georg Kiesinger war für mich eine große Persönlichkeit, aber auch Lothar Späth und Erwin Teufel haben mich beeindruckt.

Welches Buch haben Sie als letztes gelesen?
Kardinal Ratzingers „Einführung in das Christentum" und davor „Das Salz der Erde". Eigentlich lese ich immer mehrere Bücher gleichzeitig. Zur Zeit lese ich „Wir Schwaben können alles, wenn wir wollen" – und dem pflichte ich natürlich bei.

Hand aufs Herz: Waren Sie immer ein guter und fleißiger Schüler?
Wenn ich Ja sagen müsste, würde ich lügen.

Was ist Ihr Lieblingsessen?
Mein Vater liebt Linsen und Saitenwürstchen. Ich selbst mag keinen Zwiebelrostbraten, aber sonst eigentlich gerne die schwäbische Küche – und natürlich auch die französische.

Tragen Sie auch mal Jeans?
(lacht) Ja, ich besitze eine. Aber wann ich sie das letzte Mal getragen habe? Ich glaube, das ist gut ein Jahr her.

Angenommen, Sie hätten einen Wunsch frei ...
Ich würde mir wünschen, dass meine Familie und meine Kinder gesund bleiben. Wenn ich noch mal einen hätte, dann würde ich mir wünschen, dass sich die Menschen auf ethische Grundwerte besinnen und Interesse und Engagement für das Gemeinwohl zeigen.

Elf Fragen an Herzogin Marie

Sind Sie eine „Powerfrau"?
(Schmunzelt) Sicher nicht. Wobei ich nicht wüsste, was eine Powerfrau auszeichnet und ob das überhaupt wünschenswert wäre.

Wer hat in Ihrer Familie die Hosen an?
Natürlich mein Mann – und das, obwohl ich nicht nur Röcke trage.

Was schätzen Sie an Ihrem Mann am meisten?
Seine Ruhe und Geduld – wunderbare Eigenschaften, die ich an ihm sehr liebe.

Was glauben Sie, welche Ihrer Eigenschaften Ihrem Mann am besten gefällt?
Ich glaube, er mag meinen Humor sehr gerne.

Welche Musik gefällt Ihnen am besten?
Ich liebe klassische Musik. Ein spezielles Lieblingsstück habe ich allerdings nicht. Je nachdem, mit welcher Musik ich mich gerade beschäftige, gefällt mir dies oder jenes besser. Das ist übrigens in der Kunst genauso.

Welchen Menschen würden Sie gerne kennen lernen?
Da fällt mir auf Anhieb niemand ein. Ich kenne eigentlich alle, die ich gerne kennen möchte.

Ihr Mann liebt schnelle Autos und raucht gerne eine gute Zigarre. Haben Sie auch ein „Laster"?
Ein Laster noch nicht, aber als ich vorhin auf meinen Schreibtisch blickte, habe ich festgestellt, dass dort mal wieder aufgeräumt werden sollte.

Über was können Sie sich so richtig ärgern?
Über die Programme, die nachmittags im Fernsehen laufen. Was dort den Menschen als Realität präsentiert wird, ist unglaublich und entspricht bei weitem nicht dem wirklichen Leben.

Auf was freuen Sie sich in diesem Jahr besonders?
Nach dem langen und kalten Winter freue ich mich besonders auf die ersten Frühlingstage.

Kaufen Sie auch Kleider von der Stange?
Selbstverständlich.

Können Sie kochen? Wenn ja, was kochen Sie am liebsten?
Ja, ich kann schon kochen und tue es auch gelegentlich. Auf Spaghetti freuen sich nicht zuletzt auch die Kinder ganz besonders.

Herzogin Marie: Adlige, Ehefrau, Mutter, Autorin

Adlige zu sein, Ehefrau, Mutter und Autorin – ist das ein Spannungsfeld, das es tagtäglich neu zu durchschreiten gilt? *„Diese Frage stellt sich für mich nicht"*, sagt Herzogin Marie. *„Darüber mache ich mir auch keine Gedanken. Mein Alltag ist in erster Linie dadurch geprägt, dass ich Mutter von drei Kindern bin. Natürlich bin ich auch im Auftrag des Hauses Württemberg unterwegs oder habe Verpflichtun-*

gen als Buchautorin. Aber das ist durchaus kein Problem, das lässt sich alles sehr gut kombinieren."

Im ehrenamtlichen Engagement – sei es im Vorstand der Bodenseeschule St. Martin oder als Schirmherrin der Stiftung „Präventive Jugendhilfe" und des Fördervereins des Königin Paulinenstifts – versucht sich die Herzogin auf Einrichtungen zu konzentrieren, die vom Haus ins Leben gerufen sind oder mit traditionellen und geschichtlichen Werten in enger Verbindung stehen.

Als geborene Prinzessin zu Wied wuchs Marie in Bayern auf, ging ab dem zehnten Lebensjahr in England zur Schule und legte ihr Abitur mit dem Schwerpunkt „Kunstgeschichte" ab. Vielleicht ist ihre Liebe zur Kunst auch ein Grund dafür, dass sie sich das positive Lebensmotto „Schönheit und Harmonie" zur Herzensangelegenheit gemacht hat.

Ihr erstes Buch „Wir lernen Vögel kennen", das inzwischen vom bayerischen Kultusministerium für Grundschulen und Kindergärten empfohlen wird, versucht, dieses Thema Kindern in kindgerechter Sprache näher zu bringen. *„Ich sehe meine schriftstellerische Arbeit als Gegenpol zu den Monsterwesen der heutigen Zeit, die über Fernseher, Videospiele oder sogar manchmal auf der Bettwäsche Einzug ins Kinderzimmer halten. Dagegen muss man einfach ansteuern."* Mit dieser Intention hält die Herzogin Vorträge, etwa an der katholischen Fachschule für Sozialpädagogik in Ulm, setzt sich für sprachfördernde Initiativen im Kindergarten ein oder macht ihr Vogelbuch zum Inhalt von Workshops für angehende Erzieherinnen.

Auch ihr zweites Buch „Wir lernen Künstler kennen" fokussiert in die gleiche pädagogische Richtung. Ein drittes Buch, das derzeit noch im Entstehen ist, soll Kinder für Grundwerte und Tugenden begeistern. Aber nicht nur das. *„Ich glaube sehr an die Symbolkraft"*, präzisiert die Herzogin ihren Standpunkt. *„Alles hat seine Wirkung. Menschen anzuregen, über etwas nachzudenken und nicht alles hinzunehmen, was gerade dem Trend der Zeit entspricht, darum geht es mir."*

„Musik hat einen direkten Zugang zur Seele"

Ein Instrument spielt in der herzoglichen Familie im wahrsten Sinne des Wortes die erste Geige. Nicht nur der elfjährige Wilhelm sowie seine zehn und acht Jahre alten Schwestern Amelie und Dorothée haben sich der Violine verschrieben. *„Mit den Kindern habe auch ich angefangen, Geige zu spielen"*, lacht Herzogin Marie, *„auch wenn ich natürlich mit ihren Fortschritten inzwischen nicht mehr mithalten kann."*

Große Stücke halten die Kinder und die Mama von der „Suzuki-Methode", die nach dem japanischen Musikpädagogen Shinichi Suzuki benannt und genau auf die lernpsychologischen Erfahrungen von Vorschulkindern abgestimmt ist. *„Ich war völlig überrascht, mit wie viel Freude und Leichtigkeit meine Kinder das Geigenspiel erlernt haben, von innen heraus und zunächst ganz ohne Noten"*, so die Erfahrung von Herzogin Marie. Beim Erlernen des Instruments wird, wie beim Laufen- und Sprechenlernen, auf den persönlichen Eigenrhythmus des Kindes geachtet. Kindgemäß wird das Instrumentalspiel nach der „Muttersprachenmethode" zuerst nur nachahmend und erst später nach Noten erlernt.

„Ich bin davon überzeugt, dass eine musikalische Ausbildung sehr wichtig für die Persönlichkeitsentwicklung ist. Ich glaube sogar, dass die Musik einen direkten Zugang zur Seele hat", betont die Herzogin. „Musik hat für mich sehr viel mit Harmonie zu tun. Kinder haben dadurch die Chance, mit sich selbst ins Gleichgewicht zu kommen. Beim Musizieren in der Gruppe lernen sie, aufeinander einzugehen und sich gegenseitig zuzuhören. Dies ist eine Art der ‚nonverbalen Kommunikation'."

„Es ist richtig und wichtig, öffentliche Gelder in Musikschulen zu investieren", bricht Herzogin Marie eine Lanze für eine möglichst breite musikalische Ausbildung und Erziehung von Kindern. „Wir müssen uns dafür einsetzen, dass sozial schwächere Familien, die sich einen Musikunterricht nicht leisten können, vermehrt den Zugang zu Musikschulen finden können. In den Schulen, die immer häufiger zu Ganztagsschulen ausgebaut werden, sollte die musikalische Erzie-

Eine musikalische Familie: Herzogin Marie zusammen mit ihren Kindern Wilhelm, Marie-Amelie und Sophie-Dorothée bei einer Probe des Suzuki-Violinensembles in der Städtischen Musikschule Friedrichshafen.

hung sinnvoll in den Schulablauf integriert werden, so wie ich das auch aus England kenne. Am wichtigsten wäre es, die Eltern frühzeitig zu erreichen, weil die Prägung der Kinder schon im Säuglingsalter anfängt. Es ist einfach ein Unterschied, ob den ganzen Tag der Radio im Hintergrund dudelt oder ob die Eltern den Kindern vorsingen und ihnen sinnvolle Musik vorspielen."

Kindererziehung

Erziehung, Schule und Bildung – dass diese Themen für Herzog Friedrich und Herzogin Marie einen hohen Stellenwert haben, wird im Gespräch immer wieder deutlich. *"In der Erziehung ist es das Wichtigste, dass die Kinder für ihre Zukunft stark und selbstbewusst werden"*, sagt die Herzogin. *"Nicht Egoismus soll vorherrschen, sondern das gegenseitige Achten und die Hilfsbereitschaft untereinander. Eltern sollten genügend Zeit mit ihren Kindern verbringen, ein Vertrauensverhältnis aufbauen und viele Gespräche führen."* Prinzipien, an denen auch bei der Erziehung des eigenen Nachwuchses festgehalten wird. *"Wir geben das weiter, was wir selbst an Erziehung erfahren haben"*, so die Grundregel. *"Die Kinder sollen sich nicht gebunden fühlen. Die Auseinandersetzung mit der eigenen Person und der Rolle des Adels kommt mit der Zeit automatisch"*, betont Herzogin Marie. *"Sie sollen ganz normal groß werden, ihre Zukunftsträume träumen dürfen und in das gesellschaftliche Leben hineinwachsen, ohne dass sie sich darüber Gedanken machen müssen. Solange die Eltern die Herkunft nicht thematisieren, werden die Kinder auch nicht belastet."*

Herzog Friedrich und Herzogin Marie mit ihren Kindern (von links) Marie-Amelie, Wilhelm und Sophie-Dorothée.

Schloss Friedrichshafen aus der Luft.

In der Bodenseeschule St. Martin wissen Friedrich und Marie ihre Kinder gut aufgehoben. Denn: *„Die Kinder lernen dort mit Freude, weil es um sie selber geht und nicht in erster Linie um einzelne Fächer und Noten. Das ist gerade in den Grundschuljahren prägend für die Zukunft."* Dass Wilhelm, Amelie und Dorothée wie alle anderen Kinder von ihren Klassenkameraden zum Spielen, Übernachten oder auf Geburtstage eingeladen werden und sie im Gegenzug auch selbst einladen, gehört genauso zur Normalität wie die Erkenntnis der Freunde, dass ein Schloss auch eine Wohnung sein kann und kein Gebäude, das man nur aus der Märchenwelt kennt.

Die Vergangenheit weist den Weg in die Zukunft

„Jede Generation hinterlässt andere Spuren. Wir müssen immer wissen, wo wir herkommen und wohin wir gehen. Das ist für uns das Fundament, auf dem wir die Tradition des Hauses weiter aufbauen können." Für Herzog Friedrich und Herzogin Marie gibt es ohne Gestern auch kein Morgen. Die Vergangenheit nicht aus den Augen verlieren und trotzdem den Blick nach vorne richten. Diesem Grundsatz will das Haus Württemberg auch in Zukunft treu bleiben.

Vom Fluchen, Saufen, Heiraten und Bauen
Recht und Gesetz in der Grafschaft Tettnang

ELMAR L. KUHN

Die Grafen von Montfort waren eines der vornehmsten Adelsgeschlechter in Schwaben, denn sie konnten eine Stammfolge bis zu den Karolingern im 9. Jahrhundert aufweisen. Aber es war wenig genug, was ihnen im 16. Jahrhundert an Herrschaften geblieben war. Ganz Vorarlberg hatten sie sukzessive an die Habsburger verloren. Die große Grafschaft Rothenfels um Immenstadt im Allgäu hatte Graf Ulrich, der letzte Graf der älteren Tettnanger Linie, gleich nach seinem Regierungsantritt 1565 an seinen Schwager, den Freiherrn von Königsegg, verkaufen müssen. Ihm verblieben die drei Herrschaften Tettnang, Argen und Wasserburg sowie die Vogtei über die Herrschaft Hirschlatt des Stifts Kreuzlingen und die Blutgerichtsbarkeit in den Herrschaften Gießen (Reichsstadt Lindau), Achberg (Herren von Sirgenstein), Neuravensburg (Reichsstadt Lindau), Schomburg (Humpis von Waltrams) und Landgebieten der Reichsstädte Lindau und Wangen.

Feudale Herrschaft ist nicht mit heutiger Staatlichkeit zu vergleichen, sie war im deutschen Südwesten ein kompliziertes Bündel von Einzelrechten in einzelnen Räumen. Wesentliche Einzelrechte waren die Grund- und die Leibherrschaft, das Niedergericht mit der Polizei- und Steuerhoheit und das Hochgericht mit der Blutgerichtsbarkeit. Räumlich klar abgegrenzt war in der Regel nur das mit den Grafenrechten verbundene Hochgericht. Alle Rechte konnten auf verschiedene Inhaber aufgeteilt sein. Wer eine geschlossene Landesherrschaft anstrebte, musste möglichst alle Rechte in einem bestimmten Bezirk in seine Hand bekommen. Darum bemühten sich auch die Grafen von Montfort, indem sie etwa Leibeigene mit fremden Leibherren austauschten und ihre Lehenhöfe möglichst nur noch an eigene Leibeigene vergaben.

Eine weitere wichtige Voraussetzung suchte Graf Ulrich zu schaffen, als er um 1570 eine Landesordnung in Auftrag gab, in der möglichst alle Einzelregelungen für sein Herrschaftsgebiet zusammengefasst wurden, das so zu einem einheitlichen Rechtsgebiet geformt werden sollte. Damit folgte der Graf einem Trend der Zeit. Mit den Reichspolizeiordnungen von 1530, 1548 und 1577 sowie der „Carolina" von 1532, die Strafrecht und Strafverfahren regelte, verabschiedete der Reichstag erstmals für das Reich Gesetze für Bereiche des Zivil-, Straf- und Verwaltungsrechts. Allerdings galten diese Ordnungen immer nur subsidiär, wenn die Einzelstaaten keine eigenen Regelungen trafen. Landesordnungen hatten die Regenten von Baden

Porträtmedaillen des Grafen Ulrich von Montfort und Rothenfels von 1548 und seiner Frau, der Gräfin Ursula geb. Gräfin von Solms, von 1546.

und Württemberg bereits 1495 erlassen. Die kleineren Territorien folgten nach, die Grafen von Fürstenberg für die Grafschaft Heiligenberg z. B. 1560. Vorher waren einzelne Rechtsbereiche in einer Vielzahl von Einzelmandaten geregelt worden. Sie setzen in der Grafschaft Tettnang aber sehr spät ein. In der Landesordnung erwähnen sie eine Strafordnung von 1506. Weitere 19 Einzelmandate und Ordnungen im 16. Jahrhundert befassen sich u. a. mit Hochzeiten, Wirtshausbesuch, Erbfällen, Bettlern, Bauten, Kriegsdienst, Religion, Verkauf landwirtschaftlicher Produkte, Unzucht, Weinbau etc., fast alles Materien, die dann in der Landesordnung wieder behandelt werden.

Aus den Jahrhunderten vor 1500 sind keinerlei allgemeine schriftlich fixierte Normen für das Gemeinschaftsleben der Untertanen erhalten. Die Ordnung des Gemeinschaftslebens und die gesamte Rechtsprechung stützten sich auf das sog. „Herkommen", also die mündliche Überlieferung und das „gemeine Recht". Gegen die Abschaffung der Dorfgerichte und ihrer Rechtsprechung „nach Gewissen und bestem Verstand" und den Erlass schriftlicher starrer Satzungen wehrten sich die Bauern 1525 in den „Rappertsweiler Artikeln", aber ohne Erfolg.

Die Flut von Einzelmandaten und später die Kodifizierungen der Landesordnungen mit dem Ziel einheitlicher Rechtsverhältnisse in den Territorien und damit ihrer Festigung und Abschließung gegen die Nachbarn markieren aber auch einen Wandel des Obrigkeitsverständnisses. Das Handeln des Landesherrn ergibt sich nicht mehr aus einer überkommenen „gegenseitigen Rechts- und Pflichtenordnung" gegenüber seinen Untertanen, sondern aus einseitiger Sorgepflicht der Obrigkeit, der eine ebenso einseitige Gehorsamspflicht der Untertanen entsprach. Aus der in Südwestdeutschland mit dem Niedergericht verbundenen Polizeihoheit leitete die Obrigkeit in der Folge die nahezu schrankenlose einseitige Befugnis zur Regelung möglichst aller Lebensbereiche ab. Hier liegen die Anfänge heutiger geschlossener Staatlichkeit, die Anfänge der seither immer wachsenden Verordnungsflut und Kontrollbürokratie.

Graf Ulrich von Montfort hatte aber auch ganz konkrete Gründe für den Erlass einer Landesordnung. In Oberschwaben gab es das sog. Kaiserliche Landgericht, das mit den Gerichten der einzelnen Herrschaften konkurrierte. Österreich versuchte über Jahrhunderte hinweg, es zu benutzen, um eine Oberhoheit über die oberschwäbischen Herrschaften durchzusetzen. In den Jahren um 1570 hatte sich Graf Ulrich mehrfacher Versuche dieses Gerichts zu erwehren, ihn vor Gericht zu fordern, obwohl er eigentlich ein sog. Exemtionsprivileg vorweisen konnte. Mittels einer Landesordnung sollten die drei montfortischen Herrschaften Tettnang, Argen und Wasserburg zu einem geschlossenen Rechtsbezirk formiert werden, um weitere Eingriffe des Landrichters abzuwehren. Der Text dieser Ordnung liegt in mehreren Fassungen im Hauptstaatsarchiv Stuttgart.

Zuerst wurde ein Gutachten erstellt, in dem die wesentlichen Inhalte festgehalten wurden. Als Vorbild diente die Landesordnung der Fürstabtei Kempten von 1562, auf die mehrfach verwiesen wird, es wird aber auch auf ältere Mandate der Grafen von Montfort und Reichsgesetze Bezug genommen. In einem zweiten Schritt wurden die Regelungen in einem Konzept konkretisiert und schließlich eine Reinschrift verfasst und bald darauf eine Abschrift gefertigt. Der Verfasser hat also vorhandene montfortische Einzelmandate durch Übernahmen aus anderen Ordnungen ergänzt und zur Landesordnung vereint. Dieses Redaktionsverfahren konnte der Graf durchaus kompetent begleiten, denn er hatte als Assessor am Reichskammergericht in Speyer gewirkt. Allerdings ist das Verfahren nicht zum Abschluss gekommen. Denn in vielen Fällen blieben Lücken, in die noch die Strafhöhen hätten eingesetzt werden müssen. Wie auch in einem Aktenvermerk festgehalten wurde, starb Graf Ulrich 1574 bzw. 1575 (das Todesjahr ist nicht geklärt), bevor er die Landesordnung hätte in Kraft setzen können.

Mit ihm starb die ältere Linie der Grafen von Montfort-Tettnang aus. Kaiser Maximilian II. vergab daraufhin die Grafschaft an seinen Vetter Erzherzog Ferdinand von Österreich. Allerdings meldete sich daraufhin ein in die Steiermark verschlagener Zweig der Grafen von Montfort-Bregenz und erhob Anspruch auf das Erbe, deren Rechte der Kaiser schließlich anerkannte. Diese entfernten Verwandten aus der Steiermark, die als Nachfolger des Grafen Hugo die Grafschaft Tettnang weitere zwei Jahrhunderte regieren, haben den Plan einer Kodifikation des Rechts in der Grafschaft nicht weiter verfolgt. So blieb die Grafschaft formell bis zum Ende der gräflichen Herrschaft ohne zusammenfassendes Gesetzbuch, das offenbar auch niemand vermisste. Denn man kann annehmen, dass die in der Landesordnung enthaltenen Regelungen auch ohne formellen Erlass angewandt wurden.

So kann die Landesordnung als anschauliche Quelle für das Alltagsleben um Tettnang im 16. Jahrhundert und wohl darüber hinaus genutzt werden. Ich gehe dabei

Stammbaum der Grafen von Montfort mit Phantasieansichten des Schlosses Argen und der Stadt Tettnang, um 1575. Der Stammbaum entstand nach dem Aussterben der älteren Tettnanger Linie, als die Bregenz-Beckacher Linie den Nachweis der Erbfolgeberechtigung antreten musste.
Hauptstaatsarchiv Stuttgart.

den Text nicht nach dessen wenig systematischer Ordnung durch, sondern gliedere nach Lebensbereichen, wie Lebenslauf, Alltag, Landwirtschaft, Herrschaftsrechte, Kirche etc. Fraglich bleibt freilich, inwieweit die vielfältigen Verbote beachtet wurden, also ob die Lebensrealität eher dem angeordneten oder eher dem verbotenen Verhalten entsprach.

Lebenslauf: Geburt, Jugend, Heirat, Tod

Der Beginn des Lebens, die Geburt, findet nur insoweit Erwähnung, als die Pfarrer verpflichtet werden, in einem Taufbuch *„des Kindes Alter, Taufe, eheliche oder uneheliche Geburt"* und die Namen der Paten festzuhalten. Das wird deshalb in der Heiratsordnung vorgeschrieben, weil Paten weder ihre Patenkinder noch deren Eltern heiraten dürfen. Es dauerte allerdings noch Jahrzehnte, bis die vorgeschriebenen Kirchenbücher tatsächlich geführt wurden, in Tettnang setzen sie 1635 ein.

Aufgabe der Eltern ist es dann, ihren Kindern die Gebete zu lehren. Können sie bis zum sechsten Lebensjahr nicht das Vaterunser, Ave Maria und Glaubensbekenntnis auswendig, werden die Eltern bestraft.

Der anschließende Besuch einer Schule wird offenbar vorausgesetzt, denn dort wird der katholische Katechismus so lange vorgelesen, bis ihn die Kinder auswendig vorsagen können. Die Eltern sollen es ihren Kindern nicht verwehren, ein *„Handwerk oder Schreiben und Lesen zu lernen"*, falls sie es wünschen. Da die Jugendlichen *„zum Teil unnütz und verschwenderisch"* seien, sind sie bis zur Heirat nicht geschäftsfähig und können ohne Zustimmung der Eltern nicht kaufen, verkaufen, leihen und verleihen.

Die Heirat ist das Thema, dem die Landesordnung den größten Raum einräumt, fast ein Viertel der gesamten Seitenzahl. Dieses Kapitel *„Vom Heiraten und den Eheversprechen"* fällt auch insoweit heraus, als es im Gesamtumfang eine wörtliche Übernahme des entsprechenden Dekrets der Konstanzer Diözesansynode von 1567 ist, das wiederum in Übersetzung das Dekret über das *„Sakrament der Ehe"* von 1563 des Konzils von Trient wiedergibt. Die Landesordnung hat hier also einfach ein Kirchengesetz übernommen.

Die Ehe spenden sich bekanntlich die Brautleute selbst. Da dazu ein einfacher, freier und gemeinsamer Willensentschluss genügt, war bei einem späteren Dissens des Paares oft nicht zu entscheiden, ob eine gültige Ehe zustande gekommen sei. Deshalb verbot das Konzil die heimlichen sog. „Winkelehen" und ordnete an, dass eine Ehe nur noch gültig sei, wenn die Heiratsabsicht dem Pfarrer angekündigt, die Absicht in der zuständigen Pfarrkirche dreimal von der Kanzel verkündet worden war und der Pfarrer bei der Eheschließung in der Kirche nach der Willensbekundung des Brautpaares vor Zeugen die Eheformel gesprochen hatte. Im Ehebuch sollen die Namen des Ehepaars, der Zeugen sowie Tag und Ort der Heirat beurkundet werden. Die Zustimmung der Eltern ist zur Gültigkeit der Ehe nicht erforderlich, aber erwünscht. Den Obrigkeiten wird ausdrücklich verboten, Untertanen wider deren Willen zur Ehe zu zwingen und die Freiheit der Partnerwahl einzuschränken. Die

Wahlfreiheit wird aber von der Kirche durch sog. Ehehindernisse eingeschränkt, wie etwa Verwandtschaft bis zum 4. Grad, Verschwägerung, Patenschaft etc. In den Bußzeiten des Kirchenjahrs, wie der Advents- und Fastenzeit, darf nicht geheiratet werden. Ist die Heirat geschlossen, ist eine Trennung unmöglich. Verlässt ein Teil seinen Partner, hat ihn der Pfarrer zu ermahnen, innerhalb eines Monats wieder zurückzukehren, *„Lieb und Leid zu teilen und alles das zu tun, was ehrlichen Eheleuten zusteht"*. Wer die „Beiwohnung" verweigert, wird vom Pfarrer von den Sakramenten und der Kirchengemeinschaft ausgeschlossen.

Diese kirchlichen Regelungen genügen der weltlichen Obrigkeit aber nicht, sie verbietet Heiraten ohne die ausdrückliche Zustimmung ihrer Amtleute. Heiratet ein montfortischer Leibeigener eine freie Frau oder eine Leibeigene eines anderen Leibherrn, so hat die Frau sich ebenfalls in die montfortische Leibeigenschaft zu ergeben. Die Hochzeit darf nicht länger als zwei Tage gefeiert werden und es dürfen nicht mehr als 24 Personen eingeladen werden.

Vom Tod ist nur im Zusammenhang der Erbregelungen und Abgabenpflichten die Rede. Einen Todesfall haben die Angehörigen innerhalb eines Monats den Amtleuten zu melden, damit von den Leibeigenen der sog. Todfall eingezogen werden kann, das sind bei einem Mann das beste Stück Vieh und bei einer Frau die beste Sonntagskleidung oder deren Geldwert. Detailliert wird geregelt, wie und wann das Erbe unter die Kinder der verschiedenen Ehen verteilt werden soll, wenn ein Ehepartner stirbt, der überlebende Teil wieder heiratet, der neue verwitwete Partner wiederum eine neue Ehe eingeht. Testamente können nur vor den herrschaftlichen Amtleuten oder Richtern im Beisein von mindestens drei Zeugen errichtet werden.

Alltag: Essen, Wohnen, Wirtshaus

Vom Essen erfahren wir nur, dass bei der Hochzeit die Frauen gern ein süßes Mus und einen Braten essen. Vom Fleischgenuss rät die Ordnung ab, und zwar nicht nur unter Hinweis auf das Kirchengebot, an Freitag und Samstag und in der ganzen Fastenzeit auf Fleisch zu verzichten. Denn bei täglichem Fleischverzehr würde das Vieh nicht ausreichen.

Hinsichtlich der Kleidung werden die Eltern ermahnt, ihre Kinder *„mit Schuhen, Häs, kalt und warm nach Notdurft zu versehen"*.

Was das Wohnen betrifft, so dürfen keine neuen Häuser oder auch Nebengebäude ohne Erlaubnis der Herrschaft gebaut werden. Für erlaubte Bauten oder Renovierungen liefert die Herrschaft das Holz aus ihrem Wald. Ohne Erlaubnis der Amtleute darf niemand jemanden zur Untermiete oder auch nur zu mehr als einer Übernachtung aufnehmen.

Ausführlich befasst sich die Landesordnung mit unerwünschtem Freizeitverhalten, insbesondere in den Wirtshäusern. Hauptproblem ist offenbar unmäßiger Wein- und Biergenuss, gefördert durch die Sitte des Zutrinkens. Viele Untertanen würden sich in den Gasthäusern in *„viehischer, unvernünftiger Weise so toll und voll be-*

zechen", dass sie gar den Verstand verlieren. Die Folgen der Trunkenheit seien: *„Gotteslästerung, Mord, Todschlag, Unfriede, Ehebruch, Hurerei, Krankheit"* und der Zorn Gottes, der dann *„Teuerung, Missernten und andere Strafen"* über die Menschen verhänge. Deshalb solle das Zutrinken ganz verboten werden.

Der Wirt darf keinem Gast mehr als eine Maß Wein und zwei Brot geben und muss anschließend gleich kassieren. Im Sommer darf nach acht Uhr und im Winter nach neun Uhr abends kein Wein mehr ausgeschenkt und außer Haus verkauft werden. Der Wirt soll nur Landwein aus der Grafschaft ausschenken, nur für Fremde und Gäste von Stand darf er Neckar- und Rheinwein sowie Veltliner bereithalten. Der Wein darf nicht mit Wasser vermischt oder verfälscht und nur zum von der Herrschaft vorgeschriebenen Preis verkauft werden, von dem der Wirt das sog. Umgeld als Umsatzsteuer zu entrichten hat. Gespielt werden darf in der Wirtschaft nur mit geringem Einsatz. Randale in und nach der Wirtschaft ist offenbar kein neues Phänomen. Die Wirte sollen *„das ungebührliche, unzüchtige Singen und Geschrei, das in ihren Häusern tags und nachts, auch auf der Gassen über alle Maßen vor sich geht"*, nicht gestatten, sondern mit den Amtleuten abstellen.

Um den Einschränkungen des „Spielens, Zutrinkens und Tanzens" zu entgehen, suchen die Untertanen offenbar sog. „Winkelschänken" oder Wirtshäuser außerhalb ihrer Herrschaft auf oder treffen sich heimlich in ihren Häusern, was wiederum zu *„Ärgernis, Hurerei, Unzucht und grober Sünde"* führt. Da die Herrschaft dies *„vor Gott und der Welt"* nicht verantworten könne, werden diese Treffen außerhalb der Wirtshäuser der Grafschaft strikt verboten.

Landwirtschaft und Grundherrschaft

Dass fast alle Bewohner der Grafschaft von der Landwirtschaft leben, ist selbstverständlich. Fast alle Güter in der Grafschaft sind Lehengüter, zu zwei Drittel etwa der Grafen von Montfort, daneben sind noch einige Güter in freiem Eigentum der Bauern. Angesprochen werden in der Ordnung nur der Handel mit Gütern und landwirtschaftlichen Produkten, Grenzfragen und gemeinschaftlich zu regelnde Fragen wie insbesondere der Viehtrieb.

Kein Bauer darf ein Grundstück, eigen oder lehenbar, ohne herrschaftliche Erlaubnis verkaufen. Die Herrschaft hat grundsätzlich das Vorkaufsrecht. Nimmt sie es nicht wahr, soll der Grund nur an montfortische Leibeigene abgegeben werden.

Heu, Stroh und Dung sollen aus den Lehengütern möglichst gar nicht verkauft, sondern auf dem Hof selbst genutzt werden, von Eigengütern dürfen sie nur an montfortische Leibeigene veräußert werden.

Zu einem Gut gehören außer den Gebäuden der privat genutzte Garten um das Haus, als dessen Produkte Rüben, Erbsen und Obst genannt werden, und die Äcker. Sie sind auf die Gemarkungsteile der drei „Zelgen" Korn- und Haberesch sowie die Brache verteilt und werden im Dreijahresrhythmus mit Winterfrucht (Dinkel), Sommerfrucht (Hafer) und Weide bewirtschaftet. Dazu können auch individuell genutzte Wiesen neben den Gemeindewiesen und ein Stück Wald oder Gehölz

Karte der Herrschaften Tettnang, Argen und Schomburg aus dem Atlas der Territorien des Schwäbischen Kreises von Jacques de Michal, um 1725. Die 1592 verkaufte Herrschaft Wasserburg ist auf dieser Karte nicht mehr als montfortische Herrschaft verzeichnet, dafür die 1657 erworbene Herrschaft Schomburg im Norden. In roter Flächenfärbung östlich gräfliche Hochgerichtsbezirke: oben Herrschaft Neuravensburg, unten Herrschaft Achberg. Daran schlossen sich im Osten die gräflichen Hochgerichtsbezirke über Niedergerichte der Reichsstädte Lindau und Wangen an. Auch über die Herrschaft Gießen-Laimnau des Spitals Lindau und über Streubesitz der Klöster Weingarten und Weissenau im Norden der Herrschaft Tettnang besaßen die Grafen nur das Hochgericht. Generallandesarchiv Karlsruhe.

gehören. Vom Weinbau ist seltsamerweise gar nicht die Rede, die 1569 erlassene Rebwerksordnung ist nicht in die Landesordnung aufgenommen worden. Die Gärten und damit das ganze Dorf sind durch *„Friedhäge oder Zäune"* von der Feldflur abgegrenzt.

Die Nutzung der Äcker und Wiesen ist zeitlich durch die Gemeindeversammlung genau geregelt. Im Sommer wird das Vieh gemeinsam auf dem Brachfeld, den Allmendwiesen und im Wald geweidet. Je nach Größe seines Grundbesitzes darf jeder Gemeindegenosse eine bestimmte Anzahl Vieh auf die Weide treiben, erwähnt werden außer Rindern und Kühen *„Ross, Schaf, Geißen, Sauen"*. Der Viehtrieb wird organisiert von den Hirtenmeistern, deren Anordnungen die Hirten zu befolgen haben. Der *„Nonnenmacher"* ist zuständig für die Kastration von Schweinen und Stieren, der *„Schinder oder Wasenmeister"* für die Beseitigung toter Tiere.

Eine Vielzahl von Einzelbestimmungen sanktionieren Verstöße gegen die Regeln der gemeinsamen Felderbewirtschaftung und des Viehtriebs, gegen Markenveränderungen, Eingriffe in Nachbargrundstücke und Felddiebstähle und schärfen die Beachtung von Fahrtrechten, die Unterhaltung von Zäunen, Wegen und Stegen ein. Der Feldhüter hat die Einhaltung all dieser Bestimmungen zu überwachen.

Hinsichtlich der Leistung der Abgaben beklagt der Graf eine *„merkliche Saumseligkeit an Bezahlung jährlicher Steuer, Renten, Zinsen und Gülten"*, die sie neben Geld noch weitgehend in Naturalien, in *„Früchten, Wein, Korn, Hühner, Eier"*, zu entrichten haben. Nachsicht werde aber geübt, wenn *„Hagel, Reif, Misswuchs und Landschaden"* die Ernte minderten. Die Hälfte der Abgaben musste auf St. Andreas, also am 30. November, die andere Hälfte auf Lichtmess am 2. Februar, die Eier auf Ostern und die Fasnachtshennen, die Abgabe der Leibeigenen, eben auf Fasnacht abgeliefert werden.

Ein eigenes Kapitel ist dem Arbeitsrecht der *„Ehalten"*, des Gesindes, gewidmet. Die erste Pflicht eines neuen Dienstboten ist es, vor dem Amann zu erscheinen und zu geloben, dass er alle herrschaftlichen Gebote und Verbote wie die anderen Untertanen einhält. Beide Seiten, Arbeitgeber und Arbeitnehmer, werden vor Pflichtverletzungen gewarnt, ein Knecht darf ohne wichtigen Grund nicht vorzeitig aus dem Dienst ausscheiden, aber auch nicht vorzeitig entlassen werden.

Andere Wirtschaftsbereiche

Als Lieferant von Bau- und Brennholz ermöglicht der Wald erst das Wohnen. Bis ins 18. Jahrhundert sind ja noch fast alle Häuser ganz aus Holz erbaut. Das Kapitel *„Vom Holz hauen"* regelt eine geordnete Nutzung. Auf den Bezug des nötigen Quantums haben die Untertanen Anspruch, aber nichts geht im Wald ohne Erlaubnis des Forstmeisters und der Amtleute.

Besonders geschützt sind Eichen, Eschen, Buchen, Birken, Ahorn und *„beerhafte Bäumen"*, also wohl Obstbäume. Über die Verteilung des Obstes und der Eicheln von Bäumen auf Grundstücksgrenzen müssen sich die Nachbarn einigen. An gewerblicher Nutzung wird die Herstellung von Brettern, Teicheln, also Wasserröhren, Zaunstangen und Schindeln erwähnt, ferner die Herstellung von Besen und Fassreifen aus Birkenreisig und von Körben aus Weiden.

Die Jagd ist Herrenrecht. Es ist den Untertanen deshalb streng verboten, Rehe, Rot- und Schwarzwild und Vögel zu *„schießen, jagen, hetzen, richten mit Seilen, Garnen, Schnüren, Tretfallen, Knüppeln"*, Armbrust oder Büchsen. Niemand mit einer Armbrust oder Büchse darf den Wald auch nur betreten. Um Wilderei durch Hunde zu verhindern, müssen diese im Sommer einen „Bengel" um den Hals tragen, dessen Länge genau vorgeschrieben wird. Erst im 18. Jahrhundert verpachten die Grafen in ihrer Geldnot die Jagd an die „Landschaft" als Untertanenvertretung.

Ebenso behält sich die Herrschaft die Fischerei vor. Die Nutzung der Fischteiche und Fischerei in fließenden Gewässern wird als Pacht oder Lehen vergeben. Karpfen und Krebse werden erwähnt. Gesichert werden müssen die Wässerung der Wiesen und die Wasserzufuhr der Mühlen. Über die Müller gibt es offenbar viele Beschwerden der Untertanen, dass sie ungleich behandelt und betrogen werden. Deshalb sollen *„Mühlen und Mahlwerke samt allen Maßen"* regelmäßig und *„fleißig beschaut"* werden.

In der Grafschaft wird auch Flachs angebaut, im Neben- und Heimgewerbe werden Garn gesponnen und Leinentücher gewoben. Der Großteil des gesponnenen Garns wird aber aufgekauft und in der Schweiz vom dort verbreiteten Leinengewerbe weiterverarbeitet. Seit dem Spätmittelalter entwickelt sich eine immer stärkere Arbeitsteilung zwischen der Gewerberegion der Ostschweiz und dem agrarischen Oberschwaben, das die Schweiz mit Korn als Lebensmittel und Garn als Halbfertigprodukt beliefert. Die Landesordnung verbietet, dass *„durch etliche Grempler und Garnstreifer das Werg, Hanf und Garn, welches in ziemlicher Anzahl in unseren Herrschaften hergestellt und gesponnen wird, durch heimliche Aufkäufer entführt"* wird. Stattdessen soll das Garn auf den hiesigen Wochen- und Jahrmärkten angeboten werden. Um die Qualität des hier gewobenen Leinens zu sichern, werden die Webstühle jedes Jahr kontrolliert und fehlerhafte Stühle zerschlagen.

Generell dürfen alle zum Verkauf kommenden Lebensmittel, insbesondere *„Hühner, Hennen, Schmalz und Eier"*, nicht direkt von Zwischenhändlern auf den Höfen aufgekauft werden, sondern müssen zum *„gemeinen Nutzen und des armen Mannes Notdurft"* auf die Wochenmärkte gebracht werden.

Zur Vermeidung von Betrügereien werden alle *„Maße, Gewichte und Ellen"* jährlich überprüft und geeicht. Wucherpreise zu verlangen ist schon wie *„in der hl. Schrift ... hoch verboten"*.

Schuldner werden bei Zahlungsunfähigkeit gepfändet. Kann der Schuldner nicht innerhalb von neun Tagen seine Schuld bezahlen, wird das Pfand versteigert. Verschuldet sich ein Untertan wegen *„Liederlichkeit, täglichem Wirtshausbesuch und unmäßigem Leben"* so, dass er Haus und Hof verkaufen muss, kommt er entweder ins Gefängnis oder wird auf Dauer aus der Grafschaft ausgewiesen.

Soziale Gruppen:
Leibeigene, Unterschichten, Außenseiter

Die Landesordnung wendet sich zu Beginn an *„Untertanen, Hintersaßen, Schirmverwandte und Zugehörige"*, was auf die rechtliche und soziale Differenzierung der Bevölkerung der Grafschaft verweist. Die Einwohner sind zum größten Teil leibeigen, damals noch etwa zur Hälfte der Grafen und zur Hälfte anderer Leibherren. Freie gibt es offensichtlich nur noch in benachbarten Herrschaften. Wenn freie Frauen in die Grafschaft einheiraten, müssen sie sich in die gräfliche Leibeigenschaft ergeben. Erst vom Nachfolger des Grafen Ulrich werden 1578 die Bürger der Stadt Tettnang aus der Leibeigenschaft entlassen und zu freien Bürgern erklärt.

Die Leibeigenen haben jährlich die Fasnachtshennen abzuliefern, im Todesfall wird von ihnen das beste Stück Vieh bzw. das beste Kleidungsstück eingezogen. Die Hintersaßen, also Leibeigene fremder Leibherren, können auf eigenen Gütern oder Höfen fremder Grundherren sitzen. Aber wenn sie sich von der Landwirtschaft nicht ernähren können, vom Tagwerk oder gar vom Bettel leben, müssen sie entweder die Grafschaft verlassen oder sich in die montfortische Leibeigenschaft ergeben. Schirmverwandte oder Vogtleute sind die Leibeigenen von Klöstern, insbesondere des Klosters Langnau, über die die Grafen die Vogtei, also die Gerichtsherrschaft ausüben. Wer keine landwirtschaftliche Vollstelle besitzt, hat als Seldner oder gar Häusler auch kein Bürgerrecht oder zumindest kein volles in der Gemeinde.

Der Aufenthalt von Untertanen fremder Herrschaften, die als Gesinde in der Grafschaft arbeiten, ist nur auf Zeit zugelassen. Wer unterwegs ist und nicht an seinem Ort bleibt, ist immer verdächtig. Jeder Untertan hat einen Fremden, den er *„zu Ross oder Fuß reiten, halten oder warten sieht"* oder der gar übernachten will, sogleich den Amtleuten zu melden.

Bettler fremder Herrschaften werden sofort ausgewiesen. Ein Problem stellen die *„Gartknechte"* dar, entlassene Landsknechte, die bettelnd und gelegentlich gewalttätig durch die Lande ziehen. Ihnen sollen die Amtleute ein Almosen reichen. Sind sie damit nicht zufrieden, sind sie gefangen zu setzen und zu bestrafen.

Eine *„gemeine Metze"*, also eine Prostituierte, darf immerhin eine Nacht von den Wirten beherbergt werden, aber nur wenn kein *„ungebührlicher Zugang zu ihr gestattet"* wird.

Ausgegrenzt und vor allem aus dem Wirtschaftsleben völlig ausgeschieden werden sollen die Juden. Kein Untertan soll bei bzw. mit Juden irgendetwas *„entlehnen, aufnehmen, versetzen, verkaufen, verpfänden, verschreiben"* und handeln, ja jeder Kontakt mit ihnen wird untersagt. Ein Verstoß wird drakonisch mit Beschlagnahme aller Habe und Landesverweis bestraft. Graf Hugo, der Vater des Grafen Ulrich, hatte 1552 die Niederlassung von Juden in der Grafschaft gestattet. Sein Sohn Ulrich weist sie 1572 wegen angeblichen Wuchers wieder aus und weil ihre Gott nicht gefällige Anwesenheit zu *„Misswachs der Früchte"* geführt habe.

Verwaltung und Gericht

Der Verkehr der gräflichen Zentralverwaltung in Tettnang mit den Untertanen wird an sog. Verhörtagen abgewickelt, die wöchentlich stattfinden mit Ausnahme von Festtagen, der Getreideernte und der Weinlese. Dass ein Untertan, den *„Amann, Waibel oder Büttel"* nach Tettnang vor den Grafen oder seine Amtleute laden, auch wirklich zu erscheinen hat, muss eigens eingeschärft werden.

Alle Verträge müssen in der gräflichen Kanzlei beurkundet werden. Damit die Ausfertigungen auch wirklich abgeholt werden, sind die Gebühren jeweils hälftig schon bei der Antragstellung und dann bei der Abholung zu bezahlen.

Es gibt zwei Gerichtsinstanzen, das Unter- oder Niedergericht, etwa das städtische Gericht in Tettnang, das Gericht in Langenargen und für das Tettnanger Landgebiet die gräfliche Verwaltung in Tettnang, da die Dorfgerichte schon nach 1500 aufgelöst wurden. Vom Urteil der Untergerichte kann an das Hofgericht appelliert werden, dem der Graf selbst oder ein Statthalter vorsitzt. Es tagt aber offenbar selten, da *„etliche Parteien aus Mutwillen an das Hofgericht appellierten in der Meinung, es werde in etlichen Jahren kein Hofgericht gehalten"*. Ein wesentliches Motiv für die Entstehung der Landesordnung war der Versuch, das konkurrierende oberschwäbische kaiserliche Landgericht auszuschalten. Deshalb wird es den Untertanen strikt verboten, sich an das Landgericht zu wenden und dort zu klagen. Würden sie selbst beklagt und vorgeladen, haben sie sich an die Amtleute zu wenden, die dann unter Verweis auf die Exemtion dagegen vorgehen können.

Es sind weithin Fälle des Zivil- und Ordnungsrechtes, die bisher angesprochen wurden. Ganz am Schluss werden noch eine Reihe von Tatbeständen des Strafrechts behandelt, insbesondere Körperverletzungen und Totschlag. Im Übrigen wird auf ein gräfliches Mandat von 1506 betreffend *„der Frevel, Bußen und Strafen"* verwiesen.

Die Aufzählung der Straftatbestände eskaliert von Beleidigung zu Hand-, Faust- und „trockenem" Streich, zu Verletzungen, die nur zu Wunden, zu solchen, die zu Brüchen oder gar zu Lähmungen führen. Das *„erschreckliche Laster des Totschlages"* sei *„leider ganz allgemein geworden"* und oft *„entleibe einer den anderen aus geringen Ursachen"*. Bisher seien die Totschläger zu milde bestraft, oft begnadigt worden. Nun sollen sie aber zur Abschreckung *„mit dem Schwert oder Rad"* zu Tode gebracht werden. Mörder sollen nach dem kaiserlichen Kriminalgesetzbuch der „Carolina" gerichtet werden. Es ist das Bild einer Gesellschaft, in der erst begonnen wird, gewaltsame Auseinandersetzungen einzuschränken, und der sich verdichtende Staat sich das Gewaltmonopol aneignet.

Kirche – die Disziplinierung der Seelen

Die äußere Disziplinierung ist ein Instrument, ein anderes ergänzendes ist die innere Disziplinierung der Seelen. Die Landesordnung beginnt mit den vier Kapiteln: 1. Vom Gottesdienst, 2. Von den Fest- und Feiertagen, 3. Von den Pflichten der Priester und Laien, 4. Von der Gotteslästerung. Damit wird schon deutlich, wie sich die weltliche Herrschaft *„kraft des uns von Gott auferlegten Amtes"* verpflichtet weiß, die religiösen und kirchlichen Normen durchzusetzen.

Sie tut dies auch, um im Zuge der katholischen Reform nach dem Tridentiner Konzil und der sog. „Konfessionalisierung" die eigene Herrschaft zu festigen. Dazu bedarf es auch des einheitlichen Glaubens. Die Reformation liegt gerade etwa fünfzig Jahre zurück. Es gibt in der Grafschaft immer noch protestantisch gesinnte Untertanen, die so *„lau und seellos"* sind, dass sie die *„heiligen Sakramente der Taufe, Firmung, Beichte, Buße, Kommunion"* nicht empfangen zu *„ihrer eigenen Seele Unheil"*, aber auch zu *„bösem Beispiel, Ärgernis und Verführung"* anderer. Stattdessen besuchen sie heimliche „Winkelpredigten".

Auch würden etliche Untertanen am Sonntag nicht oder spät oder erst am Ende zur Messe kommen. Sie bleiben *„vor der Kirche auf den Gassen, Plätzen oder Kirchhöfen stehen und treiben unnützes Geschwätz, Klapperei und Hantierung"* oder arbeiten gar auf den Feldern. Wer in Zukunft an Winkelpredigten teilnimmt oder protestantischen Predigern Unterkunft gewährt, verliert Haus und Hof. An Sonntagen und den vielen Feiertagen haben sich die Untertanen nach dem Läuten *„in die Kirche zu verfügen, dort der hl. Messe und Gottes Wort fleißig und andächtig bis zum Ende"* anzuwohnen. Zwei Aufseher vor jeder Kirche haben darauf zu achten, dass alle *„hinein in die Kirche"* und niemand ins Wirtshaus geht. Nur die *„Weiber und Dienstmägde"* dürfen sich nach der *„Elevation"*, also wohl schon nach der Wandlung, nach Hause begeben, damit das Essen rechtzeitig auf dem Tisch steht. Aus jedem Haus hat mindestens eine Person die Kommunion zu empfangen. Wer in der Kirche *„unnützes Geschwätz, Klapperei und Unzucht treibt"*, wird bestraft.

Wo immer man sich befindet, wenn es läutet, hat man morgens und abends das Ave Maria und mittags den Angelus kniend und barhäuptig zu beten.

Am eindringlichsten wird den Untertanen eingeschärft, das Fluchen zu unterlassen. Solche Gotteslästerung würde den Zorn Gottes und damit *„Hunger, Teuerung, Krieg, Pest, Missernten und andere Plagen"* herbeiführen. An möglichen Flüchen werden aufgezählt: *„beim Namen und Leib Gottes, seiner Heiligen Martyrium, Leiden, Wunden, Blut, Kreuz, Sakramente"*, auch Scheltworte der *„Heiligen Dreifaltigkeit, der Mutter Gottes und aller Heiligen"*.

Aber auch die Geistlichen müssen ermahnt werden, ihre Pflichten zu erfüllen, an Sonn- und Feiertagen die Messe zu den vorgeschriebenen Zeiten zu feiern und die Vesper zu halten, unter der Woche mindestens zwei Mal eine Messe zu feiern und am Freitag eine Prozession um die Kirche mit einer Bußpredigt zu halten. In der Advents- und Fastenzeit sollen sie die Laien *„in den Hauptstücken unseres christlichen Glaubens, den Sakramenten und Zeremonien unterrichten"*, damit die Gläubigen nicht mehr *„so roh und unbußfertig"* die Eucharistie empfangen.

Die Geistlichen sollen einen vorbildlichen Lebenswandel pflegen, u.a. sich des *„Karten Spielens und der Völlerei enthalten"* und höchstens zwei Mal in der Woche ein Wirtshaus aufsuchen.

Resümee

Blicken wir kurz zurück, welche Materien nach heutiger Terminologie des Rechts behandelt werden. Es ist aus dem Bereich des Zivilrechts wenig Sachenrecht, etwas Schuldrecht, extensiv Eherecht, etwas Erbrecht, dann ein kleiner Ausschnitt Arbeitsrecht, am Schluss etwas Strafrecht, kaum Verfahrensrecht, aber vieles, was heute unter Verwaltungs- und Ordnungsrecht zu fassen wäre, dazu die Übernahmen aus dem Kirchenrecht.

Was fehlt? Vieles wird vorausgesetzt, so der Aufbau der Verwaltung und des Gerichtswesens. Das Lehenrecht und die Pflichten der Leibeigenen werden nur in Teilaspekten behandelt. Die Landesordnung spart also die Grundlagen der Herrschaft im Wesentlichen aus und beschränkt sich auf die Kodifikation von Regelungen aktueller Probleme mit dem Ziel, Herrschaft zu intensivieren, zu verdichten und nach außen als Kleinstaat abzuschließen. Aber gerade aus diesen Antworten auf aktuelle Probleme erschließt sich ein buntes Bild damaligen Lebens der Menschen, die sich *„auf dem Land und in der Stadt mit ihrer schweren, sauren und harten Arbeit zu Unterhaltung ihrer Weiber und Kinder ernähren"*, aber aus Sicht der Herrschaft nicht immer *„friedlich, ruhig und einig"* zusammenleben.

All das ist genauer und in der Sprache der damaligen Zeit nachzulesen in einem 2006 neu erschienenen Band, der ersten zusammenhängenden Quellenedition zur Geschichte der Grafen von Montfort seit bald einem Jahrhundert:

Elmar L. Kuhn [Hg.]: Die Landesordnung des Grafen Ulrich von Montfort und Rothenfels von 1574. Bearbeitet von Barbara Mathys. Eggingen: Isele, 2006. 131 Seiten. 15 Euro.

„…mit allen Zugehörungen und Unterthanen derselben und so fort einverleibt"

Territoriale Neugestaltung in Oberschwaben und am Bodensee vor 200 Jahren

JÜRGEN OELLERS

Die napoleonische Epoche und vor allem die Jahre 1802 bis 1806 brachten für Oberschwaben und die Bodenseeregion tief einschneidende Veränderungen mit sich. Infolge der militärischen Niederlage des Deutschen Reiches gegenüber dem revolutionären Frankreich beendete der Friedensvertrag von Lunéville am 9. Februar 1802 nicht nur die Koalitionskriege, das Reich musste zudem laut Vertrag das gesamte linke Rheinufer an Frankreich abtreten. Die Arbeit des so genannten Reichsdeputationshauptschlusses bildete das abschließende Ergebnis einer schon im November 1801 gebildeten Reichsdeputation, welche die enormen Entschädigungsmaßnahmen einleiten und regeln sollte. Oder noch genauer formuliert: Als letzte gesetzgeberische Maßnahme des „Heiligen Römischen Reiches deutscher Nation" verfügte der Reichsdeputationshauptschluss die Regelung und Durchführung von „Säkularisation" und „Mediatisierung".

Der Reichsdeputationshauptschluss fand 1802/03 in Regensburg statt und veröffentlichte seine Gesetzgebungen am 25. Februar 1803; damit wurden alle seine Bestimmungen rechtlich gültig. In der Einleitung heißt es lapidar: *„Die Austheilung und endliche Bestimmung der Entschädigungen geschieht, wie folgt: (...)"*, und in den folgenden 89 Artikeln werden die Maßnahmen der Entschädigungen und territorialen Zuweisungen bestimmt. Nichtsdestotrotz wurden einige dieser Regelungen schon vor dem 25. Februar 1803, nämlich ab Herbst 1802, durchgeführt.

Die Maßnahmen der Säkularisation besagten, dass die weltlichen Landesherren mit rechtsrheinisch gelegenen Kirchen- und Klosterbesitzungen entschädigt werden sollten. Dies geschah als Ausgleich für den Verlust von Territorien und Gebieten, die linksrheinisch gelegen waren und an Frankreich abgetreten werden mussten. Die Maßnahmen der Mediatisierung betrafen die bis dahin reichsunmittelbaren, d. h. nur dem Reich bzw. dem Kaiser unterstellten Institutionen, die jetzt weltlichen Territorialherren einverleibt wurden. Diese reichsunmittelbaren Institutionen – in Oberschwaben waren zahlreiche Grafen und Reichsritter, aber auch 13 Reichsstädte betroffen – verloren ihre Eigenständigkeit und unterstanden nun einem Landesherrn.

Säkularisation

Die Jahre ab 1802/03 waren von der Säkularisation geprägt, also vom Wechsel geistlicher Besitzrechte in weltliche Hände. Säkularisierungen gab es schon in den vorangegangenen Jahrzehnten und Jahrhunderten. So säkularisierte beispielsweise Kaiser Joseph II. (1741 – 1790) mehr als 400 Klöster und Bruderschaften in Österreich und unterstellte die katholische Kirche der staatlichen Gewalt. Auch im Zeitalter der Reformation lösten protestantische Territorialherren zahlreiche Klöster und Orden auf. Aber als einschneidende Epoche gilt die Säkularisation vor allem für die Zeit von 1802 bis 1810, in welcher der weltliche Staat Kirchengüter in großer Anzahl einkassierte.

Ursache waren die Französische Revolution bzw. die französischen Revolutionskriege unter Napoleon I. Bonaparte. Der Idee nach ging es um die Abschaffung geistlicher Herrschaften (Bistümer, Klöster etc.), konkreter Anlass war die schon beschriebene Entschädigung für die an Frankreich abzutretenden linksrheinischen Gebiete, welche zügig und ohne großen Widerstand vonstatten gehen musste.

Mit 23 von insgesamt 40 Reichsklöstern, -stiften und -abteien besaß Südwestdeutschland bzw. das Schwäbische Reichsprälaten-Kollegium gar mehr als die Hälfte aller säkularisierten Klosterterritorien, ganz abgesehen von den unzähligen kleinen Klöstern und Orden. Insbesondere Oberschwaben war mit seinen vielfältigen geistlichen Kleinstherrschaften besonders betroffen. Ungefähr ein Viertel (ca. 56500) aller Bewohner Oberschwabens war damit unmittelbar mit der Säkularisation in Berührung gekommen; der Anteil Oberschwabens an der Gesamtzahl der Säkularisierten im Reich (ca. 3,2 Millionen Menschen oder ein Siebtel der Gesamtbevölkerung) betrug jedoch weniger als zwei Prozent! In Bezug auf das Reichsgeschehen waren daher für manchen Zeitgenossen die Veränderungen für die katholische Kirche in Oberschwaben bzw. für die Betroffenen nicht besonders erwähnenswert oder hervorzuheben.

Neben der räumlichen Vergrößerung von Herrschaftsgebieten, der sog. Arrondierung oder „Abrundung" von Herrschaftsgebieten, sind der flächendeckende Ausbau, die Modernisierung der weltlichen Verwaltung und – als Voraussetzung und Folge der Säkularisierung – die Durchsetzung aufklärerischen Gedankenguts als positive Aspekte der Säkularisation hervorzuheben. Negativ wirkte sich die abrupte Beendigung vielfältiger geistlicher Lebensformen aus. Die Zerstörung und Verstreuung ehemals geistlicher Besitz- und Kulturgüter hielt sich dagegen in Grenzen und war eher eine Ausnahme. Die Entschädigung der Geistlichen fiel sehr unterschiedlich aus und reichte von großzügigen Abfindungen und Renten für Äbte bis hin zu entschädigungslosen Verabschiedungen von Novizen. Insgesamt kann man aber von standesgemäßen Abfindungen („Sustentationen") ausgehen, obgleich die Zukunft gerade jüngerer Männer und Frauen unklar war.

Es gab schon damals eine umfassende zeitgenössische Kritik an der Säkularisation, jedoch so gut wie nie erwähnenswerten Widerstand gegen deren Maßnahmen. Mit zunehmendem zeitlichem Abstand wurden die Maßnahmen der Säkularisation daher auch als „legale Revolution" (E. R. Huber) bezeichnet. Richtig daran ist, dass die politische Umwälzung auf Kosten der überkommenen Reichsinstitutionen – eben auch, aber nicht nur: auf Kosten der Reichskirche – geschah und dies in formalem Einklang mit den geltenden Reichsgesetzen. Der Begriff „Revolution" verwirrt und täuscht darüber hinweg, dass die Umwälzungen mit passivem Einverständnis großer Teile der Bevölkerung, sogar innerhalb des Klerus (!), durchgesetzt wurden, ohne dass dazu allzu große Beschwichtigungen oder gar größere Gewalttätigkeiten notwendig wurden.

Die Tatsache, dass Territorialherren, die ihre linksrheinisch gelegenen Besitzungen an Frankreich abtreten mussten, großzügig und relativ schnell mit urplötzlich „herrenlosen" Ländereien und Gebieten entschädigt wurden, erklärt, warum ein fernab regierender Landesfürst auf einmal über Regionen herrschte, in denen er oder seine Vorfahren vorher nie ansässig waren. Das trifft zum Beispiel auf den Erbprinzen von Nassau-Oranien und den Statthalter der Niederlande zu. Er verlor umfangreiche Territorien in den Niederlanden und in Belgien und erhielt neben den Bistümern Fulda und Corvey sowie der Reichsstadt Dortmund die Abtei Weingarten und damit auch das zwischen Immenstaad und Buchhorn gelegene Benediktiner-Kloster Hofen als neuen Besitz zugesprochen. Schon am 2. Oktober 1802 nahm Nassau-Oranien das Reichsstift Weingarten und damit das Priorat Hofen in seinen Besitz. Damit war das Kloster aufgehoben, dessen Ende offiziell erst durch den Reichsdeputationshauptschluss am 25. Februar 1803 bestätigt wurde.

Nassau-Oranien besaß den kleinen Machtbereich am See allerdings keine zwei Jahre. Am 23. Juni 1804 wurde zwischen Nassau-Oranien und Österreich ein Abtretungsvertrag geschlossen; offensichtlich lag die wirtschaftlich nicht gerade unbedeutende Klosterdomäne Weingarten zu weit vom nassau-oranischen Kerngebiet (um Dillenburg gelegene Gebiete im Westerwald) entfernt.

Die militärische Niederlage Österreichs im dritten Koalitionskrieg, die im Pressburger Frieden vom 26. Dezember 1805 ihren vertraglichen Abschluss erhielt, bedeutete für das ehemalige Priorat einen weiteren Herrscherwechsel: Um den Jahreswechsel 1805/1806 ging Hofen an den württembergischen Staat über, der damit erstmals unmittelbar an den nördlichen Bodensee vorstieß.

Von den Maßnahmen betroffen waren nicht nur der Hofener Klosterkonvent mit etwa zwölf Priestermönchen und zwei bis drei Laienbrüdern, sondern auch zahlreiche Lehnsleute, Bedienstete (ca. 20 Personen) und Leibeigene (ca. 40 Personen) des Klosters, die sich der neuen Regierung „unterwerfen" und „vollkommenen Gehorsam und alle Unterthänigkeit und Treue beweisen" mussten. Die Konventsbrüder wurden zunächst noch vom Mutterkloster in Weingarten aufgefangen, bevor sie in eine zum Teil ungewisse Zukunft entlassen wurden. Anders erging es dem Reichsstift Salem, das im Unterschied zum Kloster Hofen erst am 22. November 1802 von Baden in Besitz genommen wurde. Der Stiftskonvent, der im Jahre 1802 aus einem Abt, 60 Priestermönchen und 17 Laienbrüdern bestand, wurde im Vergleich zu anderen „abgewickelten" Klöstern mit hohen Pensionen eher gut entschädigt.

Mediatisierung

Reichsunmittelbare Institutionen wie die Reichsstädte wurden schon in den Jahren 1802/03 mediatisiert, das heißt, diese verloren ihre Selbständigkeit und waren nicht mehr unmittelbar dem Reich bzw. dem Kaiser unterstellt, sondern nun Teil eines größeren Territoriums. Als „Miniatur-Staaten" verloren die Reichsstädte, die in Oberschwaben besonders zahlreich vorhanden waren (z.B. Überlingen, Pfullendorf, Ravensburg, Buchhorn, Lindau, Wangen), ihre Autonomie und ihre Funktion in der Reichsverfassung. Von den insgesamt 51 Reichsstädten wurden 45 sofort in den Jahren 1802/03 mediatisiert, im Jahr 1806 folgten Nürnberg und Augsburg; Frankfurt am Main und Lübeck verloren ihre Eigenständigkeit erst 1866 bzw. 1937. Hamburg und Bremen „überlebten" als Hansestädte bzw. als Stadtstaaten.

Am Beispiel Buchhorns, das mit seinen etwa 750 Einwohnern neben Bopfingen die kleinste Reichsstadt darstellte und im Jahr 1811 den neuen Namen Friedrichshafen erhielt, soll hier ein typischer Verlauf der Mediatisierung einer kleinen Reichsstadt erläutert werden.

Im Jahr 1802 war die Beendigung reichsstädtischer Freiheiten schon insoweit beschlossen, dass nach gezielten Erkundigungen durch Agenten vor Ort im Herbst die meisten Reichsstädte militärisch in Besitz genommen wurden. Im Falle Buchhorns wurde auf eine solche militärische Machtdemonstration allerdings völlig verzichtet – vielleicht aufgrund der geringen Größe oder weil die Truppen durch vorderösterreichisches Territorium marschieren mussten – und man benachrichtigte den Magistrat der Stadt einfach schriftlich über das Vorhaben.

Laut einer am 1. Dezember 1802 verfügten *„Eintheilung aller Kur Bairischen Länder in Schwaben in zwei Regierungs Bezirke, Dillingen und Kempten"* wurden dem Regierungsbezirk Kempten die *„Reichs-Städte Memmingen, Kaufbeuren, Kempten, Ravensburg, Leutkirch, Wangen und Buchhorn (...) mit allen Zugehörungen und Unterthanen derselben u(nd) s(o) f(ort) einverleibt"*. Die zivile Besitznahme erfolgte dann erst am 9. Dezember 1802 durch den kurbayerischen Kommissar Freiherr von Schleich, der, ohne dass er auf nennenswerten militärischen Beistand zurückgreifen musste, den städtischen Rat von seinen Pflichten gegenüber Kaiser und Reich entband und ihn auf den neuen Stadtherren vereidigte. Von Schleich hatte zuvor auch die Reichsstädte Ravensburg, Leutkirch und Wangen in bayerischen Besitz genommen.

In den folgenden Tagen waren nun alle Reichs-Insignien (Schilder, Wappen, Reliefs) abzunehmen, die städtischen Kassen wurden überprüft und versiegelt und zur Prüfung von Verwaltung und Finanzen wurde ein kurfürstlicher Kommissar eingesetzt. Hinsichtlich der in Bayern geltenden allgemeinen Militärpflicht und angesichts der laufenden und absehbaren militärischen Auseinandersetzungen waren nun Konskriptionslisten zu führen, d.h. Wehrpflichtige sollten erfasst und gemustert werden. Als Bündnispartner Frankreichs waren die drei süddeutschen Staaten, Baden, Württemberg und Bayern, zu militärischen Hilfeleistungen und Rekrutierungen gegenüber dem Kaiserreich verpflichtet. Hatte die ehemalige Reichsstadt Buchhorn in Friedens- und Kriegszeiten an den Schwäbischen Kreis nur wenige Männer an Wehrkontingent zu stellen, mussten nun im Prinzip alle männlichen Bürger der Stadt Militärdienst leisten.

Bis ins Jahr 1810 verblieb Buchhorn unter bayerischer Verwaltung, wobei die Sanierung der städtischen Kassen – insbesondere wegen der steuerlichen Belastungen – nur langsam fortschritt. Im zeitlichen Rückblick stellt das Jahr 1806 für das bayerische Regiment in Buchhorn eine Art „Halbzeit" dar, an welcher die Bestrebungen des bayerischen Kommissars und der Stadtverwaltung, die Stadt in die Munizipalverfassung des bayerischen Staates einzugliedern, schon ablesbar und zu deuten sind.

Wirksame und wichtige Neuerungen bezüglich Verwaltung, Justiz, medizinischer Versorgung, ja bis hin zur Feuerversicherung, wurden autoritär, manchmal auch in arroganter Manier durchgesetzt, was die Akzeptanz der notwendigen Maßnahmen in der Bevölkerung nicht gerade erhöhte. Diese Maßnahmen hatten dementsprechend auch nur einen eher mäßigen Erfolg. Vor allem die Reformbestrebungen des bayerischen Staatsministers Montgelas bewirkten bei der in althergebrachten Traditionen verhafteten Buchhorner Bevölkerung Irritationen und Unsicherheiten, vor allem hinsichtlich der Neuerungen in Schul- und Kirchenwesen. So stieß beispielsweise die allgemeine Schulpflicht nicht durchweg auf Begeisterung in allen Bevölkerungsschichten und die staatlichen Eingriffe gegen Klerus und Volksfrömmigkeit zogen Unverständnis und Kritik nach sich.

Schließlich gab die sich seit 1805/06 abzeichnende „Insellage" Buchhorns, das nun fast vollständig von württembergischen Gebieten umgeben war, Anlass für den endlichen Verzicht Bayerns auf Buchhorn, das im Jahr 1810 württembergisch werden sollte. Trotz dieser nicht gerade umsichtigen Politik der bayerischen Beamten in Buchhorn sollte aber die Bedeutung ihrer Maßnahmen nicht vergessen werden: Das Ende der alten reichsstädtischen Tradition und die achtjährige „Vorbereitungszeit" bildeten für die württembergischen Nachfolger eine nicht zu unterschätzende Grundlage zur Ausbildung einer verhältnismäßig modernen Stadt Friedrichshafen.

Auch der hohe Adel verlor seine wichtige Stellung in der Reichsverfassung. Da für die Bildung von Frankreich abhängiger, aber dennoch lebensfähiger Staaten, der so genannten Mittelstaaten, im Süden des Reichs die größeren und kleineren Fürstentümer und Grafschaften regelrecht im Wege standen, wurden Letztere kurzerhand ihrer Souveränität beraubt. Hinsichtlich einer Politik des „Dritten Deutschland", also der Bildung kleiner bis mittelgroßer Staaten, die in Konkurrenz zu den Großstaaten Österreich und Preußen treten konnten, war dieser Schritt unumgänglich, da unter den veränderten machtpolitischen Konstellationen nur ein Bündnis mit dem Kaiserreich Frankreich erfolgversprechend war. Streng genommen handelte es sich bei der Entmachtung des reichsunmittelbaren Adels schon um eine Vorbereitung der Rheinbundakte.

Dieser im Juli 1806 geschlossene Fürstenvertrag sah im Artikel 27 ausdrücklich die Beibehaltung der Adels-Privilegien für die adeligen Standesherren vor, so z.B. das Recht der niederen Gerichtsbarkeit, die Einziehung des Zehnten und anderer Feudalabgaben, Jagd- und Fischereirechte. Bezüglich des neuen Landesherren, z.B. des württembergischen Königs Friedrich I., aber wurden aus ihnen Adelige zweiter Klasse, denen es zum Beispiel verboten war, in die Dienste eines anderen Monarchen zu treten, auswärtig zu residieren oder ohne Genehmigung auszureisen, kurz: Sie unterstanden wie Bürgerliche dem souveränen Landesherren.

Eine zweite Adelsschicht, der so genannte Reichsadel (niederer Adel), war unmittelbar vom Kaiser belehnt und betrachtete sich daher als autonome politische Größe. Umso größer war dann, wie z.B. im reichsritterschaftlichen Kanton Hegau-Allgäu-Bodensee, im Dezember 1805 das Entsetzen der Reichsritter, als sie die Reichsfreiheit verlieren und im Folgejahr den verbliebenen Mittelstaaten Baden, Bayern und Württemberg zufallen sollten. Alle Versuche, die altehrwürdigen Rittergutsbesitzer durch Eingaben an das französische Kaiserhaus oder durch Bestechungen in ihren Souveränitätsrechten zu bewahren, schlugen letztendlich fehl.

Die Gleichzeitigkeit von Säkularisation, Mediatisierung und Territorialisierung am Beispiel heutiger Friedrichshafener Stadtteile

Ein von den Maßnahmen der Säkularisation und Mediatisierung zu trennender Aspekt ist die Einverleibung von Staaten oder territorialen Bestandteilen von Staaten infolge von Friedensverträgen, wie sie 1805/06 abgeschlossen wurden und welche eine zahlenmäßig nicht zu unterschätzende Bevölkerung zum Wechsel der Staatszugehörigkeit vorsahen. Man könnte dieses in der Geschichte immer wieder zu beobachtende Phänomen als Territorialisierung bezeichnen.

Ein beträchtlicher Teil des Gebietes, auf dem sich die heutigen Ortsteile der Stadt Friedrichshafen befinden, fiel seit dem 13. Jahrhundert an die Habsburger, jenes Fürstengeschlecht, das in der frühen Neuzeit durchweg den Kaiser des „Heiligen Römischen Reichs Deutscher Nation" stellte. Als Provinz „Vorderösterreich" wurde es jahrhundertelang von Innsbruck (Tirol) aus, ab 1753 von Freiburg im Breisgau aus regiert. Auf Grund seiner Zersplitterung und Uneinheitlichkeit wurden diese lose zusammenhängenden Landesteile, mitunter mehr liebevoll als verächtlich, als „Schwanzfeder des Kaiseradlers" bezeichnet.

Im Pressburger Frieden kam Vorderösterreich an die drei schon erwähnten, neu gebildeten und deutlich vergrößerten Staaten, das Großherzogtum Baden und die beiden Königreiche Bayern und Württemberg. Der weitaus größte Teil der zu Vorderösterreich gehörenden Landvogtei Schwaben gelangte dabei nach und nach an Württemberg, das sich vehement gegen den bayerischen Nachbarn und Konkurrenten durchzusetzen suchte und auch militärischen Auseinandersetzungen mit den bayerischen Truppen nicht aus dem Weg ging. Zur Landvogtei gehörte auch das Amt *Fischbach*, das sich mit zahlreichen Orten – *Fischbach, Manzell, Schnetzenhausen, Unterraderach, Berg, Ailingen* – sowie dem Dominikanerinnen-Kloster *Löwental*, das 1806 säkularisiert wurde, wie ein Kranz um die bis 1810 bayerische Stadt Buchhorn legte. Die zur Reichsstadt Buchhorn zugehörige ehemalige Vogtei *Eriskirch* ging – wie Buchhorn selbst – erst im „Pariser Vertrag" 1810 an Württemberg über.

Komplizierter gestaltete sich der Besitzwechsel für vier andere Orte, die heute zum Stadtgebiet gehören. Die Besitzungen des Klosters Kreuzlingen in *Hirschlatt* und *Jettenhausen* wurden schon durch den Reichsdeputationshauptschluss dem Haus Hohenzollern-Hechingen zugewiesen, welches damit die Verluste seiner linksrheinisch gelegenen Gebiete aufwog. Die Herrschaft Hirschlatt (mitsamt Jettenhausen) wurde erst 1813 für 140 000 Gulden an Württemberg verkauft. Das Dorf Waggershausen und das von Weingarten abhängige Kloster Hofen wurden – wie schon oben beschrieben – 1802 vom fernen Nassau-Oranien in Besitz genommen, bevor diese 1804 an Österreich verkauft wurden und zusammen mit der Landvogtei Schwaben 1805/06 an Württemberg fielen.

Anders erging es den zwei seit 1971/72 zu Friedrichshafen eingemeindeten Orten *Kluftern* und *Oberraderach*, die als ehemals fürstenbergisches bzw. konstanzisches Territorium im Jahr 1806 an Baden gelangten. In Folge der Übertretung geltender Jagdrechte in Oberraderach erhob Württemberg am 25. September 1806 Ansprüche auf den kleinen Ort. Offensichtlich waren die Jagdreviere in Oberraderach zu verlockend für den Revierjäger im württembergischen Berg. Kurzerhand berief man sich auf die Rheinbundakte, die eine Übernahme ehemals reichsritterschaftlicher Gebiete zulasse. Aber auch Baden konterte noch am 25. September mit einer Bestimmung aus demselben Vertrag, wonach sich die Bündnispartner zur Besitz-Garantie anderer Bündnismitglieder verpflichteten (§ 34 der Rheinbundakte). Württemberg konnte sich rechtlich gegenüber Baden nicht durchsetzen und so ließ man von weiteren Vorstößen ab und einigte sich friedlich.

König Friedrich von Württemberg konnte sich in der Frage der territorialen Ausdehnung nach Westen vor allem gegenüber Frankreich nicht durchsetzen, das gerade am Bodensee mindestens zwei gleich starke Pufferstaaten gegen Österreich benötigte. Zudem wollte sich das gegenüber den Königreichen Bayern und Württemberg herabgesetzt fühlende Großherzogtum neuerdings am Bodensee so weit wie möglich nach Osten vergrößern. Lange Zeit war es die Absicht des badischen Reformers Sigismund von Reitzenstein, die Vergrößerung Badens lieber nach Norden bis an den Main zu verfolgen – notfalls auch unter Verzicht auf das Bodenseegebiet. Doch ein dritter mittelgroßer Pufferstaat gegenüber Österreich und die damit einhergehende Verlagerung Badens nach Süden bzw. Südosten erschien Napoleon wichtiger und Reitzenstein musste in dieser Frage nachgeben.

Es waren vor allem Bayern, Württemberg und Baden, die mit aller Macht ihre Gebiete auf Kosten Österreichs vergrößern und einen bestmöglichen Zugang zum Bodensee und zu dessen wirtschaftlich wichtigen Häfen erlangen wollten. Die Bevölkerung wurde wie eine beliebige „Verschiebemasse" den wechselnden Landesherren zugeteilt und hatte – gemäß der alten Symbolik – jeweils einen Huldigungseid gegenüber dem neuen Herren zu leisten.

Eher selten wurden die einfachen Menschen, Bauern wie Handwerker, mit Vergünstigungen bei Laune gehalten, wie dies der hohenzollerische Fürst gegenüber der Jettenhauser Bevölkerung tat, indem er 1804 die Bewohner mit Wein, Brot und Käse reichlich versorgte oder 1810 die Leibeigenschaft aufhob und die Frondienste verminderte. In der Regel wurden die Abgaben an den neuen Landesherren drastisch erhöht, meist um Schulden abzubauen oder neue Kriege zu finanzieren.

Im Rückblick verwundert die stoische Ruhe der Untertanen, die sehr selten aggressiv gegen die neuen Machthaber auftraten und eher ohnmächtig den Neuerungen entgegensahen. Da das Bodenseegebiet schon seit dem Ende des Mittelalters immer weiter in Randlage zum großen politischen Geschehen rückte, war es im Jahr 1806 – als das altehrwürdige Heilige Römische Reich unterging – am Bodensee noch ein bisschen ruhiger und gemächlicher als im restlichen Alten Reich.

Die Aufteilung Süddeutschlands und Oberschwabens

Die zeitlich verzögerten und dann wiederum oft gleichzeitigen Maßnahmen von Säkularisation, Mediatisierung und territorialer Einverleibung wurden bis ins Jahr 1810 angewendet. Aber im Jahr 1806 schälten sich aus dem in Oberschwaben und am Bodensee so charakteristischen „Flickenteppich" kleiner und kleinster Ministaaten hauptsächlich drei große Staaten heraus, welche die weitere Zukunft Süddeutschlands bestimmen sollten: die Königreiche Bayern und Württemberg sowie das Großherzogtum Baden. Diese drei Staaten machten in Süddeutschland die Aufteilung der von Frankreich besiegten Länder (vor allem auf Kosten Österreichs) bzw. deren „freigegebener" Territorien und Besitzungen unter sich aus.

Es verwundert nicht, dass es dabei zu Unstimmigkeiten, ja sogar zu kleinen militärischen Auseinandersetzungen zwischen badischen, württembergischen und bayerischen Truppen kam. So beklagte der bayerische Staatsminister Montgelas in einer Note an den württembergischen Gesandten Freiherrn von Bothmer die allzu brutale Unterwerfung der ritterschaftlichen Deutsch- und Johanniterorden durch württembergisches Militär und die dadurch verursachten militärischen „Kollisionen", womit König Friedrich I. versuche, *„nach seiner einseitigen Konvenienz eine Territorial-Linie (zu) bilden"*. In der Tat ging das württembergische Militär sehr aggressiv gegen die Ritterorden vor und dem bayerischen Drang nach Oberschwaben begegnete man auf gleicher Seite mit Vehemenz und einem gewissen Durchhaltevermögen. Nicht zuletzt sind weit reichende Abschnitte der heutigen Landesgrenze zwischen Baden-Württemberg und Bayern in dieser Zeit entstanden.

Alle Gebietsregelungen der Jahre 1802 bis 1806 sind als Ergebnis militärischen Handelns entstanden und wurden – oft mit französischen Entscheidungsträgern im Hintergrund – in den zahlreichen Friedensverträgen sowie in Vor- und Nachverhandlungen ausgehandelt. Entscheidende Verhandlungen wurden fast ausschließlich in Paris geführt, meist mit Diplomaten aus dem Kreise des französischen Außenministers Talleyrand und nicht selten mit Einsatz diplomatischer Tricks und mit Bestechungsgeldern. Auf Reichsgebiet wie am Bodensee ging es in den Jahren 1805/06 vornehmlich gegen Österreich, das von Frankreich und seinen süddeutschen Verbündeten im Dritten Koalitionskrieg besiegt wurde.

Diesem Kriegsbündnis sollte schon im Herbst 1805 ein Friedensbündnis folgen, das jedoch zunächst am Widerstand des württembergischen Königs Friedrich I. scheiterte. Ein knappes halbes Jahr darauf war es dann so weit: Kaiser Napoleon I. genehmigte am 31. Mai 1806 den von Talleyrand ausgearbeiteten Plan des „Rheinbunds", der eine Militärallianz von sechzehn deutschen Fürsten vorsah und welcher unter der Schutz- und Garantiemacht des französischen Kaisers („Protektor") stehen sollte.

Am 12. Juli 1806 schuf sich der Rheinbund die gesetzliche Legitimation in Form einer 40 Artikel umfassenden Rheinbundakte, in welcher die Herrscher Bayerns, Württembergs und Badens als Könige bzw. als Großherzog bestätigt werden (Artikel 1 und 5) und in welcher deren Rechte als souveräne Landesherren aufgeführt werden (Artikel 24). Die damit verbundene Auflösung zahlreicher Fürstentümer und Herrschaften in den Vormonaten brachte das jahrhundertealte „Heilige Römische Reich Deutscher Nation" ins Wanken und schließlich am 6. August 1806 durch den Verzicht Franz' II. auf die Kaiserkrone zu Fall.

Weiterführende Literatur:
Holzem, Andreas, Säkularisation in Oberschwaben. Ein problemgeschichtlicher Aufriss, in: Peter Blickle und Rudolf Schlögl (Hgg.), Die Säkularisation im Prozess der Säkularisierung Europas, Epfendorf 2005, S. 261 – 298.
Kießling, Rolf, Die Mediatisierung der Reichsstädte, in: Hans Ulrich Rudolf (Hg.), Alte Klöster, neue Herren: Die Säkularisation im deutschen Südwesten 1803, Aufsätze: zweiter Teil, Ostfildern 2003, S. 717 – 736.
Messerschmid, Max, Die letzten Jahre des Klosters Hofen: 1792 – 1804, in: Schriften des Vereins für Geschichte des Bodensees und seiner Umgebung, Heft 84, 1966, S. 79 – 97.
Messerschmid, Max: Buchhorn unter bayerischer Verwaltung, in: ders., 175 Jahre Friedrichshafen, Friedrichshafen 1986, S. 11 – 78. (Schriftenreihe des Stadtarchivs Friedrichshafen; 1).
Quarthal, Franz, Die Mediatisierung des Adels in Oberschwaben, in: Peter Blickle und Rudolf Schlögl (Hgg.), Die Säkularisation im Prozess der Säkularisierung Europas, Epfendorf 2005, S. 351 – 372.

Benutzte Quellen aus dem Hauptstaatsarchiv in Stuttgart:
Bestand E 51, Büschel 304 („Sendung des Geh. Leg. Rath v. Wucherer nach München, [1806]").
Bestand E 51, Büschel 338 („Verhandlungen und Streitigkeiten mit Bayern wegen Inbesitznahme von Württemberg zugesprochenen Gebieten", 1805 – 1806).
Bestand E 70 F, Büschel 181 („Acta die Beschwerde des Grosherzog. Baadischen Hofs über die diesseitigen angeb. Vorschritte im Orte Rodrach betreffend, 1806").

Symbol für den Wiederaufbau einer kriegszerstörten Stadt
50 Jahre Rathaus Friedrichshafen

HARTMUT SEMMLER

Die Vorgeschichte: Rathäuser in Buchhorn und Friedrichshafen bis 1944

Häufig haben alte freie Reichsstädte ein prächtig herausgeputztes Rathaus als Ausdruck des Stolzes auf ihre Unabhängigkeit mitten auf den Marktplatz gestellt. In Buchhorn, mit rund 750 Einwohnern über die Jahrhunderte hinweg einer der kleinsten Orte dieser Art, war das anders. Erst 1907, als die Stadtgründung Friedrichshafens bereits 96 Jahre zurücklag, und ein Jahr vor der Gründung des Zeppelin-Konzerns erhielt die Stadt ein schmuckes, reichsstädtisch nachempfundenes Rathaus auf dem Marktplatz durch die Umgestaltung eines alten Kornhauses.

Zur Zeit des Alten Reiches befand sich der Sitz der Buchhorner Stadtverwaltung, wie ein Merian-Stich von 1634 ausweist, am See. Er war ans damalige Gredhaus (heutige Salzgasse) angebaut und hatte ein nach der Straße abfallendes Dach. Im Mittelpunkt von Buchhorns Warenumschlagplatz stand die Lagerhalle für die zu transportierenden Güter, das Rathaus war hier gleichsam „angeerkert". Und da die Mauerringe nie erweitert werden mussten, änderte sich an dieser Lage bis ins 19. Jahrhundert hinein im Prinzip wenig; abgesehen davon, dass ab 1760 das alte Gredhaus vom neuen Salzstadel als Lagerraum abgelöst wurde und somit Platz geschaffen war für ein erweitertes Rathaus.

Der erste genaue Stadtplan Friedrichshafens von 1824 zeigt ein schmales Gebäude östlich neben dem Gredhaus, das nach den zur Verfügung stehenden weiteren bildlichen und schriftlichen Quellen das ursprüngliche Rathaus gewesen sein muss. Länge 25 m, Breite zum See und zur Straße hin gerade einmal 7,5 Meter, zwei Stockwerke und Keller – man vergleiche dies mit den 30000 cbm umbauten Raumes des Rathauses von 1956!

1829 verkaufte die Stadt das ehemalige Gredhaus an den Spediteur Peter Lanz, der es zu einem repräsentativen Gebäude umbaute. Nach dem Verkauf wurde das Rathaus in das alte Kornhaus verlegt. Dies befand sich auf dem Marktplatz unmittelbar neben der Nikolauskirche. In seiner früheren Funktion war es schon länger überflüssig geworden. Die Umbaumaßnahmen liefen seit 1828 an.

Blick auf das alte Rathaus um 1880/1910 (aus dem Album Bernhard).

Das Gebäude maß 15 mal 20 Meter und wies zwei Stockwerke und Dachgeschoss auf. Grundlegende bauliche Veränderungen im Innern des Gebäudes und der Anbau eines Seitenflügels charakterisierten dann das 1907 fertig gestellte dritte Rathaus, das von den Stuttgarter Architekten Eisenlohr und Weigle geplant wurde.

Blickfang in der aufwendig gestalteten Südfront war ein Fries, den August Brandes aus München über die gesamte Breite gemalt hatte. Er stellte die Huldigung der Berufsstände von Buchhorn und Hofen an den Stadtgründer, König Friedrich von Württemberg, dar. Ein weiteres Monumentalgemälde zierte den Sitzungssaal. Im Erdgeschoss waren Feuerwache und Markthalle untergebracht.

Bereits 1909 wurde der Marktplatz um den vom Bildhauer Bruno Diamant geschaffenen Zeppelin-Brunnen bereichert. Dieses idyllische Ensemble aus Kirche, Marktplatz und Brunnen war in der Bevölkerung und bei auswärtigen Gästen sehr beliebt und symbolisierte die „gute alte Zeit". Groß war daher der Schock, als beim Luftangriff vom 28. April 1944 das Gebäude völlig ausbrannte. Tanklaster voll Benzin hatten sich zum Zeitpunkt des Angriffs auf dem Kirchplatz befunden und so gingen Archiv und Registratur der Stadt fast vollständig in Flammen auf. Einige Zeit ragte die Fassade des Rathauses mit dem Glockentürmchen noch wie ein Mahnmal in den Himmel, bevor sie wegen Einsturzgefahr gesprengt wurde. Erst 1949 wurden die Mauerreste abgetragen und das Gelände eingeebnet. Der Zeppelinbrunnen hatte den Krieg unbehelligt überstanden und wurde erst 1956 im Zuge der Neugestaltung des Marktplatzes abgebaut; bis zu seiner Neuerrichtung an der Friedrichstraße im Jahre 2000 ist er ein Politikum geblieben.

Die Trauer über den Verlust dieses Idylls spiegelt sich beispielhaft in den Worten von Ulrich Paret, dem namhaften Stadthistoriker Friedrichshafens in der Nachkriegszeit, der anlässlich der Neugestaltungspläne 1955 schrieb: *„Noch ist uns der 28. April 1944 in schrecklicher Erinnerung, der dieses Rathaus vernichtete und so die Stadtverwaltung zwang, etwas völlig Neues und den modernen Bedürfnissen Entsprechendes zu erstellen."*

Dies mochte dem Chronisten unter dem Eindruck der Ereignisse nach 1945 so erscheinen, trifft aber nur bedingt zu. Denn Pläne für eine grundlegende Modernisierung der Altstadt sind nicht erst nach dem Bombenhagel des Zweiten Weltkriegs aus der Not heraus geboren worden, sondern fielen in die Zeit, als die Rüstungsindustrie boomte und dem Standort Friedrichshafen einen ungeahnten neuen Rang im nationalsozialistischen Deutschland zu geben schien. Die vom 1937 gegründeten Stadtplanungsamt entworfenen Perspektiven zeigen, dass die Nationalsozialisten weite Teile der Altstadt für ihre großzügigen Hallen und Aufmarschplätze hätten opfern müssen – im Plan von 1940 ist von achtzig, in dem vom 1941 gar von hundert abzureißenden Häusern die Rede. Lediglich die „Schauseite" der Altstadt vom See her wäre in etwa erhalten geblieben – ein Zugeständnis an den Fremdenverkehr, auf den man auch im Dritten Reich Wert legte?

1907 erhielt Friedrichshafen das schmucke, reichsstädtisch nachempfundene Rathaus auf dem Marktplatz. Die Aufnahme von ca. 1927 zeigt Rathaus und Marktbrunnen, dahinter die St. Nikolauskirche.

Die Nachkriegsplanungen und der Wiederaufbau der Stadt

Vor den ersten Planungen nach dem Krieg stand die Improvisation. Die Wiederaufbaupläne für die Altstadt von 1948/49, hervorgegangen aus einem Ideenwettbewerb und gefertigt von Stadtbaurat Markus Scheible, orientieren sich zwar von der Raumplanung her auffallend eng an den Entwürfen von 1940/41, für das Rathaus sah man aber keine so großen Dimensionen vor, wie der prämierte historisierende Entwurf des Langenargener Architekten Anton Locher von 1947/48 zeigt. Die Stadtverwaltung war zu jener Zeit provisorisch in den Räumen der alten Oberschule, heute Graf-Zeppelin-Gymnasium, untergebracht, Tür an Tür mit dem Schulbetrieb und unter enger Kontrolle der französischen Besatzungsmacht.

Beim zweiten Rathauswettbewerb von 1953/54 ging man dann von erweiterten Dimensionen für die Stadtverwaltung aus und hatte dafür gute Gründe, weil sich die Lage über Erwarten rasch konsolidiert hatte. Die Bevölkerungsentwicklung ist hierfür ein gutes Indiz: Mitte 1945 befanden sich nach offiziellen Quellen gerade noch 8000 Menschen in der Stadt, 1954 näherte man sich der Zahl 30000, mit steigender Tendenz. Was war in der Zwischenzeit geschehen?

Vordringlichstes Anliegen war die Enttrümmerung. Lagen am 21. Juni 1948 noch 350000 cbm Trümmer in der Stadt, so verringerte sich diese Zahl auf 120000 cbm Ende 1949 und auf 30000 cbm Ende 1950. Auf behelfsmäßig verlegten Gleisen zog der „Trümmerexpress" Schutt zum Hinteren Hafen, wo zunächst das Ufer zur Anlegung der östlichen Uferstraße aufgeschüttet wurde. Ab Februar 1948 setzte dann die Schuttaufbereitung durch eine dort errichtete Anlage der Baufirma Rostan ein. Ende 1953 konnte sie ihren Dienst einstellen. In der Altstadt war die Enttrümmerung bereits Anfang der 1950er Jahre sehr weit fortgeschritten.

Der Wiederaufbau erfolgte mit der Maßgabe, Kirchen, Verkehrseinrichtungen, Schulen und Siedlungen vorrangig zu behandeln. Die ersten großen Projekte befassten sich mit der Schloss- und der Nikolauskirche (1946 – 49). Der Hafenbahnhof wurde ab 1948 wieder aufgebaut, schon im Januar 1948 konnte der Eisenbahnfährverkehr in die Schweiz wieder aufgenommen werden. Die Pestalozzischule bekam 1948 ein neues Dach, das Karl-Olga-Krankenhaus und der städtische Bauhof wurden wiederhergestellt.

In der Altstadt ergab sich folgendes Bild: In der Wilhelmstraße konzentrierte man sich zunächst auf die Häuserflucht auf der Ostseite (1952), die Schanzstraße erhielt 1947 einen Neubau des Gasthauses Krone, erst 1956 wurden dort die größten Baulücken geschlossen. Die Stadtmauer zwischen Schanz- und Wilhelmstraße wurde 1952 abgerissen. Die Nordseite der Karlstraße erhielt durch die Auflagen der Wiederaufbauplanung ein einheitliches Gesicht und war bereits August 1952 weitgehend erneuert. In der Friedrichstraße kam es ab 1952 zu umfänglichen Bautätigkeiten, die mit der Erstellung des ersten Hochhauses im Altstadtbereich, des Orion-Kaufhauses, 1954 einen markanten Höhepunkt fanden.

Der Wiederaufbau der Stadt ist im Gang, St. Nikolaus hat wieder ein Dach, die ersten Häuser am südlichen Adenauerplatz stehen.

Zu den weiteren Stadtteilen ist festzuhalten, dass ab 1950 allenthalben eine Siedlungsverdichtung einsetzte. Schon ab 1949 begann der Siedlungsbau für die französischen Bewohner (Riedlepark/Prielmayer-Straße). Der Bau neuer Häuser wie in der Ernst-Lehmann-Straße – ein 32-Familien-Block Mitte 1950 – wurde mit großen Richtfesten gefeiert. Die Siedlung im Schreienesch wurde ab 1950 hochgezogen, die Häuserblocks in der Eckenerstraße 1951. Die ZF engagierte sich im Zusammenwirken mit der Stadt und der Zeppelin-Stiftung beim Bau von Arbeitersiedlungen, so etwa im Bereich des Mühlöschs. Lediglich der Kirchplatz blieb bis 1954 ausgespart, weil hier das neue Rathaus entstehen sollte – und zwar erst, nachdem andere für die Bürger dringliche Projekte abgeschlossen waren.

Einen guten Eindruck von den um 1950 noch herrschenden Problemen vermittelt der Tätigkeitsbericht des damaligen Bürgermeisters Dr. Max Grünbeck von 1949/50. In einer außerordentlichen öffentlichen Sitzung des Gemeinderats am 30. Dezember 1949 im Sitzungssaal der Pestalozzischule zeichnet er zu einer Zeit, als noch 8000 Bürger der Stadt evakuiert waren, das Bild einer prekären Lage und appelliert: *„Die Zukunft wird (...) in dem Dasein zwischen Trümmern und täglicher Not nur gemeistert werden können, wenn die mühevolle Arbeit der Stadtverwaltung von einem ehrlichen und tätigen Vertrauen gefördert wird und Vernunft und Gemeinsinn an die Stelle schädigender Eigeninteressen treten (...). Wir wollen und dürfen uns keinen billigen und trügerischen Illusionen hingeben. Noch die nächste Generation wird an dem Kriegserbe zu tragen haben, das uns heute in seiner ganzen Schwere aufgebürdet ist."*

Anschließend kommt er zu den Fakten: Die Steuerkraft sei stark gemindert, es herrsche Raumnot für Schulen und Verwaltung, die Versorgung mit Strom, Gas und Wasser sei defizitär. Zwar wurden von Herbst 1945 bis Ende 1948 für 1500 Bauvorhaben Genehmigungen erteilt, aber es fehle an Kapital zur Realisierung. Erst seit dem laufenden Jahr sei eine Erleichterung durch das Engagement der Zeppelin-Stiftung und Wohnungsbaufinanzierungsmaßnahmen des Landes abzusehen. Es gebe Unmut in der Bevölkerung: Nach Meinung vieler Einheimischen seien Flüchtlinge wegen des Lastenausgleichs bevorzugt, während die Hiesigen „nur" Kredite bekämen, obwohl auch sie alles verloren hätten. Probleme gab es bei der Baulandumlegung vor allem in der Altstadt. Auf öffentlichen Druck habe man die Zahl der städtischen Angestellten trotz wachsender Aufgaben um fünf verringert. Besonders im Kreuzfeuer stehe das für die Zuteilung von Wohnraum zuständige städtische Wohnungsamt.

In der Folge gelang es der Stadtverwaltung, von der französischen Besatzungsmacht den Umzug in das ehemalige Parteihaus in der Charlottenstraße genehmigt zu bekommen. Allerdings war das Gebäude im oberen Stockwerk schwer beschädigt und musste erst hergerichtet werden. Nach wie vor herrschte Platznot.

Demgegenüber präsentierte der nunmehrige Oberbürgermeister Grünbeck mit Stolz die städtische Bilanz anlässlich der Einweihung des neuen Rathauses am 23. September 1956: *„Damals, vor elf Jahren, als die Übriggebliebenen des furchtbaren Kriegsgeschehens in Friedrichshafen mit hungrigen Mägen und in schäbigen Kleidern über die Trümmer ihrer lieben Stadt stolperten, hätte auch der phantasievollste Optimist sich das Bild nicht vorzustellen gewagt, das unsere Stadt heute dem Besucher wieder bietet. In 100 Jahren (...) glaubte man, dass vielleicht wieder Leben aus den Ruinen erblüht sein könnte. Aber in zehn (...) Jahren? So etwas zu erhoffen, wäre einem damals (...) geradezu frevelhaft erschienen."*

Planung und Bau des neuen Rathauses

Das neue Rathaus – ein Markstein in der Wiederaufbauphase, ein sichtbarer Ausdruck dafür, dass die drängendste Not überwunden war. Symbolisch schon die Platzwahl: Aus Gründen der Tradition war keine Verlegung in die Nordstadt angedacht, wo mehr Raum gewesen wäre. Man nahm dafür Probleme bei der Baugestaltung und beim Untergrund in Kauf. Weniger traditionell sollte nach dem Willen des Oberbürgermeisters der Baustil sein: *„Mit den Gestaltungsmitteln unserer Zeit (sollte) ein eindeutiger Ausdruck demokratischer Selbstverwaltung gefunden werden."* Gefordert war eine *„wagemutige, aber in keiner Weise überhebliche oder gar freche Modernität"*. Wichtig war die Nähe und die harmonische Proportion zur Kirche: Es bestand die Vorgabe, die Nikolauskirche nicht zu „erdrücken".

Gleichzeitig wiedererrichtet und Ende 1957 eingeweiht wurde das Städtische Museum, von vornherein mit der Option, später einen Teil dieser Räume fürs Rathaus zu nutzen, was 1997 auch geschehen ist.

Ein zweiter Rathauswettbewerb lief in der Zeit vom Juli bis November 1953 unter den Friedrichshafener Architekten und einer Reihe besonders aufgeforderter Architekten des Landes Württemberg, vor allem aus Stuttgart. Insgesamt 19 Entwürfe gingen ein. Das Preisgericht tagte am 15. Januar 1954. Die Arbeit der Architekten Prof. Wilhelm Tiedje und Dipl.Ing. Ludwig H. Kresse aus Stuttgart erhielt den Ersten Preis.

Die weitere Rangfolge lautete: 2. Preis: Cand.arch. K. Schließmann, Friedrichshafen; 3. Preis: Dipl.Ing. W. Gattiker, Richterswil; 4. Preis: Dipl.Arch. R. Merz, Friedrichshafen. Noch ein einheimischer Architekt, Dipl.Ing. H. Fecker, kam in die engere Wahl. Für die Bauleitung zeichnete das Architekturbüro Tiedje verantwortlich. Seitens der Stadt wurde Architekt Schaal als Bauleiter vor Ort beigegeben. Die Koordination zwischen Architekturbüro und Hochbauamt lag in den Händen von Stadtbaurat Scheible.

Die Finanzierung des Rathauses erfolgte aus Rücklagen der Stadt von 1953 über rund 630 000 DM. Weitere 1,7 Mio. kamen per Nachtragshaushalt aus Rückstellungen früherer Jahre und Wiederaufbaubeiträgen des Landes hinzu. Somit konnte im Herbst 1954 mit dem Bau begonnen werden. Bei einem umbauten Raum von 30 000 cbm, einer Nutzfläche von 3000 qm und vier Museumsgeschossen à 1000 qm betrugen die Baukosten einschließlich Einrichtung ca. 3,5 Mio. DM.

Schwierigkeiten gab es bei der Fundamentlegung mit dem Untergrund. Beim Aushub der Baugrube waren Störungen aufgetreten wegen auftreibenden Schwimmsandes, verursacht durch artesisch angespanntes Grundwasser. Der Bau wurde sofort gestoppt, um benachbarte Gebäude nicht zu gefährden. Kritisiert wurden die unzureichenden ursprünglichen Bohrungen bis in ei-

Beim Aushub der Baugrube kam es zu Störungen durch auftreibenden Schwimmsand, verursacht durch artesisch angespanntes Grundwasser.

ne Tiefe von nur 6 m, während 15 m erforderlich waren. Als tückisch erwiesen sich die wechselvollen Bodenschichtungen im südlichen Bauabschnitt. In der benachbarten Nikolauskirche zeigten sich bereits Risse. Weiterer zusätzlicher Auftrieb sandiger Schichten war unter allen Umständen zu vermeiden.

Als Folgerung ergab sich der Verzicht auf den ursprünglich geplanten Kohlenkeller; eine Ölheizung erforderte weit weniger Lagerraum. Ferner erfolgte eine Einspundung an besonders gefährdeten Stellen. Bereits vertieft ausgehobene Bereiche sollten als Gegengewicht zum Auftrieb eine Aufschüttung erhalten, und die Pfähle im Bereich des heutigen Bürotraktes wurden dichter in den Untergrund gesetzt als zunächst vorgesehen. Die Mehrkosten für die Sicherungsmaßnahmen wurden überwiegend durch eine geringere Unterkellerung ausgeglichen. Die Frage nach der Verantwortlichkeit für den Missgriff bei der ersten Bohrung wurde in den Gremien ebenso kontrovers wie ergebnislos diskutiert; Überraschung der Fachleute über die uneinheitliche Bodenbeschaffenheit herrschte vor. Die Fertigstellung des Baus verzögerte sich durch diese Schwierigkeiten um etwa ein halbes Jahr.

Weniger spektakulär verliefen die Diskussionen um eine Erhöhung des Bürotrakts um ein weiteres Stockwerk. Die Änderung wurde am 7. Mai 1954 im Gemeinderat genehmigt, vor allem unter Hinweis auf den Zeitdruck bei der Planung aufgrund der auslaufenden Zuschüsse – für eine Diskussion von Alternativen blieb keine Zeit.

Anlässlich einer Besichtigung vom 1. Juni 1956 mit dem Gemeinderat kam der Fassadenschmuck zur Sprache, der damals als Attrappe vorab aufgebracht war. Die

Das neue Rathaus wächst empor.

Uhr und Möwen schmücken die Fassade.

Uhr und die Möwen stießen beim Gremium auf Skepsis; teils erschienen die Möwen zu plump oder zu dicht angeordnet, von einer Minderheit wurde ein Zeppelin als Außenschmuck gewünscht oder das Stadtwappen. Speziell die Zeppelin-Lösung auf der Giebelwand wurde von den auswärtigen Fachleuten strikt abgelehnt mit der Begründung, der Zeppelin habe nur in einer kurzen Zeitspanne der Stadt eine Rolle gespielt.

Rasch beendet waren die Diskussionen über die Einrichtung eines Bodenseefisch-Aquariums im Kellergeschoss im Bereich des Museums, die Tiedje vorgeschlagen hatte. Grünbeck hierzu: Die meisten Süßwasserfische verträgen den Aufenthalt in Bassins nicht und müssten deshalb mindestens alle zwei Monate ersetzt werden; das käme zu teuer. Besser sei es, an der dafür vorgesehenen Stelle einen Fahrradabstellraum einzurichten. Die Mehrheit des Stadtrats schloss sich diesem Votum an.

Der Grundstein zum neuen Rathaus wurde am 3. Mai 1955 gelegt. Zu diesem Zeitpunkt war das Gebäude bereits bis zum dritten Stockwerk hochgezogen, sodass das Richtfest bereits wenige Wochen später begangen wurde. Der Grundstein stammte aus dem alten Rathaus. Neben dem Zeppelinbrunnen wartete der Stein vier Jahre lang auf seine „große Stunde", wurde ausgehöhlt und nahm eine kupferne Kassette auf, die eine von Vertretern der Stadt unterschriebene Pergamenturkunde enthält. Da die Kellergewölbe des Neubaus aus isolationstechnischen und statischen Gründen unverändert erhalten bleiben mussten, wurde als Platz für den Grundstein der Hohlraum unter der Podestplatte des Haupteingangs gewählt.

Während das Presseecho zu dem Ereignis uneingeschränkt positiv ausfiel, gab es im Hintergrund Klagen von Seiten der Bauarbeiter wegen überhöhter Essenspreise lokaler Gastronomen anlässlich dieses Ereignisses. Der Oberbürgermeister versprach vor dem Gemeinderat, die Sache im Auge zu behalten, hätten sich doch auch bei ihm vor kurzem die Präsidenten der Landeskreditanstalten am Rande einer Tagung beschwert, dass in Friedrichshafen die Butterbrezeln zu teuer seien.

Zur baulichen Konzeption des Rathausneubaus

Der Grundgedanke der Architekten war, die Baumassen zu gliedern und aufzulösen und nur Baukörper von bescheidenen Ausmaßen in den Bereich des Marktplatzes und des Chores der Nikolauskirche vorzuschieben. Vorgesehen war also eine Trennung zwischen „Normalbüros", in einem großen Gebäude zusammengefasst, und Raumgruppen für die Spitze der Stadtverwaltung: die Räume des Oberbürgermeisters und seiner Kanzlei, das Standesamt sowie ein großer Ratssaal. Das hohe Verwaltungsgebäude wurde hinter der Kirche in die Tiefe gestellt. Der fensterlose Giebel des Bürotrakts ist zur Auflockerung in verschiedenen Baustoffen ausgeführt worden: Die Hauptfläche wurde aus hochwertigem Tengener Tuffstein gearbeitet, die Nebenfläche aus sandfarbenem Putz.

Der Ratssaal mit den Kanzleiräumen war, vom Hauptgebäude losgelöst, weit in den Platz vorgezogen und sollte den Kontrapunkt zum Chor der Nikolauskirche bilden. Als Baukörper war er reich strukturiert und im Material bevorzugt behandelt. Zur Gliederung des bisher flach abfallenden Kirchplatzes wurde eine Freitreppe eingezogen, welche Kirche mit Rathaus verbinden und dem Haupteingang des Rathauses entsprechendes Gewicht verleihen sollte.

Im Innern des Rathauses fällt zunächst ein geräumiges zweiläufiges Treppenhaus auf. Tiedje hierzu: *„Wir waren bemüht, dem (Bürohaus) einen etwas höheren Rang zu geben, nicht durch vermehrten Aufwand, sondern durch den Wunsch, die et-*

Stolz steht das neue Rathaus neben der altehrwürdigen St. Nikolauskirche.

was trübe Ernsthaftigkeit behördlicher Kanzleien mit etwas Heiterkeit zu durchsetzen. Die Flure mit den abgehängten Holzdecken, die in jedem Geschoss eine andere Farbe zeigen, farbige Wandschränke in den Büros, im Wechsel mit warmen Holztönen, das (...), hoffen wir, wird so viel Heiterkeit ausstrahlen, dass auch der pflichternsteste Beamte nicht umhin kann, mit heiterem Gesicht und verbindlichem Wesen seine schwere Pflicht zu erfüllen."

Mitarbeiterzufriedenheit als Teil der Kundenfreundlichkeit – dieser Gedanke wird noch weiter ausgeführt: *"Besondere Bedeutung kommt der Schalterhalle zu, der Stadtkasse und dem Einwohnermeldeamt. Sie liegen im Erdgeschoss, eingespannt zwischen den beiden Eingängen des Rathauses; sie sind besonders geräumig und Licht durchflutet. Die früher üblichen Schranken zum Publikum sind gefallen, so dass auch hier eine freundliche Atmosphäre des menschlichen Kontaktes gegeben ist."*

Für die Gestaltung des Ratssaals lautete die Philosophie des Architekten: *"Es galt, die drei Elemente, die hier agieren, in die richtige Beziehung zu setzen: die Verwaltung, den Gemeinderat und die Gemeinde. Die polaren Gegenkräfte – die Stadtverwaltung und der Stadtrat – sind einander zugeordnet. Die dritte (Kraft) sollte beiden Kontrahenten zugeordnet sein (...). Dazu gehört, dass die Bürger beide Verhandlungspartner vor Augen haben, sie sollen also seitlich sitzen, nicht hinter den Stadträten."* Auch sei es wichtig, dass alle Beteiligten den Saal durch e i n e Tür betreten und dass die Bürger nicht *"über Nebentreppen verstohlen auf eine Em-*

Blick in den Ratssaal.

pore" geführt werden. Die Schwäbische Zeitung vom 22. September 1956 ergänzte optimistisch: *"Man kann sich vorstellen, dass die Atmosphäre dieses Raumes den Entschlüssen ihre volle Reife geben wird."*

Mitglieder des Gemeinderats sahen den Raum bei einer Besichtigung des Neubaus in Anwesenheit des Architekten vom 9. März 1956 eher von der kritischen Seite: Aufgrund der lang gezogenen Anordnung der Sitzreihen werde die Verständigung bei Aussprachen erschwert.

Stolz war man auf raffinierte Lösungen im Detail: *"Die aus Kupfer getriebene Tür zum Ratssaal stellt erhöhte Ansprüche an den Beschlag. Der Drückerknopf wurde mit einbezogen, er ist ein Bestandteil; die Schlüsselführung des Sternzylinder-Sicherheitsschlosses aber hat so geringe Ausmaße, dass sie sich unauffällig in die Fläche einfügt."* Ein anderes Beispiel ist die Tür zum Personenaufzug: *"Bei ganz geöffnetem Türflügel berührt der Türgriff an der Anschlagseite die Mauerfläche. An dieser Stelle wurde in Putzstärke ein Schaumgummistreifen eingelassen und mit elastischem Material überklebt."* Ästhetik und Funktionalität sollten programmatisch miteinander verbunden werden.

Was die technische Ausstattung betrifft, rühmt die Schwäbische Zeitung vom 22. September 1956 *"die modernste Telephonanlage des Oberlandes"*. Alle Dienststellen der Stadtverwaltung konnten nun von den Bürgern direkt per Telefon erreicht werden. Diese damals fortschrittlichste und größte Behörden-Sprechanlage Oberschwabens umfasste zwölf Amtsleitungen und 180 Nebenstellenanschlüsse mit automatischen Motor-Drehwählern. Ebenfalls automatisch funktionierte die telefonische Vernetzung mit außerhalb gelegenen städtischen Dienststellen.

Bei der künstlerischen Ausgestaltung hatte man auf Vorschlag von Prof. Tiedje den Maler Albert Klaiber aus Stuttgart hinzugezogen. Er zeichnete verantwortlich für die Farbgebung innen und außen, die Marmorverkleidung im Großen Sitzungssaal sowie die Intarsien im Trauzimmer. Der Bildhauer Fritz Melis aus Bietigheim gestaltete den Fischzug auf der Kupfertür des Ratssaals sowie den Schwanenbrunnen auf dem Kirchplatz. Die Firma Bernhardt aus Ravensburg schuf die bleiverglasten Fenster im Ratssaal und im Foyer.

Eine besondere Idee der Stadtverwaltung war es, die Fenster in den beiden Vorhallen zu den Sitzungsräumen des neuen Rathauses mit den Wappen befreundeter und verbundener Gemeinden zu schmücken. Die Kosten in Höhe von 350 DM sollten die angefragten Gemeinden jeweils selbst tragen, als Spende für den Wiederaufbau Friedrichshafens. Immerhin 59 Gemeinden aus Baden-Württemberg, Bayern, Österreich und der Schweiz leisteten so ihren Beitrag zur Fertigstellung des Rathauses – ein bemerkenswerter Akt der Solidarität.

Der Tag der Einweihung:
Der Festakt vom 23. September 1956

Im Vorfeld gab es ausgiebige Diskussionen zum Protokoll dieses Großereignisses. Die Einladungsliste bot Stoff für Einlassungen vielerlei Art, denen Dr. Grünbeck

23. September 1956: Eine große Menschenmenge verfolgt auf dem südlichen Kirchplatz die Einweihungsfeier.

schließlich mit dem Bekenntnis die Spitze nahm, er könne einen Eid schwören, dass ihm hierbei schwere Fehler passieren würden, das lasse sich nicht vermeiden. Ein Gemeinderat wollte vom Oberbürgermeister wissen, ob die Vertreter der Stadt einheitlich in schwarzen Anzügen erscheinen sollten. Dies wurde bejaht. Ein älteres Mitglied des Gremiums ergänzte, damals bei der Einweihung des Vorgängerbaus 1907 seien alle mit Frack und Zylinder erschienen.

Am Sonntag, den 23. September 1956 wurde das Ereignis mit Gottesdiensten in der Nikolaus- und Schlosskirche eingeleitet. Am städtischen Verwaltungsgebäude in der Charlottenstraße, bis dahin Sitz der Stadtverwaltung, sammelte sich ein Festzug mit Stadtkapelle, Seehasentrommlerkorps und Blumenmädchen in Weiß. Es folgte eine Kutsche mit Ministerpräsident Dr. Gebhard Müller, dem Innenminister Viktor Renner, Dr. Max Grünbeck und Prof. Tiedje, dahinter gingen zu Fuß die Stadträte und städtischen Bediensteten. Über die Charlotten-, Riedlepark-, Friedrich- und Karlstraße gelangte man zum neuen Rathaus.

An Prominenz hatten sich dort, neben tausenden Bürgern der Stadt, schon eingefunden: Weihbischof Sedlmeier aus Rottenburg, Arbeitsminister a.D. Wirsching, die Generalkonsuln der Schweiz und der USA und die Präsidenten der Bahn- und Postdirektion sowie der Landeskreditanstalt. Die einheimische Industrie repräsentierten Dr. Karl Maybach und Dr. Claude Dornier – nach dem Streit um die Ehrenbürgerwürde zwischenzeitlich wieder mit der Stadt versöhnt. Zahlreich waren kommunale und Kreis-Vertreter aus dem württembergischen und bayrischen Raum erschienen, darunter der Freudenstädter Bürgermeister Walter Bärlin, von 1934 bis 1945 Bürgermeister in Friedrichshafen.

Die Gästeliste spiegelte auch die durch die Not der Nachkriegsjahre gewachsene Solidarität mit den Nachbarstaaten Schweiz und Österreich wider. In bester Erinnerung waren insbesondere die Schweizer Hilfsaktionen, die St. Gallische Grenzlandhilfe und die Aktion „Schweizer Kinder" 1946 und 1947. Bis heute stehen die im Foyer zu den Sitzungssälen zu sehenden Bleiglaswappen der Schweizer Städte Romanshorn, Rorschach, Schaffhausen, Stein am Rhein und St. Gallen sowie der Vorarlberger Orte Bregenz, Bludenz, Dornbirn und Feldkirch für diese Verbundenheit. Nach der Schlüsselübergabe wurde dem Ministerpräsidenten Dr. Gebhard Müller und Innenminister Viktor Renner für die Unterstützung des Landes beim Wiederaufbau der Stadt das Ehrenbürgerrecht verliehen. Dr. Grünbeck selbst erhielt bei dieser Gelegenheit vom Ministerpräsidenten das Große Verdienstkreuz des Verdienstordens der Bundesrepublik Deutschland.

Stadtrat Konstantin Schmäh, Erster Vertreter des Oberbürgermeisters, gab der Hoffnung Ausdruck, dass die Bürger, nachdem nun so viel Kritik aus deren Reihen an dem großen Bauvorhaben gekommen sei, *„lieber als bisher ihre Steuern entrichten, wenn sie es von innen gesehen haben"*. Ob sich diese Hoffnung erfüllt hat, muss dahingestellt bleiben. Wie schon Grünbeck berief sich Schmäh auf eine *„jahrhundertealte reichsstädische Tradition"* bei der Platzwahl des Rathauses, die es in

23. September 1956: Oberbürgermeister Dr. Max Grünbeck mit den Ehrenbürgern Ministerpräsident a.D. Dr. jur. Gebhard Müller und Minister a.D. Viktor Renner.

dieser Form, wie wir sahen, nicht gegeben hat. Aus nahe liegenden Gründen blieb unerwähnt, dass die bauliche Situierung des Rathauses eher den Planungen aus der nationalsozialistischen Zeit entsprach.

Zeitgenössische Stimmen zum Bau, soweit sie von fachlicher Seite kamen, waren des Lobes voll. Man verglich das Friedrichshafener Rathaus mit dem in Stuttgart neu errichteten und erhob es fast schon in den Rang der Klassizität. Die weitere Geschichte des Baus belegt zumindest, dass die Überlegung, möglichst viel Nutzraum „auf Vorrat" zu schaffen, im Grundsatz richtig war.

Im Jahre 1957 wurde eine der beiden Imbissstuben im Keller zu einer „Zeppelin-Stube" ausgebaut. Der Friedrichshafener Künstler André Ficus gestaltete diesen Raum. Auf der nördlichen Stirnwand war die Stadt in graphitgrauer Farbe zu sehen, darüber das Luftschiff LZ 127. Unterhalb der Fensterreihe fügten sich die Stationen der Weltfahrt der Zeppeline an. An der gegenüberliegenden Ziegelwand waren Porträts der bekanntesten Männer des Luftschiffbaus angebracht. Auch Dokumentationsmaterial zur Zeppelin-Ära war hier ausgestellt. Vervollständigt wurde der Raum durch einen von innen beleuchteten Globus mit Aufzeichnung der Weltfahrten der verschiedenen Luftschiffe. Bis in die 1980er Jahre diente der Raum zur Bewirtung der Gemeindevertreter nach den Ratssitzungen.

Der von Anfang an vorgesehene Ausbau des vierten Obergeschosses erfolgte im Jahre 1967. Die technischen Ämter und das Stadtplanungsamt zogen hier ein, von vornherein mit der Option, dass diese Abteilungen später geschlossen neue Räumlichkeiten außerhalb des Hauptgebäudes beziehen könnten.

Die Räume des Museumstrakts wurden 1997, nach der Eröffnung des neuen Zeppelin Museums im alten Hafenbahnhof, in die Nutzung mit einbezogen. Das Haupt- und Personalamt, Personalrat und die Botenmeisterei bezogen diesen Flügel an der Nordseite.

Spätestens mit dem Umzug der technischen Verwaltung in die Charlottenstraße im Jahre 2002, nach Fertigstellung des Neubaus des Technischen Rathauses auf dem ehemaligen Stadtwerksgelände, zeigte sich, dass selbst die für damalige Verhältnisse großzügige Planung angesichts des gewachsenen Aufgabenspektrums der öffentlichen Verwaltung mittlerweile von der Entwicklung eingeholt worden ist.

Literatur:
Ulrich Paret, Rathäuser Buchhorns und Friedrichshafens in der Vergangenheit, 10 S., masch., 1955.
1949 – Friedrichshafen im Wiederaufbau. Sonderdruck der „Schwäbischen Zeitung" Friedrichshafen aus den Nrn. 1, 2 und 3 vom 3., 6. und 7. Januar 1950.
Einweihung des neuen Rathauses in Friedrichshafen / 23. September 1956, 40 S., Gestaltung und Druck: Druckerei Luftschiffbau Zeppelin GmbH Friedrichshafen, o.J.
Baubeschlagmagazin 6, 1957, 5. Jahrgang: Themenheft zum neuen Rathaus in Friedrichshafen.

AkA – die Geschichte einer (fast) vergessenen Kamerafabrik

1949 kam die „Apparate und Kamerabau GmbH" von Eugen und Max Armbruster nach Friedrichshafen

MARTIN KOHLER

Friedrichshafen 1948 – langsam versuchten die Menschen nach dem verlorenen Krieg wieder auf die Füße zu kommen. Vieles lag noch in Trümmern und die Industrie hatte durch die Restriktionen und Demontagen seitens der französischen Besatzungsmacht große Schwierigkeiten, die Produktion wieder aufzunehmen. Besonders hart getroffen war Fischbach, wo viele der Männer arbeitslos waren, da Dornier keine Flugzeuge mehr bauen durfte.

An einem Abend im Jahr 1948 stieg im Café Maier, dem heutigen Hotel Maier in Fischbach, der Unternehmer Eugen Armbruster aus Wildbad im Schwarzwald ab, um hier zu übernachten. Er war leidenschaftlicher Bergsteiger und kehrte gerade von einer Tour aus Vorarlberg zurück. Nach dem Abendessen kam er mit dem Wirt ins Gespräch und erzählte diesem, dass er aus dem Kamerabau komme: Eugen Armbruster hatte vor dem Krieg bei den deutschen Kameraherstellern Robot und Voigt-

Akarette II und Akarelle-Kameras.

länder gearbeitet und war kurz vor dem Krieg als Abteilungsleiter zum Verschlussbersteller Gauthier in Calmbach gewechselt.

Im Frühjahr 1946, erzählte er, habe er zusammen mit seinem Bruder Max Armbruster, dem Eigentümer einer Gießerei in Langenau bei Ulm und eines Werkzeugunternehmens bei Wiesbaden, in Wildbad im ehemaligen Hotel „Zum kühlen Bronn" eine kleine Kamerafabrik gegründet. Die Produktion laufe gut, vor allem nachdem man durch die Währungsreform nun endlich für den deutschen Markt produzieren dürfe und nicht mehr alle Fotoapparate an die französische Besatzungsmacht abliefern müsse. Die Belegschaft sei inzwischen auf fünfzig Arbeiter angewachsen und er müsse dringend vergrößern. Es sei geplant gewesen, im Süden von Wildbad einen Neubau zu errichten, die dortigen Stadtväter hätten dies jedoch abgelehnt aus Angst, „Männer in Arbeitskleidung" könnten vielleicht die Kurgäste stören. Nun sei er auf der Suche nach geeigneten Räumen.

Die Mitarbeiter Bott und Wolfrum bei der Konstruktion der Akarette in Wildbad.

Der Wirt reagierte sofort und vermittelte ihm den Kontakt zu Herrn Pönitzsch im Nachbarhaus, welcher vor dem Krieg Betriebsleiter bei Dornier gewesen war. Dieser wandte sich wiederum an die Stadt Friedrichshafen und man bot Herrn Armbruster die Zeppelinhalle als neue Produktionsstätte an. Um dort Kameras zu produzieren wäre er jedoch gezwungen gewesen, einen Zwischenboden einzuziehen, was die finanziellen Mittel der jungen Firma völlig aufgezehrt hätte. Als Alternativlösung fand man die ehemalige Fliegertechnische Vorschule am Seemoser Horn. Die Stadt Friedrichshafen würde für ein neues Dach sorgen und die Armbrusters für den Innenausbau. So entschlossen sie sich, mit der ganzen Firma nach Friedrichshafen

So sah das AkA-Gebäude 1948 aus.

umzuziehen. Nach einer firmeninternen Befragung und einem Ausflug an den Bodensee, bei dem man das neue Domizil besichtigte, waren etwa zehn Mitarbeiter bereit, am 1. April 1949 mitzukommen.

Über den bevorstehenden Umzug berichtete die Schwäbische Zeitung am Dienstag, den 9. August 1949 im Landesüberblick:

Vom Bodensee kommt eine neue Kleinbild-Kamera
Die Apparate- und Kamerabau-GmbH in der Fliegertechnischen Vorschule
„Südwestlich von Friedrichshafen, am Seemooser Horn, liegt die ehemalige Fliegertechnische Vorschule. Hier hatte um die Jahrhundertwende Graf Zeppelin mit seinen ersten Versuchen von einer schwimmenden Halle aus sein Werk begonnen, und in nächster Nähe hatten sich auch die Dornier-Metallbauten entwickelt. Diese Nachbarschaft war während des Krieges gefährlich genug. Kein Wunder also, daß Brandbomben den prächtig geschwungenen und 136 Meter langen Gebäudetrakt größtenteils zerstörten. Was noch einigermaßen brauchbar war, holten bis zur Wandkachel und zum Schalter in der rechtlosen Zeit nach dem Zusammenbruch gewissenlose Plünderer aus dem Haus, an dessen Inneneinrichtung seinerzeit nicht gespart worden war.
Nach der Übereignung an die Stadt Friedrichshafen, die der damalige Bürgermeister Mauch unter großen Mühen bewerkstelligte, stand man vor keiner leichten Wahl, wie das mancherlei Möglichkeiten bietende Objekt im besten Sinne verwertet werden könne. Bei seiner sonnigen Lage und unmittelbaren Ufernähe hätte

Das AkA-Gebäude nach der Renovierung.

daraus vielleicht ein ausgezeichnetes Sanatorium oder Altersheim geschaffen werden können. Man sprach auch von einem Haus für internationale Jugendtreffen. Die in der Zwischenzeit eingetretene Wirtschaftslage und die Auswirkung der Demontage zwangen nun die Stadtverwaltung Friedrichshafen, neue Quellen der Arbeitsbeschaffung rasch zu erschließen. Vor allem galt es, einen Teil der hochqualifizierten Fachkräfte aus der benachbarten Dornier-Siedlung unterzubringen.

So wurde denn für die Fliegertechnische Vorschule mit Ausnahme eines kleinen östlichen Flügels, über dessen Bestimmung gegenwärtig noch Verhandlungen schweben, ein Vertrag mit der „Apparate- und Kamerabau, GmbH" in Wildbad abgeschlossen. Der Betrieb, der besten Ruf genoß, war infolge der eingeengten Raumverhältnisse in Wildbad gezwungen, sich nach einer größeren Produktionsstätte umzusehen. Die Stadtverwaltung kam ihm entgegen, und das Stadtbauamt leistete unter der Leitung von Baurat Maucher mit dem raschen Wiederaufbau tüchtige Arbeit. Noch während der Wiederherstellung wurde in den unteren Räumen, vor allem in der Gemeinschaftshalle, die Fabrikation aufgenommen.

Zur Zeit beschäftigt das AkA-Werk bereits über 70 Kräfte, die sich überraschend schnell in das neue Aufgabengebiet einarbeiteten. Die Leitung des Werkes rechnet damit, die Zahl in etwa zwei Jahren auf etwa 300 steigern zu können, wobei von besonderer Bedeutung ist, daß neben nur wenigen Kameraspezialisten meist Einheimische aus dem ausgezeichneten Facharbeiterstamm der Friedrichshafener Industrie Beschäftigung finden. Damit erfüllt das AkA-Werk im Rahmen des allgemeinen Wiederaufbaues der durch die Kriegsereignisse schwer betroffenen Zeppelinstadt eine große Aufgabe.

Oberbürgermeister Dr. Max Grünbeck im Gespräch mit Dr. Max und Dr. Eugen Armbruster (von links).

Die Leiter des AkA-Werkes, Dr. Max und Dr. Eugen Armbruster, gaben uns über das Produktionsprogramm folgende Einzelheiten: Das AkA-Werk stellt zunächst eine Kleinbildkamera, die „Akarette", her, die ein Kleinbild 24 x 36 mm liefert. Bei der Konstruktion hat es sich das Werk zur Aufgabe gemacht, eine Kamera zu schaffen, die trotz einer hervorragenden Optik preiswert ist und alle konstruktiven Neuerungen aufweist, die sowohl dem Amateur als auch dem Fachmann gestatten, fast alle photographischen Aufgaben zu lösen. Es ist eine Kamera mit einer auswechselbaren Optik, wie sie selbst weltbekannte Kleinbildkameras nicht aufweisen. Diese Ausführung ermöglicht, die normale Optik durch Spezial-, Fern- und Weitwinkelobjektive sowie Objektive der verschiedensten Lichtstärken auszutauschen. Damit ist auch dem Amateur Gelegenheit gegeben, mit der Zeit alle Möglichkeiten zu schaffen, die mit den modernen Errungenschaften der Optik verbunden sind. Die „Akarette" soll gewissermaßen die Grundlage für ein modernes photographisches Ausbausystem sein, so daß jeder Fotofreund mit dem erforderlichen Zubehör und den Zusatzgeräten nach und nach sich ein geeignetes Rüstzeug schaffen kann, um das Photographieren zu einer wirklichen Bildkunst zu gestalten..."

Am Ende heißt es in dem Zeitungsartikel: „*Es wird am Bodensee wenige Betriebe geben, die so schön gelegen sind wie das AkA-Werk.*"

Auch wenn man heute noch Mitarbeiter befragt, schwärmen sie alle von dem schönen Arbeitsplatz – sowohl landschaftlich mit eigenem Badeplatz im Sommer als auch vom Betriebsklima. Der Betriebsratsvorsitzende Herr Bott erreichte Anfang der fünfziger Jahre, dass die Frauen jeden zweiten Samstag frei bekamen, um auch einmal Zeit für ihren Haushalt zu haben – damals vorbildlich in Friedrichshafen. Es wurden eigene Betriebsausflüge mit firmeninternen Fotowettbewerben unternommen, z.B. Fahrten mit dem Motorschiff Friedrichshafen zum Rheinfall, Fahrten zu den bayrischen Königsschlössern und zum Hohentwiel oder eine Wanderung auf den Säntis.

Die ersten und erfolgreichsten Kameras von AkA: „Akarette" und „Akarelle"

Interessant ist, dass die ersten Akaretten das Filmformat 24 x 32 mm hatten. Somit konnte man auf einem Film 40 Bilder aufnehmen. Nach dem Krieg war das Filmmaterial kostbar und dies ergab zusätzlich vier Bilder pro Film. AkA befand sich damit in guter Gesellschaft, denn auch die erste Kamera von Nikon hatte dieses Filmformat. Doch das „Leicaformat" 24 x 36 setzte sich durch und so wurden bereits vor dem Umzug nach Friedrichshafen die Kameras auf dieses Format umgestellt. Die Leica war damals das Maß der Dinge im Kamerabau und an ihr wurden alle sonstigen Kameras mit hohem Qualitätsanspruch gemessen. Im Gegensatz zur Leica hatte die Akarette keinen Tuch-Schlitzverschluss, sondern einen Zentral-Verschluss. Jedoch konnte man wie beim Vorbild die Objektive wechseln, sodass auch Weitwinkel- oder Teleaufnahmen möglich waren.

Die Akarette war nach dem Krieg die günstigste Systemkamera auf dem Markt und wurde vielfach als die „Leica des kleinen Mannes" bezeichnet. Der Bildreporter Pitt Seeger beschrieb nach Versuchsaufnahmen die Akarette nicht nur als eine im Preis und in der Qualität hervorragende, sondern auch als eine absolut „photoberuflich geeignete Kleinbildkamera". Trotzdem bevorzugten die Reporter damals die Leica – so sie sich eine solche leisten konnten. Letztere kostete (IIIc – 1950) mit dem Elmar 3,5/5cm 565 DM. Die Akarette mit dem Normalobjektiv Schneider-Xenar 1:3,5/45 jedoch „nur" 196 DM (1949). Wollte man das lichtstarke Schneider-Xenon 1:2,0/50 mm haben, so kletterte der Preis für das Set allerdings auf stolze 326 DM. Für das Weitwinkelobjektiv Xenar 3,5/35 mm kamen noch 135 DM und für das Tele-Xenar 3,8/75 mm 160 DM dazu. Bei einem Stundenlohn von ca. 1,60 DM musste ein Arbeiter dafür lange sparen.

Zwar erfüllten sich nicht alle Erwartungen des Zeitungsartikels – 300 Mitarbeiter wurden es nicht –, doch ging es mit AkA steil bergauf. Zu Weihnachten 1949 kam ein vereinfachtes Modell für den schmaleren Geldbeutel, die „Akarette 0", auf den Markt. Sie hatte statt Glanzlack einen Hammerschlaglack und der Schieber zum Abdecken des nicht benötigten Sucherfensters wurde weggelassen und durch eine gelbfarbige Scheibe zur Unterscheidung der

Akarette I-2.

Akarette I mit Weitwinkelobjektiv.

Sucher ersetzt. Diese gab es mit dem einfachen Verschluss (Zeiten von 1/25 – 1/200 sec.) und dem einfachen dreilinsigen Radionar 3,5/5 cm bereits für 98 DM. Etwas hochwertiger, mit dem Prontor S-Verschluss (Zeiten von 1 – 1/500 sec.), kostete die Kamera dann aber doch wieder 128 DM.

Wenige Monate später erschien die Akarette II. Die Grundform wurde beibehalten, jedoch bekam die Kamera als markanteste Veränderung verchromte Abdeckbleche für die Ober- und Unterseite, was ihr ein wesentlich edleres Aussehen verlieh. Auch im Detail gab es einige Veränderungen: geriffelte Filmbahn, verchromtes Frontblech, Hebel für die Umschaltung des Sucherfensters, Aufzugsknopf mit Filmmerkscheibe etc. Der Preis konnte trotzdem etwas gesenkt werden. Bei Photo Porst stand sie 1950 mit dem Schneider-Xenar 3,5/5 cm mit 174 DM in der Liste und auch das Set mit dem 2,0/5 cm Xenon war billiger geworden. Nun kostete es nur noch 258 DM. Zum einen waren die Optiken im Preis gefallen und durch zunehmende Serienproduktion konnte man immer günstiger fertigen.

Herrn Pönitzsch, welcher AkA an den Bodensee geholt hatte, hatten die Brüder Armbruster als Betriebsleiter eingestellt und er berichtete später hierzu: „Dann (nach dem Umzug nach Friedrichshafen) verbesserte ich die Einzelteilfertigung mit geeigneten Werkzeugen so, dass die Montagelinie mit 600 Kameras (monatlich) laufen konnte. Das war genau das 10-fache der Produktion, mit der in Wildbad gearbeitet worden war."

Am 2. Februar 1951 feierte man das fünfjährige Firmenjubiläum und die Fertigstellung der 20 000sten Akarette mit einer ganztägigen Betriebsfeier. Bereits um 10.15 Uhr begann das Programm mit einer Feierstunde im Werksgebäude. Anschließend wurden eine Lichtbildvorführung und eine Betriebsbesichtigung für die Gäste angeboten, die dann auch zum gemeinsamen Mittagessen in das Hotel Buchhorner Hof eingeladen waren. Für den gesamten Betrieb gab es abends einen Unterhaltungsabend im „Waldhorn" in Manzell mit gemeinsamem Abendessen und „Tanz und Frohsinn bis nach Mitternacht". Den Bildern nach muss es ein rauschendes Fest gewesen sein.

Von der Akarette II wurden ca. 50 000 Kameras hergestellt, sie war damit die erfolgreichste Kamera von AkA. Sie wurde im April 1954 von der „Akarelle" abgelöst, von der ca. 25 000 Stück produziert wurden. Als wichtigste Veränderung hatte Eugen Armbruster, vor allem auf Drängen der damaligen Mitarbeiter Bott und Wolfrum, den Aufzugsknopf durch einen Schnellschalthebel ersetzt. Aufgrund einer Namensstreitigkeit mit Agfa, welche bei vielen ihrer Kameras die gleiche Namens-Endung benutzten (Isolette, Silette) wurde der Name gleich mitgeändert.

Die ersten Akarellen (Seriennr. 115 000 – 120 000) hatten noch den Umschalthebel für die beiden Sucher. Dieser wurde durch einen Sucher mit eingespiegelten Brennweiten ersetzt. Ab der Seriennummer 120 000 wurde der Doppelsucher für 50 und 75 mm (später 90 mm) dann durch einen moderneren ersetzt, bei welchem die Rahmen für die verschiedenen Objektive eingespiegelt waren.

Die Objektive wurden überwiegend von Schneider in Bad Kreuznach geliefert. Als Normalobjektive gab es das Xenar (4-Linser, gleicher Linsenaufbau wie das Tessar) mit Lichtstärke von 2,8 und 3,5; das Xenon (6-Linser) mit Lichtstärke 2,0 sowie das Radionar (3-Linser) als preisgünstige Alternative mit Lichtstärke 3,5. Später kamen Normalobjektive von Staeble-München, Isco-Göttingen und Will-Wetzlar dazu. Als Weitwinkel wurde in der Anfangszeit das Xenar 3,5/35 mm angeboten, ab 1950 wurde das Xenagon 3,5/35 mm Standard. Es folgte hier das Westron 4,5/35 und 3,5/35 von Isco sowie das Lineogon 3,5/35 von Staeble.

Im Telebereich wurde das Tele-Xenar 3,8/75 angeboten, ergänzt durch das preisgünstigere Tele-Radionar 4,5/75. Mit der Umstellung auf die Akarelle wurde das Tele-Xenar 3,5/90 als Standard-Tele eingeführt. Später kam das Telexon 5,6/90 von Staeble, das Tele Ennalyt 3,5/135 (erste Variante baugleich mit Brennweite 13,5 cm) und das Tele Westanar 3,5/135 von Isco dazu.

Da der Doppelsucher der Akarette nur für 50 und 75 mm bzw. 50 und 90 mm (erste Akarelle-Version) war, gab es für verschiedene Brennweiten (35, 90, 135 mm) Aufstecksucher. Auch verschiedene Filter, vor allem für die Schwarzweißfotografie, sowie Nahlinsen in unterschiedlicher Stärke wurden angeboten. Dazu kamen der Akameter, ein Aufsteck-Entfernungsmesser, und zwei verschiedene Naheinstellgeräte.

Arbeiterinnen beim Montieren von Akaretten.

Akarex-Kameras.

Eine neue Kamerakonstruktion mit Entfernungsmesser: die „Akarex"

Neben den Akaretten war man bei AkA aber sehr früh bestrebt, eine Kamera mit Entfernungsmesser auf den Markt zu bringen. Diese bekam den Namen Akarex.

Ursprünglich waren drei Varianten vorgesehen:
- Akarex I – Festoptik + ungekuppelter Entfernungsmesser
- Akarex II – Wechseloptik + ungekuppelter Enfernungsmesser
- Akarex III – Wechseloptik + gekuppelter Entfernungsmesser.

Die Akarex I gab es in zwei Varianten mit Pronto- (Zeiten 1/25 – 1/200 sec.) oder Prontor SVS- (Zeiten 1 – 1/500 sec.) Verschluss. Im Laufe der Produktion änderte sich auch die Oberkappe von einer zu zwei Stufen und der Schnellspannhebel, welcher am Anfang aus geformtem und verchromtem Messingblech bestand, wurde später aus einem Aluminiumstück gefräst.

Die Akarex II ging nie in Serie und es sind nur zwei Prototypen bekannt. Für die verschiedenen Brennweiten war ein Schieber mit entsprechender Gravur vorgesehen, mit welchem man den Sucher verkleinerte.

Die Akarex III hatte eine in der Kamerageschichte einmalige Konstruktion: Der Messsucher wurde über eine Brücke mit dem Objektiv verbunden und ließ sich gemeinsam mit diesem auswechseln. Es war die einzige Kamera, bei der nicht ein Verschluss von Gauthier, sondern der Synchro-Compur von Deckel eingebaut wurde – in Spezial-Ausführung mit Doppel-Lamellen wegen der besseren Licht-Dichtheit. Die Kamera war damals relativ teuer. Sie kostete mit dem Standardobjektiv Xenon 2,0/50 mm zuerst 435 DM, später dann 366 DM und mit dem Xenar 3,5/50 mm 294 DM. Für das Weitwinkel Xenagon 3,5/35mm musste der Fotoliebhaber nochmals 255 DM und für das Tele-Xenar 3,5/90 mm 258 DM hinlegen. In der Praxis hat sich diese Sucher-Objektivkombination eher als etwas unhandlich herausgestellt. Bei-

Dr. Eugen Armbruster.

de Gründe haben dazu geführt, dass diese Kamera und vor allem die Zusatzobjektive relativ selten sind. Hier gab es ebenfalls die beiden verschieden gestuften Oberkappen und unterschiedlichen Schnellspannhebel.

Die „Arette"

Die nächste von Eugen Armbruster entwickelte Kamera war die „Arette", welche 1956 auf den Markt kam. Es handelte sich ursprünglich um eine Festoptikkamera, wobei der eigentliche Kamerakörper („Camera-Body") immer derselbe war. Die verschiedenen Typen hatten unterschiedliche Oberteile und es gab auch verschiedene Objektivausstattungen. Als Clou der Kamera wurde auf die sanft ums Objektiv geschwungene Frontschürze hingewiesen, die der Kamera eine besondere Griffsicherheit verleihen sollte. Eugen Armbruster ließ sich diese Idee sogar extra patentieren (Deutsches Patentamt 1 043 794).

Es gab vier verschiedene Grundtypen:
- Arette IA nur mit Sucher
- Arette IB mit Sucher + Belichtungsmesser
- Arette IC mit Sucher + Entfernungsmesser
- Arette ID mit Sucher + Belichtungsmesser + Entfernungsmesser

Bei den ersten Kameras (IA und IB) war der Sucher in der Kameramitte angebracht und vor allem die Arette IB entwickelte sich zu einem Verkaufsschlager. Mit ihr kam auch der fotografische Laie relativ sicher zu guten Aufnahmen in der neu aufkommenden Farbfotografie, wo die richtige Belichtung der Bilder eine große Rolle spielte.

Kurz darauf wurde der Sucher auf die linke Kameraseite verlegt, was den Einblick erleichterte und den Einbau eines Entfernungsmessers ermöglichte. Der Name wurde vorerst beibehalten, den Schnellspannhebel hat man jedoch nach unten verlegt. Für den Export bezeichnete man die

Arette-Kameras.

Werbeprospekte für die Arette.

Kameras als „Optina" bzw. „Akarex 700 oder 700 L".

Ca. 1957 kam eine Namensänderung in der Typenbezeichnung: Aus der IB wurde die BN, aus der IC die C und aus der ID die DN. Hinzu kam die BW: eine Kamera mit Belichtungsmesser und Wechseloptik, wobei der gleiche Objektiv-Anschluss wie bei der Akarette/Akarelle verwendet wurde, sodass man die alten Objektive weiterhin verwenden konnte.

Die nächste Entwicklung war der Einbau eines großen Kristallblocksuchers, welcher beim Durchblick das Objekt 1:1 zeigte. Hierzu wurde die Oberkappe erhöht. Die alten Typenbezeichnungen behielt man bei. Nur die Arette IA wurde in Arette A umbenannt. Es gab dann auch eine Arette W nur mit Wechseloptik ohne Belichtungsmesser.

Krisenzeit bei AkA

Durch den Amerika-Export von Kameras kam es zum Kontakt mit Sawer's, welche die View-Master-Scheiben und entsprechende Stereo-Betrachter herstellten. Es wurden 3-D-Aufnahmen aus aller Welt gezeigt und es war geplant, eine Kamera zu produzieren, mit welcher der Kunde selber Aufnahmen für solche View-Master-Scheiben machen konnte. Aufgrund der hohen Einfuhrzölle, mit welchen der europäische Fotomarkt gegen Importe abgeschirmt wurde, war man daran interessiert, in Europa selber eine solche Kamera zu bauen, um die Zölle zu umgehen. Eugen Armbruster bekam ca. 1955 den Auftrag, diese Kamera zu entwickeln.

Es wurde eine sehr interessante Konstruktion mit quer laufender Filmbahn, um die beiden Teilbilder im Format 10 x 11 mm schräg versetzt übereinander zu platzieren. Die Amerika-

Die von Dr. Eugen Armbruster konstruierte View-Master-Stereo-Kamera.

ner waren an einer Kooperation mit AkA interessiert, was Max Armbruster, der Finanzier von AkA, jedoch strikt ablehnte, da er „kein ausländisches Kapital in der Firma" haben wollte. Es kam zu einem heftigen Streit der beiden Brüder, Eugen Armbruster schied aus der Geschäftsleitung aus und wurde Prokurist. 1958 trennte er sich endgültig von AkA und wechselte zu Feinwerktechnik in Lahr, wo die MEC 16 gebaut wurde. Vermutlich war er dort dann an der Weiterentwicklung zur MEC 16 SB beteiligt.

AkA selber wurde 1957 in *„Apparate und Kamerawerk GmbH"* umbenannt und das typische AkA-Logo durch ein geschwungenes, kleingeschriebenes *„akw"* ersetzt. In der Firma ging jedoch nach dem Weggang von Dr. Eugen Armbruster in der Weiterentwicklung des Kamerabaus nichts mehr voran.

Als Krönung der Arette-Serie war die Arette automatic S geplant, welche 1958 auf der Photokina in Köln vorgestellt wurde. Diese Kamera sollte als Systemkamera alle damaligen Ausstattungsmöglichkeiten einer Sucherkamera in sich vereinen: Wechselobjektive + gekoppelter Entfernungsmesser + Belichtungssteuerung. Geplant war ein neuartiger Bajonettanschluss. Die Firma schaffte es jedoch nicht, die Kamera zur Serienreife zu bringen. Bekannt sind drei nicht funktionsfähige Prototypen und einige Wechselobjektive. Stattdessen brachte man unter diesem Namen nur eine wesentlich vereinfachte Festoptikkamera mit Prontormat-Verschluss auf den Markt, bei der man zur Belichtungssteuerung zwei bewegliche Markierungen in Übereinstimmung bringen musste. Die ebenfalls in Köln vorgestellte 8mm-Filmkamera wanderte auch in den Schrott und wurde trotz sehr hohem Entwick-

Eugen Hafner montiert eine Arette automatic-S.

lungsaufwand nie in Serie gebaut. Von ihr gibt es heute nur noch ein paar Zeichnungen und Bilder.

Für die Weiterentwicklung der Kameras wurde ein junger Ingenieur aus München angestellt, der jedoch keine praktische Erfahrung im Kamerabau hatte. So waren die weiteren „Entwicklungen" nur noch optische Veränderungen ohne technischen Fortschritt. Die Oberkappe wurde begradigt und die geschwungene Frontschürze durch eine viereckige ersetzt. Für diese Kamera hat man den alten Namen „Akarelle" wieder ausgegraben. Bei der Typenbezeichnung kamen noch ein paar Varianten dazu, je nach Art des verwendeten Verschlusses: Akarelle V für die Kamera mit dem einfachen Vario-Verschluss, sowie Akarelle P für den etwas höherwertigen Pronto-Verschluss und für den England Export gab es die Super P.

Um überhaupt auf dem Markt zu bleiben, entschloss sich die Firmenleitung zu einer Zusammenarbeit mit „Foto Quelle". Von dort wurden zwar hohe Abnahmezahlen garantiert, aber der Stückpreis pro Kamera war sehr niedrig. Im September 1960 musste AKW, für die Beschäftigten völlig überraschend, Konkurs anmelden. Kurz zuvor versuchte Max Armbruster noch einmal, die von seinem Bruder Eugen konstruierte View-Master-Stereo-Kamera auf den Markt zu bringen, aber das konnte die Firma auch nicht mehr retten. Die Stereokonstruktion wurde für 45 000 DM vermutlich an Firma Regula King im Schwarzwald verkauft, welche die Kamera dann auch produzierte und unter dem Namen „View-Master Stereo Color Camera" verkaufte.

Ende und Neuanfang

Nachfolgend ein Ausschnitt aus dem Bericht der Schwäbischen Zeitung vom 30.11.1960 zum Konkurs von AKW und den Zukunftsaussichten:

„Auf einer Gläubigerversammlung im Amtsgericht Tettnang gab Notar Steger gestern Bericht über den Verlauf des Konkursverfahrens, das über das Vermögen der Firma Apparate und Kamerawerk GmbH Ende September verhängt wurde, ... Das höchste Angebot mit 250 000 DM ... wurde von der Firma H. O. Arlt KG in Friedrichshafen-Seemoos gemacht, ... Neben dem Komplementär H. O. Arlt werden als Mitinhaber genannt: die Fa. Claus v. Trotha, Kamerawerk in München, und Dr. Wilkenson, ein Fachmann aus Schweden, der durch Erfindungen auf dem Gebiete des Kamerabaues bereits hervorgetreten ist ... "

Die H. O. Arlt KG war wenige Tage vorher, am 25.11.1960, gegründet worden, offensichtlich, um das insolvente AKW-Werk zu erwerben. Man gab ein Übernahmeangebot in einer Höhe ab, die den Erwerb des Betriebes sicherstellte. Neben dem namensgebenden Komplementär, Hanfried Otto Arlt, waren als Kommanditisten eine weitere Gesellschaft, die Claus von Trotha KG, München (Einlage von 200 000 DM), und eine Privatperson, die Kunsthistorikerin Dr. Ursula Lampe (Einlage von 100 000 DM), beteiligt. Arlt war ein Lindauer Spediteur, der vom Zoll des gewerblichen Schmuggels von Waren aus der Schweiz bezichtigt wurde, weswegen er sich nach einem neuen Geschäftsfeld umschaute. Wilkenson war entgegen der Zeitungsmeldung nicht Teilhaber, er war vermutlich Teilhaber an der Claus von Trotha KG.

Überwiegend wurden weiterhin Kameras für Quelle produziert – mit den altbekannten Problemen. Das Großversandhaus war ein sicherer Abnehmer, aber man musste die Kameras für einen sehr geringen Preis verkaufen, sodass eher Verluste als Gewinne eingefahren wurden. Zudem weigerten sich die herkömmlichen Fotogeschäfte, Kameras zu verkaufen, welche bei einem Großversandhaus angeboten wurden. So fiel dieser Absatzmarkt weg. Zudem hinkten die Kameras technisch ihrer Zeit hinterher. Ein weiterer Abnehmer war das Fotohaus Oberpollinger und für Foto Schaja in München wurde extra eine Kleinserie einer Festoptikkamera gefertigt.

Die „Wilca" - Hoffnung auf wirtschaftlichen Erfolg

Wie im Zeitungsbericht angedeutet, war an der neuen Firma auch ein Herr Dr. Wilkenson (1914 – 1991) involviert, in dessen Erfindung alle Beteiligten wohl große Hoffnungen setzten. Während des Zweiten Weltkriegs und noch bis Mitte 1955 war er bei der Svenska Aeroplan Aktiebolaget (SAAB) in der Flugzeug-Entwicklungsabteilung beschäftigt. Man findet von ihm Patente über Bombenabwurfzielgeräte, Wind-Drift-Ausgleichsrechner, Geräte zur Bestimmung von Angriffswinkeln u. a. Für seine Tätigkeit und seine Erfindungen ist er offenbar so gut honoriert worden, dass er es sich ab Mitte der fünfziger Jahre leisten konnte, als freier Erfinder zu arbeiten. Zu dieser Zeit verlegte die Familie den Wohnsitz nach Genf. Unter anderem konstruierte er eine Kleinstbildkamera, welche er „Wilca" (= Wilkenson Camera) nannte. Sie wurde von ihm auf der Photokina vom 24. September bis 2. Oktober 1960 zusammen mit der Claus von Trotha KG präsentiert.

Dr. Erik Wilkenson (links) mit Claus von Trotha.

Die Wilca wird auf der Photokina vorgestellt.

Dr. Wilkenson selber stellte damals die Kamera mit folgenden Worten vor: „*Mit der Wilca können Sie zum ersten Mal alle die Möglichkeiten ausnützen, welche das moderne 10 x 14 mm Format in Verbindung mit der Automatisierung für die Vereinfachung des Photographierens bietet. Sie brauchen weder Entfernung, Tiefenschärfe, Blende und Zeit noch Filmempfindlichkeit zu beachten – alles das besorgt das Gehirn der Wilca für Sie.*"

Der Besucher der Photokina 1960 konnte eine vom ersten Eindruck her solide, hochwertige Sucherkamera mit verchromter Oberkappe und großem Kristallsucher bewundern. Tatsächlich musste der Benutzer nur im Sichtfenster des Belichtungsmessers die beiden Zeiger in Übereinstimmung bringen und schon konnte er auslösen. Die Einstellung von Zeit und Blende übernahm der Verschluss selbsttätig. Dank des Fixfokus-Objektivs war eine Entfernungseinstellung überflüssig. Der Film für 24 Aufnahmen wurde, wie bei dieser Art Kameras üblich, von Spule zu Spule transportiert. Wenn man den Rückdeckel öffnete, konnte man sich allerdings fragen, wie man eine so große Kamera – Ausmaße 110 x 72 x 40 mm – für solch ein winziges Filmformat von 10 x 14 mm bauen konnte. Es ist wirklich nur ein kleines Fensterchen. Der Preis für die Wilca wurde auf 387 DM festgesetzt, eine stolze Summe zur damaligen Zeit.

Die Aufnahmen, die es von der Photokina gibt, zeigen ein großes Publikumsinteresse. Auch die Fachwelt hegte offenbar Erwartungen. Der Autor von „Neues auf der Photokina" schrieb im Photomagazin, November 1960, Seite 26: „*Enttäuscht wurden all jene, die neue Kleinstbildkameras bei verschiedenen großen Firmen erwartet hatten. Lediglich ein neu gegründetes Münchner Unternehmen zeigte mit der Wilca eine Kleinstbildkamera...*" In der schweizerischen Fotozeitschrift „Camera" stellte man sie ebenfalls im November 1960 vor.

Nach der Photokina war die Wilca auch noch auf Verkaufsmessen in Brüssel und Stockholm vertreten.

Für den Photokina-Besucher war die automatische Einstellung der Filmempfindlichkeit allerdings nicht so augenfällig. Mit ihr wurde eine wirkliche technische Neuheit gezeigt: Beim Einlegen des Films stellte sich der Belichtungsmesser selbsttätig auf die jeweilige Filmempfindlichkeit ein. Dies geschah über zwei Noppen auf der Oberseite der Filmspule, welche beim Einlegen in die Kamera einen Metallstab drehten, der mit einer Achse verbunden war. An deren oberen Ende befand sich eine Ellipse. Durch die Ellipsendrehung wurde die Kippachse des Übertragungshebels zwischen Belichtungseinstellrad und Nachführzeiger des Belichtungsmessers seitlich verschoben. Feinmechanik, die einen begeistern kann! Wenn man daraufhin die Konstruktionszeichnung betrachtet, wird verständlich, warum die Wilca relativ groß ausgefallen war.

Diese Erfindung hatte Wilkenson bereits Mitte 1959 in Schweden zum Patent angemeldet. Beim Deutschen Patentamt wurde eine parallele Anmeldung am 25. September 1959 eingereicht, auf die das Patent Nr. 1175069 am 10. April 1965 erteilt wurde. In den USA reichte Wilkenson erst am 2. Dezember 1960 eine Patentanmeldung ein, deren Beschreibung etwas ausführlicher war. Dieses Patent wurde ebenfalls erteilt, und zwar bereits am 20. März 1962 mit der Nr. 3025777.

Die Kamera hatte einen Prontor-Verschluss. Die Belichtung konnte man als Verschlusskombination mit Zeiten von 1/25 bis 1/250 und Blende 2 bis 22 einstellen. Das eine Einstellrad am Boden der Kamera war über einen Hebel mit dem Nachführ-Belichtungsmesser verbunden, und man musste nur beide Zeiger in Übereinstimmung bringen, schon passte die Belichtung. Zusätzlich sind auf der Oberkappe Entfernungsangaben für Blitzaufnahmen eingraviert (8 6 4 2 1 m), und man musste nur den Belichtungsmesserzeiger auf die richtige Markierung einstellen.

Die Wilca war mit einem 6-linsigen Objektiv, Wilcalux 2/16 mm, ausgestattet. Wegen der kurzen Brennweite fällt das Objektiv trotz der großen relativen Öffnung recht klein aus. Bei einer Brennweite von 16 mm konnte man natürlich getrost auf eine Entfernungseinstellung und eine Tiefenschärfetabelle verzichten, was im Prospekt dann als große Errungenschaft

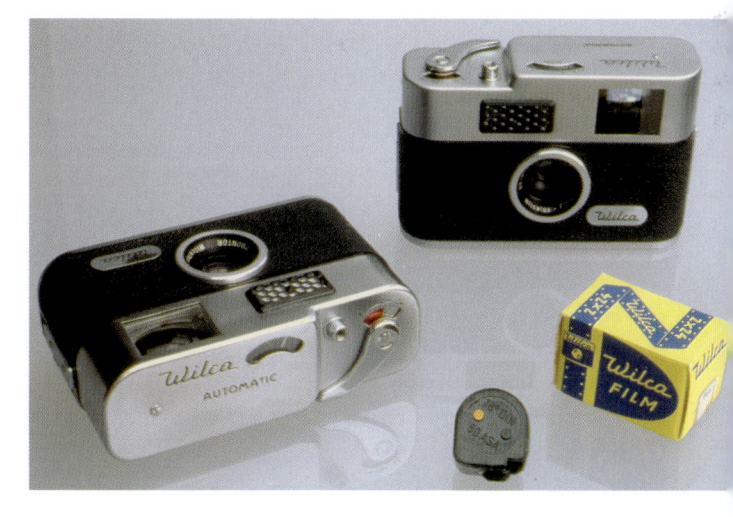

Wilcas mit Filmpatrone.

gepriesen wurde. Das Fixfokus-Objektiv schützte ein fest eingebauter UV-Filter und ein Objektivring. Das Ganze bezeichnete man als „Gegenlichtfassung". Es erstaunt immer wieder, mit welchen Beschreibungen findige Werbemenschen ihre Ware anpreisen.

Nach dem positiven Anklang, welche die Kamera auf den verschiedenen Messen gefunden hatte, konnte die Serienproduktion anlaufen. Es wurde eine zweite Fertigungsabteilung etabliert, die ausschließlich Wilcas herstellen sollte. Dafür setzte man acht Personen ein.

Gehäuse und die mechanischen Komponenten bezog man von Fremdfirmen. Die Qualitätssicherung erwies sich dadurch als relativ schwierig, da immer wieder Materialtoleranzen mit Unterlegscheiben oder Langlöchern ausgeglichen werden mussten. Zudem gab es bei den frühen Modellen der Wilca Mängel, insbesondere beim Filmtransport.

Auf Anraten des Prokuristen Albert Kallfass stellte man im Januar 1961 den ehemaligen AKW-Mitarbeiter Georg Lang nun als Leiter der Produktion wieder ein. Er war bei AKW Leiter der Entwicklungsabteilung gewesen und hatte z. B. an der Entwicklung der View-Master-Kamera entscheidend mitgewirkt. Er bekam zunächst den Auftrag, die Wilca zur Serienreife zu bringen. Georg Lang konnte die Mängel aufgrund seiner langjährigen Erfahrung ohne konstruktive Änderungen beheben.

Aber es gab nicht nur technische Probleme. Der eingesetzte Betriebsleiter kam aus Berlin. Er war ein sehr schwieriger Zeitgenosse mit chronisch schlechter Laune, der dazu neigte, die Mitarbeiter zu schikanieren, was nicht unbedingt zu einem fruchtbaren Arbeitsklima beitrug. Glücklicherweise war er nicht ständig anwesend.

Nach Aussage von Georg Lang wurde die Serienproduktion etwa ab Mitte März aufgenommen. Allerdings musste die Fertigung öfters unterbrochen werden, weil Teile nicht rechtzeitig eintrafen. Die „arbeitslosen" Mitarbeiter halfen dann in der Nachbarabteilung bei der Arette-Produktion mit. Bei unbeeinträchtigter Fertigung wurden ca. zwanzig Wilcas pro Tag montiert.

Bereits Ende 1961 wurde die Produktion in Friedrichshafen wieder eingestellt. Angeblich nahm Dr. Wilkenson noch kistenweise Teile mit nach Schweden. Nach derzeitigem Wissensstand wurde dort aber keine Wilca produziert.

Wie dem auch sei. Offenbar konnte sich die Kamera am Markt nicht durchsetzen. Dafür mag es viele Gründe gegeben haben. Einer davon war die feinmechanisch raffinierte Lösung der Übertragung der Filmempfindlichkeit auf den Belichtungsmesser. Was als gutes Verkaufsargument hätte dienen sollen, erwies sich als Hindernis, denn keiner der großen Filmkonzerne, weder Kodak noch Agfa, war bereit, Filme in Patronen mit den speziellen Noppen für die Filmempfindlichkeit in sein Programm zu nehmen. Wilkenson konnte zwar in Deutschland von einer bisher nicht bekannten Firma Diafilme mit 15, 18 und 21 DIN herstellen lassen, wie die Aufschrift auf der Filmpatrone besagt, es gab hier aber kein eigenes Vertriebs- und Servicenetz. Man musste die Filme in Schweden kaufen und zum Entwickeln an die Wilca AB schicken. Sie kamen dann gerahmt zurück. Durch das kleine Filmformat war die Qualität der Fotos nicht besonders gut.

Aufgrund der Objektiv-Seriennummern lässt sich errechnen, dass vermutlich nur ca. 300 Wilcas gebaut wurden. Sie ist heute eine der seltensten europäischen Nachkriegskameras auf dem Sammlermarkt.

Das Ende von AkA

Die weitere Firmengeschichte ist etwas verwirrend. Am 18. Juli 1962 wurde eine „Arette Feintechnik GmbH" gegründet. In dieser tauchte nun Wilkenson offiziell als Gesellschafter auf, neben zwei weiteren Privatpersonen, nämlich dem Diplomingenieur René Boutard aus Zürich und der bereits an der H. O. Arlt KG beteiligten Dr. Ursula Lampe. Das Grundkapital belief sich auf (nur) 20 000 DM.

Der Name der Gesellschaft lässt darauf schließen, dass die Gesellschafter von vornherein das Ziel verfolgten, mit der GmbH die H. O. Arlt KG zu übernehmen. Am 18. Februar 1963 wurde diese Änderung ins Handelsregister eingetragen: Arlt schied aus der Kommanditgesellschaft aus. Die Arette Feintechnik GmbH trat an seiner Stelle als Komplementärin in die Kommanditgesellschaft ein. Damit erreichte man, dass keiner der Gesellschafter persönlich haftete. Zwangsläufig wurde die H. O. Arlt KG in „Arette Feintechnik GmbH und Co. KG" umbenannt. Bei den Kommanditisten, Claus von Trotha KG und Dr. Ursula Lampe, trat keine Änderung ein. Eventuell war nochmals ein Neustart geplant. Möglich erscheint auch, dass man durch die neue Firmenkonstellation vor allem das Privatkapital sichern wollte, weil man den Niedergang der Firma spürte.

1968 schieden Wilkenson und Boutard aus der Arette Feintechnik GmbH aus. Die Gesellschaft ging in andere Hände über und wurde 1975 gelöscht. Die Claus von Trotha KG ebenso wie Dr. Ursula Lampe schieden als Kommanditisten aus der Arette Feintechnik GmbH und Co. KG aus (Handelsregistereintrag vom 28. Januar 1969). Damit war keiner der in die Wilca-Kameraproduktion Involvierten mehr an der Firma beteiligt. Die GmbH und Co. KG wurde 1981 von Amts wegen im Handelsregister gelöscht.

Das Ende von AkA war nicht zu vermeiden und die Fa. Beierle übernahm die Räume und kam für kurze Zeit an den Bodensee, um hier Teile für Uhren zu fertigen. Da jedoch das Lohnniveau am Bodensee höher war als im Schwarzwald, zog man sich bald wieder zurück. Das Landratsamt von Friedrichshafen wurde im Gebäude untergebracht, bis zu einem eigenen Neubau. Es wechselten die Nutzer – der Name AkA ist dem Gebäude jedoch geblieben. Heute befindet sich darin die Zeppelin University.

Lehrjahre sind keine Herrenjahre
Aus den Erinnerungen an meine Schreinerlehre in den fünfziger Jahren

MAX KITT

Im Juli 1950 wurde ich aus der Volksschule in Überlingen entlassen. Wie heutzutage waren auch damals Lehrstellen knapp. Die meisten meiner Schulkameraden hatten schon eine Lehrstelle in Aussicht. Den wenigen, die noch keine hatten, war unser strenger, aber allseits geliebter Klassenlehrer, Herr Helbling, behilflich. Dass mein zukünftiger Beruf etwas mit Holz zu tun haben sollte, stand für mich fest. Bildhauer, Drechsler oder Schreiner, diese Berufe hatte ich ins Auge gefasst. Bildhauer zu werden wurde mir ausgeredet: *„Das ist ein Hungerberuf."* Wer hatte in den fünfziger Jahren schon Geld für Kunst! Für Drechsler gab es zwar einige Lehrstellen, aber keine Plätze für Gesellen. So blieb schließlich noch der Schreinerberuf übrig.

An einem sonnigen Tag im Mai ging ich mit meinem Vater zur Schreinerei Frick in der Spitalgasse, um nach einem Ausbildungsplatz zu fragen. Meine Mutter schaute uns aus dem Stubenfenster nach und weinte. Für mich war das alles aufregend und neu. Wir kamen also in die Spitalgasse und betraten die Werkstatt von Meister Peter Frick. Ein kaum 40 qm großer Raum tat sich vor uns auf. Mein zukünftiger Meister mochte damals etwa siebzig Jahre alt sein, war mittelgroß und hager, trug Schnauzer und Spitzbart und blickte düster. Sein Sohn Peter, um die fünfzig, war

Einundzwanzig Jahre hat Schreinermeister Max Kitt bei der Fa. Böhler gearbeitet.

Lehrmeister Peter Frick sen.

Max Kitt als Lehrling auf einem Passbild aus den 40er Jahren.

ebenfalls mittelgroß, jedoch leicht korpulent. Er empfing uns mit einem hämischen Grinsen, das auf mich nicht gerade ermunternd wirkte. Sein rundliches Gesicht mit dem kleinen Schnauzbart drückte die Überzeugung aus: *„Ich kann und weiß alles und ihr könnt gar nichts!"*

Im Werkstattraum befanden sich an der Längsseite drei kleine Fenster und an der Querseite ein großes Fenster. Von den drei Hobelbänken an den Fensterwänden wurde die mittlere nicht benutzt. Das war der Arbeitsplatz des Lehrlings. Neben dem Eingang stand ein Leimofen, daneben lag der als Brennmaterial dienende Spänehaufen. An der fensterlosen Längsseite standen fünf Furnierböcke, darüber hing eine Unmenge Schablonen. Zwei Wandschränke beherbergten unzählige große und kleine Flaschen und Blechdosen, fast alle ohne Beschriftung. Sie enthielten allerlei Beizen, Lacke und andere Mixturen, die zur Oberflächenbehandlung benötigt werden. In der Ecke neben dem Spänehaufen befand sich ein Waschbecken, daneben die einzige Maschine dieses Raumes, eine handbetriebene Schmirgelscheibe mit Übersetzung.

Nachdem meine Augen die Runde durch die Werkstatt beendet hatten, trafen sie wieder auf den strengen Blick des Meisters, der mich von oben bis unten musterte. Mein Vater erklärte, dass ich zu Hause schon viel gebastelt hätte und den Beruf des Schreiners erlernen möchte. Des Meisters Sohn rief gleich dazwischen: *„Das ist nicht gut, diese Bastler machen alles falsch und es ist sehr schwierig, denen die Handgriffe und Fertigkeiten richtig beizubringen!"* Nach langem, unbehaglichem Schweigen entschied Meister Peter Frick: *„Na, meinetwege kaner kumme."* Diesen Worten ließ der Sohn ein leises, für mich teuflisches Lachen folgen. (Der Einfachheit halber werde ich meinen Meister nachfolgend Peter I, seinen Sohn Peter II nennen.)

Ich hatte nun meine Lehrstelle und sollte am 3. Oktober 1950 anfangen. Mein Vater wechselte noch ein paar Worte mit Peter II, der vor Jahren mit ihm die Meisterprüfung abgelegt hatte. Peter I war außerdem auch sein Lehrmeister gewesen. Als wir uns verabschiedeten, wandte er sich an meinen Vater und versicherte: *„Du bischt au ebbes worre, us dem werre mr au ebbes mache."*

Im Gegensatz zu vielen meiner Schulkameraden, die unmittelbar nach der Entlassung aus der Volksschule im Juli 1950 mit der Lehre beginnen mussten, hatte ich noch Zeit bis Oktober. Wenn mich jemand nach meinen Berufsabsichten fragte, antwortete ich nicht ohne Stolz: *„Ich lerne Schreiner."*

Mein erster Arbeitstag

Früh um 7 Uhr machte ich mich auf den Weg in die Spitalgasse. Ich trug eine nagelneue blaue Schreinerschürze, in der ich mir ziemlich komisch vorkam, hatte ein Vesperbrot unterm Arm und betrat mit gemischten Gefühlen die Werkstatt. Die beiden Peter waren bereits da und erwiderten kaum hörbar meinen Gruß. Beide waren sehr wortkarge Menschen. Als Erstes wiesen sie mir die Hobelbank und den Zeugrahmen (Werkzeugkasten) zu.

Damals wurde ausschließlich mit Warmleim gearbeitet. Aufgabe des Lehrlings war es, jeden Tag, sowohl im Sommer als auch im Winter, den Leimofen zu heizen. Die großen Kessel im Ofen mussten mit Spänen und Sägemehl gefüllt und gestampft werden. Die gefüllten Kessel wurden dann in den Ofen geschoben und angezündet. Je fester man die Kessel gestampft hatte, desto länger brannten sie. Wenn ich manchmal die Kessel zu wenig gestampft hatte, fielen die Späne zusammen und es entwickelten sich Gase, die sich nach einiger Zeit entzündeten und zu einer Explosion führten; die Ofentüre schlug auf, die Werkstatt war voller Qualm und ich bekam eine Portion Ohrfeigen.

Als Nächstes wurde ich in das Schärfen der Werkzeuge eingewiesen. Hobel- und Stecheisen wurden auf einer von Hand gedrehten Schmirgelscheibe geschliffen. Nach dem Schleifen mussten sie mit Abziehstein (Belg. Brocken) so lange abgezogen werden, bis kein Grat mehr vorhanden war, das heißt, bis man sich damit rasieren konnte.

An meiner Hobelbank lehnten vier verleimte, jeweils einen halben Quadratmeter große Bretter, die ich nun zu bearbeiten hatte. Die losen Äste mussten ausgeflickt werden. Dazu kniete ich auf der Hobelbank und bohrte mit einer Bohrwinde die Äste aus. Die Löcher wurden dann mit Querholzzapfen und Warmleim ausgeleimt. Ich lernte den Hobel einzustellen. Nun begann die schreckliche Zeit, bis die vier Bretter ausgehobelt waren und Gnade bei meinem Meister gefunden hatten.

Sehr rasch lernte ich, wie tückisch und widerspenstig Holz sein kann und wie mühsam es zu bearbeiten ist. An meiner rechten Hand bildeten sich große Blasen von der ungewohnten Arbeit. Ich hatte kaum noch die Kraft, den Hobel zu schieben, trotzdem musste ich weitermachen. Als die kleine Kuckucksuhr in der Werkstatt 12 Uhr schlug, atmete ich erleichtert auf. Endlich Pause! Ich ging nach Hause und pflegte meine Blasen. Mit Pflastern an den Händen und einem Vorrat davon in der Hosentasche, machte ich mich um 13 Uhr wieder an die Arbeit. Als Erstes hatte ich das Feuer im Leimofen wieder anzufachen, um den Leim wieder flüssig zu machen. Kaum war das Feuer richtig im Gang, ging die Werkstatttüre auf. Peter I trat ein und befahl mit finsterer Miene: *„Kumm!"* Was das zu bedeuten hatte, wusste ich nicht, sollte es aber gleich erfahren.

In Begleitung von Strolch, dem Hund meines Meisters, einer schwarzen Promenadenmischung, fuhr ich mit dem Handwagen los. Unser Ziel war ein Grundstück oberhalb des Friedhofs am Stadtgraben, auf dem sich zwei Schuppen für Schnittholz, Heu, Kohlen und Brennholz, ein kleiner Gemüsegarten und einige Obstbäume befanden. Den ganzen Nachmittag über pflückte ich Äpfel, und meine geschundenen Hände konnten sich dabei etwas erholen. Gegen Abend fuhren wir mit unserer Apfelernte wieder zurück in die Spitalgasse. Beim Betreten der Werkstatt wurde ich von Peter II mit einem Donnerwetter empfangen. Meine Arbeit sei in der Werkstatt, und da hätte ich auch zu bleiben. Peter I und Peter II waren nicht gut aufeinander zu sprechen und redeten sehr wenig miteinander. Ich war der Puffer zwischen den beiden und wusste nicht, an wen ich mich letztendlich halten sollte. Eine sehr schwierige Situation.

Nun musste die Werkstatt aufgeräumt und ausgekehrt und die Hobelbänke mussten abgefegt werden. Um 17.30 Uhr war endlich Feierabend. So schnell wie möglich aus der Werkstatt und nichts wie heim! Zufrieden über diesen ersten Arbeitstag war ich nicht und mir war ziemlich bange, wie das weitergehen sollte. Meine Eltern ermutigten mich: *„Es wird schon werden – Lehrjahre sind keine Herrenjahre."* (…)

Von der Kunst des Polierens

Man muss meinem Meister und seinem Sohn zugute halten, dass sie wahre Künstler im Polieren waren. Unter Verwendung verschiedenster Zutaten und in mühevoller Handarbeit entstanden wunderschöne, schlierenfreie und hochglänzende Möbelflächen. Die Polituren und Mittelchen, die von den Chefs selbst gemixt wurden, waren Betriebsgeheimnis und wurden dem Lehrling nicht verraten. Alle Flaschen und Dosen blieben ohne Etiketten und nur die beiden Peter kannten Inhalt und Verwendungszweck. Ganz kleine Einblicke in diese Geheimnisse habe ich aber doch bekommen, denn hin und wieder musste ich in der Apotheke oder Drogerie diverse Rohstoffe besorgen. Schellack in Schuppen, Kolophonium, Nigrosin, Kalikristalle, Drachenblut und Bimsmehl, um nur einige zu nennen. Zur Herstellung von Schellack-Mattierungen und Polituren benutzte mein Meister hochprozentigen Alkohol. Böse Zungen behaupten, die alten Schreiner seien bei der Oberflächenbehandlung nie nüchtern gewesen, denn sie hätten oft einen Schluck aus der Verdünnerflasche (70- bis 80-prozentiger Alkohol) zur Brust genommen. Ich kann mir aber nicht vorstellen, dass sie in betrunkenem Zustand in der Lage gewesen wären, diese wunderschönen Flächen in Handarbeit zustande zu bringen. (…)

Kleiner Unfall

Trotz der vielen Arbeiten, die rein gar nichts mit dem Beruf zu tun hatten, wurde mir doch auch beruflich einiges beigebracht. Ich lernte, gerade Schnitte mit der Absetzsäge zu machen. Bald konnte ich kleine Aufträge selbständig ausführen, unter anderem waren mehrere große Kleiderbügel für Messgewänder in der Franziskanerkirche anzufertigen. Das Leistenmaterial war vorgerichtet und Peter II zeigte mir, wie die Teile angerissen werden mussten und wie sie fertig aussehen sollten. Schöne, gerade Sägeschnitte wurden verlangt und ich durfte nicht über den Riss hinaussägen. Das Material war tückisch, die Säge hüpfte mir über die Kuppe des linken Daumens, der sofort heftig blutete. Nun wurde ich nach alter Schreinerart verarztet. Peter II nahm ein Brett, machte einen schönen, breiten und langen Hobelspan, wickelte ihn um meinen Finger und befestigte ihn mit Warmleim. Mir wurde schwarz vor Augen und ich drohte ohnmächtig zu werden. Peter I kam dazu, sah mein käsiges Gesicht, verließ die Werkstatt und kam gleich darauf wieder zurück. Er drückte mir ein ordentliches Glas selbst gemachten Brombeerlikör mit den Worten *„do, nimm!"* in die Hand. Meine Lebensgeister wurden wieder geweckt und der Likör schmeckte auch nicht übel. Trotz des verletzten Daumens wurde weitergearbeitet. Am Samstag wurde damals noch bis 12 Uhr gearbeitet, anschließend musste die Werkstatt aufgeräumt werden.

Der Samstag war vor allem als Zahltag wichtig. Ein Girokonto kannte man damals noch nicht und so gab mir die Meisterin das Geld immer bar auf die Hand. Im ersten Halbjahr waren es 4 DM pro Woche, später 5 DM. Das nannte sich Erziehungsbeihilfe und war kein Lehrlingslohn. Ein Paar Schuhe kosteten seinerzeit 35 bis 40 DM, mein neues Fahrrad (ohne Gangschaltung) 177 DM, ein Vesper (2 Brötchen und 2 Servelat) 60 Pfennige.

Eines Tages erhielten wir von einer Kundin in der Krummebergstraße den Auftrag, Schränke abzuschlagen, zu renovieren und in einem anderen Raum wieder aufzuschlagen. Beim Aufschlagen der Schränke legte ich die Fachböden verkehrt herum ein, was von Peter I sofort bemerkt wurde. Er verabreichte mir ein paar saftige Ohrfeigen und kommentierte sie mit den Worten: *„Du giesch diner Lebdig nie en Schriener!"* Von meinem Meister unbemerkt, steckte mir die Kundin 5 DM Trinkgeld in die Hosentasche. Ich war verblüfft und überwältigt: ein ganzer Wochenlohn als Trinkgeld!

Am Anfang meiner Lehre ging ich am Samstag immer um 12 Uhr zum Mittagessen nach Hause und räumte danach die Werkstatt und den kleinen Maschinenraum auf. Das nahm ungefähr eineinhalb Stunden in Anspruch. Im Bankraum mussten die Materialien, die an den Wänden lehnten, vorgenommen und dahinter sauber gemacht werden. Hobelbänke und Fenstersimse waren abzukehren und auf dem Boden musste sauber zusammengefegt werden. Für den Montag hatte ich genügend Brennmaterial herbeizuschaffen. Am Leimofen musste das Wasserschiff geleert, gereinigt und mit frischem Wasser gefüllt werden.

Im Maschinenraum, der sehr klein und niedrig war, stand nur eine kombinierte Kreissäge, die von einem etwa zwei Meter entfernten Motor angetrieben wurde. Entsprechend lang war auch der Treibriemen. Um die Maschine herum waren etwa zwei Meter Platz. An der Wand stand ein Räucherapparat, in dem mein Meister Speck räucherte und aufbewahrte. Eine Türe führte in einen kleinen Kellerraum, wo die Vorräte und der saure Most lagerten, durch eine zweite Türe gelangte man in den Stall, wo vier Ziegen und zwei Schweine ihr Dasein fristeten. Jeder freie Platz an den Wänden war mit Massivholz aller Längen, Dicken und Breiten in den verschiedensten Holzarten vollgestellt. Der Lücke zwischen Elektromotor und Maschine wurde von einem breiten Brett überbrückt, das als Tischverlängerung und Riemenschutz diente. Darunter lagerten die anfallenden Späne und das Sägemehl. Das Aufräumen des Maschinenraumes kostete die meiste Zeit. Die Holzabschnitte wurden – nach Längen und Dicken geordnet – an den Wänden aufgereiht, nachdem dahinter vorgekehrt worden war. Wenn ich fertig war, durfte ich nach Hause.

Es kam öfters vor, dass Peter I im wahrsten Sinne des Wortes „die Sau rausließ". Er öffnete dann die Stalltüre, die beiden Schweine stürmten heraus, tobten im Hof herum und verschonten natürlich auch den Maschinenraum nicht. Weil ein Rundkurs um die Maschine nicht möglich war, blieben sie manchmal mit den Köpfen im Riemen hängen. Dann wurde so lange gestrampelt, geschoben und gezogen, bis sich der Riemen von der Scheibe löste. Der ganze Raum bot ein Bild der Verwüstung, doch meinen Meister störte das nicht. Er machte seelenruhig den Stall sauber und ich durfte wieder von vorne beginnen. Schließlich wurde ich schlauer und ging samstags nicht erst zum Mittagessen nach Hause, sondern räumte vorher auf. Bis dann der böse Peter gegessen und ein kurzes Mittagsschläfchen gehalten hatte, war ich fertig und über alle Berge. Die Beseitigung der Verheerungen, die seine Schweine anrichteten, blieb ihm selbst überlassen.

Berufsschule

Der Unterricht in der Gewerbeschule an der Gradebergstraße, der heutigen Musikschule, fand immer montags statt und bot eine willkommene Abwechslung. Man traf seine ehemaligen Schulkameraden aus der Volksschule, teilweise sogar in der gleichen Klasse. Damals waren noch alle Berufe in der Gewerbeschule untergebracht und in unserer Klasse alle Holzberufe vertreten: Schreiner, Glaser, Zimmerer, Bildhauer, Orgelbauer, Wagner, Küfer, Drechsler und sogar Förster. Für unseren Klassenlehrer, Herrn Ege, war es bestimmt nicht einfach, alle diese Berufe gleichzeitig zu unterrichten. Deutsch, Staatsbürgerkunde und Fachrechnen hatten wir alle gemeinsam, in Fachkunde und Fachzeichnen wurden für die einzelnen Berufe getrennt spezielle Aufgaben gestellt. Somit bekam ich auch Einblicke in andere Berufe. Lehrer Ege, ein großer, schlanker und sehr nervöser Mann, hatte angesichts der großen Schülerzahl gewiss keinen leichten Stand. Dennoch verlor er nie die Beherrschung. Sein Standardspruch, den wir fast an jedem Schultag zu hören bekamen, lautete: „*Tss... tss..., da sitzen sie wieder, die Schokoladebübchen und überlegen sich krampfhaft, wie sie es falsch machen können.*"

Jeder Schulsaal war mit einem Holz- und Kohleofen bestückt. Es wurde festgelegt, wer an welchem Schultag den Ofen zu heizen und das Feuer zu überwachen hatte. Wer unangenehm aufgefallen war oder für irgendeine Unart eine Strafe zu erwarten hatte, musste sich beim Hausmeister melden. Er wurde dazu verdonnert, nach Schulschluss in alle Schulsäle Holz und Kohlen tragen. Doch der Schulbesuch war im Vergleich zu den übrigen Wochentagen in der Werkstatt die reinste Erholung.

Dort war der Tagesablauf immer derselbe. Erst nachdem der Leimofen angeheizt und Zwingen gelöst waren, konnte ich mit der mir zugewiesenen berufsbezogenen Arbeit beginnen. Das Anheizen des Leimofens bereitete häufig Schwierigkeiten, wenn Holz und Sägemehl etwas feucht waren. Wenn ich morgens als Erster in der Werkstatt war, ging es mit dem Feuermachen flott voran, denn ein Schuss Petroleum oder Poliersprit führte schnell zum gewünschten Ergebnis. Wegen der Geruchsbildung durfte nur ja nichts verschüttet werden. Die Anwendung dieser Hilfsmittel wurde nie entdeckt und konnte deshalb auch nicht die übliche Strafe nach sich ziehen, die darin bestand, dass Peter I mit einer Hand in meine Haare griff und mir mit der anderen links und rechts ein paar kräftige Ohrfeigen verabreichte, die von einem Donnerwetter begleitet wurden.

Um zehn Uhr musste ich oft für meine Meisterin einkaufen gehen. Sie war eine gutmütige, rundliche Frau, trug das dunkle Haar zu einem Knoten frisiert und konnte sich nur an zwei Stöcken in der Wohnung bewegen. Bei ihr hatte ich gewissermaßen einen Stein im Brett, denn schließlich war ich es ja, der ihren Haushalt durch Einkaufen, das Herbeischaffen von Holz und Kohlen und das Transportieren schwerer Gegenstände in Schwung hielt.

An den Nachmittagen wurde ich von Peter I häufig in seiner Landwirtschaft eingesetzt, doch ich lernte nebenbei auch fachlich einiges. Unter Anleitung von Peter II musste ich ein kleines Kästchen zinken. Ein alter Schrank aus Mooreiche war neu zu verleimen und der fehlende Schubkasten neu herzustellen. In Ermangelung von echtem Mooreichenholz musste der Schubkasten anschließend fast schwarz gebeizt werden. Das Eichenholz wurde von Hand ausgehobelt und auf Maß geschnitten. Die Nute für den Schubkastenboden musste ich mit dem Nuthobel ebenfalls von Hand hobeln. Da einige Profilleisten fehlten, musste ich Eichenholz von Hand fausten (zuschneiden), auf Format bringen und die Profile mit speziellen Hobeln anhobeln. Die fertigen Profilleisten wurden auf Gehrung und Länge geschnitten, angeleimt und gebeizt. Nun musste der ganze Schrank sauber geschliffen werden, und das nicht etwa mit einem Schwingschleifer, sondern mit dem Schleifkork. Nach langem Schleifen war die Fläche so, dass Peter II sie für gut befand. Mir wurde nun gezeigt, wie man mit Schellackmattierung und einem Ballen aus Wolle und Leinen mattiert. Es war recht schwierig, die Mattierung gleichmäßig und streifenfrei auf die Fläche zu bringen. Den letzten Überzug übernahm dann Peter II. Meine Hände waren braun und klebrig von der Schellackmattierung, doch auf keinen Fall durfte ich den teuren Poliersprit zum Reinigen verwenden. Um die üblichen Folgen zu vermeiden, habe ich das nur heimlich gemacht. (...)

Ermahnung des Meisters

Meinem Vater musste ich von den ständigen außerberuflichen Tätigkeiten berichten, die jeden Tag eine bis vier Stunden in Anspruch nahmen. Allmählich wurde ihm das zu viel und er besuchte deshalb eines Abends meinen Meister. Ich war bei der Unterredung nicht dabei und wartete gespannt auf das Ergebnis. Mein Vater zählte alle Arbeiten auf, die nichts mit dem Beruf zu tun hatten, und erklärte Peter I, dass es so nicht weitergehen könne. Dieser hörte sich mit finsterem Blick und ohne Kommentar die Vorwürfe an. Danach trat eine unheimliche Stille ein und nach langer Pause kam ein einziger Satz: *„Du bisch au ebbes worre, der wird au ebbes."* Nach diesen Worten verließ er die Stube und mein Vater blieb mit der Meisterin allein zurück. Sie lobte mich über alle Maßen, denn ich war ja als ihr Hausgehilfe ganz wichtig für sie. Ich konnte es kaum erwarten, bis mein Vater wieder nach Hause kam. Er berichtete erbost, wie die Unterredung abgelaufen war. Als ehemaliger Schreinerlehrling bei Peter I hatte er alle Hoffnungen auf Peter II gesetzt.

Mit der gewohnt düsteren Miene betrat Peter I am nächsten Morgen die Werkstatt. Er erwähnte die Unterredung mit meinem Vater mit keinem Wort. Als ob nichts geschehen wäre, ging alles wieder seinen gewohnten Gang. (...)

Möbeltransport

Der Direktor einer Überlinger Firma hatte einen Schreibtisch bestellt, den Peter II anfertigte. Es entstand ein wunderschönes Möbel aus Nussbaum mit eingelegten Ahornadern, ein wahres Meisterstück. An einem Nachmittag wurde der fertige Schreibtisch auf den zweirädrigen Karren geladen, gut eingepackt, mit Teppichen abgepolstert und gut festgezurrt. Der Karren hatte zwei etwa ein Meter hohe eisenbereifte Räder und eine ebene Pritsche, die es ermöglichte, auch lange Teile zu transportieren.

Der Direktor wohnte in Nussdorf. Peter II erklärte mir den Weg und schickte mich alleine los. Ich machte mich auf den Weg und war heilfroh, für einige Stunden der Werkstatt entfliehen zu können. Der großen Verantwortung war ich mir gar nicht bewusst. (...) Von der Nussdorfer Kirche aus ging es den Berg hinauf und ich musste ganz schön schieben. Als ich am Haus angekommen war, öffnete mir der Herr Direktor die Türe. Ich war nassgeschwitzt und außer Atem und keuchte: *„Ich bringe den Schreibtisch."* Er schaute sich verwundert um, und weil ich allein war, half er mir, den Schreibtisch abzuladen und ins Wohnzimmer zu stellen. Offensichtlich war er sehr zufrieden mit der Arbeit, denn er drückte mir 10 Mark in die Hand. Das war das höchste Trinkgeld, das mir während der ganzen Lehrzeit jemals zugesteckt wurde. (...)

Heuernte

Mein Meister besaß zwei Gartengrundstücke und ein Almend. Wenn das Gras hoch genug war, musste die Heuernte eingebracht werden. (...) Während der Heuernte war ich nur am Morgen zum Feuermachen und am Abend zum Aufräumen in der Werkstatt. Der Sommer ging vorbei und meine Tätigkeiten wechselten in der bisher geschilderten Reihenfolge. Mein Vater suchte Peter I ein zweites Mal auf und machte ihm klar, dass es so nicht weitergehen könne. Die Antworten und die Reaktion waren genau wie beim ersten Mal.

In der Gewerbeschule fand eine Ausstellung von Lehrlingsarbeiten der verschiedensten Berufe statt, an der ich mich beteiligte. Ich hatte in Handarbeit einen Fußschemel aus Eichenholz mit Dackelfüßen (Barockfüßen) und geschweiften Zargen angefertigt. Für die gute Arbeit bekam ich einen Buchpreis, worauf ich recht stolz war.

Mein Vater wurde immer ungeduldiger. Er fragte mich jeden Tag, welche außerberuflichen Arbeiten ich zugewiesen bekommen hatte, und ich musste alles mit Datum und Stunden aufschreiben. An einem Samstag im Dezember sollten wir von der Stadtkapelle auf dem Friedhof anlässlich der Beerdigung von Feuerwehrkommandant Kohler spielen. In der Werkstatt räumte ich wie üblich auf und ging dann nach Hause, um mich umzuziehen. Mein Vater schickte mich wieder in die Werkstatt zurück, um meine Schürze zu holen, was so viel bedeutete wie: Jetzt ist Schluss! Die Ära beim bösen Peter ist ein für alle Mal vorbei! Mein Vater benachrichtigte den Meister und warf ihm vor, dass er trotz mehrmaliger Ermahnung nicht aufgehört hatte, mich zu einem Großteil berufsfremd zu beschäftigen. Meine Lehre bei ihm sei deshalb ab sofort beendet. Obwohl ich natürlich aufatmete, stellte ich mir doch die bange Frage, wie es weitergehen würde.

Mein Vater hatte bereits mit der Schreinerei Nothhelfer, in der er früher gearbeitet hatte, Kontakt aufgenommen, und ich konnte dort meine Lehre weitermachen. Der Betrieb beschäftigte zwanzig Mitarbeiter: zwei Meister, vierzehn Gesellen und vier Lehrlinge. Geführt wurde er von den Brüdern Nikolaus und Ruprecht. Nikolaus Nothhelfer war ein großer, schlanker und sehr nervöser Mann, der es mit exakter Arbeit nicht so genau nahm und im Betrieb nur „der Lange" genannt wurde. Ruprecht, etwas kleiner, rundlich und im Gegensatz zu seinem Bruder von ruhiger Wesensart, war ein hervorragender Schreiner und verfügte über ein ungeheures Wissen. Er wurde nur „der Kurze" genannt. Nach all den vielen Berufsjahren kann ich immer noch sagen, dass er mein bester Chef war.

Die Werkstatt war für damalige Verhältnisse erstklassig ausgerüstet. Für mich war der Wechsel von der Schreinerei Frick zur Schreinerei Nothhelfer wie ein Schritt aus der Steinzeit ins 20. Jahrhundert. Bevor ich jedoch bei Nothhelfer beginnen konnte, legte mir der ehemalige Chef noch einige Steine in den Weg.

Meinem Vater und mir wurde vorgeworfen, den Lehrvertrag gebrochen zu haben, was rein juristisch gesehen ja auch stimmte. Peter Frick verlangte von meinem Vater mehrere hundert Mark Entschädigung. Mein Vater verweigerte die Zahlung und schließlich kam die Sache vor den Schlichtungsausschuss für Lehrlingsstreitigkeiten bei der Schreinerinnung. Der damalige Obermeister und zwei weitere Meister bildeten den Ausschuss. Peter I schickte Peter II zu dieser Sitzung, bei der mein Vater und ich die Gegenpartei waren. Peter II eröffnete die Verhandlung, in deren Verlauf ich erfuhr, dass ich eigentlich fast nichts richtig gemacht hätte und im Grunde genommen zu nichts nütze sei. Er forderte, dass ich ein Jahr lang die Lehre nicht weitermachen dürfe und eine Buße bezahlen müsse. Mein Vater berichtete von den vielen außerberuflichen Arbeiten, wobei sich meine Notizen als sehr nützlich erwiesen. Auch die mehrmaligen Beschwerden bei Peter I wurden ins Feld geführt. Mein Vater nahm Peter II den Wind aus den Segeln. Er erklärte, ich könne in dieser Zeit ja in einer Schreinerei als Hilfsarbeiter arbeiten. Da würde ich nicht nur mehr verdienen, sondern könnte auch im Beruf bleiben. Für Peter II begannen die Felle davonzuschwimmen. Der Schlichtungsausschuss beharrte jedoch darauf, dass der Lehrvertrag gebrochen worden war und für meinen Vater eine Buße fällig sei. Schließlich entschied der Schlichtungsausschuss, dass wir statt der ursprünglich geforderten 200 DM nur 60 DM zu zahlen hätten. Mein Vater warf Peter I die Nichteinhaltung der Ausbildungsverordnung vor. Es nützte nichts, die 60 DM waren zu zahlen. Heute wäre eine solche Entscheidung des Ausschusses nicht mehr denkbar. Zu guter Letzt willigte mein Vater ein. Die Zahlung der Buße dehnte er auf ein halbes Jahr aus, indem er monatlich 10 DM überwies. Das war späte Rache.

Werkstattunterricht

Zwischen Weihnachten und Dreikönig wurde bei Nothhelfer nicht gearbeitet. Ich bekam eine schriftliche Einladung, nach Neujahr zum Werkstattunterricht zu erscheinen. Ich betrat also am 2. Januar 1952 diese Werkstatt zum ersten Mal. Im Erdgeschoss befand sich ein geräumiger Maschinenraum mit hervorragender Ausstattung. Hinter dem Maschinenraum war die Leimerei, in der Holz verleimt und furniert wurde. Im Gegensatz zur Schreinerei Frick standen hier keine Furnierböcke, sondern eine dreispindlige, ausfahrbare Furnierpresse. Der obligatorische Leimofen, auf dem ein dicker Stapel blankgeputzter Aluminiumzulagen zum Furnieren lag, durfte natürlich nicht fehlen. Für Maschinenraum und Leimerei war Meister Schnering zuständig, ein großer, stämmiger Mann mit freundlichem Gesicht, zu dem man Vertrauen haben konnte.

Im ersten Stock gab es einen Bankraum und die Lackierecke. In der Mitte der Werkstatt stand ein großer Leimofen, an der Decke darüber war ein Gehänge (Bambelage) angebracht, auf dem kleine Mengen geschnittenen Holzes nachgetrocknet wurden. An den Wänden und Fenstern waren elf Hobelbänke verteilt. Hinter dem Bankraum befanden sich die Toiletten und ein großer Raum für fertige und halbfertige Arbeiten, unter anderem ein hoher Stapel noch nicht lackierter Särge. Die Firma Nothhelfer betrieb neben der Schreinerei noch einen Möbelhandel und ein Sarglager.

Auf dem Speicher lagerten alle nur denkbaren Beschläge, Schrauben und Nägel, im Keller wurden Furniere und Weißleim aufbewahrt. Eine große Warmluftheizung, welche die Werkstatt und die Trockenkammer beheizte, befand sich ebenfalls im Keller. Die übrigen Räume dienten der Lagerung von Sägemehl und Spänen, die für die Heizung verwendet wurden. Mehrere Schuppen und ein großer Platz für Schnittholz waren ebenfalls vorhanden.

Doch nun zurück zum Werkstattunterricht. Meister Sorg, ein mittelgroßer, väterlicher Mann, der sehr viel Ruhe ausstrahlte, empfing mich in der Werkstatt. Drei weitere Lehrlinge musterten mich, den Neuen, mit kritischen Blicken. Zwei davon waren im ersten Lehrjahr, den dritten kannte ich schon von der Berufsschule. Er war wie ich im zweiten Lehrjahr und hieß Samuel.

Unter den Lehrlingen gab es so etwas wie eine Hierarchie. Samuel war der Oberstift, dann kam ich, weil ich bereits im zweiten Lehrjahr war, und schließlich die zwei Absolventen des ersten Lehrjahres. Für jeden von uns hatte Meister Sorg spezielle Aufgaben parat. Mir wurde zuerst Hobelbank und Werkzeugkasten zugewiesen. Während ich mein Werkzeug schärfte, wurden die verschiedenen Aufgaben verteilt und erklärt. Nun kam ich an die Reihe und Meister Sorg wollte natürlich sehen, was ich schon alles konnte. Ich musste etwa zwei Meter lange besäumte Bretter, die ziemlich krumm waren, fügen und verleimen, anschließend schlitzen und zinken. Es waren lauter Übungsstücke, die nicht weiterverwendet wurden.

Diese Aufgaben bereiteten mir keinerlei Mühe, da ich das Arbeiten von Hand gewöhnt war. Die übrigen Lehrlinge hatten da schon etwas Schwierigkeiten. Obwohl es verboten war, machten sie manchmal bestimmte Arbeiten mit der Maschine. Die Meister durften sie nicht dabei erwischen. Ich hatte verständlicherweise noch eine gewisse Scheu vor Maschinen. Als alle von Meister Sorg geforderten Arbeiten fertig gestellt waren, begutachtete er die einzelnen Stücke und lobte oder tadelte. Danach mussten wir mit unseren gefertigten Teilen zu Chef Nikolaus, dem „Langen". Er empfing uns im Wohnzimmer. Wir legten unsere Arbeitsproben auf einen großen, mit Intarsien verzierten Tisch. Hinter dem Tisch baute sich der „Lange" auf, riss sich die Brille von der Nase, musterte kurz unsere Arbeiten und begann uns einen Vortrag zu halten. Auch im Zeitalter der Maschinen sei Handarbeit immer noch wichtig. Er habe seit seinem 14. Lebensjahr solche Arbeiten gemacht. Es war richtig feierlich. Wir hatten den Eindruck, dass er uns nur eine Rede halten wollte und ihn unsere Arbeiten nicht sonderlich interessierten. Schließlich wurden wir in Gnaden entlassen und durften wieder zurück in die Werkstatt. Meister Sorg erwartete uns, und wir mussten aufräumen. Samuel, der Oberstift, kontrollierte, ob auch alles sauber wäre, und wir durften nach Hause.

Aus dem Alltag

Nach Dreikönig begann für Gesellen, Meister und Lehrlinge wieder der normale Alltag. Ich wurde Meister Sorg zugeteilt, der immer besondere und manchmal sehr schwierige Aufträge zu erledigen hatte. So war zum Beispiel in Ludwigshafen ein

Schriftsteller gestorben, für den ein Sarg angefertigt werden musste. Der keineswegs gewöhnliche Sarg wurde aus massiver Eiche hergestellt, mit rotem Samt ausgeschlagen, hochglänzend lackiert und mit handgeschmiedeten Griffen versehen. Es war eine interessante Arbeit.

Mein Oberstift und ich wurden immer wieder beauftragt, Kleinserien anzufertigen. Das waren Nachtschränke, Fußschemel, Tische, Kindersärge, um nur einige zu nennen. Jeder bekam den gleichen Auftrag und musste fünf bis zehn Stück selbständig herstellen. Die fertigen Teile wurden dann nebeneinander aufgestellt und vom Meister begutachtet und beurteilt. Es kam nie heraus, dass Samuel und ich uns bestimmte Arbeiten teilten. Jeder machte das, was er am besten konnte. Die Aufträge waren ja für beide dieselben. Manchmal musste ich auch mitfahren, um Möbel auszuliefern oder aufzustellen. Dabei gab es öfters Trinkgeld. Im Möbellager und in der Ausstellung hatten wir Lehrlinge auch oft Möbel abzustauben. Das war eine ruhige und erholsame Arbeit, bei der man auch mal ein kleines Nickerchen auf einer Couch oder einem Sessel machen konnte. (...)

Schwarz über die Grenze

Manchmal lieferten wir Möbel in die weitere Umgebung, so zum Beispiel ein komplettes Schlafzimmer nach Konstanz. Der „Lange" und ich fuhren mit dem Möbelwagen los. Kurz vor Meersburg hielt er an, öffnete den Kastenwagen und ich musste hinten einsteigen. So sparte er für mich die Fährekosten. In Konstanz durfte ich wieder heraus. Dort wurde noch einiges zugeladen und eine Frau stieg zu uns ins Auto. Die Fahrt ging am Untersee entlang, nach Gailingen. Dort musste ich wieder in den Kastenwagen umsteigen und bekam vom „Langen" auch noch den Platz zugewiesen. Ich musste hinter einen Schrank kauern und mich mit einer Decke zudecken. Warum das Ganze? Wir waren kurz vor dem Zoll und fuhren über die alte Diessenhofer Holzbrücke in die Schweiz.

Mein Chef war ein rasanter Fahrer. Im Kastenwagen herrschte vollkommene Dunkelheit und ich konnte nicht sehen, wenn eine Kurve kam, und musste mich irgendwie festhalten, um nicht umzufallen. Plötzlich hielt der Wagen an, ich hörte Stimmen und die Türen wurden geöffnet. Ein paar Worte wurden gewechselt. Mein Versteck blieb unentdeckt. Die Türen wurden wieder geschlossen und plombiert, die Fahrt ging langsam weiter. Es folgte ein zweiter Halt, wieder wurde gesprochen, ich hörte Schritte ums Auto herum, dann wurde der Motor angelassen und das Fahrzeug setzte sich in Bewegung. Nach kurzer Fahrt kam der Wagen wieder zum Stehen, die Türe wurde aufgemacht und der „Lange" rief: *„Kasch verrekumme!"* Wir waren am Ziel in der Schweiz, wo wir die Möbel ausluden und zusammenbauten. Die Kundin aus Konstanz hatte einen Schweizer geheiratet und wir hatten sozusagen Braut und Aussteuer transportiert.

Es war eine Untugend meines Chefs, nach so einer längeren Fahrt zu den Kunden zu sagen: *„Gend au dem Bue ebbes z'essed, er hot Hunger."* Er schob immer den Lehrling vor, in Wirklichkeit wollte er selbst vespern und etwas trinken. Nach dem Vesper machten wir uns wieder auf den Heimweg. Der Wagen war nun leer. Wie ging es wieder über die Grenze? Ich musste mich hinten im Wagen auf den Boden legen und der „Lange" deckte mich mit einem Berg Wolldecken zu. Am Zoll angekommen, machten die Schweizer Beamten den Laden auf, schauten hinein, machten zu und plombierten das Fahrzeug. Als es wieder weiterging, war mir wohler. Der deutsche Zoll prüfte nur die Papiere und die Plombe. Kurz nach Gailingen hielt mein Chef an, machte hinten auf und ich durfte wieder ins Führerhaus. Diesmal fuhren wir über Singen nach Hause und ich war froh, alles heil überstanden zu haben. (...)

Gesellenprüfung

Langsam wurde es Zeit, mich auf die Gesellenprüfung vorzubereiten. Was sollte ich als Gesellenstück machen? Bestimmte Vorgaben wurden vom Prüfungsausschuss gefordert. Es musste einen klassisch geführten Schubkasten, ein drehbares Teil (Türe oder Klappe) sowie verschiedene Beschläge aufweisen und von Hand mattiert sein. Ich machte verschiedene Entwürfe und entschied mich schließlich für einen davon, den ich meinen Meistern und Chefs zur Begutachtung vorlegte. Es war eine kleine Kommode aus Kirschbaum, mit vier Schubkästen und einer Türe. Meine Chefs hatten kaum Einwände, doch Ruprecht, der „Kurze", gab zu bedenken, ob vier Schubkästen nicht vielleicht zu viel für eine Prüfung wären.

Nun musste ich die Werkzeichnung mit den entsprechenden Schnitten machen. Damals wurden die Schnitte noch bunt schraffiert: Querschnitt rot, Höhenschnitt blau und Seitenschnitt braun. Die Tischlerplatten für die Prüfungsstücke mussten selbst hergestellt werden. Das heißt, Holz mit stehenden Jahren verleimen, auf Dicke bringen, absperren, Kanten anleimen und furnieren. Der „Kurze" inspizierte mein Werk und meinte, zwei Schubkästen hätten zu viel Luft. Er riet mir: *„Lege sie ein paar Tage in den feuchten Furnierkeller, dann passen sie genau."* Ich traute dem Frieden jedoch nicht und stellte nochmals zwei Schubkästen her. Nachdem die Kommode schließlich fertig war, musste ich noch einen Schaumeister suchen. Man verwies mich an den Chef der Firma Kronauer in der Nachbarschaft, der diese Aufgabe sowohl bei Gesellen als auch bei Meisterprüfungen wahrnehmen konnte. Ich hatte also einen Schmied als Schaumeister, doch wichtig waren nur Stempel und Unterschrift auf der Werkzeichnung.

Der Tag der Gesellenprüfung rückte unaufhaltsam näher. Meister Sorg und Meister Schnering bereiteten mich und meinen Oberstift auf die mündliche Prüfung vor. Da mein Vater im Prüfungsausschuss war, bekam ich auch von ihm viele nützliche Tipps. Am 10. Oktober 1953 war es dann so weit. Auf unser eisenbereiftes Leiterwägelchen wurden zwei Leisten genagelt und mein Gesellenstück mit vier Nägeln an der Rückwand angeheftet. Mein Vater und ich fuhren damit durch die Stadt in die Gradebergstraße zur Gewerbeschule. Ich zog vorne den Wagen und mein Vater schob nicht ohne Stolz hinten.

In der Gewerbeschule wurden alle Gesellenstücke in einem großen Raum im Erdgeschoss auf Tische gestellt. So hatte es der Prüfungsausschuss mit der Bewertung leichter. Zu unserem Schrecken mussten wir feststellen, dass einer der fünfzehn Prüflinge über ein Berichtsheft verfügte. Die Führung eines Berichtsheftes war damals noch nicht Pflicht, doch wir konnten nicht zulassen, dass einer aus der Reihe tanzte, und hielten ihn unter Drohungen davon ab, es zu zeigen. Schließlich waren alle Gesellenstücke aufgestellt, die Zeichnungen bereitgelegt und die sechs Meister vom Prüfungsausschuss hatten ihre Vorbereitungen abgeschlossen. Jeweils drei Lehrlinge wurden nun aufgerufen, die übrigen mussten im Flur warten.

Nun begann die mündliche Prüfung. Zuerst mussten wir einen ganzen Stapel verschiedener Holzarten bestimmen. Wenn man den Namen der Holzart nicht kannte, sollte man zumindest die hauptsächliche Verwendung wissen. Als der Stapel Holzarten durchgeackert war, wurde man zum nächsten Meister bzw. Prüfungsteil weitergereicht. Nun waren die Beschläge an der Reihe. Ich stand vor einer ganzen Kiste verschiedener Bau- und Möbelbeschläge. Der Prüfer, Meister Missel aus Salem, konnte sich wegen heftiger Rückenschmerzen kaum bewegen und stöhnte hinter der Kiste. Schließlich waren die Beschläge und deren Verwendung bestimmt und ich durfte zum nächsten Meister wechseln. Nun waren Platten, Fertigungstechnik und Maßnehmen an der Reihe. An zwei der Fragen, die gestellt wurden, kann ich mich noch erinnern: In einem Raum, der nicht im rechten Winkel ist, soll eine Eckbank eingebaut werden. Wie bestimme ich auf einfachste Weise den Gehrungswinkel oder wie passe ich eine Leiste an einer welligen, unebenen Wand an? Es bereitete mir keine großen Schwierigkeiten, schließlich war ich ja gut vorbereitet und hatte auch etwas Erfahrung vom Bau.

Schließlich war die mündliche Prüfung überstanden. Ich konnte hinaus auf den Flur und erleichtert aufatmen. Meine Kollegen bestürmten mich sofort mit den Fragen, wie es denn gewesen sei und was alles drankäme.

Wir warteten, bis alle die mündliche Prüfung hinter sich hatten, danach wurden wir wieder einzeln aufgerufen und das Gesellenstück mit Lob oder Tadel bedacht. Bei mir wurde nur bemängelt, dass Türe und Schubkasten oben nicht in einer Flucht waren. Die Schubkästen wurden ausgetauscht, alle vier mussten überall passen und durften nicht klemmen. Endlich war auch diese Prozedur vorbei. Nun warteten wir auf das Ergebnis der Prüfung. Alle fünfzehn Prüflinge hatten bestanden. Es muss ein sehr lautes Gerumpel gewesen sein, als fünfzehn Steine von unseren Herzen fielen. Mein Vater, der wegen Befangenheit nicht dem Prüfungsausschuss angehört hatte, holte mich und das Gesellenstück wieder mit dem Handwagen ab. Er wechselte noch ein paar Worte mit den Prüfern, dann ging es nach Hause. Mein Gesellenstück bekam neben dem Meisterstück meines Vaters im Wohnzimmer einen Ehrenplatz.

Mit dem Handwagen transportierten wir das Gesellenstück eines Kollegen nach Sipplingen, wo wir bis in die frühen Morgenstunden die bestandene Prüfung feierten. Etwas angeheitert fuhren wir zu dritt auf einem Fahrrad nach Überlingen zurück. Das war zwar recht mühsam, doch wir kamen unverletzt wieder zu Hause

Schreinerlehre in den 50er Jahren | 89

Max Kitt mit Schülern der Jörg-Zürn-Gewerbeschule Überlingen.

an. Im Betrieb gratulierten am Montag alle Betriebsangehörigen uns frischgebackenen Gesellen. Ein neuer Lebensabschnitt begann.

Ich bekam nun den tariflichen Gesellenlohn, der damals 75 Pfennige in der Stunde betrug. Eine Woche später kam der „Kurze" und brachte mir den Gesellenbrief. Als ich den Pappdeckel aufklappte, lag obenauf ein 10-Mark-Schein, ein Geschenk meines Chefs für die mit „sehr gut" bestandene Prüfung. Ich freute mich riesig.

Nachdem ich noch ein halbes Jahr in meinem Lehrbetrieb gearbeitet hatte, war wieder einmal Kurzarbeit angesagt. Eines Morgens kam der „Kurze" zu mir und sagte, dass keine Aussicht auf mehr Aufträge bestehe und er die jüngsten Gesellen zuerst entlassen müsse. Ich solle mich nach einem anderen Arbeitsplatz umsehen. Es sah zunächst schwierig aus, doch ein Onkel von mir war Geschäftsführer in einer Zimmerei und es ergab sich glücklicherweise, dass ich dort sofort anfangen konnte. Zwei Tage später sagte ich zu meinem Chef Ruprecht: *„Ich habe eine Stelle und kann sofort anfangen."* Er war verblüfft und meinte: *„So schnell hett's au wieder it go mese."* In der darauf folgenden Woche fing ich im neuen Betrieb an.

Anm. der Redaktion: Max Kitt hat später noch eine Zimmermannslehre samt Gesellenprüfung gemacht und 1965 die Meisterprüfung als Schreiner abgelegt. 21 Jahre war er bei der Fa. Böhler beschäftigt und von 1976 bis 1997 weitere 21 Jahre als Lehrer in der Jörg-Zürn-Gewerbeschule Überlingen.
Seine Erinnerungen mussten hier etwas gekürzt wiedergegeben werden.

Vom Polizeidiener zum Narrenbüttel
Aus der Ortsgeschichte von Friedrichshafen-Berg

WILHELM BEITER

Im dörflichen Raum hat alles seinen Platz. Es gibt kaum Überraschungen, man ist vor ihnen sicher, so sicher, dass sogar das Unglück im dörflichen Alltag vorhersehbar ist. *„Des hot jo komme müsse!"*, so heißt die Formel, mit der man die Ordentlichkeiten allen Lebens ausdrückt, zugleich die Folgen des Unordentlichen, Irregulären und Widerspenstigen gesetzmäßig erfasst. Der Säufer, die Dirne, der Landstreicher, der Streithammel, der Aushäusige – alle, die sich nicht an die Regeln halten können oder mögen, gehen unter. Auch das ist eine Regel.

In der Tat, betrachtet man die Wirkweise der dörflichen Welt, so nimmt man wahr, dass diesen alltäglichen Zonen der gediegenen und vorgegebenen Ordnung andere gegenüberstehen, in denen es turbulent und laut zugeht, in denen die Regelhaftigkeit in Schnaps und Ausschweifung zu versinken scheint. Es genügt das Studium der Akten eines beliebigen Dorfes des 18. Jahrhunderts, um sich ein erstes Bild von diesen Entgrenzungen und punktuellen Revisionen der starren Lebensordnung machen zu können.

Das Dorf, so wie es bis in die fünfziger

Berg auf historischen Postkarten.

Jahre des 20. Jahrhunderts noch existierte und wie es in veränderter Form weiterleben wird, war ein Zwangsverband, der einen in allem und jedem überwachte, der einem als Sozialraum zugleich eine Sicherung bot, die unbedingt notwendig war, um Krisen des Lebens zu überstehen. Hunger vor allem, aber auch die sozial nicht so eingedämmte Angst vor Krankheit, Kälte, Unwetter und schließlich dem Tod bestimmte jede dörfliche Existenz und schuf eine Basis, um sich in Solidargemeinschaften gegen diese Bedrohungen zu wehren.

Haben und Sein fielen in ganz anderer Weise zusammen, als das heute kulturkritisch beklagt wird. Im Dorf sind es zwei Grundfragen, die dem Leben am Ort einen Ort geben: „Wer ist der?" und „Wer bin ich?" Beide Fragen werden im Dorf als voneinander abhängig betrachtet: Ich bin der, der ich unter den anderen bin. Aber um mich unter den anderen zu finden, gibt es sehr genaue Messverfahren: mein Besitz, meine Verwandtschaft, mein Haus, meine Arbeitsamkeit, meine Rechtschaffenheit – alles im sozialen Kontext.

Dörfliche Identität war früher relativ einfach zu gewinnen. Man war der Soundso, und jeder wusste mit der Nennung des Namens, der hat soundso viel, die und die Frau, heute Mittag Fleisch im Topf und am Abend Butter auf dem Brot. Auch die auf der Schattenseite Lebenden hatten in diesem Netz ihren Platz, den jeder kannte und den sie einnahmen. Mit dem Umbruch der landwirtschaftlichen Grundstruktur verformte sich auch die soziale Topographie und die Sicherheit, sich in ihr zurechtzufinden, ließ erheblich nach.

Um Recht und Ordnung zu schaffen und zu überwachen braucht es – zugespitzt gesagt – die Uniform und das polizeiliche Amt. Auf der untersten Ebene des Rechtsstaates sorgte der dem Schultheißenamt unterstellte Amtsdiener für Ordnung und Disziplin im Ort. So oder ähnlich war es sicherlich auch in Berg.

Werfen wir zunächst einen Blick in die Oberamtsbeschreibung von 1838. Hier liest man: *„Berg hat eine ausnehmend schöne und fruchtbare Lage an und auf einer sonnigen, mit Reben bepflanzten Höhe ... Auf der Höhe erhebt sich ein hervorragender Rebhügel, worauf die Pfarrkirche St. Nikolaus und das Pfarrhaus stehen. Hier hat man eine der herrlichsten Aussichten am ganzen Bodensee. Der Ort hat eine Ziegelhütte, drei Keltern und eine gute und schön gelegene Schildwirtschaft, das Gasthaus zum Steiger genannt. ... Mit dieser Wirtschaft stehen in Verbindung: eine Bierbrauerei, eine Essig-Fabrik, eine Branntweinbrennerei, eine Bäckerei, Küferei und andere Gewerbe mit sinnreichen Einrichtungen und einer bedeutenden Viehmastung."* Vorherrschender Erwerbszweig der Bevölkerung war die Landwirtschaft.

Berg war mit seinen um die vierhundert Einwohnern eine recht kleine Gemeinde, deren Verhältnisse über das 19. Jahrhundert hin relativ stabil geblieben sind. Liest man in der Pfarrchronik des 19. Jahrhunderts, so verhält es sich in Berg so wie in allen Dörfern des württembergischen Königreiches. 1905 liest man dort: *„Bei vielen Pfarrkindern ist die Religion nicht Herzenssache, sondern leider nur etwas rein Äußerliches. Die Männer scheinen viel Sinn und Verständnis zu haben fürs Wirts-*

haussitzen, für Ausflüge machen und jede andere Art von Vergnügen. Die Genußsucht scheint überhaupt ziemlich tief eingewurzelt zu sein hier oben unter dem ‚notleidenden Bauernstand'!"

Im Jahre 1848 wollten die Berger Bürger ein eigenes Schultheißenamt. 1850 wurde die Gemeinde Berg in zwei Teile zerlegt, die Gemeinde Berg und Schnetzenhausen, sie bekam also ein eigenes Schultheißenamt, einen eigenen Amts- und Polizeidiener und auch ein örtliches Gefängnis.

Gemeinderatsprotokolle aus dem 19. Jahrhundert geben einen guten Einblick zur Frage Amts- und Polizeidiener in der kleinen Gemeinde Berg. Auswahl, Aufgaben, Ausrüstung und Besoldung sind detailliert aufgelistet und beschrieben.

Ab 1850 bis 1936 sind folgende Personen aufgeführt:
1850 bis 1864 Mathias Litz, Unterraderach
1864 bis 1866 Johann Babtist Rauscher, Unterraderach
1866 bis 1866 Simon Lieb, Ittenhausen
1866 bis 1895 Georg Welz, Unterraderach
1888 bis 1936 Anton Dillmann, Ober-Berg

Ratsprotokoll vom 21. Jänner 1850:
Amtseinführung und Wahl von Mathias Litz

Verhandelt Berg den 21. Jänner 1850
vor dem versammelten Gemeinderaht und Bürgerausschuß.

§ 1

Da nun die politische Gemeinde Berg in zwei selbstständige Gemeinden getrent worden ist und der friehere Amtsdiener in die Gemeinde Schnezenhausen jezt zugehert, so erfordert es für die neu gebildete Gemeinde Berg ein neuen Amtsdiener aufzustellen. Es wurde deßhalb ein aufruf an sämtliche Bürger der Gemeinde Berg wegen besetzung dieser Amtsdiener Stelle ergangen, daß alle diejenige, welche glauben, zur Uebernahme dieser Stelle Befähigt zu sein, sich innerhalb 3 Tagen bei dem Schultheissenamt zu melden haben.

Anton Dillmann,
Amts- und Polizeidiener in Berg.

Nun haben sich gemeldet
a. Georg Benz von Berg
b. Eusebius Bitzenhofen von Unterraderach

Da nun Bewerber dieser Stelle aufgetreten sind, so wurde sein Jährlicher Gehalt, wie am 16-ten d. Mts. vom K. Oberamt Gemeinderaht u. Bürgerausschuß verhandelt wurde, auch hier festgesezt.

1. Der Amts- u. Polizeidiener hat täglich von der Gemeindekasse 5 [?] als Belohnung anzusprechen.

2. Wird derselbe von der Gemeinde-Casse neu gmundirt, nemlich 1 Rock und Beinkleider, 1 Mütze u. Mantel von dazu thauglichem Tuche, ebenso auch die Armantur

3. Erhält derselbe alle 4 Jahre 1 neuen Rock u. Beinkleider und alle 10 Jahre 1 neuen Mantel von Tuch wie oben.

Original Helm, Schelle und Dienstbuch des letzten Dorfbüttels Anton Dillmann.

4. Hat der Amtsdiener noch weiter anzusprechen von einer Schuld-Klage vorladen von der Persohn 4, von Streitsachen 6 [?]
Dagegen hat der Amtsdiener alle amtliche Angelegenheiten der Gemeinde Berg ohne alle weitere Anrechnung zu besorgen.

Auf vorstehendes wurde zur Wahl geschriten und der aelteste Gemeinderaht Wieland als Urkunds-Persohn zugezogen. Auf das Wahlergebniß des Gemeinderahts u. Bürgerausschusses wurde Mathias Litz von Unterraderach mit 10 Stimmen als Amts- u. Polizeidiener gewählt.
Weiter hat noch Stimmen erhalten Eusebius Bitzenhofer von Unterraderach 2 Stimmen.

Amtsdiener Litz hat alle Tage 1 Mal bei dem Schultheissenamt zu erscheinen und hat seinen Dünst sogleich am 22-ten Jänner 1850 anzutreten.
Ferner wird auf verlangen der Kolegien dem Amtsdiener noch besonders die Anentpfellung ertheilt, daß derselbe sich gegen die Bürger in jeder Beziehung human benehmen wolle.
Amtsdiener Litz wurde auf 2 Jahre gewählt, jedoch wird sich gegenseitig wehrent dieser Zeit eine 1/4-jährige Aufkündigung austrücklich vorbehalten.
Die Eröfnung
Mathias Litz
Beschluß:
Diese Verhandlung dem K. Oberamt zur Bestehtigung u. Genehmigung vorzulegen.
Die Treue (= Übereinstimmung) des Auszuges Beurkundet:
Schultheiß Eberle

Auf den Blättern 8 und 9 befindet sich auf der linken Seite der Genehmigungsvermerk des K. Oberamtes vom 22. Januar 1850, der etwas schwer zu lesen ist. Unter anderem: *... der neue Amts- und Polizeidiener ist unverzüglich zu verpflichten und in seinen Dienst einzuweisen ... eine Dienstvorschrift folgt hiermit ... zu regelmäßiger Führung des Dienstbuches ist er anzuhalten ...*

Näheres über die Montur und Armatur des Amtsdieners nennen die Übergabe-Urkunden aus Berg vom 2. Januar 1864 (Joh. Baptist Rauscher an Simon Lieb) und 25. April 1866 (Simon Lieb an Georg Welz).

Montur u. Armatur-Übergabs-Urkunde
Berg, den 2. Januar 1864

Der bisherige Amts- u. Polizeidiener Johann Baptist Rauscher von Unterraderach hat aus gewerblichen und ökonomischen Rücksichten seinen Dienst gekündigt und übergibt, vor unterzeichneter Stelle, dem neugewählten und verpflichtig-

ten Amts- und Polizeidiener Simon Lieb von Ittenhausen nachstehende Kleidungs- und Inventarstüke als:
1. Ein grauer fast neuer Tuchmantel
2. Ein russischgrüner Uniformrock
3. Ein paar graue Tuchhosen
4. Eine Mütze mit silbernem Lorbeerkranz
5. Ein Doppelgewehr
6. Einen Sabel mit Gurt
7. Eine Brieftasche
8. Ein Dienstbuch
9. Ein Instruktionsbuch

Daß nicht mehr und nicht weniger als Vorstehend abgegeben wurde
Beurkundet der bisherige Amts- u. Polizeidiener Joh. Baptist Rauscher
Der neugewählte Amtsdiener Simon Lieb von Ittenhausen empfängt, in Gegenwart des Schultheißen, vorbenannte Montur und Armaturstüke, nicht mehr und nicht weniger.

den Empfang testirt mit eigenhändiger Unterschrift
Simon Lieb
Zur Beurkundung
Schultheiß Wirth

Berg den 25. April 1866
Der bisherige Amts- und Polizeidiener Simon Lieb von Ittenhausen hat um Entlassung seiner Stelle nachgesucht und solche auch erhalten, an seiner statt wurde nun unterm 23. Aprill d. J. ein neuer Amts- und Polizeidiener gewählt, und unterm 25 April verpflichtet, nämmlich Georg Welz Schustermeister von Unterraderach. Der Abgetretene übergibt seinem Nachfolger die von der Gemeinde angeschaften Gegenstände als:
1. Ein neuer und ein älterer Dienstrock von Tuch
2. Ein neues und ein altes paar Beinkleider
3. Eine ältere und eine neue Uniformmütze
4. Ein grautüchener Mantel
5. Ein Doppelgewehr
6. Ein Sabel mit Gurt
7. Ein Dienstbuch u. ein Instruktionsbuch
8. Eine Brieftasche, eine Handkette

Die richtige Abgabe vorbeschriebener Gegenstände in guter Ordnung
der abtretende Amtsdiener Simon Lieb
Der Empfang dieser Gegenstände, und von heute an übernommen
der neueintretende Amts- und Polizeidiener
Georg Welz
zur Beurkundung
Schultheiß Wirth

Im April 1908 bittet Amts- und Polizeidiener Dillmann um Gehaltsaufbesserung:

An den wohllöbl(ichen) Gemeinderat & Bürgerausschuß Berg
Bitte des Amts- u. Polizeidieners Dillmann um Gehaltsaufbesserung

Der ergebenst Unterzeichnete erlaubt sich hiemit dem wohllöbl(ichen) Gemeinderat & Bürgerausschuß von Berg die Bitte vorzulegen, sein Gehalt als Amts- u. Polizeidiener vom 1. April d. J. an von 200 auf 250 M(ark) gütigst erhöhen u. mir für die Besorgung des Einzugs der Alters- u. Invalidengelder, der Krankenpflegeversicherung außerdem statt wie bisher 4 M in Zukunft 20 M gewähren zu wollen, welch letzter Betrag früher mein Vorgänger auch erhalten hat.

Zur Begründung meiner Bitte gestatte ich mir hervorzuheben, daß sich seid meiner 13-jährigen Dienstzeit, welch letztere ich den verehrlichen bürgerlichen Collegien in empfehlende Erinnerung zu bringen mir gestatte, die Verhältnisse wesentlich geändert haben.
Durch Inkrafttreten des neuen bürgerl(ichen) Gesetzbuches ist dem Amtsdiener ein ansehnlicher Betrag von Nebengebühren in Wegfall gekommen, wärend sich anderseits die Arbeiten u. damit die Dienststunden nicht unbedeutend vermehrt haben.
So erfordern namentlich die militärischen Ladungen, Gestellungsbefehle, Eintausch der Paßnotizen etc. sowie auch das neue Ein...-gesetz wesentlich erhöte Tätigkeiten des Amtsdieners gegen früher.
Daß durch die Verlegung des Amtszimmers von Berg nach Unterraderach für mich ein weiterer Zeitaufwand entstanden ist, brauche ich nicht eigens zu erwähnen.

Amts- und Polizeidiener Oberwachtmeister
Anton Dillmann.

Wenn man in Betracht zieht, daß in der letzten Zeit die Lebensmittel- usw. -preise bedeutend in die Höhe gegangen sind u. sich demgemäß auch die ortsüblichen Taglöhne erhöht haben, so kann ich bei einer durchschnittlich 3 – 4 stündigen Dienstzeit mit einem Lohn von 55 Pfennig pro Tag nicht mehr auf meine Rechnung kommen u. dürfte meine vorstehende Bitte um Aufbesserung von 50 M gewiß nicht für unbescheiden gefunden werden.

Was die Krankenpflegeversicherung anbetrifft, so beziehe ich für Einzug von Alters- und Invalidengeld bis jetzt nur einzig die von der Gemeinde gewährten 4 M, welche bei 13 Einzügen u. ca. 50 Mitgliedern oder 30 Arbeitgeber bereits ins Verschwinden kommt.

Nimmt man noch an, daß namendlich zur Sommerszeit die Arbeitgeber öfters nicht zu Hause zu treffen sind u. daher der Gang zwei u. dreimal gemacht werden muß, so macht sich der kleine Betrag umso fühlbarer.

Ich bitte daher die verehrl(iche) bürgerlichen Collegien meiner ergebenen Bitte in beiden Teilen eine geneigte Beachtung schenken zu wollen u. derselben wohlmeinend zu willfahren.

Ergebenst
Berg, d. 1. April 1908
Anton Dillmann
Amts- u. Polizeidiener

Folgendes Schreiben vom 21. Dezember 1911 bestätigt die Tätigkeit des Polizeidieners Anton Dillmann im Sicherheitsdienst und dessen magere Entlohnung:

Oberamt Tettnang.
Tettnang, den 21. Dezember 1911
Ohne Beilage.
Das Oberamt hat dem untengenannten Polizeibediensteten für seine Tätigkeit im Sicherheitsdienst im Jahr 1911 aus den von der Amtsversammlung zu diesem Zweck zur Verfügung gestellten Mitteln den angegebenen Geldpreis verwilligt.
Der Herr Ortsvorsteher wolle dem Genannten den von der Oberamtspflege zur Auszahlung gelangenden Betrag aushändigen und ihm dabei die Anerkennung des Oberamts auszusprechen.
Einer Vollzugsanzeige bedarf es nicht.
Dem Polizeidiener Dillmann 10 M.
J.V.
Regierungsassessor
An das Schultheißenamt Berg.

In diesem idyllisch gelegenen, überschaubaren Ort sorgte also der Amts- und Polizeidiener Anton Dillmann von 1895 bis 1936 für Recht und Ordnung. Anton Dillmann wurde am 24. Mai 1864 in Oberdorf geboren und verstarb in Berg am 28. August 1948.

Vom 11. Januar 1898 bis 29. Januar 1936 geben seine Aufzeichnungen Aufschluss über den Sinn seines Tun und Handelns in Berg. Sie zeigen damit einen kleinen Ausschnitt der Geschichte unseres Landes und besonders unseres Dörfleins.

Das erhaltene Arrestbuch gibt Aufschluss über die damaligen Verhältnisse und das Walten der gewichtigen Amtsperson, regt aber auch zum Schmunzeln an. Nachfolgend einige Auszüge:

11. Januar 1898
Heute Nachmittag 2 Uhr den Jos. Neher von Weingarten wegen Bettelns festgenommen und per Transport von k. Oberamt übernommen. Abgang 3 Uhr.
Amtsdiener Dillmann

23. Oktober 1899
Zeige dem Schultheißenamt an, dass der Josef Schraff, Bauer von Schnetzenhausen, abends 7 Uhr durch Berg gefahren ist, ohne sein Fuhrwerk beleuchtet zu haben.
Amtsdiener Dillmann

20. Januar 1902
Am 19. Januar den Theodor Kreuzer, Schäfer, Dienst bei Straub Meistershofen mit seiner Herde angetroffen, wo er unerlaubterweise auf der Wiese des Herrn Essig hütete.
Amtsdiener Dillmann
Zur Beurkundung
Schultheißenamt Geßler

18. Februar 1906
Wegen Überschreitung der Polizeistunde wurden folgende Personen dem Schultheißenamt zur Anzeige gebracht:
Schaad Jos. Von Ulm; Rüd Martin von Bernstadt; Nagelrauft Ludwig Biberachzell; Träger Jos. Waidhaus; Klughammer Xaver Dimanstein; Glück Wilh. Wollmarshofen; Föhr Otto Stuttgart; Dreher Theodor Markdorf.
Berg, den 18. Febr. 06
Amtsd. Dillmann
z. K. Schultheißenamt Geßler

31. März 1931
Zeig dem Bürgermeisteramt an, dass auf verschiedenen Bäumen dem Richard Knoblauch gehörend, die Misteln noch nicht entfernt sind, dass gleichfalls im Schulfeld, Pächter Karl Knill, finden sich auch noch Bäume mit Misteln.
Berg d. 31. März 1931
Wachmstr. Dillmann

1911: Offizielle Postkarte zur Silberhochzeit von König Wilhelm II. und Königin Charlotte.

6. November 1935
Zeige dem Bürgermeisteramt an, dass der Wegzeiger zum Bahnhof, Wegabzweigung Unterraderach – Berg, vom Pfahl gefallen ist, u. nur an einem Zaunpfahl hängt.
Berg d. 6. 11. 35
Oberwachmst. Dillmann

Ab dem Jahr 1803 stand die erste in der Region Oberschwaben erschienene Tageszeitung zur Verfügung. In diesem Jahr erschien „mit König. württembergischer allergnädigster Genehmigung" das „Ravensburger Intelligenzblatt". Zweimal wöchentlich erschien das Intelligenzblatt und veröffentlichte Anordnungen und Anweisungen sowie gesetzliche Vorgaben des königlichen Oberamtes Tettnang, wie zum Beispiel:
„*Bekanntmachung der gesetzlichen Vorschrift, im Betreff der Lichtkürze in den Kunkelstuben...*
26. Jänner 1825. Es wurde zur Anzeige gebracht, dass sich von Weihnachten bis zur Fasten die ledigen Personen beiderlei Geschlechts zur Nachtzeit in Privathäusern zur Lichtkürze oder Kunkelstube, sonst auch unter der Benennung ‚Fastnacht Nächte' bekannt, aufsichtslos versammeln und dass bei diesen häufig besucht werdenden nächtlichen Zusammenkünften kurze Zeit gesponnen, dann aber unsittlich oder ausgelassen Handlungen im Tanz, abergläubischen Spielen, unmäßigen Genuß des Branntweins undsoweiter bestehend, folgen, welche bis nach Mitternacht andauern.
Da diese Zusammenkünfte für Moralität, Ordnung und selbst die Sicherheit gefährdend und um so verderblicher sind, als häufig unerwachsene Kinder durch ältere Geschwister oder..."

Das „Württembergische Seeblatt" war die erste Zeitung, die ab 1. Januar 1844 in Friedrichshafen dreimal wöchentlich erschien. Zu bedenken ist, dass es auf dem Dorf keine Zeitung gab, dass es keinen Rundfunk und schon gar kein Fernsehen gab. Wichtige Ereignisse und Anordnungen wurden als „Bekanntmachung" am Sonntag nach der Kirche ausgerufen.
Unser Dorfbüttel Anton Dillmann trat dann stramm und gewichtig in seiner stattlichen Uniform mit Pickelhaube und Säbel und mit Kaiser-Wilhelm-Bart auf. Durch Ausschellen und Ausruf- „Bekanntmachung" zog er die Aufmerksamkeit auf sich. Dass es dabei besonders im fortgeschrittenen Alter der Amtsperson oft zu Frotzeleien kam, ist doch klar. So wurde diese historische Amtsfigur zur Persiflage auf die militärisch-preußische Disziplin, zur historischen Figur des Narrenbüttel.

Ein Sprung in die Gegenwart

Unser Narrenbüttel, eine historische, traditionsreiche Narrenfigur, dient aber nicht nur der Zierde der Narrenzunft, sondern hat eine gewichtige Stimme und Position im Verein. Er hat auch wichtige Aufgaben und regelt während der närrischen Zeit jeglichen Verkehr. In der Regel sind es recht ansehnliche Mannsbilder, mit bekannten historischen Ausnahmen natürlich. Bei Umzügen marschieren sie vorneweg und kündigen durch ein gewaltiges „Berg auf – Berg ab!" das Großereignis im Dorf an. Notfalls sorgen sie auch für Absperrungen, Umleitungen und Sicherheit.

Maria Enzensberger, genannt „Bleiers Marie", war der erste „Narrenbolizischt" der Berger Fasnet.

Der erste „Narrenbolizischt" war wohl unsere verehrte Seniorin (Jahrgang 1912) Maria Enzensberger, genannt „Bleiers Marie". Seit der Renaissance der Berger Fasnet 1986 waren das Büttelduo „Doc und Fix" alias Dr. Wilhelm Beiter und Erwin Fix Initiatoren und Organisatoren der Dorffasnet. Heute stellt Bruno Krammer eine stattliche Figur dar. Diese Tatsache zeigt uns, dass das Amt der Narrenbüttel ein sehr gewichtiges und verantwortungsvolles ist. Ihm obliegt die Verkündigung der Fasnet und Aufrechterhaltung der Ordnung. Er besitzt also Polizeigewalt während der „Hohen Tage". Was wäre die Berger Fasnet ohne die Büttel?

Vielen Erzählungen nach konnten sich aber keine aus der langen Reihe der Darsteller so sehr in Erinnerung halten wie das legendäre Büttelduo „Doc und Fix", das die Berger Fasnet wieder erstehen ließ, zu Ansehen brachte und diese Rolle in ganz besonders origineller Art verkörperte.

Die beiden organisierten mit der Dorfgemeinschaft das Narrenbaumsetzen in Oberberg, die Dorffasnet am Gumpige im alten Feuerwehrhaus und die Saalfasnet im Gasthaus Frieden. Schon vor den hohen Festtagen traten sie als Fasnetsausrufer und Bänkelsänger in den Gaststätten Café Rauch, Gasthaus Frieden und Berger Stüble oder auch bei irgendwelchen Familien auf, um die Fasnet anzukündigen. Immer gab es ein tolles Fasnets-Motto mit tollem Programm und eigenen Fasnetsliedern. Das ganze Dorf wurde mobilisiert.

Ob beim Narrenbaumsetzen oder im Gasthaus Frieden, immer feierten die Berger mit Begeisterung, oft war der ganze Saal ins Programm eingebunden. Eine wunderschöne Narrenhymne wurde nach Vorlagen des „Schwabenliedes" und „des Badenerliedes" gesungen. Wenn beim Auftakt der Berger Saalfasnet die Narrengesellschaft sich zum Ein-

Das Büttelduo „Doc und Fix" alias Dr. Wilhelm Beiter und Erwin Fix.

marsch der Büttel mit großer und kleiner Trommel von den Stühlen erhob und gemeinsam das Lied „Berg auf! Berg auf! – der Büttel kommt…" erschallte, dann schlug das Herz eines jeden Berger Narren höher.

Mit Wehmut verabschiedete sich das Bütteldupo offiziell im Fasnetsjahr 2000 von diesem hohen, verantwortungsvollen Amt. Doch was ein echter Narr ist, der bleibt ein Narr sein Leben lang. So walten die Altbüttel weiter als Schotterwälder und bekleiden das ehrenvolle Amt, bei der „ehrbaren Narrenerhebung" die Laudatio zu halten. Am Gumpige Dunschtig wird nämlich in Berg jedes Jahr eine verdiente Persönlichkeit am Narrenbaum erhoben und hält von oben eine Festrede an das närrische Volk.

Der Narrenbüttel ist eine sehr alte Fasnetsfigur in unserer Fasnetslandschaft. Im Gegensatz zu den anderen Narren trägt er keine Gesichtsmaske, sondern ist lediglich geschminkt. Das Kostüm beziehungsweise die Uniform des Narrenbüttels besteht aus einer weißen Doktorhose, die in die schweren schwarzen Feuerwehrstiefel (sog. Knobelbecher) eingesteckt wird. Über einem weißen Hemd mit roter Krawatte trägt man eine original alte Feuerwehrjacke in Schwarz mit roter Paspelierung an Armaufschlägen, Revers und Kragen sowie rote Württemberger Wappenspiegel am Kragen. Zur Uniform gehört ein markanter schwarz-roter Gurt, an dem links ein langer Säbel mit Portepee (d.h. Säbelquaste) hängt. Weiße Handschuhe gehören selbstverständlich dazu. Goldglänzend krönt ein alter Feuerwehrhelm aus Messing das stolze Haupt und vervollkommnet das ehrwürdige Bild des Büttels. Natürlich ist die stolzgeschwellte Brust mit reichlich Orden und Ehrenzeichen geschmückt. Als Zeichen seiner Amtstätigkeit trägt er in der rechten Hand die „Büttelschelle", eine polierte Glocke mit Handgriff, um sich das nötige Gehör zu verschaffen.

Die gesamte Uniform wurde in Anlehnung an den letzten Dorfbüttel Anton Dillmann unter Zuhilfenahme historischer Uniformteile der alten Berger Feuerwehr 1986 geschaffen.

Die „Libelle" kam zurück nach Friedrichshafen

Die Ausstellung „Zeppelins Flieger" beleuchtete die Entwicklung des Flugzeugbaus im Zeppelin-Konzern und seinen Nachfolgebetrieben

JÜRGEN BLEIBLER

Auf den Tag genau am 2. Juli 2006 beging das Zeppelin Museum Friedrichshafen den zehnten Jahrestag seiner Neueröffnung im Hafenbahnhof. Dieser traditionelle Gedenktag der Luftschiffgeschichte, an dem sich der Erstaufstieg des LZ 1 im Jahre 1900 jährt, war in der Vergangenheit immer wieder als Tag für besondere Ereignisse rund um das Thema Zeppelin gewählt worden.

Der runde Geburtstag des Zeppelin Museums fand durch die Beteiligung an der Aktion „356 Tage im Land der Ideen" deutschlandweit Beachtung. Wenige Tage davor, am Abend des 29. Juni, war die große Wechselausstellung „Zeppelins Flieger" als Ergebnis mehrjähriger Vorarbeiten eröffnet worden. Mag die Verbindung der Begriffe „Zeppelin" und „Flugzeug" auf den ersten Blick eher erstaunen, so spiegelt

Zu Gast im Zeppelin Museum: die „Libelle".

diese Themenstellung die grundsätzliche Ausrichtung des Museums wider, dessen Anliegen es von Anfang an war, die engen thematischen Grenzen der Luftschifffahrt zu überschreiten und Technikgeschichte in übergeordnete Zusammenhänge einzubinden. Auch der konzeptionell interdisziplinäre Ansatz zwischen den beiden Sammlungsbereichen Technik und Kunst schlug sich in den vergangenen zehn Jahren immer wieder in innovativen Ausstellungen nieder.

Der erweiterte Blick auf die Zeppelingeschichte mit ihren vielfältigen technologischen und kulturgeschichtlichen Wechselbeziehungen – in Friedrichshafen schon an den verzweigten und wechselnden Strukturen der Betriebe des Zeppelin-Konzerns ablesbar – bot und bietet immer wieder Stoffe für Forschungs- und Ausstellungsprojekte, die dazu beitragen, traditionelle Sichtweisen zu bereichern oder zu revidieren. Folglich war es nur konsequent und schon seit langem geplant, sich der „Entwicklung des Flugzeugs im Zeppelin-Konzern und in seinen Nachfolgebetrieben", so der Untertitel der Ausstellung, zu widmen und die bisher nur wenig bekannten Zusammenhänge in einem Begleitbuch zu publizieren.

Die Bedeutung Graf Zeppelins für die Entwicklung und den Bau von Flugzeugen war bisher wenig bekannt und nur unzureichend erforscht. Schon ab 1899, also zeitgleich mit den Arbeiten an seinem ersten Luftschiff, hatte Graf Zeppelin Ludwig Rüb, den ersten Flugzeugbauer am Bodensee, finanziell beim Bau eines letztendlich unbrauchbaren Schaufelradflugzeugs unterstützt (siehe „Leben am See", Band 22, S. 204 – 212). Auf den Grafen Zeppelin gehen Entwicklungen zurück, die in enger Verzahnung mit dem Luftschiffbau während des 20. Jahrhunderts weltweite Bedeutung erlangen und die gesamte Geschichte der Luftfahrt entscheidend mitprägen sollten. Besonders auf dem Gebiet des sehr groß dimensionierten Flugzeugs, seinerzeit noch „Riesenflugzeug" genannt, war Zeppelin weitsichtiger Vordenker und Initiator.

Spektakuläre Erstflüge machten Schlagzeilen

Der Schlüssel zum langfristigen Erfolg war die aus dem Luftschiffbau abgeleitete Metallbauweise. Techniker wie Theodor Kober, Alexander Baumann, Gustav Klein, Paul Jaray, Adolf Rohrbach und Claude Dornier waren Träger dieser Ideen und verwirklichten die Visionen des Grafen Zeppelin nach und nach.

Die Riesenflugzeuge der Zeppelin-Werke GmbH in Staaken entstanden aus dem gemeinsamen Interesse Graf Zeppelins und des Bosch-Direktors Gustav Klein an der Entwicklung eines Flugzeuges, das den Atlantik überqueren sollte. Im Verlauf des Ersten Weltkrieges lösten diese Flugzeuge – sie hatten Spannweiten von über 40 Metern – das Luftschiff als Träger des strategischen Luftkrieges ab. 1920 machte Adolf Rohrbachs revolutionäres Passagierflugzeug E 4/20 seinen Erstflug in Staaken bei Berlin, musste aber 1922 auf Anweisung der Siegermächte verschrottet werden. Auf einem anderen Weg, nämlich dem des Riesenflugbootes, versuchte Claude Dornier ab 1914 mit zunehmendem Erfolg, große Reichweiten und Nutzlasten im

„Libellen" vor den Werksanlagen in Seemoos bei Friedrichshafen,
Ende der zwanziger Jahre.

Die „Libelle" im ehemaligen Dornier-Museum im Salzstadel in Friedrichshafen in den dreißiger Jahren, vorne der Jagdeinsitzer D.I.

Flugzeugbau zu realisieren. Auch an diesen Entwicklungen nahm Graf Zeppelin bis zu seinem Tod im Jahre 1917 lebhaften Anteil.

Die 1912 unter finanzieller Beteiligung Graf Zeppelins gegründete Flugzeugbau Friedrichshafen GmbH, heute das wohl am meisten vergessene Unternehmen der Luftfahrtindustrie am Bodensee, fertigte unter ihrem Geschäftsführer Theodor Kober während des Ersten Weltkriegs über 40 Prozent der Schwimmerflugzeuge für die Marine.

Während der zwanziger und dreißiger Jahre waren es vor allem Flugzeuge wie Dornier „Wal", „Komet" oder „Merkur", die durch spektakuläre Erstflüge oder Expeditionen Schlagzeilen machten oder bei Streckenerkundungen und im expandierenden Linienverkehr bekannt wurden. Daneben wurde auch intensiv und im Verborgenen an militärischen Entwicklungen gearbeitet, die in die immer massivere und zentralistischere Luftrüstung der dreißiger Jahre und schließlich in den Zweiten Weltkrieg mündeten.

Auch innerhalb des Zeppelin-Konzerns – die Dornier Metallbauten GmbH war 1932 endgültig selbständig geworden – wurde der Kontakt zum Flugzeugbau wieder aufgenommen. Die Luftschiffbau Zeppelin GmbH gründete 1942 wieder eine eigene „Abteilung Flugzeugbau", in der neben militärischen Projekten auch Studien für einen zukünftigen Nachkriegsluftverkehr bearbeitet wurden, die wiederum eine Brücke in die Nachkriegszeit schlagen.

100 Jahre Luftfahrtgeschichte in der Ausstellung „Zeppelins Flieger"

Unter historischem Blickwinkel ist Friedrichshafen als Luftfahrtstandort bis heute einzigartig geblieben: Nirgends wurden über einen so langen Zeitraum und mit solcher Intensität in gegenseitiger Beeinflussung, aber auch unter dem Druck gegenseitiger Konkurrenz solch wegweisende Fortschritte auf den Gebieten des Luftschiff- und des Flugzeugbaus erzielt wie gerade hier. Die Technikgeschichte Friedrichshafens und der gesamten Bodenseeregion spiegelt exemplarisch fast einhundert Jahre Luftfahrtgeschichte in ihren nationalen und internationalen Zusammenhängen wider, mit all ihren positiven und negativen Begleiterscheinungen und Konsequenzen.

Dieses ungemein vielfältige Themenspektrum in einer Ausstellung überzeugend zu visualisieren, war sicherlich keine leichte Aufgabe. Der Wettbewerb wurde von „id3d-berlin themengestaltung" gewonnen: Der Entwurf folgte der Leitidee einer Zeitreise zurück von der aktuellsten Gegenwart in Form des Airbus A380, dessen erste Exemplare 2006 an die Kunden ausgeliefert wurden, bis zu den ersten Anfängen des Flugzeugbaus am Bodensee – in der Form eines Modells des bizarren Schaufelradflugzeugs von Ludwig Rüb. Szenografisch wurde die Zeitreise als historischer Rundflug über den Bodensee als ehemaliges „Silicon Valley" der Luftfahrtindustrie aufgefasst, der in Form aufgeständerter Platten die Themenbereiche verortete. Ausblicke in die reale Außenwelt ermöglichten Blicke auf den Bodensee als „Originalschauplatz" mit dem dahinter liegenden Alpenpanorama.

Hinsichtlich der Vermittlung durch Exponate kreisen die Gedanken neben eigens angefertigten, erworbenen oder von anderen Museen geliehenen Modellen in den Maßstäben 1:6 und 1:48 beziehungsweise 1:50, Originalteilen, Dokumenten, technischen Unterlagen und stereoskopischen Großprojektionen von Anfang an um zwei spektakuläre Großexponate: die Motorgondel des 1917 gebauten Riesenflugzeugs R.VI (R.35/16) aus der ehemaligen Deutschen Luftfahrtsammlung in Berlin, die sich heute im polnischen Luftfahrtmuseum in Krakau befindet, und das im Besitz der Familie Dornier befindliche Kleinflugboot „Libelle II" aus dem Deutschen Museum in München. Musste im Fall der Motorgondel, des einzigen Überbleibsels eines Zeppelin-Riesenflugzeugs aus der Zeit des Ersten Weltkriegs, trotz intensiver Bemühungen seitens des Museums und der Kooperationsbereitschaft der polnischen Kollegen von einer Ausleihe letztendlich abgesehen werden, so standen die Bemühungen um eine Ausleihe der „Libelle" von Anfang an unter einem guten Stern.

Das Dornier-Flugboot „Libelle"
– ein Winzling mit einer Spannweite von 9,8 Metern

Die „Libelle" erwies sich für das Ausstellungsvorhaben des Zeppelin-Museums sogar als ein echter Glücksfall, handelt es sich doch neben dem Wal-Flugboot „Plus Ultra", mit dem der Spanier Ramón Franco und seine dreiköpfige Besatzung im Jahre 1926 nach Buenos Aires geflogen waren und das sich heute in Argentinien im Museo de Transportes in Lujan nahe Buenos Aires befindet, um die älteste als Originalflugzeug erhaltene Dornier-Konstruktion überhaupt. Daneben hat die „Libelle" gegenüber dem „Wal" den Vorzug, für ein Flugzeug geradezu winzig zu nennende Dimensionen aufzuweisen – der Rumpf hat eine Länge von 7,5 Metern, die Spannweite beträgt 9,8 Meter –, die zusammen mit der relativ einfachen Zerlegbarkeit den Transport nach Friedrichshafen und den Aufbau in den Räumlichkeiten des Zeppelin Museums erst ermöglichten.

Doch trotz ihrer geringen Ausmaße kam eine Aufstellung der „Libelle" im Wechselausstellungsraum des Zeppelin Museums von Anfang an nicht in Frage: Das Flugboot wäre hier beengt und eingezwängt erschienen und kaum zur Wirkung gekommen. Als einzige Lösung bot sich die Unterbringung in der „Zeppelinhalle" unter der rund 33 Meter langen Teilrekonstruktion des Luftschiffes LZ 129 „Hindenburg" an. An diesem Platz, an dem die Besucher im Normalfall ein überaus eindrucksvolles Automobil der Marke Maybach „Zeppelin" bewundern können, war die „Libelle" nicht nur von allen Seiten zugänglich, sondern ermöglichte auch die Betrachtung aus einer gewissen Distanz. Außerdem war die „Libelle" auch durch die große Glasfassade von den Bahnsteigen aus gut sichtbar und trug somit das Thema „Zeppelins Flieger" im wahrsten Sinne des Wortes hinaus ins Freie. Faszinierend war auch die direkte Konfrontation des kleinen Flugbootes mit dem gewaltigen Luftschiffkörper darüber.

Doch nicht nur wegen ihrer Dimensionen war die „Libelle" das geeignete Originalflugzeug für „Zeppelins Flieger". Auch unter dem Aspekt ihrer Technik und Geschichte ist sie durchaus repräsentativ für das Thema Dornier in den zwanziger Jahren. Die Entwicklungsarbeiten an dem als Sport- und Schulflugboot konzipierten einmotorigen Flugzeug begannen im Jahre 1920, im Vordergrund standen Einfachheit, Handlichkeit und geringer Platzbedarf bei der Unterbringung. Hierzu konnten beide Tragflächenhälften mit wenigen Handgriffen seitlich beigeklappt

In voller Schönheit ist die „Libelle" unter dem mächtigen Bauch des LZ 129-Nachbaus zu bewundern.

werden, ganz ähnlich wie es später bei Flugzeugen auf Flugzeugträgern üblich wurde, um Platz zu sparen.

Die Teile für die erste „Libelle" wurden in der Dornier-Werft in Seemoos bei Friedrichshafen gefertigt und unter Umgehung des damals in Deutschland herrschenden alliierten Bauverbotes in einem Bootsschuppen am schweizerischen Ufer des Bodensees in Rorschach endmontiert. Der Erstflug am 16. August 1921, natürlich ebenfalls auf der schweizerischen Seite des Sees, jährte sich im Sommer 2006 zum fünfundsiebzigsten Mal. Als abgestrebter Hochdecker in Metallbauweise mit den charakteristischen Flossenstummeln ist die „Libelle" ein typisches Dornier-Flugboot ihrer Zeit. Im Cockpit waren vorne zwei Plätze mit Doppelsteuer, hinten war Platz für einen Fluggast sowie für etwas Post und Gepäck.

Deutschland – Fidschi-Inseln und zurück

Die vor allem durch den Einbau stärkerer Triebwerke und eine leicht vergrößerte Flügelspannweite und ein etwas verlängertes Vorschiff verbesserte „Libelle II" – um eine solche handelt es sich bei dem Exemplar, das im Sommer in Friedrichshafen zu bewundern war – wurde unter anderem in die Schweiz, nach Neuseeland, Australien, Japan, Brasilien und in einem Fall sogar auf die Fidschi-Inseln geliefert.

Dass gerade dieses Exemplar bis heute überlebt hat und sich heute als Dauerleihgabe der Familie Dornier in der Luftfahrtsammlung des Deutschen Museums befindet, spiegelt seine erstaunliche Geschichte wider. Die „Libelle" mit der Werknummer 117 war im Jahre 1929 von Alf Marlow auf den Fidschi-Inseln bei der Dornier Metallbauten GmbH in Manzell bestellt und auf dessen Wunsch hin mit einem englischen Cirrus III-Reihenmotor mit einer Leistung von 80 PS anstelle des sonst üblichen Siemens-Sternmotors ausgerüstet worden. Marlow wollte einen Personen- und Postverkehr auf den Fidschi-Inseln aufziehen.

Die „Libelle" traf am 15. September 1930 an ihrem Bestimmungsort ein, flog fortan mit der Registrierung VQ-FAB und hatte schon nach einem halben Jahr 65 Flugstunden aufzuweisen. Zu einem nicht mehr näher bestimmbaren Zeitpunkt wurde die VQ-FAB durch einen Hurrikan schwer beschädigt und lag danach über dreißig Jahre in einem Schuppen, wo die salzhaltige Seeluft ihren Zustand nicht gerade verbesserte. Nach der Wiederentdeckung kam das Flugzeug in den sechziger Jahren als Lehrobjekt in das Derrick Technical Institute in Nausori und wurde 1972 wieder an ihren ursprünglichen Besitzer zurückgegeben, der sie nach weiteren sechs Jahren 1978 an die Firma Dornier abgab. Als die letzte „Libelle" auf dem Seeweg in einer Transportkiste wieder in Deutschland eintraf, war Marlow schon 92 Jahre alt.

Wie die „Libelle" an den See zurückkam

Die stark korrodierten Teile wurden bei Dornier in Oberpfaffenhofen einer grundlegenden Restaurierung unterzogen. Einige Teile, wie beispielsweise ein Teil der Spanten im Rumpf und alle Lagerungen der Streben im Rumpf und im Tragwerk, wurden durch Neufertigungen ersetzt. Federführend bei diesem über ein Jahr in Anspruch nehmenden und ausschließlich in freiwilliger Arbeit durchgeführten Projekt waren die Flugzeugbaumeister Alois Ziegler, Hans Jäck, Josef Palmberger und mehrere Auszubildende aus der Lehrwerkstatt in Neuaubing. Anlässlich seines 65. Geburtstags am 10. Dezember 1979 wurde die liebevoll restaurierte „Libelle" Prof. Claudius Dornier jr. überreicht. Sie war zuerst überwiegend im Ausstellungspavillon auf dem Gelände des Dornier-Werkes in Immenstaad aufgestellt, von wo sie im Februar 1984 als Dauerleihgabe in das Deutsche Museum nach München kam. In Friedrichshafen war die „Libelle" zuletzt 1983 im Rahmen der Ausstellungsaktivitäten der Dornier GmbH auf der Messe RMF (Rennsport, Motor, Flugsport) zu bewundern. Damals war die Aero '83 noch als Sonderschau an die RMF angegliedert und die „Libelle" hing in der Halle 5.

Die Idee, mit der „Libelle" ein Stück des frühen Metallflugzeugbaus am Bodensee für einige Wochen wieder nach Friedrichshafen zu holen, wurde von allen Beteiligten mit Enthusiasmus verfolgt und stieß sowohl bei den Vertretern der Familie Dornier als auch bei den Kollegen vom Deutschen Museum auf allergrößtes Verständnis. Dabei hatten natürlich von Anfang an die konservatorischen Belange zum Schutz des unwiederbringlichen Exponates absoluten Vorrang. Bei einem Besuch Camillo Dorniers im Frühjahr 2005 in Friedrichshafen hatte die Klärung aller technischen, logistischen und konservatorischen Fragen oberste Priorität. So stand von Anfang an fest, dass sowohl der Auf- als auch der Abbau der „Libelle" ausschließlich durch das Fachpersonal der Restaurierungswerkstätten in der Flugwerft Schleißheim durchzuführen seien. Für die logistische Planung des Transportes wur-

Die „Libelle" aus dem Deutschen Museum in München ist im Zeppelin Museum angekommen und wird vor dem Aufbau noch liebevoll poliert.

Eine große Zahl von Interessierten an der Luftfahrtgeschichte kam am 29. Juni 2006 zur Eröffnung der Ausstellung „Zeppelins Flieger" ins Zeppelin Museum.

de die Firma Hasenkamp eingebunden, die auch den Transport der übrigen Leihgaben aus dem Deutschen Museum übernehmen sollte.

Nach weiter vertiefendem Austausch und positiven Gesprächen zwischen den Beteiligten wurde die offizielle Leihanfrage des Zeppelin Museums im März 2006 von Seiten der Familie Dornier und vom Deutschen Museum positiv entschieden. Dabei ging es nicht nur um die „Libelle", sondern darüber hinaus noch um das Handsteuerrad einer Friedrichshafen G.III aus dem Jahre 1917, um den beeindruckenden Motorspant eines Dornier „Delphin" von 1920 und einen Ausschnitt aus dem Holmkastenträger der revolutionären E.4/20 der Zeppelin-Werke Staaken GmbH aus dem Jahre 1920 – allesamt Schlüsselexponate der Ausstellung „Zeppelins Flieger".

Der Tag der Anlieferung und des Aufbaus der „Libelle" im Zeppelin Museum war der 26. Juni. Bis zum 9. Oktober war das kleine Flugboot ein Blickfang in den Ausstellungsräumen des Zeppelin Museums und erinnerte auf sehr eindrückliche Weise an die Tradition des hochinnovativen Metallflugzeugbaus am Bodensee – und daran, dass gegenüber dem Zeppelin Museum, im Bereich des heutigen Gebäudes K 42, schon einmal eine „Libelle" zu bewundern war: im Dornier-Museum im Salzstadel. Doch diese „Libelle" wurde zusammen mit dem größten Teil der Ausstellungsstücke bei den Bombenangriffen des Zweiten Weltkriegs zerstört.

Zwischen Zeppelinen, Motoröl und Ölgemälden

10 Jahre Zeppelin Museum Friedrichshafen

SABINE OCHABA

Das Zeppelin Museum im denkmalgeschützten ehemaligen Hafenbahnhof. Auf dem Bild wird gerade ein 14,4 m langes, originalgetreues 1:10-Modell des technisch revolutionären Schütte-Lanz-Luftschiffs SL2 für die Sonderausstellung „Im Schatten des Titanen" angeliefert (28. Mai 2001).

Seit einem ganzen Jahrzehnt residiert nun das Museum für Technikbegeisterte und Kunsthungrige, die „Havanna am Museumshimmel", in Friedrichshafens ehemaligem Hafenbahnhof. Eine lange Zeit und ein guter Zeitpunkt, Bilanz zu ziehen. Denn seit seiner Eröffnung im Jahr 1996 kann das Zeppelin Museum Friedrichshafen mit über drei Millionen Besuchern auf eine ungebrochene Erfolgsgeschichte zurückblicken!

Der Hafenbahnhof

Wer sich Friedrichshafen vom See aus nähert, sieht es von Ferne schon weiß schimmern: das Zeppelin Museum Friedrichshafen. Mit seinen lang gestreckten Formen und Fensterbändern sieht es aus wie ein Schiff, das im Hafen liegt.

Stilistisch ist das Gebäude der Neuen Sachlichkeit zuzuordnen. 1929 – 33 als Hafenbahnhof im Auftrag der Reichsbahn erbaut, prägt der moderne Bau seither das Stadtbild. Es gab eine Empfangshalle, Wartesäle und Räume für die Zollabfertigung, die Post und die Bahnverwaltung, Lagerräume und eine Bahnhofsgaststätte. Am 28. April 1944 wurde der Bahnhof mehrfach von Bomben getroffen, und nur durch sein Stahlskelett konnte er den Krieg schwer beschädigt überstehen. Nach Kriegsende wurde der Hafenbahnhof schnellstmöglich wieder funktionstüchtig gemacht und bis Mitte der 1970er Jahre von Touristen und Einheimischen für die An- und Abreise genutzt. Von hier aus wurden Züge mit der Trajektfähre bequem in die Schweiz transportiert.

Ende der achtziger Jahre fand die Bahn schließlich in der Stadt Friedrichshafen eine Käuferin für den unter Denkmalschutz gestellten Bau. Ab 18. Januar 1993 wurde das ehrwürdige Gebäude mit einem Gesamtvolumen von 70 Mio. DM zum Museum umgebaut. Diese Investition hat sich längst gelohnt, denn das Museum ist auf Anhieb zum touristischen Magneten der Stadt und der Region geworden.

Das Museum

Als das Zeppelin Museum am 2. Juli 1996 – dem Jahrestag des Erstaufstiegs von LZ 1 – endlich eröffnet wurde, drängten sich Scharen neugieriger Gäste durch die frisch renovierten Hallen, die seither die weltgrößte Sammlung zur Geschichte und Technik der Luftschifffahrt sowie eine Kunstabteilung beherbergen. 4000 qm Ausstellungsfläche, Magazin- und Archivräume, eine Bibliothek, ein Vortragssaal, Räume für Seminare und die Museumspädagogik, Restaurant und Museumshop haben Platz gefunden. Modernste Technik sorgt für die Sicherheit und das richtige Raumklima, ein durchdachter Notfallplan für die Evakuierung sämtlicher Exponate in kürzester Zeit.

Am Tag seiner Eröffnung war das heutige Zeppelin Museum Friedrichshafen das älteste und das jüngste Museum zugleich am Bodensee, denn es hat seine Wurzeln in zwei historisch gewachsenen Museen: im Städtischen Bodenseemuseum und im Zeppelin Museum der Luftschiffbau Zeppelin GmbH. Das heutige Museum ist mit seiner Einheit von Technik und Kunst einzigartig in der deutschen Museumslandschaft – ein Ort, an dem das Spannungsfeld von Geistes- und Naturwissenschaft unter immer neuen Fragestellungen thematisiert wird. 1998 wurde es mit der „Special Commendation" des „European Museum of the Year Award" ausgezeichnet und 2006 von der Initiative „Deutschland – ein Land der Ideen" zum „Ort im Land der Ideen" gekürt.

Die Faszination

"Die Welt von oben, von dem ruhig durch den Aether gleitenden Luftschiff aus, das ist ein Erlebnis, mit dem sich kein anderes vollgültig vergleichen lässt." Mit diesen Worten warb ein Reiseprospekt der 1930er Jahre für Fahrten mit dem Luftschiff LZ 127 Graf Zeppelin. Dieser unvergleichliche Blick von oben war es, der die Menschen immer wieder faszinierte. Hinzu kam das Gefühl schwerelosen Dahingleitens. Während eintägiger Rundfahrten über Deutschland, in die Schweiz oder nach Österreich konnten dreißig Fahrgäste im Salon in gepolsterten Lehnstühlen oder auf bequemen Sofas in den Kabinen Platz nehmen. Bei mehrtägigen Ausflügen in die Balkanländer oder nach Südamerika wurden die Sofas abends in Betten umgewandelt. In den Glanzzeiten der fliegenden Giganten wurde der Komfort für die zumeist illustren Luftschiffpassagiere im LZ 129 Hindenburg noch verbessert: Es gab Kabinen mit richtigen Betten und eigenem Waschbecken. Im Schreib- und Leseraum schrieben die Passagiere ihre Luftpost und konnten auf dem Promenadendeck die Aussicht aus den großen Panoramafenstern genießen. In der Bordküche wurden erstklassige Speisen gezaubert.

Weltbekannt wurden die Zeppeline durch die Fahrt des LZ 127 rund um den Globus. Als das Luftschiff am 4. September 1929 nach 32 790 gefahrenen Kilometern und nur 288,11 Stunden reiner Fahrtzeit wieder in seinem Heimathafen am Bodensee ankam, wurde es von den Einheimischen und Tausenden angereister Schau-

Im LZ 129 Hindenburg konnten die Passagiere auf dem Promenadendeck die Aussicht aus den großen Panoramafenstern genießen.

Die Rekonstruktion eines 33 m langen Stücks des LZ Hindenburg bietet die einzigartige Möglichkeit, Flair und Technik der Zeppelin-Ära nachzuempfinden.

lustiger frenetisch bejubelt. Heute wie damals, als Flugzeuge nur Kurzstrecken zurücklegen konnten und der Zeppelin bereits die ersten Interkontinentalfahrten absolvierte, fasziniert die Welt der Luftschifffahrt die Menschen. Und bis heute gilt die Weltfahrt des LZ 127 als die größte Leistung eines Luftschiffes.

Die Rekonstruktion

Für die Neueröffnung des Zeppelin Museums im Hafenbahnhof wurde ein 33 Meter langes Stück des LZ 129 Hindenburg originalgetreu nachgebaut. Die Rekonstruktion basiert auf Originalplänen der Luftschiffbau Zeppelin GmbH und wurde teilweise mit Originalwerkzeugen aus dem Museumsbestand gebaut. Lackiert wurde der Teilnachbau mit dem eigens von der damaligen Herstellerfirma rekonstruierten blauen Schutzlack. Diese größte Teil-Rekonstruktion eines Luftschiffes bietet die einzigartige Möglichkeit, Flair und Technik der Zeppelin-Ära nachzuempfinden (vgl. „Leben am See", Bd. 14, S. 7 – 18).

Über drei Millionen Menschen haben sich bislang auf die Zeitreise mit der „silbernen Zigarre" begeben, sind das schmale Fallreep hinaufgestiegen und haben sich von den gigantischen Ausmaßen des berühmtesten „Luxushotels der Lüfte" in Staunen versetzen lassen. Das Unikat wird von in- und ausländischen TV- und Filmproduktionsfirmen in Berichten, Dokumentationen und Spielfilmen als Kulisse genutzt, wie in dem von Gordian Maugg verfilmten Roman „Zeppelin!" von Alexander Häusser, der 2005 in die Kinos kam.

Das Original

Auch heute noch ist die Hindenburg-Katastrophe von großem Interesse, weshalb die „frequently asked questions" des Zeppelin Museums Friedrichshafen an dieser Stelle beantwortet werden sollen:

LZ 129 Hindenburg geriet am 6. Mai 1937 während der Landung in Lakehurst vor den Augen der Weltöffentlichkeit in Brand und wurde vollständig zerstört. Die Ursache ist bis heute umstritten. Von den 97 Menschen an Bord (36 Passagiere und 61 Besatzungsmitglieder) kamen 35 Menschen ums Leben (12 Passagiere und 22 Besatzungsmitglieder). Hinzu kam ein Opfer aus der amerikanischen Bodenmannschaft. Das Unglück erlangte auch deshalb traurige Berühmtheit, weil der Radioreporter Herb Morrison über das Geschehen live berichtet hatte. Seine sehr emotionale Reportage avancierte zum wohl meistgehörten Originalton der Welt und ist im Filmraum des Zeppelin Museums zu hören.

Der Bau von LZ 129 Hindenburg wurde zur selben Zeit geplant wie der Bau des Hafenbahnhofs. Die Gesamtlänge des Luftschiffs betrug 245 m, der größte Durchmesser 41,2 m. Mit 16 Gaszellen hatte die Hindenburg ein Traggasvolumen von 200 000 Kubikmetern, wurde von vier Daimler-Benz-Dieselmotoren mit je 1050 PS angetrieben, die Höchstgeschwindigkeit betrug 135 Stundenkilometer.

Der Maybach-Zeppelin-DS 8 war der exklusivste Fahrzeugtyp des Maybach-Motorenbaus. Zu besonderen Gelegenheiten wird die Limousine Baujahr 1938 von Museumsdirektor Dr. Wolfgang Meighörner gefahren. Mit ihrem 8-Liter-12-Zylinder-Motor mit 200 PS erreicht sie eine Geschwindigkeit von etwa 175 km/h.

Seine Erstfahrt machte das nach dem Reichspräsidenten Paul von Hindenburg benannte Luftschiff am 4. März 1936 und nahm ab Mai den regelmäßigen Nordatlantikdienst mit Passagieren, Post und Fracht zwischen dem Flug- und Luftschiffhafen Frankfurt/Main und Lakehurst auf. Anfangs konnten 50 Passagiere mitfahren, nach dem Umbau 72. Auf insgesamt 63 Fahrten beförderte die Hindenburg 1380 Passagiere, 9753 kg Fracht sowie 8869 kg Post und ist bis heute das größte Luftfahrzeug geblieben, das jemals Passagiere über den Atlantik befördert hat.

Das Erbe

So leicht der Zeppelin am Himmel schwebt, so schwerwiegend ist das Erbe, das der Graf und seine Pioniere hinterlassen haben. Wie bedeutend dieses Erbe ist, wird sichtbar, wenn man im Internet das Wort „Zeppelin" eingibt: Die Internetsuchmaschine AltaVista erbrachte dafür am 28. 9. 2005 genau 22 Millionen Treffer!

Darüber hinaus ist das Wort „Zeppelin" eines der berühmtesten Eponyme geworden und wird im Fremdwörter-DUDEN zur Erklärung des Wortes als einziges Beispiel herangezogen: *„Eponym [gr.] das; -s, -e: Gattungsbezeichnung, die auf einen Personennamen zurückgeht (z. B. Zeppelin für Luftschiff)."*

Von Anfang an war das Luftschiff Innovationsträger und sollte Stadt und Region entscheidend prägen. Zuvor war Friedrichshafen industrielles Niemandsland, ein ländlich-idyllischer Umschlagplatz für Salz, Getreide oder Fisch und später zu Zeiten der württembergischen Könige ein Ort der Sommerfrische für betuchte Feriengäste.

Was in Friedenszeiten einen wirtschaftlichen Segen darstellte, wurde während des Zweiten Weltkrieges zum Fluch, als Friedrichshafen – nunmehr eine der deutschen Rüstungsschmieden – durch elf Bombenangriffe fast dem Erdboden gleichgemacht wurde. Doch die Stadt hat sich erholt, und was die Zeit des „Eroberers des Luftozeans" auch heute noch für den hiesigen Wirtschaftsraum bedeutet, kann man in der Museumsabteilung Vision und Verwirklichung sehen, denn aus der Idee des Grafen gingen bekannte Unternehmen wie MTU, ZF, EADS, Zeppelin und Dornier hervor und machten die Bodenseeregion zu einer der führenden Hightech-Regionen Deutschlands.

Das Zeppelin Museum stellt diese herausragenden Erfindungen aus und bewahrt die Erinnerung an die großen Ideen. Deshalb kooperiert das Museum unter anderem mit Bildungseinrichtungen und der ansässigen Industrie, wie z. B. bei der erfolgreichen Restaurierung des historischen VL 2-Motors, als Ingenieurstudenten der

Zu den ausgestellten Originalteilen zählt auch diese Motorgondel.

Berufsakademie Ravensburg die Chance bekamen, tief in technische Pionierzeiten einzutauchen. Denn nur durch die Pionierarbeit am Bodensee wurden die ersten Interkontinentalflüge in der Geschichte der Menschheit möglich. Endlich wurde auch die dritte Dimension physisch erlebbar, und man kann mit Fug und Recht behaupten, dass der Zeppelin für die Entwicklung weltweiter Mobilität unabdingbar war!

Die Technik

In seiner Technikabteilung bietet das Museum Einblicke in die technischen, industriepolitischen, militärischen, zivilen und sozialen Gesichtspunkte der Luftschifffahrt. Die Museumsgäste können sich anhand von Originalexponaten, Modellen, Fotos, Filmen oder an einem der Computerterminals umfassend über die Luftschifffahrt informieren – sei es über Aerodynamik, Navigation oder Funktechnik, über Motoren, Getriebe oder das Leben des Grafen. Viele sind davon beeindruckt, wie wenig das Gerippe eines Luftschiffs wiegt, das wegen seiner komplexen, gotisch anmutenden Struktur auch als „Kathedrale der Lüfte" bezeichnet wird.

Die Kunst

Die ab 1947 wieder aufgebaute Kunstsammlung vom späten Mittelalter bis zur Moderne aus dem Bodenseeraum und Oberschwaben steht in der Tradition des 1869

Mit seiner Einheit von Technik und Kunst ist das heutige Museum einzigartig in der deutschen Museumslandschaft.

gegründeten Museums des Bodenseegeschichtsvereins. Sie hat im zweiten Obergeschoss des Hafenbahnhofs einen würdigen Platz gefunden und ist inzwischen weit über die Region hinaus bekannt. Auch das Schaffen aktueller zeitgenössischer Künstler wie z.B. Roman Signer, Thom Barth oder Res Ingold findet seinen Niederschlag in der Sammlung des Zeppelin Museums. Ein anderer Sammlungsschwerpunkt liegt auf dem Aspekt „Innere Emigration" und „Exil am Bodensee". Das Museum besitzt die weltweit umfangreichsten Sammlungen in öffentlicher Hand zu Otto Dix und Max Ackermann.

Die Werke der graphischen Sammlung werden abwechselnd im Graphik-Kabinett im zweiten Obergeschoss gezeigt. Wechselausstellungen schlagen Brücken zwischen Technik und Kunst, und einige der eigens dafür geschaffenen Exponate wie beispielsweise die Installation von Res Ingold kann man heute noch im Museum sehen.

Die Vermittlung

Fliegt oder fährt ein Zeppelin? Warum ist er so riesig? Wie lang war die weiteste Fahrt und warum sind Luftschiffe abgestürzt? Woraus besteht die Hülle? Was machen Funker, Steuermann oder Maschinist? Welche Aufgaben hat der Kapitän? Seit wann kann Aluminium fliegen? Wie funktioniert ein Verbrennungsmotor oder ein Propeller? Was ist Aerodynamik? – Wie wurden im Mittelalter Farben hergestellt?

Was sieht man auf Ackermanns Bild „Überbrückte Kontinente"? Was fühlt, hört, schmeckt oder riecht man dabei?

Um solcherlei Fragen zu beantworten, bietet das Zeppelin Museum für alle Altersgruppen individuelle Führungen und museumspädagogische Materialien an. Für Schulklassen gibt es unterschiedliche Quizpakete, Aktionstage bieten im Winter „Tagesreisen" in die Welt der Technik und Kunst. Zum Angebot gehören auch Blindenführungen und Kindergeburtstage. Kinder, die noch nicht lesen können, werden an zwei eigens eingerichteten Bildschirm-Stationen in die Welt des Grafen oder den virtuellen Luftschiffhangar des Zeppelin NT eingeladen. Audioguides auf Deutsch, Englisch und Französisch liefern denjenigen Hintergrundinformationen, die auf eigene Faust das Museum erkunden möchten.

Die Menschen

Museumsaufsichten, technisches Personal, Verwaltung, ein Wissenschaftsteam und zahlreiche Museumsführerinnen und -führer sorgen dafür, dass es im Zeppelin Museum Friedrichshafen niemals langweilig wird. Anlässlich des Jubiläums wurden daher in einer internen Umfrage die unvergesslichen Meilensteine innerhalb der letzten zehn Jahre ermittelt. Hier eine Auswahl:

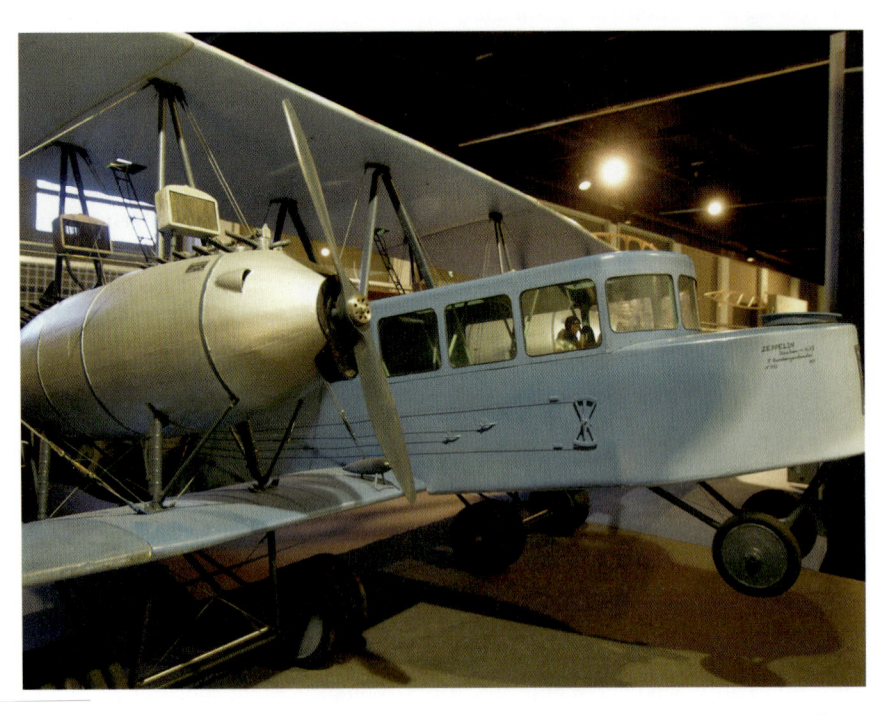

Zahlreiche Modelle veranschaulichten in der Sonderausstellung „Zeppelins Flieger" (Juni bis September 2006) die hundertjährige Geschichte des Flugzeugbaus am Bodensee.

„Die Museumsnacht Elements – the night of art and music am 15.11.2003."
„Die Wechselausstellung „Frau und Flug – Die Schwestern des Ikarus" im Sommer 2004. Die Kuratorinnen und der Direktor haben dafür vom Deutschen Aero Club die Daedalus-Medaille bekommen."
„Objekt + Emotion – Sammler und ihre Maybachs. Hat einen Designerpreis in Gold bekommen."
„Pioniere des industriellen Designs am Bodensee."
„America yesterday, Fotografien von Andreas Feininger. Eine Ausstellung des Kunstvereins Friedrichshafen, 2002."
„Die gute Idee, Motoröl aus dem LZ 127 Graf Zeppelin zum Weltfahrtjubiläum in einer limitierten Auflage zu verkaufen."
„Die Landung der Do 24 auf dem Bodensee und die Begrüßung des Piloten Iren Dornier im Zeppelin Museum."
„Das internationale Flair, als der Bundespräsident Köhler 2005 mit so vielen Diplomaten da war."

Die Zahlen

Weltgrößte Sammlungen zur Luftschifffahrt, Otto Dix und Max Ackermann, 22 Mio. Internettreffer für das Wort „Zeppelin", 14 600 785 Besuche auf www.zeppelin-museum.de (März 2000 bis März 2006), über 3 100 000 Museumsbesucherinnen und -besucher aus aller Welt, 1 113 589 KWH Stromverbrauch (2004), 936 233 KWH Gasverbrauch (2004), 88 000 Gäste der Wechselausstellung „Objekt + Emotion – Sammler und ihre Maybachs" (Besucherrekord im 9. Jahr (!) des Museums im Hafenbahnhof), 18 762 Führungen (1996 – 2005), 4662 Buchneuzugänge (Schenkungen, Belegexemplare, Ankäufe 1996 – 2005), rund 4000 Kubikmeter Wasserverbrauch (2004), knapp 3600 Liter Ölverbrauch (2004), 2331 Besucher im Archiv und der Bibliothek (1996 – 2005), 81 Besucherbücher mit Eintragungen in allen Sprachen der Welt, 77 Wechselausstellungen, 73 Beiträge vom Wissenschaftsteam in 53 eigenen Publikationen (seit 1996), 4,4 Millionen Euro eingespart gegenüber den Wirtschaftsplänen, eine Dauerausstellung und unzählige neue Ideen ...

Die Zukunft

Die Ausstellung des Zeppelin Museums soll langfristig neu konzipiert werden und auch das etwa drei Kilometer entfernte Zeppelindorf mit einbeziehen. Darüber hinaus sollen die elektronischen Besuchersysteme weiter ausgebaut und Führungen für gehörlose Menschen angeboten werden. Das Zeppelin Museum will weiterhin eines der faszinierendsten Museen sein und den Gästen aus aller Welt diese spannenden Themen nahe bringen. Wenn es das Museumsteam immer wieder erreicht, handfeste Informationen mit Spaß und Freude zu vermitteln, ist, wie Museumsdirektor Dr. Wolfgang Meighörner sagt, *„das vornehmste Ziel erreicht"*.

Von „Apostelwäschern" und kecken Engeln

Manfred Bruker kennt Baugeschichte und Innenleben des Überlinger Münsters

SYLVIA FLOETEMEYER

„Wo ist der Engel, der den Heiland am großen Zeh kitzelt?" Der vorwitzige Putto findet sich im Überlinger Münster am Betz-Altar aus dem Jahre 1610, benannt nach dem Stifter Junker Erasmus Betz. Und Manfred Bruker ist der Mann, der bei einer Führung auch solch amüsante Fragen beantworten kann. Schon als Jugendlicher entdeckte der pensionierte Realschul-Rektor seine Liebe zur Kunstgeschichte. Als Lehrer für Deutsch, Kunst und Religion führte er dann später seine Schüler oft in das Überlinger Wahrzeichen, um ihnen dessen Baugeschichte und religiöse Bedeutung zu erklären. *„Wenn man im Unterricht das Mittelalter durchnimmt und in einer Stadt wie Überlingen lebt, dann geht man doch in diese Stadt und ins Münster",* sagt Bruker.

Manfred Bruker kennt das Überlinger Münster in- und auswendig. Dessen Baugeschichte hat er in einer auch für Laien leicht verständlichen Broschüre zusammengefasst. Den hölzernen Grundriss hat er zum besseren Verständnis für seine Schüler gebastelt.

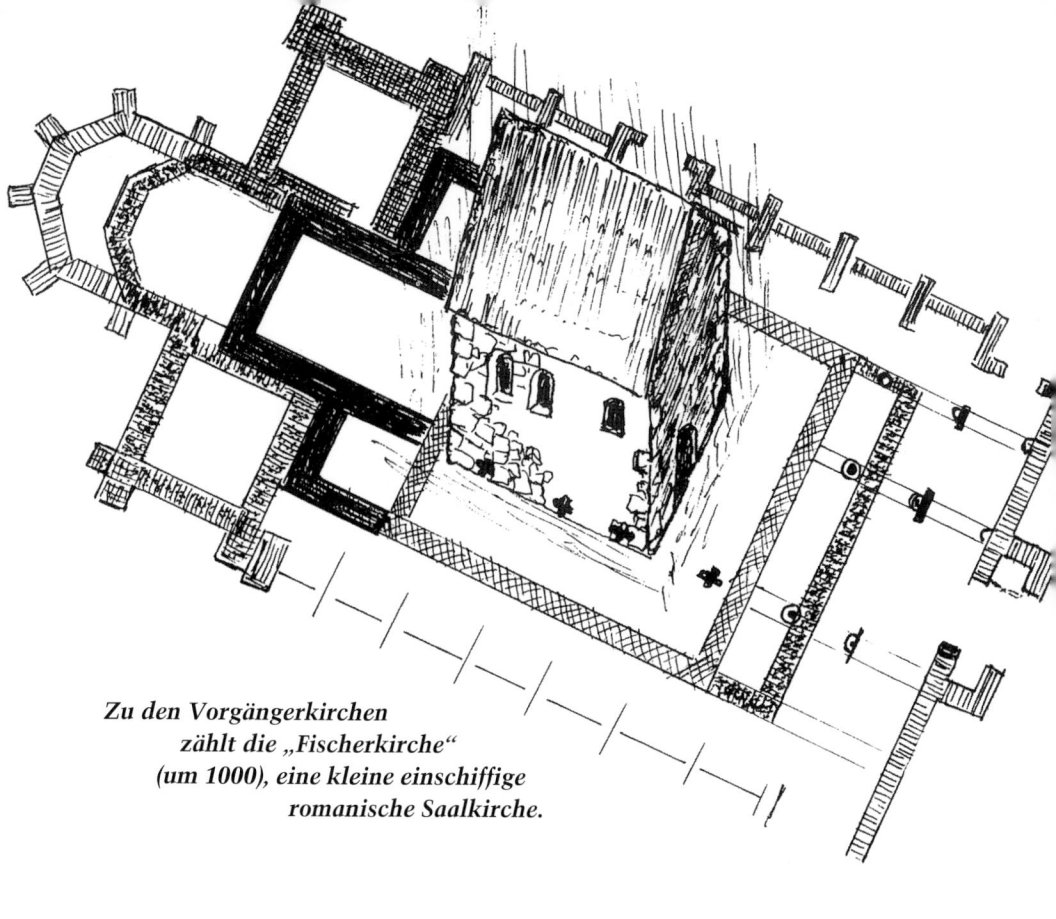

Zu den Vorgängerkirchen zählt die „Fischerkirche" (um 1000), eine kleine einschiffige romanische Saalkirche.

Dabei merkte der Pädagoge, dass es den Schülern schwer fiel, anhand von gezeichneten Grundrissen die Entwicklung von der schlichten Fischerkirche zum heutigen Münster zu verstehen. Bruker bastelte also erst einen hölzernen Grundriss mit beweglichen Elementen und begann später auch, die verschiedenen Bauabschnitte in einer Überblicksserie zu zeichnen. Das Ergebnis dieser Arbeit fasste er schließlich in einem Büchlein zusammen, das er auf eigene Kosten drucken ließ: *„Der Überlinger Münsterbau – Von der Nikolaus-Kapelle zur gotischen Stadtkirche."*

Mit seinen Zeichnungen führt Bruker dem Betrachter erstmals die drei romanischen und die drei gotischen Bauetappen des Münsters grafisch anschaulich vor Augen. Um die einzelnen Stadien noch besser zu charakterisieren, hat er ihnen Namen gegeben: Fischerkirche (um 1000), Marktkirche (um 1150), Zünftekirche (um 1280), Pfarrkirche (1350 – 1420), Reichsstadtkirche (bis 1510) und Nachreformatorische Kirche (1512 – 1576). Außerdem hat Bruker die Skulpturen und die Fresken des Münsters gezeichnet und in eine chronologische Übersicht gebracht. Brukers Arbeit fußt zum großen Teil auf den umfassenden, für Laien aber ziemlich komplizierten Baubeschreibungen, Grabungszeichnungen und Fotos des Münsters, die der Kunsthistoriker Josef Hecht in der ersten Hälfte des 20. Jahrhunderts zusammengestellt hat. Brukers Ehrgeiz war es nicht, selbst Neues zu entdecken, sondern er wollte, ganz Pädagoge, bereits Erforschtes auf verständliche Weise vermitteln.

Die „Reichsstadtkirche":
gotische Hallenkirche
1424 – 1436/1460.

Sein Interesse an Geschichte und Kunst wurde durch den Beruf des Vaters gefördert. Dieser war Lokführer und hatte deshalb viele Eisenbahn-Freifahrten, die er mit seiner Familie für Ausflüge zu Domen, Schlössern und Burgen nützte. Bruker merkte schon früh, dass er sein gesammeltes Wissen nicht für sich behalten wollte. *„Ich gebe gern weiter."*

Eine ganz besondere Führung

Und es ist etwas ganz Besonderes, wenn Bruker sein Wissen persönlich vermittelt. Denn der Kunstfreund spult kein Programm ab, sondern scheint sich an jedem Detail, auf das er hinweist, aufs Neue zu freuen. Er erschlägt seine Begleitung nicht mit Zahlen und Fakten, sondern weist ebenso auf menschliche wie auf kunstgeschichtliche und religiöse Hintergründe hin – und er kennt zahlreiche Anekdoten.

So wie jene vom Ölberg vor dem Münster. Dieser soll von Konstanz nach Überlingen geschwommen sein, als die Konstanzer – für kurze Zeit – den reformierten Glauben annahmen, die Überlinger aber der katholischen Kirche treu blieben. Die Legende hat ihren wahren Kern vielleicht darin, dass der Entwurf des 1493 begonnenen Ölbergs dem Konstanzer Münsterbaumeister Lorenz Reder zugesprochen wird, der selbst allerdings erst 1502 nach Überlingen kam.

In der südöstlichen Eingangshalle bleibt Bruker stehen, deutet in sein Büchlein, dann auf die Mauern und sagt: *„Hier kann man sich vorstellen, dass das Münster ursprünglich zurückgesetzte Außenwände hatte, auf der Höhe der heutigen Türen."* Um 1470 aber zog man diese Wände weiter nach außen, um zwischen den

Strebepfeilern Platz für die Seitenkapellen zu schaffen. Denn alle wohlhabenden Überlinger Geschlechter, die Besserer, Betz, Schultheiß-Hahn, Mader, Reutlinger und Waibel, wollten ihre eigene Kapelle haben. Besorgt um ihr Seelenheil und das ihrer Vorfahren, stifteten sie Altäre, wie etwa den berühmten Rosenkranzaltar, den die Familien Schultheiß und Hahn in Auftrag gaben.

Die Baumeister, Schnitzer und Maler des Mittelalters haben sich selten verewigt, diese Berufe galten als Handwerk, erst in der Renaissance kamen der Begriff und das Selbst-Bewusstsein des Künstlers auf. Umso bemerkenswerter ist, neben anderen Zeugnissen, eine Inschriftentafel an der südlichen Choraußenwand, in der sich 1350 Steinmetzmeister Eberhard Rab verewigte. Noch ungewöhnlicher aber ist eine Abbildung auf einer Konsole des Chors, die wohl Meister Rab nebst seiner Frau zeigt. Steinmetzzeichen, wie sie etwa an den Säulen im Innenbereich zu sehen sind, waren keine Signaturen in heutigem Sinne, sondern „Lohnzettel", anhand deren Zahl man abrechnete, erklärt Bruker.

Der allgegenwärtige Tod

Die Künstlerfamilie Glöckler jedoch hat im Pestjahr 1610 auf einer Altar-Retabel nicht nur sich selbst dargestellt, sondern zugleich eine Zeit, in welcher der Tod allgegenwärtig war und hohe Kindersterblichkeit zum Alltag gehörte: Über sechs der sieben abgebildeten Töchter ist ein Kreuz gemalt, nur eine von ihnen erlebte das Erwachsenenalter.

Heutigen Jugendlichen begegnet der Tod oft nur als Geisterbahn-Phänomen. Und so dürfte auch die Knochengestalt des heiligen Creszentius, nach dem sich Schüler laut Bruker begierig erkundigen, eher wohlige Schauer über den Rücken jagen. Reliquien waren in früheren Jahrhunderten begehrt, und so wurden die Toten aus den Katakomben alle pauschal zu Märtyrern erklärt und oft gar zu ominösen Heiligen befördert.

Im Dunkeln liegen im Münster aber noch ganz andere Dinge. So ist die Urheberschaft des Sankt Nikolaus im 1562 entstandenen Gewölbe des Mittelschiffs nicht geklärt. Der Schlussstein mit dem Abbild des Münster-Patrons ist nämlich aus Holz. Und so

Schlussstein im Mittelschiff, 1562.

würde sich manch einer nicht wundern, wenn er in Wirklichkeit eine Arbeit des 1936 verstorbenen Überlinger Kunstmalers und Restaurators Victor Mezger senior wäre, der so täuschend echt „restaurierte", dass sich bis heute selbst Experten die Haare raufen, weil sie nicht mehr zwischen Original und „Mezger" unterscheiden können.

Die Madonna mit dem „Mann im Mond"

Ziemlich genau datieren lässt sich hingegen die Marienfigur mit Kind in der Elisabethen-Kapelle. Die eindrucksvolle Madonna, die dem Ulmer Meister Gregor oder Michel Erhart zugeschrieben wird, entstand um 1510. Nun ist die „Madonna im Strahlenkranz", die auf der Mondsichel steht, ein gängiger Typus. Er fußt auf der Beschreibung in der „Offenbarung des Johannes", der Apokalypse. Doch warum lugt bei der „apokalytischen Madonna" im Überlinger Münster ein Gesicht aus dem Halbmond? „Es ist eine Türkenmadonna", erklärt Bruker. Denn zur Entstehungszeit der Figur war im christlichen Abendland die Angst vor den vordringenden Türken, die dann 1529 erstmals vor Wien standen, weit verbreitet. Und das Symbol der Türken war – der Halbmond. *„Bei uns findet man die Türkenmadonna selten, in Österreich oft."*

Ganz unter den Schutz Mariens stellten sich die Überlinger auch während des Dreißigjährigen Krieges, als die protestantischen Schweden zweimal – 1632 und 1634 – Überlingen belagerten. Von dieser Zeit zeugt die Kanonenkugel von 1634, die im Münster zur Schau gestellt ist. Dank der Intervention der Gottesmutter, so der Volksglaube, mussten die Schweden beide Male unverrichteter Dinge abziehen. Daran erinnern die beiden bis heute abgehaltenen „Schwedenprozessionen" im Mai und im Juli. Und so mahnt den Münsterbesucher an einer Säule die Inschrift: *„Praeterundo cave, ne sileatur ave."* – *„Vergiss nicht, beim Vorbeigehen ein Ave zu beten."*

Die Überlinger „Apostelwäscher"

Wenig respektvoll gingen die Überlinger Gerüchten zufolge aber mit den Statuen der zwölf Jünger Jesu um, die an den Säulen im Hauptschiff angebracht sind. *„Die Überlinger sollen diese Figuren einmal zur Reinigung an den See geschleppt haben"*, erzählt Bruker schmunzelnd. *„Das brachte ihnen den Spottnamen Apostelwäscher ein."* Warum aber Jakobus der Ältere, der berühmte Pilger-Apostel, ein kürzeres Gewand als die anderen elf trägt, das erfuhr Bruker erst vom Überlinger Urgestein Elisabeth Krezdorn, die es wiederum als Kind von ihrem Großvater gehört hatte. Bei der Reinigungsaktion im Bodensee sei nämlich der Jakobus den eifrigen Wäschern davongeschwommen. Und der Schnitzer, der den Ersatzheiligen fertigte, verpasste diesem aus ungeklärten Gründen einen knapperen Rock als seinen Gefährten. Mitten unter den zwölf Aposteln steht Christus – genau gegenüber der Kan-

Manfred Bruker hat für seine Broschüre auch die Skulpturen des Münsters gezeichnet.

zel. Der jeweilige Münster-Pfarrer sollte den „wahren Prediger" also immer im Visier haben.

Fortsetzung folgt

Die Zeit mit Bruker fliegt nur so dahin. An jeder Ecke kann er etwas Interessantes erzählen. Dabei sind bei dieser Führung die zwei berühmtesten Kunstwerke im Münster ausgespart: der wunderbare holzgeschnitzte Hochaltar von Jörg Zürn und seinen Brüdern und der Rosenkranzaltar, ebenfalls aus der Werkstatt der Zürns. Allein um diesen beiden Altären annähernd gerecht zu werden, bräuchte man Stunden. Außerdem plant Bruker, den Altären ein eigenes Heft zu widmen, ebenso den Frauendarstellungen im Münster.

Seine bereits erschienene Broschüre zum Münsterbau („Der Überlinger Münster-Bau. Von der Nikolaus-Kapelle zur gotischen Stadt-Kirche 1000 – 1576", Zeichnungen und Erläuterungen von Manfred Bruker) ist im Münster und im Überlinger Buchhandel für vier Euro erhältlich. Der Erlös kommt dem Münsterbauverein zugute.

Die Kriegergedächtniskapelle im St. Nikolaus-Münster in Überlingen

Entstehungsgeschichte eines einzigartigen Gesamtkunstwerks

WALTER LIEHNER

Ein ehrendes Erinnerungszeichen für die in der Schlacht gefallenen Väter und Söhne der Stadt Überlingen in der Heimat aufzustellen, war allzeit ein Bestreben der Überlinger Bürgerschaft. So berichtet der Chronist Kutzle von dem 1403 gegen die Appenzeller geführten Krieg, dass die verbündeten Städte dreihundert Mann verloren hätten, darunter auch 22 Überlinger. *„Die von Überlingen haben dann zu Bürnow (Altbirnau) einem jeden Erschlagenen ein steines Kreuz zum gedächtnus aufrichten lassen."* Aus dem Neusser Krieg 1475 brachten die Überlinger Soldaten in Erinnerung an den einzig Gefallenen einen erbeuteten Brustpanzer nach Hause und legten ihn im Münster am Kreuzausführungsaltar der Gottesmutter Maria zu Füßen. Ein Erinnerungs- und Siegeszeichen an den Krieg 1870/71 sollte auch das am 10. Juni 1900 eingeweihte Kriegerdenkmal auf dem Landungsplatz sein.

Spuren früherer Mahnmale sind längst verwischt. Die steinernen Kreuze von Altbirnau wurden schon 1617 gegen Kreuzwegbilder ersetzt. Vom Ausführungsaltar ist nur noch ein Bruchstück vorhanden und von dem Kriegerdenkmal werden heute nurmehr die ehernen Tafeln mit den Namen der Kriegsteilnehmer im Überlinger Stadtmuseum aufbewahrt. Lediglich die Belagerungen im Dreißigjährigen Krieg sind aufgrund der Gelübde der beiden Schwedenprozessionen und der „Schwedenkugel" als Votivgabe im Münster nicht in Vergessenheit geraten.

Gemeinsame Gedächtnisstätte für die Opfer beider Weltkriege ist heute das von dem Bildhauer Werner Gürtner 1968 geschaffene Ehrenmal auf dem Friedhof mit einem auferstandenen Christus als zentraler Figur. Daneben aber, von der Öffentlichkeit fast vergessen und ein Schattendasein führend, existiert noch ein weiteres Mahnmal von kunst- und stadtgeschichtlich hohem Rang: die Kriegergedächtniskapelle im St. Nikolaus-Münster.

Schon im ersten Kriegsjahr, als sich abzeichnete, dass dieser erste Weltkrieg ein langer und verlustreicher werden würde, machte man sich in der Heimat Gedanken über eine würdige Form der Kriegerehrung. Das Großherzogliche Landesgewerbeamt lobte Preise aus und veröffentlichte die Wettbewerbsergebnisse in der Zeitschrift „Heimat und Handwerk" Nr. 9/10, 1915 unter dem Titel: „Vorbilder für Krieger-Gedenktafeln." Von Seiten des hiesigen Bezirksamts warnte der Amtsvorstand Hermann Levinger in einem Rundschreiben an alle Gemeinden vor übereilten Schritten, damit nicht *„der gute Wille durch die Geschmacklosigkeit oder wie in unserem Bezirk durch die Einförmigkeit der Ausführung leidet"*, und brachte ein gemeinsames Denkmal auf den Höhen zwischen Unteruhldingen und Meersburg ins Spiel. Auch Viktor Mezger, Inhaber der Überlinger Kunstwerkstätte Mezger, entwarf Gedenk- und Ehrenzeichen für Gemeinden und Pfarreien und veröffentlichte seine „Anregungen und Vorschläge", so der Titel, in der Zeitschrift „Mein Heimatland". Zum Schluss seiner Ausführungen wies er noch auf zwei bereits ausgeführte Arbeiten hin. Trotz Krieg wurde an der Restaurierung des St. Nikolaus-Münsters weitergearbeitet und zwei Schlusssteine der ersten nördlichen Seitenkapelle in besonderer Form neu gestaltet. Der eine stellt ein stilisiertes Eisernes Kreuz dar, der zweite Stein einen knienden St. Georg mit gezücktem Schwert, der mit seiner rechten Hand drei Giftschlangen, die drei Hauptgegner England, Frankreich und Russland symbolisierend, erwürgt.

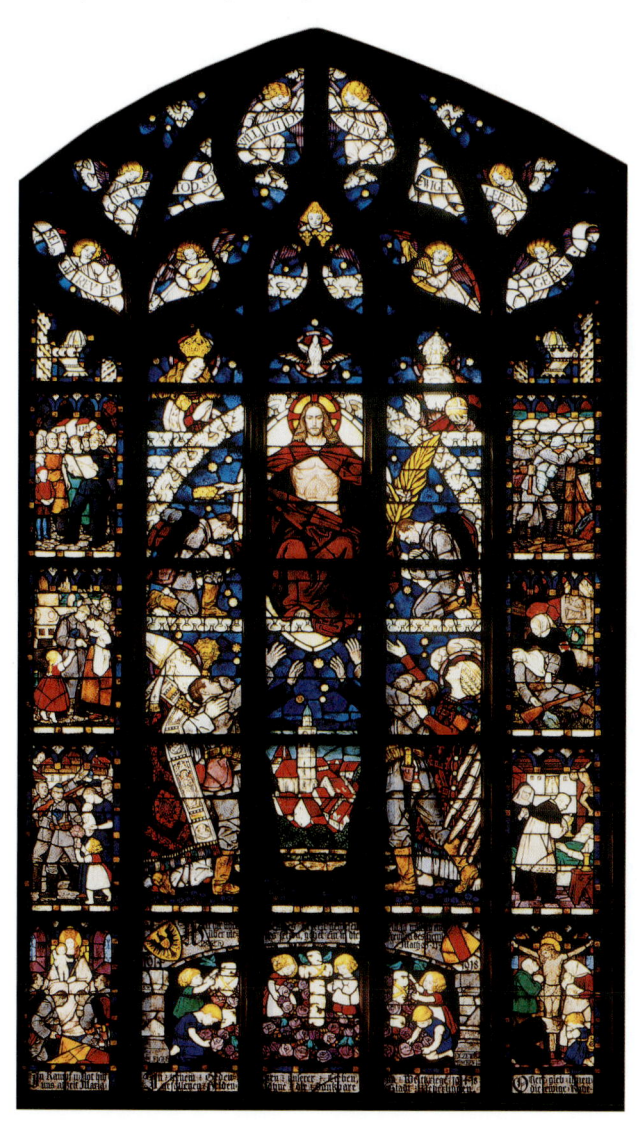

Kriegergedächtnisfenster im St. Nikolaus-Münster, Entwurf Albert Figel, Ausführung Hofglasmalerei F. X. Zettler München 1920.

Eisernes Kreuz und St. Georg, wie er die drei Hauptgegner des Reichs – England, Frankreich und Russland – erwürgt, Schlusssteine im Münster von 1915.

Ein weiteres Erinnerungszeichen sollte noch während des Krieges in Angriff genommen werden. Am 5. Oktober 1916 beschloss der Gemeinderat, einen so genannten Heldenhain errichten zu lassen, und besichtigte im Dezember 1917 das dafür vorgesehene Gelände auf der Höhe „Lugenbühl" bzw. „Galgenbühl". Wiederum fast ein Jahr später, am 17. Oktober 1918, beschloss der Gemeinderat, nun endgültig auf dem „Schaienbühl" hinter dem heutigen Parkhotel St. Leonhard den Heldenhain anlegen zu lassen, und beauftragte den Stadtgärtner Hoch mit der Pflanzung der bereits gekauften zweihundert Winterlinden. Doch kaum eine Woche später wurde der Beschluss aufgehoben und die Bäume wurden auf spitälische Grundstücke verteilt. Längst schon war in der Überlinger Bevölkerung ein wesentlich gewichtigerer Entschluss herangereift, der alle Kraft und Geldmittel für sich in Anspruch nahm.

Im September 1918 stellten 68 Bürger an den Gemeinderat und Bürgerausschuss den Antrag:

„1. Es soll hier ein ehrendes Wahrzeichen für unsere in diesem Kriege gefallenen Soldaten errichtet werden.

2. Dem Sinne und Geiste unserer Vorfahren folgend, möge die Stadtgemeinde dafür besorgt sein, dass in der hiesigen Münsterkirche etwa eine der Seitenkapellen in entsprechender Weise als Kriegsgedächtniskapelle auf Kosten der Stadt hergerichtet werde.

3. Es ist dies gewiss im Einvernehmen mit dem Pfarramte und dem katholischen Stiftungsrat hier um so leichter möglich, als die Wiederherstellung der Kapellen im Münster noch nicht zu Ende geführt ist."

Der Vorschlag wurde wohlwollend angenommen und sogleich der katholische Stiftungsrat um Stellungnahme gebeten. Dort war man hoch erfreut, dankte für die „Annahme dieses glücklichen Vorschlags" und entwickelte auch sogleich ein Konzept. Am besten geeignet für den Zweck wurde die nahe des Südportals gelegene und damit leicht erreichbare zweite Kapelle, das so genannte „Waibelchörle", angesehen. Schon vor dem Krieg war bei Restaurierungsarbeiten hinter dem 1609 von der Familie Waibel neu gestifteten Altar ein wesentlich älteres Wandgemälde aufgedeckt worden. Das die Heiligen Maria Magdalena, Barbara und Georg darstellende, auf 1489 datierte Bild sollte ohnehin nach den bereits genehmigten Plänen von

1913 mit einem Altarschrein umgeben und mit einer ebenfalls schon im Münster vorhandenen Pietà zu einem neuen Altar kombiniert werden. Auf der gegenüberliegenden Westseite sollte ein großes Epitaph mit den Namen aller im Krieg gefallenen Mitbürger und auch eine hierzu passende Sitz- und Kniegelegenheit angebracht werden. Das vorhandene fünfteilige Fenster auf der Südseite sollte „*in dem Zwecke entsprechender Weise mit gemalten Darstellungen bereichert*" werden. Damit glaubte der katholische Stiftungsrat einen Vorschlag gefunden zu haben, „*der bei seiner Verwirklichung eine dauernde Ehrung der im Kriege gefallenen Bürger der Stadt gewährleistet und außerdem durch die nicht allzu großen Mittel, deren die Ausführung dieser Gedächtniskapelle bedarf, die Stadtgemeinde in die Lage versetzen dürfte, dieser zeitgemäßen Anregung damit näher treten zu können.*"

Schnell waren alle Gremien überzeugt und der Stiftungsrat mit Planung und Kostenberechnung beauftragt. Schnell waren auch geeignete Kunsthandwerker gefunden. Die am Ort ansässige Kunstwerkstätte Mezger war maßgeblich in die laufende Münsterrestauration eingebunden und seit 1913 mit der Ausführung des Altarschreins um das dreiteilige Wandbild beauftragt. So war es nahe liegend, die Firma Mezger auch um die Umgestaltung des Waibelaltars zu einem Epitaph

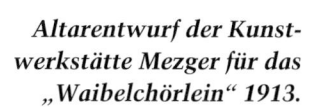

Altarentwurf der Kunstwerkstätte Mezger für das „Waibelchörlein" 1913.

Entwurf zu einem Kriegergedächtnisfenster und einem schmiedeeisernen Abschlussgitter von Viktor Mezger 1919.

unter Weiterverwendung der übrigen Altarteile und der Gewölbeausmalung anzufragen.

Für die Fensterpartie wäre eigentlich – zumindest für Orte in der Erzdiözese Freiburg – nur Professor Geiges in Freiburg in Frage gekommen. Über ihn war man allerdings in Überlingen verärgert, *„da der genannte Herr"*, so betitelt in einem Schreiben vom 31. Juli 1919, *„den seit 1908 ihm erteilten Auftrag für Herstellung von vier bemalten Chorfenstern völlig unbeantwortet ließ"*. Ein Fensterentwurf von Viktor Mezger kam nicht in die engere Wahl, stattdessen wurde sein Vorschlag für ein schmiedeeisernes Gitter angenommen.

Durch seine Veröffentlichungen in der Zeitschrift der deutschen Gesellschaft für christliche Kunst war der Stiftungsrat auf den Kunstmaler Albert Figel in München aufmerksam geworden. Am 20. November 1918 wurde er um einen Entwurf gebeten und, damit er einen Eindruck vom Münster und den übrigen Vorhaben in der Kapelle bekommen sollte, auf Kosten des Stiftungsrats nach Überlingen eingeladen. Aus dieser Reise an den Bodensee entwickelte sich eine wunderbare Zusammenarbeit, sodass die Kapelle, obwohl aus den unterschiedlichsten Materialien und Versatzstücken aus mehreren Jahrhunderten zusammengefügt, auch heute noch als harmonisches Ganzes, quasi aus einem Guss, erscheint.

Am 1. Juli 1919 waren die Vorarbeiten so weit abgeschlossen, dass der Stiftungsrat dem Gemeinderat und Bürgerausschuss eine detaillierte Kostenberechnung samt Plänen und Entwürfen vorlegen konnte. Der Anschlag sah nun Gesamtkosten von 31 000 Mark vor und zwar:

Für Herstellung des Altars in der Kapelle	*2420 Mark*
Für die Wiederherstellung und Umarbeitung des Waibelschen Altars zu einem Epitaphium	*6000 Mark*
Für Herstellung einer neuen Umrahmung für die aus dem Waibelschen Altar entnommenen Altarbilder und Figuren	*1800 Mark*
Herstellung eines gemalten Fensters für die Kapelle	*12 000 Mark*
Herstellung eines schmiedeeisernen Abschlussgitters	*5600 Mark*
Schmiedeeisernen Leuchter für das Epitaphium	*400 Mark*
Herstellung einer Sitz- und Kniegelegenheit unter dem Epitaphium	*1448 Mark*
Verschiedenes	*1332 Mark*
	31 000 Mark

Hatte der Antrag den Gemeinderat noch anstandslos passiert, so kam es in bzw. unmittelbar vor der Bürgerausschusssitzung am 23. Juli 1919 zum Eklat, denn alle Verhandlungen und Überlegungen waren mit dem katholischen Stiftungsrat geführt worden und zielten auf das Münster als Aufstellungsort ab, das evangelische Stadtpfarramt aber war nicht mit einbezogen worden. Der damalige evangelische Pfarrer Braun zeigte sich deshalb auch aufs äußerste erbost über die Absicht, dass alle Gefallenen, also auch die Namen der „evangelisch Gefallenen" in der Kapelle aufgezeichnet werden sollten. Er protestierte dagegen, dass damit auch die Evangelischen dort ihren Gedächtnisgottesdienst halten müssten, *„was sowohl die katholische Gemeinde als auch die evangelische nicht wünschen werden".* Er schloss deshalb seinen Brief mit der Vorankündigung: *„Die evang. Kirchengemeinde muß darauf verzichten, dass die Namen ihrer Gefallenen in einer Gedächtniskapelle im Münster erwähnt werden; denn sie hat selbst eine Kirche, wo sie ihren Gefallenen ein würdiges Denkmal errichten kann."*

Nach der Volkszählung vom 1. Dezember 1919 befanden sich die Protestanten mit 1632 Mitgliedern gegenüber 3650 Katholiken in deutlicher Minderheit – aus diesem Missverhältnis ist unter Umständen die besondere Empfindlichkeit zu erklären. Andererseits zeigte sich der katholische Stiftungsrat weltoffener, denn nach der ersten Konzeption in der Anfrage an die Firma Mezger vom 15. November 1918 sollte das Epitaph *„die sämtlichen im Weltkriege von 1914/18 verstorbenen Krieger der Stadt Überlingen dem Todestage nach angeordnet aufnehmen. Hieran anschließend sollten die hier verstorbenen und auf dem hiesigen Friedhofe beerdigten deutschen Krieger und zuletzt noch die Namen der hier beerdigten Feinde mit aufgenommen werden."*

Fünf Tage später lag dem Gemeinderat auch die offizielle Stellungnahme des evangelischen Kirchengemeinderats vor. *„Die Kirchengemeindeversammlung der evang. Kirchengemeinde, die gestern in der Kirche tagte, hat sich dahin aus-*

gesprochen, dass sie es durchaus begrüßen und wünschen würde, dass die Namen aller gefallenen Söhne unserer Stadt, wie sie gemeinsam im Felde gekämpft haben, vereinigt eingezeichnet würden, aber nur auf einem Denkmal, das auf irgendeinem geeigneten neutralen Platz unserer Stadt zu stehen käme. Die Einzeichnung der Gefallenen evangelischer Konfession in der geplanten Kriegsgedächtniskapelle im Münster wird nicht gewünscht. Sollte von der Bürgerausschusssitzung ein Kostenbeitrag zu dieser Kapelle im Münster beschlossen werden, so bitten wir auch unserer Kirchengemeinde einen entsprechenden Beitrag zu einem Denkmal in unserer Kirche mit den Namen unserer Gefallenen geneigtest gewähren zu wollen."

Um das geplante Werk zu retten, ging der Bürgerausschuss auf den Kompromissvorschlag ein, genehmigte dem katholischen Stiftungsrat die veranschlagten 31 000 Mark und stellte der evangelischen Kirchengemeinde gleichfalls entsprechende Mittel zur Verfügung, allerdings unter der Bedingung, die Namen aller hiesigen gefallenen Krieger auf beiden Gedenktafeln zu verzeichnen. Für die evangelische Kirche ist es nicht dazu gekommen, für das Münster waren lediglich noch die Genehmigungen der kirchlichen Oberbehörden, der Münster-Baukommission und abschließend des Ministeriums des Innern einzuholen, die auch am 8. September 1919 erfolgte, sodass das Werk nach nur einem Jahr Planung in Gang gesetzt werden konnte.

Mit dem Fenster sollte begonnen werden. Wie allerdings aus dem Sitzungsprotokoll der Münster-Baukommission vom 16. März 1920 hervorgeht, war die Auftragsvergabe an Albert Figel immer wieder verschleppt worden, sodass sich die Mehrkosten durch die Inflation bereits auf 11 000 Mark angehäuft hatten, die Kosten für das Fenster sich also fast verdoppelt hatten. Dabei hatte sich Figel besonders engagiert gezeigt, erhoffte er sich doch durch die Ausführung des Fensters die Möglichkeit, die Stelle eines Professors für Glasmalerei an der Kunstgewerbeschule in München übertragen zu erhalten. Auch hatte er einen heute im Stadtmuseum Burghausen verwahrten Entwurf im Maßstab 1:5 und einen Karton in natürlicher Größe gefertigt sowie alle Änderungswünsche gewissenhaft ausgeführt. So beschlossen die einheimischen Mitglieder der Münster-Baukommission, allein, ohne die wegen eines Generalstreiks verhinderten Sachverständigen aus Freiburg und Karlsruhe, das Fenster in Auftrag zu vergeben.

Entstanden ist, wie Josef Hecht in seiner Monographie „Das St. Nikolaus-Münster in Überlingen, Der Bau und seine Ausstattung" so trefflich formuliert, ein Kriegergedächtnisfenster *„vor allem in der Technik meisterhaft und in der Darstellung packend, ja von religiöser Ergriffenheit"*. St. Nikolaus, Schutzpatron von Münster und Stadt sowie St. Michael, Patron des Reichs und der Überlinger Mutterkirche in Aufkirch, anempfehlen die toten Krieger dem darüber thronenden auferstandenen Christus, der zwei knienden Soldaten eine Märtyrerkrone und einen Palmzweig reicht. Zwischen den Heiligen ist eine Ansicht der Stadt vom Museumsgarten aus zu sehen. Umrahmt ist das Bild von den szenischen Darstellungen: Kriegsverkündigung, Abschied, Ausmarsch, Gebet zu Maria, Schützengraben, Lazarett, Spendung der Sakramente, Trauer der Angehörigen und unten über drei Felder, Gräber schmückende Kinder, der Weihespruch, ein Bibelzitat sowie das Stadt- und das badische Landeswappen.

Laut dem Genehmigungsantrag vom 31. Juli 1919 hatte Albert Figel seinen Entwurf *„nach dem ihm vom Katholischen Stiftungsrat übergebenen Programm ausgearbeitet und vorgelegt"*. Leider lässt sich aus den wenigen in Überlingen erhaltenen Akten nicht entnehmen, wie groß der Einfluss des Stiftungsrats tatsächlich war und wie weit sich Albert Figel entfalten konnte. Vorarbeiten in Form einer Fotoserie sind im Münsterarchiv erhalten. Darin posieren einzelne Mitglieder des Stiftungsrats in frommer Gestik und sind in dieser andächtigen Haltung in die Fenstergestaltung aufgenommen worden. Für den hl. Nikolaus stand der Spitalverwalter Karl Keller Modell und unter den trauernden Angehörigen findet sich Landwirt Friedrich Veit. Trompeter und ausziehender Soldat mit Gewehr wurden von Sattler Hermann Beurer dargestellt. Die Schwester Oberin aus dem Spital und Stadtpfarrer Adolf Schwarz wurden bei der Sakramentenspendung verewigt.

Eine ergreifende Begebenheit steckt hinter der Darstellung mit den grabschmückenden Kindern. Viktor Mezger hat die rührende Geschichte in „Mein Heimatland" unter dem Titel „Ein Kriegerfriedhof in der Heimat" überliefert. Im Sommer 1915 hatten Kinder auf dem Münsterplatz für sämtliche Gefallenen einen Miniaturfriedhof angelegt und die Gräber liebevoll mit Namenschildchen, Trauerflor und Blumen geschmückt. Nach den Sonntagsgottesdiensten hielten Buben Eh-

Spielende Kinder auf dem Münsterplatz 1915. Sie schmücken Gräber auf einem Miniaturfriedhof.

Gräberpflegende Kinder, Ausschnitt aus dem Kriegergedächtnisfenster von 1920.

renwache und die Mädchen erklärten den Besuchern die Gräber. Auch eine Kasse zugunsten des Roten Kreuzes war aufgestellt, sodass das Kinderspiel Leid zu lindern half. Auch für die trauernden Kinder finden sich Vorlagen in der Fotoserie.

So verbanden sich Gestaltungswille und Heimatliebe des Stiftungsrats mit der künstlerisch und handwerklich reichen Erfahrung von Albert Figel. Dieser hatte 1905 eine Ausbildung zum Glasmaler in der Hofglasmalerei F. X. Zettler in München begonnen und war dort bis 1914 als figürlicher Zeichner tätig. Daneben studierte er von 1908 – 1909 und von 1914 – 1916 an der Akademie der bildenden Künste in München. Erste größere Aufträge für die Gestaltung von Kirchenfenstern erhielt er ab 1915 und erreichte bald größeren Bekanntheitsgrad. Ausführende Firma seiner Arbeiten war meist das von Franz Xaver Zettler 1870 gegründete Institut für kirchliche Glasmalerei, die spätere Hofglasmalerei in München, die ihrerseits weit über Deutschland hinaus bekannt war und eigene Niederlassungen in New York und Rom unterhielt. Die Arbeit des Gespanns Figel/Zettler fand großen Anklang in Überlingen, sodass vier weitere Fenster im Münsterchor mit Szenen aus dem Leben des hl. Nikolaus von Figel im Jahr 1923 entworfen, aber erst 1935 von Zettler ausgeführt wurden.

Bis zur Einweihung des Münsters am 6. Dezember 1924 war die Kapelle immer noch nicht fertig. Die Inflation hatte alle Gelder aufgefressen. So wurde die Firma Mezger erneut um Kostenvoranschläge gebeten und mit der Ausführung beauftragt. Am 28. Februar 1926, am Volkstrauertag, war es endlich so weit. Unter Beteiligung des Kriegervereins und des Reichsbundes sowie von Vertretern sämtlicher Behörden fand die Einweihung der Kriegergedächtniskapelle statt. Das Läuten der Osannaglocke und Böllerschüsse kündigten die Feier an. Stadtpfarrer Adolf Schwarz hielt eine Dankespredigt und vollzog die Weihe, Bürgermeister Dr. Emerich übergab die von der Stadt gestiftete Kapelle in die Obhut der Münstergemeinde.

Für die Ausgestaltung des Altars war man im Wesentlichen bei der längst beschlossenen Konzeption geblieben. Das dreiteilige Wandgemälde mit den Heiligen

Epitaph in der Kriegergedächtniskapelle, gestaltet aus Teilen des ehemaligen „Waibelaltars".

Maria Magdalena, Barbara und Georg von 1489 erhielt eine im spätgotischen Stil gehaltene Umrahmung. Der eigentliche Altar besteht auch heute noch aus dem von der Münsterbauhütte gefertigten Altartisch mit schlanken Säulen. Darauf ruht eine Pietà aus der Zeit um 1470, umgeben von zwei von der Firma Mezger geschaffenen trauernden Engeln. Überwölbt wird der Altar von einem Baldachin, auf dem geschrieben steht: *„Gib uns den Frieden Herr, denn der Krieg ist verderblich. Länder werden verwüstet, Menschen ermordet, Säuglinge zertreten, Jünglinge und Jungfrauen zum Laster verführt, Tugend und Redlichkeit hintangesetzt. Doch wie Du willst, o Herr, denn wir alle sind in Deiner Hand und Deine Weisheit ist unerforschlich!"*

Zur Kapelleneinweihung war das Epitaph noch nicht fertig und konnte erst im Laufe des Jahres 1926 aufgestellt werden. Dafür verwendete Viktor Mezger Teile des von der Familie Waibel 1609 gestifteten Barockaltars. Er entfernte das Mittelbild und ersetzte es durch eine Tafel mit den Namen aller Gefallenen oder im Heeresdienst Gestorbenen aller Konfessionen bis einschließlich 1925. Das obere kleinere Gemälde tauschte er gegen ein geschnitztes und gefasstes Stadtwappen und wechselte das Wappenschild der Familie Waibel in der Altarbekrönung gegen ein Schild mit geschnitztem Eisernem Kreuz, bekrönt mit einem eichenlaubgeschmückten deutschen Stahlhelm, aus. Anstelle der beiden Statuen der Heiligen Antonius und Sebastian traten ein hl. Michael in Rüstung und Schwert und links ein trauernder Engel. Die Inschrift in der Predella wurde durch folgende von Bürgermeister Dr. Emerich verfasste Widmung ersetzt:

„Ihren tapferen Söhnen in Dankbarkeit gewidmet von der Stadt Überlingen.
Nicht umsonst seid Ihr gestorben.   Ew'ges Leben habet Ihr erworben.
Steigen wird aus Eurem Opfertod   Einst des Vaterlandes Morgenrot!"

Die barocke Altarumrahmung schließlich wurde von Mezger abgelaugt, neu gefasst und vergoldet. Auch das Gewölbe wurde mit reicher Ornamentmalerei geschmückt und in Erinnerung an die Stiftung der Familie Waibel deren Wappen aufgemalt. Eine Knie- und Sitzbank wurde noch aufgestellt, auf das von Viktor Mezger entworfene schmiedeeiserne Abschlussgitter allerdings verzichtet.

In seiner Predigt zur Weihe der Kapelle hatte Stadtpfarrer Schwarz angeregt, zum Gedächtnis – gleich den beiden Schwedenprozessionen – für die Gefallenen alljährlich ein Seelenamt in der Kapelle abzuhalten. Der Gedanke wurde vom Gemeinderat aufgegriffen und am 3. März 1926 wurde beschlossen, einen ewigen Jahrtag zu stiften. Dieser sollte möglichst gleich nach Allerseelen abgehalten werden, erstmals am 8. November 1926. Sämtliche Vereine mit ihren Fahnenabordnungen, alle Schulen und ein Großteil der katholischen Bevölkerung nahmen daran teil. Letztmals wurde dieser Jahrtag am 22. November 1939 gefeiert.

Acht Jahre hatte es gedauert, bis die Kriegergedächtniskapelle fertig war. Große Opfer mussten gebracht, viele Widerstände überwunden werden. Entstanden ist ein harmonisches, in sich ruhendes Werk ohne übertriebenes Pathos, dem Münster angemessen. Ein Ort, der auch heute noch zu stillem Gedenken und zum Gebet einlädt.

Quellen:
– Stadtarchiv Überlingen:
Akten: D3/1591, 1610, 1624, 1632, 1633, 1637
Nachlass Kunstwerkstätte Mezger
– Archiv der kath. Stadtpfarrei Überlingen:
Akten: IV Altäre; IX a Kirchenbaulichkeiten, Innere Ausstattung, Errichtung einer Kriegskapelle im Münster; Münster-Baukommission I.

Literatur:
Festschrift zur 60-jährigen Jubiläumsfeier des Krieger- und Militärvereins Überlingen (Bodensee) am 4. und 5. Juli 1931, Überlingen 1931.
Hecht, Josef, Das St. Nikolaus-Münster in Überlingen, Der Bau und seine Ausstattung, Überlingen 1938.
Hecht, Josef, Kaiser, Jürgen, Überlingen, Stadtpfarrkirche St. Nikolaus, Schnell, Kunstführer Nr. 540, 19. Auflage 2001.
Lachmann, Theodor, Überlinger Sagen, Bräuche und Sitten mit geschichtlichen Erläuterungen. Ein Beitrag zur Volkskunde der badischen Seegegend, Konstanz 1909, S. 272.
Mezger, Viktor, Anregungen und Vorschläge. In: Mein Heimatland, Badische Blätter für Volkskunde, ländliche Wohlfahrtspflege, Denkmal- und Heimatschutz, 2. Jahrgang 1915, Heft 2 – 4, S. 107 – 112.
Mezger, Viktor, Ein Kriegerfriedhof in der Heimat. In: Mein Heimatland, Zeitschrift für Volkskunde, ländliche Wohlfahrtspflege, Heimat- und Denkmalschutz, 3. Jahrgang 1916, Heft 5/6, S. 149 – 150.
Obser, Karl, Quellen zur Bau- und Kunstgeschichte des Überlinger Münsters /1226 – 1620), Karlsruhe 1917.
Thieme, Ulrich, Becker, Felix, Allgemeines Lexikon der bildenden Künstler von der Antike bis zur Gegenwart, Band 36, 1947, S. 469 – 470, (Zettler).
Vollmer, Hans, Allgemeines Lexikon der bildenden Künstler des XX. Jahrhunderts, Band 2, 1992, S. 103 (Figel).

Wie holt man Kleinkunst aufs Land?
Der Owinger Kulturkreis

ERNST BECK

Owingen, in der hügeligen Linzgaulandschaft nördlich von Überlingen gelegen, zählt zu den ältesten Alemannensiedlungen. Unter dem Krummstab des Klosters Salem gingen die Owinger über 600 Jahre lang bis 1806 brav in der Furche. Mit der 1806 gewonnenen Freiheit verbanden sie Weitsicht und Courage. Genau an der Schnittstelle zwischen Owingen und Pfaffenhofen bauten sie ein repräsentatives Rathaus und vereinigten die beiden zuvor getrennten Dörfer.

170 Jahre später war Owingen wieder in guter Hoffnung: Die Gemeindereform bescherte Owingen neuen Zuwachs in Gestalt der zuvor selbständigen Dörfer Billafingen, Hohenbodman und Taisersdorf. Der wirtschaftliche Aufschwung ließ die neue Gesamtgemeinde auf 4000 Einwohner anwachsen.

Alles war vorhanden, was eine aufstrebende Gemeinde ausmacht. Es fehlte an nichts – oder doch? Aufmerksam wurde die Kulturszene anderer Gemeinden beobachtet. Kleinkunstveranstaltungen würden eine Lücke schließen und die Gemeinde attraktiver machen. Doch wie angehen? Zuweilen helfen glückliche Umstände.

Im Januar 2002 wurde in Billafingen die „Neue Gerbe" eingeweiht. Die Gemeinde Owingen verband dieses Ereignis mit dem Neujahrsempfang, zu dem alle Bürgerinnen und Bürger der Gesamtgemeinde eingeladen waren. Schon bei den dem Anlass angepassten Festreden ertappte sich mancher Gast dabei, wie sich seine Gedanken auf Abwege begaben. Das rundum gelungene Ensemble forderte ja geradezu dazu auf, hier Kleinkunstveranstaltungen zu etablieren. Schon sah man auf der Bühne Musikgruppen, Theater, Zauberer, Gaukler, Kabarettisten, Folklore und Jazz, eben alles, was Kleinkunst so zu bieten hat. Dies alles vorerst in der Phantasie und der Freiheit der Gedanken.

Die „Neue Gerbe" strahlt in der Tat eine eigenartige Faszination aus. Schon beim Eintritt empfängt den Besucher eine behagliche Atmosphäre. Holz am Boden und in der Decke des 180 Besucher fassenden Saals geben einem das Gefühl, in einer großen Stube zu sitzen. Die von den örtlichen Vereinen mit vielen technischen Raffinessen geschmackvoll gestalteten Wandverkleidungen sind das Geheimnis einer hervorragenden Akustik. Der freie Blick hinaus ins Billafinger Urstromtal, hinüber zu den bewaldeten Drumlins mit den jahreszeitlich wechselnden Stimmungen übt einen zusätzlichen Reiz aus. Dies in der gebotenen Kürze zum Musentempel „Neue Gerbe".

Wo Neues entsteht, muss es etwas Altes gegeben haben. Und dieses Alte hatte es in sich. Das mächtige Gebäude der alten Gerbe mit eigenwillig herabgezogenem Walmdach und Laubengang war ein Blickfang, der seinesgleichen suchte. Im ganzen 19. Jahrhundert war die Gerbe das Zentrum des geschäftlichen Lebens in Billafingen. Besonders an den Sonntagen standen die umgebenden Höfe und Straßen voller Pferdefuhrwerke. Die Bauern tauschten ihre Felle gegen Lederwaren ein. Anschließend war im gegenüberliegenden „Sternen" Einkehr angesagt.

In den Jahren der Badischen Revolution herrschte in der Sternenwirtschaft oft drangvolle Enge. Die Kunden der Gerbe vereinten sich mit den Revolutionären aus dem Dorf. Sie tranken sich Mut an und zogen gegen die Obrigkeit tüchtig vom Leder. Weil die Wirtschaft oft voller als die Kirche war, habe der Pfarrer vehement gegen dieses sonntägliche Treiben gewettert. Genützt habe es nicht viel.

Der letzte Gerber, Friedrich Sorg, ein tüchtiger Unternehmer, war nicht nur der Arbeit, sondern genauso dem prallen Leben zugetan. Jeweils am Morgen des „Schmotzigen Dunschtigs" ließ er anspannen. Das Rösslein trabte in Richtung Stockach, wo er das „grobgünstige Narrengericht" und die Stockacher Fasnacht genoss. Erst am Aschermittwoch kehrte er nach Billafingen zurück. Harte Arbeit, aber auch Freude am Leben, keine schlechte Vorgabe.

Eingedenk der Geschichte der Gerbe und ihrer Menschen lag es nahe, diese Erinnerungen mit der Namensgebung „Neue Gerbe" wachzuhalten.

Neben den traditionellen Veranstaltungen der Vereine der Kleinkunst in der „Neuen Gerbe" ebenfalls eine Heimat zu geben, dieser Gedanke rumorte seit dem Eröffnungstag in den Köpfen einiger Unentwegter. Doch von den ersten gedanklichen Höhenflügen während der Eröffnungstage bis zum ersten Auftritt des

Die alte Gerbe in Billafingen.

neu formierten Kulturkreises musste eine steinige Wegstrecke zurückgelegt werden. Im Januar 2003 trafen sich rund fünfzehn Bürgerinnen und Bürger im Gasthaus Adler zu einer ersten Gesprächsrunde. Zur großen Freude gesellten sich auch „Owinger" zu dieser Runde.

Um das sehr lebhafte Verhältnis zwischen den Owingern und den Billafingern aufzuhellen, bedarf es eines geschichtlichen Rückblickes. Über zwei Jahrhunderte hinweg verhinderten die Owinger Pfarrherren die Gründung einer selbständigen Pfarrei in Billafingen. Als Trostpflaster wurde den Billafingern 1835 lediglich der Status einer Kurat-Kaplanei zugestanden mit einem unter der „Kuratel" des Owinger Pfarrherrn stehenden Kaplaneiverweser. Diese Zurücksetzung hat den selbstbewussten Billafingern lange zugesetzt. Was jedoch die ältere Generation bis ins Mark hinein geschmerzt hat, hat die heutige Generation längst weggesteckt. Das Gleiche gilt für die „Verheiratung" mit der Gemeinde Owingen im Jahre 1975. Die Eingemeindung hat die Billafinger jedoch nie davon abgehalten, die Identität ihres Dorfes – wie eine Löwin ihre Jungen – zu verteidigen.

Bei dieser Gemengelage und den dominierenden Individualisten in der Runde war dem aufmerksamen Beobachter bewusst, dass eine schwierige Geburt bevorstand. Die oft konträr geführte Auseinandersetzung zwischen den nach Neuerungen strebenden Neubürgern und den der alten Dorfkultur nahe stehenden alteingesessenen Bürgern bestand jedoch zu keinem Zeitpunkt. Es fand sich eine gut gemischte Truppe zusammen. Welchen Namen soll das neue Kind der Gemeinde erhalten? Logo, Werbung, Verwaltung, Finanzen, die Art der Veranstaltungen wollten besprochen und abgeklärt werden. Nach dem ersten Treffen ging man ohne Ergebnis, aber mit einem Rucksack voller Hausaufgaben auseinander. Weil man das Rad nicht neu erfinden wollte, wurden die Erfahrungen ähnlich gelagerter Projekte von verschiedenen Gemeinden in die Überlegun-

Sie tragen den Owinger Kulturkreis: 1. Reihe: Susanne Otto, Markus Veit, Karin Ziegler; 2. Reihe: Günther Former, Karl Huber, Margaret Schielke, Barbara Haney; 3. Reihe: Ernst Beck, Angelika Schmitt-Bohn, Rudolf Ziegler, Klaus Schielke (von links).

gen mit einbezogen. Es folgte eine ganze Reihe von Besprechungen, bevor sich die ersten Konturen herausschälten.

Die Taufe, die Namensgebung ging leichter als erwartet vonstatten. Weil die Initiative von Billafingen ausging und weil die „Neue Gerbe" die Kulturinteressierten beflügelt hat, wurde davon ausgegangen, dass die „Neue Gerbe" im neu zu schaffenden Logo ihren Widerhall findet. Hierin sahen einige Stimmen die Gefahr einer Lokalisierung, die dem Bemühen, die ganze Gemeinde – also alle vier Ortsteile Owingen, Billafingen, Taisersdorf und Hohenbodman – in das neue Projekt einzubinden, entgegenstand. Es ehrt die Billafinger Teilnehmer, dass sie den Lokalpatriotismus, das Kirchturmdenken vergangener Zeiten hinter sich ließen und dem Namen „Owinger Kulturkreis" den Vorzug gaben. Das Mühlrad, das Symbol des Owinger Gemeindewappens, gibt dem neu geschaffenen Logo Herz und Gesicht. Das geschäftige Mühlenrad als unentwegt treibende Kraft und das Wasser als nie versiegende Quelle für neue Ideen ist eine geglückte Symbiose für die Darstellung des Kulturkreises.

„Mit welchem Programm kann man die Menschen vom Kanapee und Fernseher weglocken?", war eine lang diskutierte Frage. In Billafingen bestand bis in die jüngere Zeit ein örtliches Bildungswerk. Mit Vorträgen über Geschichte, Religion, Politik und Gesundheit, mit Reiseberichten und anderem mehr sollte der Horizont der Dorfbewohner erweitert werden. Diese Vorträge waren in der Regel ausgezeichnet besucht. Es war die Zeit, zu der man es als Bürgerpflicht verstand, solchen Einladungen Folge zu leisten. Es gehörte sich einfach, hinzugehen. Wenn der Bürgermeister, in Personalunion zugleich Vorsitzender, seinen fragenden Blick über Lücken in den Stuhlreihen schweifen ließ, dann waren sie beim nächsten Vortrag wieder voll besetzt. Diese gewiss nicht schlechten Zeiten der Solidarität, des einander nicht Hängen-Lassens ist auch auf den Dörfern ein gutes Stück weit abhanden gekommen. Anknüpfend an diese guten Zeiten soll zumindest ein bescheidener Teil des Programms des vormaligen Bildungswerks im Kulturkreis weiterleben.

Zu den bestehenden Vereinen soll keine Konkurrenz entstehen. Vielmehr soll durch ein zusätzliches kulturelles Angebot die Attraktivität der seeabgewandten Gemeinde Owingen gestärkt werden. Künstlern aus der Gemeinde und der näheren Umgebung soll eine Plattform für ihre Auftritte geboten werden. Jungen Künstlern und bisher noch wenig bekannten Gruppierungen will der Kulturkreis beim Start ins Rampenlicht stützend zur Seite stehen. Alles hehre und hochgesteckte Ziele. Bei allem Enthusiasmus darf die Bodenhaftung nicht verloren gehen. Auch in der Kunst- und Kulturszene gilt die Spielregel: „Ohne Moos nix los!"

Auch wenn der Kulturkreis sich das ehrgeizige Ziel gesteckt hat, ohne Zuschüsse der Gemeinde auszukommen, wurden die 2000 Euro Ausfallbürgschaft der Gemeinde dankbar registriert. Bei einem Fehlstart sich gegenseitig in die Taschen greifen zu müssen, das wollte man sich bei aller Liebe nicht antun. Bürgermeister Former, der ein Faible für die Kulturszene hat, gestattet der Kulturamtsleiterin Karin Ziegler, in einem begrenzten Zeitrahmen durch Pressearbeit, Kontakte und Kar-

Die Gruppe „Elster Silberflug" bei der Auftaktveranstaltung im September 2003.

tenverkauf dem Kulturkreis zuzuarbeiten. Zudem übernahm die Gemeinde die Schirmherrschaft im Versicherungs- und Vertragsrecht.

Die ersten Hürden waren glücklich übersprungen. Das Signal war auf „freie Fahrt" gestellt. Als Zielvorgabe wurden zwei Veranstaltungsreihen im Jahresablauf angestrebt. Das Logo war gelungen, die Plakate gedruckt, die Künstler engagiert. Es konnte also losgehen.

Zum Aufgalopp wurde die in der Kulturszene bestens bekannte Musikgruppe „Elster Silberflug" verpflichtet. Ihre Titel „Zwischen Schenke und Beichtstuhl" klingen provozierend und wecken zugleich die Neugierde. Das Kalkül der Risikominderung ging auf. Durch ihren Bekanntheitsgrad in der Region brachten sie viele Fans mit. Die Gerbe war gut gefüllt und bei den Mitgliedern des Kulturkreises war ein befreites Aufatmen zu vernehmen.

In der Folgezeit war es gerade so, als habe man eine Quelle angebohrt, aus der immer neue Ideen hervorsprudeln. Zur Gruppe stieß der Meisterfotograf Klaus Schielke. Er versteht es auf unnachahmliche Weise, Interpreten und ihre Musik in Bildern darzustellen. Seine Vernissage zur Ausstellung „Mit Liedern Bilder malen" in der Owinger Rathausgalerie fand große Beachtung. Ebenso exzellent sind seine Kontakte zur Musikhochschule Stuttgart und Prof. Bernd Konrad, dem Leiter des Landesjugendjazzorchesters Baden-Württemberg. Dank seiner Kontakte und einiger großzügiger Sponsoren konnte das Wagnis eingegangen werden, dieses Orchester nach Owingen einzuladen. Die ausgebaute Scheune auf dem Lugenhof bot hierzu ein vorzügliches Ambiente. Die Courage wurde mit einer rappelvollen Scheune belohnt. Die Begeisterung der jungen Jazzerinnen übertrug sich dergestalt, dass die vormalige Posthalterei des Lugenhofes gleichfalls ins Beben geriet.

Von diesem Erfolg beflügelt wurde ein neues Wagnis eingegangen: Jazzklänge in der altehrwürdigen Pfarrkirche zu St. Peter und Paul in Owingen. Darüber haben

Prof. Bernd Konrad (links) und Prof. Paul Schwarz spielen in Owingen. Im Hintergrund die katholische Pfarrkirche St. Peter und Paul.

gewiss nicht wenige Zeitgenossen verwundert ihre Häupter geschüttelt. Mit einem herzlichen „Grüß Gott" öffnete der Hausherr, Pfarrer Lämmle, die Kirchentür und Jazzfreunde aus der ganzen Region strömten herbei. Die geniale Jazzformation um Professor Bernd Konrad weckte mit ihrer Musik als Botschaft für die Seele tiefe Empfindungen.

Wissen und Bildung zu vermitteln hat sich der Kulturkreis ebenfalls auf das Fähnlein geschrieben. Die „Neue Gerbe" platzte schier aus den Nähten, unentwegt mussten noch Stühle herangeschleppt werden. So viele waren gekommen, um den in Billafingen beheimateten Professor Dr. Peter Berthold zu den Geheimnissen und neuesten Forschungen auf dem weiten Feld des Vogelzugs zu hören. Den fulminanten Vortrag des weithin bekannten Ornithologen und sein leidenschaftliches Plädoyer für die bedrohte Vogelwelt zu hören ist, schlicht gesagt, ein Naturerlebnis.

Waren die bisherigen Veranstaltungen mehr oder weniger Heimspiele, so stand die eigentliche Nagelprobe noch bevor. Das Vokal-Quintett Jabazzco reiste ohne Anhang aus Stuttgart an. Als sich die „Neue Gerbe" dennoch gut füllte, war es, als seien Steine der Erleichterung von der Schulter geplumpst. Jetzt erst, dies war allen bewusst, war man dem gesteckten Ziel ein beträchtliches Stück näher gekommen. Mit viel Optimismus wurden neue Veranstaltungsreihen auf die Bühnen gebracht. Die Mundartphilosophen Walter Fröhlich, Manfred Hepperle, Frau Braun und Herr Seeger, der Zauberer Markus Zink wie auch Uli Boettcher mit seinem klassischen Solo „Romeo und Julia" sorgten jeweils für ein volles Haus.

Anschließend mit den Künstlern bei einem Glas Wein oder auch Most und den Leckereien der Gourmetabteilung noch eine Weile beisammenzustehen, rundet so einen Abend auf sympathisch menschliche Art ab. Die Gourmetabteilung mit Margaret Schielke, Barbara Haney, Angela Baum-Junghans, Angelika Schmitt-Bohn, Anneliese Strobel, Edith Steinwand, Karin Ziegler und Anneliese Beck zaubert jeweils zu den Jahreszeiten passende Appetithäppchen, Nussbrote zum neuen Most, Bärlauch- und Kürbissuppe, Dinnete, Käsegebäck, Birnenbrot und vieles mehr auf den Tisch.

Ein Benefizkonzert in der Nikolauskapelle in Owingen mit dem „Burkhard-von-Hohenfels-Trio" sowie der Auftritt von jungen, ins Rampenlicht strebenden Musikgruppen wie den Heggelbacher „D'hoop Sticks" zeugen von der Vielfalt des Angebotes. Auch Flops gehören zum Repertoire des Kulturkreises. Nach einem rauschenden Tanzfest in den Mai folgte, gänzlich überraschend, eine schmerzhafte Bauchlandung. Ein Frühschoppenkonzert mit den Jailhouse-Jazzmen mit Dixie, Swing, Bier und Weißwürsten versprach einen fetzigen Sonntagmorgen. Bier und Weißwürste waren überreichlich vorhanden, die musikalische Unterhaltung hervorragend. Was fehlte, war das geneigte Publikum. Drei Dutzend Frühschoppler verloren sich in der „Neuen Gerbe". Nach einigem Grübeln wurde des Pudels Kern gefunden: In Owingen hatte die Jugendfeuerwehr zur gleichen Zeit zu einem Fest eingeladen. Die „alten Hasen", die Gemeinderäte im Kulturkreis, hätten es eigentlich wissen müssen. Einen Antrag der Feuerwehr abzulehnen kommt einem politischen Selbstmord gleich. Eine Parallelveranstaltung zur Feuerwehr trifft der gleiche Bannstrahl. Irgendwie zahlt jeder sein Lehrgeld.

Zu den Veranstaltungsorten „Neue Gerbe" und Pfarrkirche „St. Peter und Paul" gesellte sich das Glashaus der Baumschule „Linzgau" in Owingen als regelmäßiger Veranstaltungsort. Jeder dieser Orte hat sein eigenes Flair, eine Atmosphäre, die den Darbietungen einen zusätzlichen Kick verschafft. Geigenklänge vom begnadeten Virtuosen Prof. Michael Grube inmitten von Grünpflanzen und aufblühenden Blumen sind nun mal etwas Besonderes. Literatur im Glashaus ebenfalls. Dem aufmerksamen Begleiter der Kulturszene entging nicht, dass bei Kurt Tucholskys Liebesgeschichte „Rheinsberg", von Oswald Burger gelesen, das Publikum ebenfalls aufblühte. Im zauberhaften Ambiente dieses Glashauses stand einem das amourö-

Gern gesehene Gäste: Oswald Burger und Kym Neuerer am Saxophon.

se Abenteuer von Claire und Wolfgang lebhaft vor Augen. Man konnte das damalige Geschehen hautnah miterleben, so der Tenor einer begeistert mitgehenden Zuhörerschaft.

In den drei Jahren seines Bestehens hat der Kulturkreis ein anspruchsvolles, aber auch ein treues und überaus kreatives Publikum gewonnen. Diese Treue, das ist dem Kulturkreis bewusst, muss durch neue Ideen und ein ansprechendes Programm immer wieder aufs Neue erworben werden. Der ideelle Erfolg ist unbestritten. Auch das „Wirtschaften" kann sich sehen lassen. Ein Zugriff auf die gemeindliche Bürgschaft konnte bisher vermieden werden. Im Gegenteil, durch Spenden zeigte der Kulturkreis seine „soziale Ader". Ohne Zweifel eine Erfolgsstory. Dennoch wurde die Kurve für die eigentlich angestrebte Vereinsgründung nicht hinbekommen.

Vielleicht treiben die Mannschaft des Kulturkreises – unausgesprochen – folgende Gedanken um: Nach einer Vereinsgründung könnten die Mitglieder der Versuchung erliegen, einen oder mehrere Gänge zurückzuschalten, weil eine Vorstandschaft vorhanden ist, die für alle und alles, auch für das Kopfhinhalten, zuständig ist. Bei der jetzigen Konstellation fühlt sich jeder in gleichem Maße verantwortlich. Alle bringen sich, je nach Veranlagung, mit Idealismus in das gemeinsame Anliegen ein.

Der Huber Karle, selbst ein leidenschaftlicher Bandleader und Hobbygraphiker, verfügt über ausgezeichnete Kontakte, die sich wie ein Spinnennetz über das ganze „Ländle" ausbreiten. Der Informatiker Wolfgang Rauneker bringt seine Erfahrung bei der Gestaltung der Homepage und den Finanzen ein. Geschmackvolle Dekorationen sind das Faible von Barbara Haney. In der Person von Susanne Otto meldet sich die Jugend zu Wort. Der an zügiges „Aufrichten" gewöhnte Zimmermeister Markus Veit setzt den Hebel an, wenn die Diskussion innerhalb der Lehrerfraktion auszuufern droht.

Dr. Michael Steinwand, Rudolf Ziegler, Roland Haney, Sebi Junghans und – neu hinzugekommen – Angelika Haller und Carola Acksteiner sind als Ideengeber, Kulissenschieber, Auf- und Abbauer sowie im gastronomischen Bereich geschätzte Allrounder unentbehrlich. Nach Bedarf stehen noch zusätzliche Hilfstruppen bereit. Die Gourmetabteilung ist die Domäne der Damen, die zusätzlich für das Fegen, Putzen, Schrubben und Toilettenreinigen zuständig sind. Die Mutter der Kompanie ist unbestritten Karin Ziegler. Bei der Karin laufen alle Fäden zusammen.

Fürwahr ein interessantes Gebilde. Alles Köpfe, die sich auch in anderen Bereichen in verantwortlichen Positionen für das Gemeinwohl einsetzen. Mit ihrem Engagement geht ein eigener, starker Wille einher. Zuweilen gelingt es erst nach leidenschaftlichen Diskussionen, alle eingebrachten Ideen zu bündeln. Diese Individualität ist zugleich ein Garant für ein breit gefächertes, attraktives Programm.

In einem sind sich alle einig, und dies spricht für ein solides Fundament und den guten Geist innerhalb dieser Initiative: Vor jeder Veranstaltung macht sich ein Kribbeln im Bauch und ein erhöhter Herzschlag bemerkbar. Jeder bangt und hofft. Es ist jedes Mal, als sei es die ureigenste Veranstaltung. Wenn es dann zu vorgerückter

Ernst Beck, Ortsvorsteher von Billafingen a.D. (links) mit Prof.
Dr. Peter Berthold, Ornithologe, bis 2005 Leiter der Vogelwarte Radolfzell.

Stunde heißt: Das Haus war voll besetzt, die „Ohnmachtshäppchen" lecker, die Drinks mit und ohne Alkohol ebenfalls, das Publikum war wieder mal Klasse, die Stimmung ebenfalls, und das Schönste: Die Künstler mischten sich nach der Vorstellung locker und ungezwungen unter das Publikum – ja, dann ist in den Gesichtern der Kulturkreisler abzulesen, dass die Glückshormone ebenfalls zugeschlagen haben.

Was anderen, aber auch einem selbst viel Freude bringt, wird nie zur Last. So darf man zu guter Letzt auf ein erfolgreiches und langes Leben des Owinger Kulturkreises anstoßen.

Leiter des Kreiskulturamtes – ein Traumberuf?

Kreisarchivar Elmar L. Kuhn wurde 2005 die Ehrendoktorwürde Dr. paed. h. c. verliehen

HELMUT VOITH

Am 13. Dezember 2005 wurde Elmar L. Kuhn, dem langjährigen Kreisarchivar des Bodenseekreises und Leiter des Kreiskulturamts, von der Pädagogischen Hochschule Weingarten die Ehrendoktorwürde Dr. paed. h. c. verliehen. Es würde zu weit führen, all die Orte zu den Themen aufzusuchen, mit denen er sich wissenschaftlich beschäftigt hat, von den Konstanzer Bischöfen über den Bermatinger Haufen, die Industrie Friedrichshafens und das ehemalige Paulinerkloster Langnau bis zu den oberschwäbischen Adelshäusern: eine tour d'horizon, ein Gang durch die Zeit.

In Elmar Kuhns Arbeitszimmer im Landratsamt stapeln sich Neueingänge an Akten, dazu Bücher, die in die Kreisbibliothek eingereiht werden, und Kunstankäufe für die Kunstsammlung, auf dem Schreibtisch liegt ein Manuskript zur Überarbeitung. Damit wären bereits die drei Abteilungen des von ihm geleiteten Kulturamtes des Bodenseekreises angesprochen: das Kreisarchiv, die Kreisbibliothek und die Galerie des Bodenseekreises samt der entsprechenden Veröffentlichungen und Veranstaltungen.

Der gebürtige Kressbronner machte sein Abitur am Graf–Zeppelin–Gymnasium in Friedrichshafen und studierte nach der Bundeswehr in Tübingen Geschichte, Politikwissenschaft und Geografie. Fünf Jahre war er wissenschaftlicher Mitarbeiter an der Fakultät für Geschichtswissenschaft in Bielefeld. Der vielen Auseinandersetzungen über die Struktur der Universität, über Statusfragen müde, bewarb er sich 1979 um die damals neu geschaffene Stelle des Kreisarchivars des Bodenseekreises und wurde später Leiter des Kreiskulturamtes.

Wir erinnern im Gespräch an hochinteressante Vortragsreihen, die vom Kreisarchiv ausgingen, wie den „Geschichtstreff", bei dem von Kennern lokal- und regionalhistorische Themen aufgegriffen wurden, was gelegentlich heftig Staub aufwirbelte. Der Landkreis habe sich aus solchen Vorträgen stark zurückgezogen, weil im Gegensatz zu einer Stadt wie Ravensburg hier die Beteiligung doch sehr gering sei. Frischen Wind erwartete sich Kuhn vom Jahr 2006, in dem anlässlich der 200-jährigen Wiederkehr der Mediatisierung der Adel im Bodenseekreis im Zentrum der Veranstaltungen stand.

Die zentrale Ausstellung unter dem Thema „Adel im Wandel", die vom 13. Mai bis 29. Oktober 2006 im Prinzenbau und Landeshaus in Sigmaringen stattfand und auf reges Publikumsinteresse stieß, wurde von der Gesellschaft Oberschwaben getragen. Seit 1996 ist Kuhn geschäftsführendes Vorstandsmitglied dieser von ihm initiierten Vereinigung, einer Art Dachverband aller Kreiskulturämter, der das gesamte Oberschwaben vernetzt und die Landesgrenzen überschreitet. Eine Gesellschaft, die sich nicht als bloßer Geschichtsverein versteht, wie Elmar L. Kuhn in seiner Rede zur Verleihung der Ehrendoktorwürde anmerkte, sondern laut Satzung die „Entwicklung und Stärkung des oberschwäbischen Regionalbewusstseins" als ihre Hauptaufgabe sieht: „Bewusstsein registriert nicht nur, sondern bewertet und strebt nach Umsetzung im Handeln." In diesem Zusammenhang erinnerte Kuhn an ein Zitat von Prof. Peter Blickle, dem ersten Vorsitzenden der Gesellschaft Oberschwaben: „Eine politische Landschaft Oberschwaben wissenschaftlich zu rekonstruieren heißt nicht, eine rückwärtsgewandte Utopie schaffen, sondern ein Zukunftsprojekt entwerfen." Ein Zukunftsprojekt, das in der „gewollten Rückständigkeit" des Regionalismus bestehe, „in der Absicht, mit dem Fortschritt in Konkurrenz zu treten und ihn zu bereichern".

Wir tippen die alljährlichen Ordenstage der Gesellschaft an. Im Juni 2005 beschäftigte Kuhn sich mit dem Orden der Pauliner, der in Tettnang-Langnau seine deutsche Zentrale hatte. Viel hat er in seiner Freizeit über diesen Orden gearbeitet, der heute seinen Hauptsitz in Tschenstochau hat (vgl. Leben am See, Band 20, S. 14 – 25), was letztlich 1999 zur Partnerschaft des Bodenseekreises mit dem polnischen Kreis Tschenstochau führte. Andere Schwerpunkte seiner Arbeit waren die Zeit der Bauernkriege und natürlich die Industriegeschichte Friedrichshafens, damit verbunden die Sozialgeschichte.

Tettnang-Hiltensweiler, 19. Juni 2005: Am 5. Oberschwäbischen Ordenstag referiert Kreisarchivar Elmar L. Kuhn über die Pauliner.

Schon als Schüler hatte sich Kuhn für zeitgenössische Kunst und Literatur interessiert und war daher gut gerüstet für die Kunstankäufe, die den Grundstock für die Sammlung der Galerie Bodenseekreis legten. Zusammen mit den Mitarbeitern werden heute die Ausstellungen geplant. Die Tage der Galerie Bodenseekreis im Roten Haus in Meersburg sind allerdings gezählt, denn der Umzug des gesamten Kreiskulturamts ins Schloss Salem steht vor der Tür. Dr. Elmar L. Kuhn freut sich, dann endlich alle Bereiche seines Amtes – Archiv, Bibliothek und Ausstellungen – unter einem Dach zu haben.

Ein Traumberuf? Er lächelt. Es gäbe so viel Interessantes, das wissenschaftlich aufgearbeitet werden möchte, aber bis 16 Uhr nehme ihn jeweils das Tagesgeschäft in Anspruch, die Organisation, die Erfassung und Bewahrung der Akten, die Beantwortung von Anfragen. Zu größeren Arbeiten komme er nur in der Freizeit, im Urlaub. Vieles wäre da zu nennen: das zweibändige Werk über die Bischöfe von Konstanz, Werke zu Kunstausstellungen und literarischen Aktionen ...

Auf der Suche nach Schönheit und Harmonie

Die Fotografin und Verlegerin Lotte Eckener (1906 – 1995)

DOROTHEA CREMER-SCHACHT

Lotte Eckeners Fotografien sind in Büchern und auf Postkarten tausendfach reproduziert. Sie haben das Bild der Bodenseeregion geprägt und in die Welt hinausgetragen. Doch ein Bild, das sich so stark verbreitet, kann zum Klischee werden und seine künstlerische Qualität verdecken. Erst in der Zusammenschau von Eckeners Lebenswerk wird sichtbar, dass diese Fotografien Teil ihrer Suche nach Schönheit und Harmonie sind, die auch ihre anderen Sujets, die sakralen Kunstwerke wie die Porträt-, Werbe- und Reisefotografie, prägt.

Die Projektgruppe Fotografie am Bodensee[1] widmete Lotte Eckener anlässlich ihres hundertsten Geburtstages am 8. Februar 2006 eine Retrospektive, die im Konstanzer Kulturzentrum am Münster etwa hundert Fotografien aus der Schaffensperiode von 1925 bis 1965 zeigte. Die gut besuchte Ausstellung

Porträt von Lotte Eckener (Fotograf unbekannt, wahrscheinlich Atelier Binder in Berlin).

wandert im November nach Friedrichshafen ins Zeppelin Museum und ist dort bis Anfang 2007 zu sehen.

Lotte Eckener kam 1906 als jüngstes von drei Kindern in Friedrichshafen zur Welt. Die Eltern stammten ursprünglich aus Flensburg. Ihre Mutter war die Verlegertochter Johanna Maaß, ihr Vater der Luftschiffpionier Hugo Eckener, dem 1924 die erste Atlantiküberquerung mit einem Zeppelin (LZ 126) gelang und der 1919, nach dem Tod von Ferdinand Graf von Zeppelin, die Schlüsselposition bei der Weiterentwicklung des noch heute faszinierenden Luftschiffwesens einnahm.

Lotte Eckener verbrachte ihre Schulzeit im Paulinenstift, einer Bildungsstätte für höhere Töchter in Friedrichshafen. Der Vater, heißt es, habe in ihr die Freude am Fotografieren geweckt, und so lag es nahe, dass das junge Mädchen das Fotografenhandwerk erlernte. Mit achtzehn Jahren ging Lotte Eckener nach München und besuchte die Bayerische Staatslehranstalt für Fotografie.

Sie studierte zeitgleich mit engagierten jungen Frauen[2], die ganz im Trend der „Neuen Frau" der zwanziger Jahre nach Tätigkeiten in Wissenschaft und Kunst griffen und mit tradierten weiblichen Rollen brachen. Arbeit für das weibliche Geschlecht war bis dahin lediglich als Lehrerin oder in dienenden, pflegenden Berufen bis zur Verheiratung möglich. Nunmehr, erstmals in der deutschen Geschichte wahlberechtigt, schufen sich die Frauen mit der Betätigung in den neuen Berufszweigen die Voraussetzung für eine aktivere Teilnahme am männlich dominierten gesellschaftlichen Leben. Das fotografische Gewerbe bot die Chance, künstlerisch tätig zu sein und Bilder aus der Sicht von Frauen zu entwerfen.[3]

Nach Beendigung der Ausbildung wechselte Eckener ins pulsierende Berlin, das mit all seinen krassen kulturellen Gegensätzen bei Künstlern äußerst beliebt war wegen seiner offenen, freien und kreativen Atmosphäre. Die deutsche Metropole zählte laut Branchenfernsprechbuch etwa 430 Ateliers. Mehr als dreißig Prozent davon wurden von Frauen geführt[4]. Lotte Eckener erhielt ein Engagement im bekannten Atelier von Alex Binder. Er firmierte auf dem Kurfürstendamm und am Steinplatz, war geschätzt als Modeatelier und Porträtadresse für die künstlerischen und intellektuellen Stars sowie als Bildlieferant für die Titelseiten von großen Illustrierten. Zu Eckeners Aufgaben zählten Werbe- und Porträtarbeiten. Schon bald zur Substitutin aufgestiegen, fotografierte sie einerseits moderne Industrieerzeugnisse wie Porzellan und andererseits Personen.

Ihre ausdrucksstarken Porträts von Schauspielern, Tänzern, Regisseuren und Schriftstellern sind häufig Brustbilder, die dem Kopf viel Raum bieten, aber auch Arme und Hände betonen und den Körper in die Bildaussage einbeziehen: Wir sehen die Schauspielerin Dita Parlo anmutig mit Kopftuch und fragendem Blick, die burleske Darstellerin Anny Ondra mit langen Wimpern und Cocktailglas, den Regisseur Josef von Sternberg in sich gekehrt und melancholisch. Als schlichte Schönheit begegnet uns Brigitte Helm, die in ihrer Doppelrolle als keusche Maria und furchterregender Maschinenmensch in dem Film „Metropolis" von der Schulbank weg über Nacht zum Star wurde. Die Aufnahmen sind technisch und gestalterisch perfekt, dennoch lassen sie trotz ihrer engen Bildausschnitte einen gewissen Abstand zu den Aufgenommenen verspüren, so als wolle die Fotografin, sei es aus Schutz oder Scheu, ihr Gegenüber nicht zu nah an sich herankommen lassen. Damals ahnte sie nicht, dass die Arbeiten historisch bedeutsam werden würden. Heute befinden sie sich in der Stiftung Deutsche Kinemathek in Berlin als Ergänzung des Nachlasses von Marlene Dietrich.

Tänzerin mit Stange.

Die Bekanntschaft mit Künstlern setzte sich auch im privaten Leben fort. 1928 wurde sie von dem für verschiedene Ullstein-Blätter tätigen Reporter Martin Munkacsi fotografiert, der 1934 von Berlin in die USA emigrierte und dort zu einem der bestbezahlten Modefotografen avancierte.[5] *„Bei Ihnen, da lässt man sich gerne photographieren"*, schrieb ihr Carl Zuckmayer auf einer Postkarte, adressiert ans Atelier Binder mit der Anrede *„Goldig Mädchen, wenn ich nur wüsste, wie Sie mit Vornamen heißen!"*. Er fand es bald heraus, wie der spätere Briefwechsel zwischen den beiden erkennen lässt.

Blütenmeer.

Zuckmayer, selbst ein großer Naturfreund, gefielen ihre schräg von unten aufgenommenen oder nah ins Bild gerückten Bäume. Er unterstützte ihre Idee, die Fotografien in einem Buch der Öffentlichkeit zu präsentieren. Es gelang ihr, den renommierten Bruno Cassirer-Verlag, damals noch mit beachtlichem Einfluss auf das kulturelle Leben Berlins, für ihre erste Publikation zu gewinnen. Der Bildband enthält Gedichte des gebürtigen Merseburgers Walter Bauer, dessen literarisches Frühwerk von den Nationalsozialisten mit Druckverbot belegt wurde.

Trotz ihrer Erfolge blieb Lotte Eckener nur etwa vier Jahre an der Spree. Neugier trieb sie in ferne Länder, zu ihrer Lust am Schauen gesellte sich jene am Reisen – verständlich für die Tochter eines Mannes, der auch als der „Magellan der Lüfte" bezeichnet wurde. Ihre ausgedehnten Fahrten führten sie 1931 nach New York. Dort fotografierte Eckener Margarethe Bourke-White[6]. Die für ihren politisch und sozial engagierten Journalismus bekannte amerikanische Fotografin hatte ihr Studio im Chrysler-Building[7]. Vermutlich nahm Eckener von diesem Gebäude aus einige ihrer faszinierenden, fast abstrakten Kompositionen vom Häusermeer der amerikanischen Metropole auf. 1932 ging sie nach Rom, studierte ausgiebig die schönen Künste und untersuchte mit der Kamera die antike Architektur. Die Ewige Stadt wuchs ihr schnell ans Herz, dennoch: Im Jahr darauf bereiste sie ganz andere Welten. Sie begleitete den Vater geschäftlich nach Java und Bali und erkundete mit ihm Kairo und Umgebung. Erst nach der Heirat mit dem Konstanzer Zahnarzt Paul Simon im Jahr 1935 kehrte sie in die heimatlichen Gefilde zurück.

Mit dem Wohnsitz in Konstanz bestimmten der Bodensee und die angrenzenden Landstriche Baden, Schwaben, aber auch Bayern, Österreich und die Schweiz ihre Fotografie. Die Bildnisfotografie rückte stark in den Hintergrund; sie porträtierte nur noch im privaten Kreis oder ihr nahe stehende Künstler.

Lotte Eckener verfolgte ihr Metier mit Ausdauer und Behutsamkeit. Den „Bäumen" von 1933 folgte das erfolgreiche Buch „Bodensee – Landschaft und Kunst". Es erschien im See-Verlag in Friedrichshafen, dessen Inhaber Willy Küsters dort auch den Künstlertreffpunkt „Bücherstube am See" mitgegründet hatte.[8] Bei Küsters erschien etwa 1936 auch das Buch „Meersburg" mit Texten von Wilhelm von Scholz und Hubert Naeßl. In diesen Büchern widmet sich Lotte Eckener der Natur und richtet die Kamera auf die mittelalterliche, barocke, auf sakrale Kunst.

Ihre klaren, präzisen Architekturaufnahmen unterstreichen die historische Bedeutung der Städte, Burgen, Schlösser und Kirchen. Die ruhigen Landschaftsaufnahmen handeln von Bauern bei der Heuernte, Ochsengespannen, üppigen Wiesen, weiten Tälern, schneebedeckten Bergen und vom Wasser in vielfältigen Formationen. Deutlich verspürt man den Wechsel der Jahreszeiten. Eckeners Landschaften zeigen sich bevorzugt mit grandiosen Wolkenformationen, auch in flirrendem Licht, in Gewitterstimmung – ihre weiten Himmel verstärken den Zauber des alten Kulturlandstrichs. Wichtig ist ihr eine große räumliche Tiefe. Blumen oder Zweige rücken häufig in den Vordergrund des Bildes und auch Bäume erhalten vielfach

Madonna von Limpach.

eine zentrale Position. Letztere gehören zu ihrem Lieblingsgenre und ziehen sich wie ein roter Faden durch ihre Arbeit.

Auch Bildnisse und Skulpturen von Madonnen gehören zu ihren favorisierten Sujets, die sie über Jahre hinweg ablichtet. Sie bevorzugt eine vorsichtige, pointierte Lichtführung, unterstreicht Posen und Ausdrucksweisen der Kunstwerke. Im Unterschied zu den Porträts von Menschen ist sie nahe am Sujet, scheint sich ungehemmter, freier zu fühlen. Ihre Fotografien ermöglichen es, die Werke großer Meister nah und anschaulich wahrzunehmen. Eine Auswahl ihrer Arbeiten veröffentlichte sie 1959 in ihrem ersten Madonnenbuch. Es ist untergliedert in kunstgeschichtliche Epochen und gewährt einen Überblick über die Marienverehrung aus mehreren Jahrhunderten.

Lotte Eckener suchte die Schönheit unseres Daseins in ihren Fotografien zum Ausdruck zu bringen, den Blick des Betrachters auf dem Bild verweilen lassen. Sie verstand, das Schöne mit Schatten, mit Licht dramaturgisch hervorzuheben. Aus ihren Arbeiten spricht eine individuelle Wahrnehmung der Wirklichkeit, die keinem bestimmten Stil zuzuordnen ist. Sie suchte nicht nach Äußerlichkeiten und lief auch keinen Modetrends hinterher, sondern fotografierte über Jahre hinweg, was sie fühlte und was sie ansprach. *„Ihr Blick ist ein distanzierter, der das, was er als Bild erkennt, aus der Entfernung aufnimmt. Jedem Bild geht ein langer Prozess des Suchens, Ertastens und Eingrenzens voraus. Sie arbeitet sich langsam in das Bild hinein. Nicht das schnelle Festhalten interessiert sie, sondern ausgewogene, stimmige, gemäldehafte Kompositionen."* [9]

„Wie ein Dichter, der sich darauf vorbereitet, eine Landschaft in einem großen Gedichtwerk darzustellen, hat die Photographin Lotte Eckener Jahre hindurch im Bodenseegebiet ihre Studien gemacht und Bildeindrücke gesammelt. Gedicht und Photographie haben insofern etwas Verwandtes, als beide glückliches Ergebnis eines günstigen Augenblicks scheinen. Man sieht ihnen die Summe des geistigen Aufwands, der Vorbereitung und Ausarbeitung nicht an, die nötig war, um das Gebilde des schönen Augenblicks zu vollbringen." Dieser lobende Vergleich erschien Anfang 1950 im Südkurier, anlässlich der Neuauflage des Bodenseebuches. Geschrieben hatte ihn Ludwig E. Reindl, Mitgesellschafter und langjähriger Leiter der Kulturredaktion jener Zeitung, der Eckeners Fotografien schon seit seiner Zeit als Redakteur in Berlin für die Mode- und Kulturzeitschrift „Die Dame"[10] vom Ullstein-Verlag kannte.

Fotografien wurden damals hauptsächlich in Büchern oder in Zeitungen und Zeitschriften veröffentlicht. Lotte Eckeners Medium war von Anfang an das Buch. Zwar publizierte auch sie in Zeitschriften wie „Die Dame", „Volk und Welt"[11] oder der seit 1914 erscheinenden Jahresschrift „Das Bodenseebuch", doch waren es allesamt Periodika, die Fotografien viel Raum zur Entfaltung gewährten und sie nicht als bloße Illustration von Texten einsetzten. Das obige Buch, das Reindl auch als „Bodensee-Epos in Bildern" bezeichnete, war äußerst gefragt. Der See-Verlag hatte es bereits vor und während des Krieges mehrfach aufgelegt.[12]

Steckborn.

Die Region lebte vom Fremdenverkehr und das kam dem Bildband zugute. Die Bildbände waren ein beliebter Erinnerungsgegenstand und eine geeignete Werbemöglichkeit. Mit dem wirtschaftlichen Aufschwung in der Nachkriegszeit stieg das Bedürfnis nach Bildern; besonders die neu erstarkende Tourismusindustrie weckte den Bildhunger und regte die Produktion von Bänden mit idyllischem Landleben und anmutigen Stadtlandschaften an. Außer Lotte Eckener betätigten sich auf deutscher Seeseite die Fotografen Siegfried Lauterwasser, Franz Thorbecke, Toni Schneiders und Jeannine LeBrun auf diesem Feld.

Eckeners Vorliebe für Bücher als Präsentationsmöglichkeit für Fotografien führte in der Nachkriegszeit zur Gründung eines eigenen Verlages.[13] Zusammen mit der Grafikerin Marlies von Schoeller und der aus einer Kölner Kaufmannsfamilie stammenden Martha Koch, die es nach dem Krieg an den See verschlagen hatte, gründete sie 1949 den Schoeller Verlag. Sitz des Verlages war die kaum hundert Seelen zählende Gemeinde Kattenhorn, die auch den Künstlern Ferdinand Macketanz, Alexander Rath und Heiner Ackermann Domizil bot. Gearbeitet wurde in der bescheidenen Wohnstube der Marlies von Schoeller, die sich in dem Bauernhaus der Familie Glönkler eingemietet hatte.[14]

Eines der ersten Produkte des Verlages war das Büchlein mit dem sinnlichen Titel „Bechern und Schmausen am Bodensee" mit Illustrationen von Macketanz. Nach dem frühen Tod der Mitgründerin von Schoeller wurde der Verlag in Simon und Koch umbenannt und der Firmensitz 1954 nach Konstanz verlegt.

In der Nachkriegszeit, besonders nach der Währungsreform 1948, als es noch an gutem Papier und einer solventen Käuferschicht mangelte, war die Gründung eines Verlages ein mutiges Unterfangen, zumal bei dem Ziel, neben den bekannten Höri-Malern auch junge, unbekannte und moderne Künstler zu publizieren wie Ursula Dethleffs, Wolfgang Reuther, Alexander Rath und Ida Kerkovius. Vor allem die Förderung der talentierten Ursula Dethleffs (1943 – 1994) lag Lotte Eckener am Herzen. Die heute zu den Klassikern Oberschwabens zählende Künstlerin schuf Assemblagen, Collagen und Skulpturen.

Außer den farbigen Kunstbänden umfasste das Verlagsprogramm bibliophile Märchenausgaben und ein großes Sortiment an Kunstpostkarten von nationalen und internationalen Künstlern. Aufnahmen von Lotte Eckener publizierte der Verlag als Fotobildbände und vor allem als Bildpostkarten. Zusätzlich erschienen Reisebildbände über Venetien, Apulien und die Provence von verschiedenen Fotografen. Heinz Finke fotografierte 1962 im Auftrag des Verlages Katalonien und der Bildband „Mexico" war binnen weniger Wochen ausverkauft.

Gnadensee.

Die Bücher sind kompositorisch und drucktechnisch anspruchsvoll. Man spürt das behutsame Vorgehen und eine unverkennbare Liebe zu den schönen Dingen der Kunst. Das machte Institutionen wie die Badische Landesbibliothek Karlsruhe auf die Bildbände aufmerksam, die den Verlag 1959 mit der Herausgabe besonders wertvoller Handschriften, handgemalter Buchillustrationen und Miniaturen beauftragte.

Während die ersten Jahre noch mit harter Knochenarbeit verbunden waren – Vorstelligwerden in Buchhandlungen, Auslieferung der Bücher, Verpacken und Versenden schwerer Pakete – erkämpften sich die Frauen mit verlegerischer Sorgfalt schnell einen Platz in der Verlagswelt und waren der erste von Frauen geleitete Verlag, der auf der Frankfurter Buchmesse ausstellte.

Ausschlaggebend für den Erfolg war auch das gute Verhältnis zwischen den Verlagsinhaberinnen und den Künstlern, Fotografen und Textautoren. Martha Koch, die zuerst in Wangen wohnte, war gut bekannt mit den Höri-Künstlern und gern gesehener Gast bei den dortigen Künstlerfesten.[15] Lotte Eckener stand durch ihre Fotografie und auch durch ihren Vater vielen bekannten Persönlichkeiten nahe: Dora Scupin, genannt die Majorin, Julius Herburger, Toni Schneider-Manzell und Fritz Mühlenweg. Sie dokumentierte die Werke von Werner Gürtner. Mit Dix unterhielt sie einen kleinen Briefwechsel. Ein Gedicht widmete ihr Hermann Hesse. Erich Heckel versah seine Mitteilungen mit lustigen Zeichnungen und der österreichische Bildhauer Gustinus Ambrosi schrieb ihr in wunderschönen Lettern ausführliche Briefe, die er mangels Papier auf alten Vorstudien-Zeichnungen verfasste.

1967 wurde der Simon und Koch Verlag vom Umschau Verlag in Frankfurt übernommen, da Lotte Eckener sich aus Altersgründen zurückzog und Martha Koch ver-

Nahes Allgäu.

*Porträt von Fritz Mühlenweg
in mongolischer
Tracht, ca. 1951/52.*

geblich gehofft hatte, den Verlag in die Hände ihres Sohnes Friedhelm übergeben zu können. So zerschlugen sich bereits angefangene Buchprojekte mit Hans Purrmann und Gabriele Münter und es blieb bei rund dreißig verlegten Büchern unter der Ägide der Damen.

Lotte Eckener fotografierte weiterhin. Inzwischen hatte sie die Magie der Farbe entdeckt und bestückte die Neuauflage ihres Madonnenbuches, das 1987 im Konstanzer Stadler Verlag erschien, mit einigen eindrucksvollen Farbaufnahmen. Sie verstarb 1995.

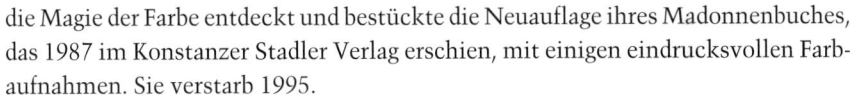

Ihr umfangreicher Bildbestand war bei ihrem Tod durch verschiedene Umzüge auf zwei Kisten mit Fotografien und Negativen zusammengeschrumpft. Dass die Kisten erhalten blieben, ist Uwe Eckener zu verdanken. Der Neffe verwahrte den restlichen Nachlass, sodass die eingangs erwähnte Ausstellung möglich wurde.

Anmerkungen:

[1] Die Projektgruppe Fotografie am Bodensee, das kulturelle Forum für Fotografie am Bodensee, fördert seit 1993 Fotografen und deren Werk durch Ausstellungen, Publikationen, Vorträge, Workshops und den Aufbau einer Sammlung. Die Ausstellungen umfassen das gesamte Spektrum der Fotografie, von den Altmeistern bis in unsere Tage, von der künstlerischen über die Alltags-, die Auftrags- bis zur anonymen Fotografie. Das Interesse an den Ausstellungen und die hohen Besucherzahlen haben gezeigt, dass die Projektgruppe zu einer festen Institution auch über die Grenzen des Bodensees hinaus geworden ist. Ausgestellt wurden z. B. Franz Lazi, Stuttgart (1922 – 1998); Jeannine LeBrun, Konstanz (1915 – 1977); Marta Hoepffner, Kressbronn (1912 – 2000); Siegfried Lauterwasser, Überlingen (1913 – 2000); Gerda Meyerhof, Zürich (geb. 1914); Dietmar Henneka, Allensbach/Stuttgart (geb. 1941).

[2] Fast zeitgleich mit ihr studierte die 1896 in Ostpreußen geborene Lotte Jacobi, die nach der Ausbildung nach Berlin zurückkehrte und im Atelier des Vaters Sigismund Jacobi selbständig Porträtaufträge erledigte. Nach 1933, als der Faschismus der jüdischen Bevölkerung die Arbeit nahezu unmöglich machte, arbeitete sie zunächst unter Pseudonym weiter, emigrierte jedoch 1935 nach New York und eröffnete ein Studio am Central Park. Ihre Porträts bekannter Persönlichkeiten sind weltberühmt. Sie verstarb 1990 in Concord in New Hampshire/USA.

Vgl. Pohlmann, Ulrich, Scheutle, Rudolf (Hrsg.): Lehrjahre Lichtjahre, Die Münchner Fotoschule 1900 – 2000, München 2000; Museum Folkwang: Lotte Jacobi, 1896 – 1990 Berlin – New York – Deering, Essen 1990, S. 63.

3) „Fotografieren hieß teilnehmen", so der treffende Titel einer Ausstellung, die 1994 in Essen im Folkwang Museum zu sehen war und erstmals die Arbeit von 50 Fotografinnen in der Weimarer Republik untersuchte. Die Fotografien reichten vom traditionellen Atelierbild bis zum avantgardistischen Experiment, umfassten Reportagen, Selbstinszenierungen und Fotomontagen. Die Untersuchung zeigte, dass die Fotogeschichte jener Zeit bereits deutlich die Handschrift von Frauen trug und dass die Fotografie den damaligen Frauen ein wichtiges Feld zum Aktivwerden bot. Vgl. Eskildsen, Ute (Hrsg.): Fotografieren hieß teilnehmen. Fotografinnen der Weimarer Republik, Düsseldorf 1994.

4) Vgl. Das Verborgene Museum (Hg.): Yva. Photographien 1925 – 1938, Tübingen 2001, S. 29. Das Atelier von Yva (Else Neuländer-Simon) befand sich in der Nähe von Binders Ateliers – Yva war eine Konkurrentin im Fach Mode. Die 1900 in Berlin geborene und von den Nationalsozialisten 1942 deportierte und ermordete Fotografin gehört zu den herausragenden Fotografenpersönlichkeiten der damaligen Zeit.

5) Der Maler und Sportreporter Martin Munkacsi (1896 Koloszvar/Ungarn – 1963 New York) kam in der zweiten Hälfte der 1920er Jahre nach Berlin. Zur Fotografie kam er durch Eigenstudium. Er gilt als wichtiger Pionier des modernen Bildjournalismus und ist bekannt für seine unkonventionelle und Natürlichkeit ausstrahlende Modefotografie. Geprägt von Dynamik und stets auf der Suche nach neuen Bildern, flog er 1929 mit dem Zeppelin nach Brasilien. Vgl. Morgan, Susan: Martin Munkacsi, New York 1992.

6) Margarethe Bourke-White (1904 – 1971) bekam 1930 als erste ausländische Journalistin die Erlaubnis, Industrieanlagen in Russland zu fotografieren. Im Zweiten Weltkrieg war sie Kriegsberichterstatterin und erregte mit ihren erschütternden Aufnahmen aus den befreiten Konzentrationslagern weltweit Aufsehen. Vgl. Museum Ludwig Köln: Photographie des 20. Jahrhunderts, Köln 1996, S. 72 f.

7) Vgl. Phillips, Stephen Bennett: The Photography of Design, 1927 – 1936, New York 2003.

8) Lt. Gespräch mit Eva Levec, Friedrichshafen, Tochter von Willy Küsters, 13. 12. 2005.

9) Laudatio Dorothee Messmer: „Lotte Eckener. Photographien 1925 – 1965", 8. 2. 2006, Kulturzentrum am Münster, Konstanz.

10) Hier erschien 1936, Heft 14, Norbert Jacques' Artikel „Das malerische Land am Bodensee", für den Lotte Eckener die Fotografien lieferte. Mit Porträts von den am Bodensee lebenden Künstlern Hans Purrmann und Franz Rieger und den atmosphärischen Aufnahmen jahrhundertealter Burgen und verwinkelter Städtchen machte sie neugierig auf die alte Kulturlandschaft.

11) Deutsches Monatsbuch, Hrsg. von Georg Oppermann, Hannover-Kirchrode, Oppermann Verlag.

12) Das Buch „Bodensee. Landschaft und Kunst" erschien zwischen 1934 und 1980 in vier Verlagen (See-Verlag Friedrichshafen, Schoeller-Verlag Kattenhorn; Verlag Simon und Koch Konstanz, Umschau Verlag Frankfurt) und ist weit über zehnmal aufgelegt worden, auch in englischer Sprache. Die Texte stammten von Karl Hönn und Heiner Ackermann.

13) Mit dazu beigetragen hat vermutlich auch der Tod ihres bisherigen Verlegers Willy Küsters 1949. Küsters belebte seinen See-Verlag nach dem Kriege zwar nochmals neu, aber es kam nur noch zur Veröffentlichung des Bandes „Das Konstanzer Chorgestühl" mit Aufnahmen von Martin Hamacher und des „Bodenseebuches", einer Jahresschrift über Geschichte und Kultur im Dreiländereck Deutschland, Österreich, Schweiz, das mit Unterbrechungen von 1914 bis 1965 erschien. Vom frischgebackenen Schoeller Verlag wurde das Bodenseebuch einmal verlegt. Gespräch mit Eva Levec, Friedrichshafen, Tochter von Willy Küsters am 13. 12. 05 und vgl. Bosch, Manfred: Bohème am Bodensee, Lengwil 1997, S. 426.

14) Lt. Gesprächen mit Christiane Hermann, Tochter von Martha Koch, 19. 8. 2005, 6. 4. 2006.

15) wie Anmerkung 14.

Kunst als Dialog
Roland Peter Litzenburger (1917 – 1987)

BERNHARD OSSWALD

Im Jahr 2007 jährt sich der Geburtstag Roland Peter Litzenburgers zum neunzigsten und sein Todestag zum zwanzigsten Mal. In Markdorf, wo Litzenburger die letzten 23 Jahre seines Lebens gewohnt und gearbeitet hat, wird das zum Anlass genommen, in den Räumen der im April 2006 eröffneten Stadtgalerie eine große, das Gesamtwerk repräsentierende Ausstellung auszurichten.

Wer war Roland Peter Litzenburger? Viele Antworten sind hier möglich. Das ist fast selbstverständlich, wenn es um einen Künstler geht, doch bei Litzenburger verbietet sich die Festlegung noch mehr als bei anderen Künstlern. Will man ihn „verorten", muss man die Korrektur gleich hinzufügen. Sehr treffend hat es einer der besten Litzenburger-Kenner, sein Freund Friedhelm Mennekes, gesagt: „Er passt in kein Schema."

Häufig wird Litzenburger ein „religiöser Künstler" genannt. Das erscheint zunächst plausibel. Viele seiner Werke behandeln biblische Motive, und es waren gerade diese Werke, die ihn in der breiten Öffentlichkeit bekannt gemacht haben, z.B. das fünf Meter hohe Standkreuz in der Zwölf-Apostel-Kirche in Mannheim-Vogelstang (1968/70), die fünf Tuscheaquarelle des „Markdorfer Jugendkreuzwegs" (1971), der Zyklus „Christus der Narr" (dreizehn Zeichnungen und Tuscheaquarelle,

Roland Peter Litzenburger, mit Kugelschreiber zeichnend.

*Grünende Froschprinzessin,
Feder-Tuscheaquarell, 1973.*

1973–78) und der „Kreuzweg der Jugend" (sieben Zeichnungen, 1979).

Doch hat sich schon Litzenburger selbst gegen die Bezeichnung „religiöser Künstler" gewehrt. Denn diese Einordnung verstellt den Blick auf Litzenburgers Gesamtwerk, dessen thematische Spanne weiter reicht. Gerade in den letzten zwei Jahrzehnten seines Wirkens bezog sich Litzenburger auch auf Mythen („Die Kraft des Pan") und bestimmte Märchen der Gebrüder Grimm (Hänsel und Gretel; Der Froschkönig; Die Bremer Stadtmusikanten), schuf in freier Phantasie durch die Verschmelzung von Pflanzlichem und Menschlichem, von Weiblichem und Männlichem anschaubare Chiffren menschlicher Lebenssituationen oder malte im Auftrag der Landeskreditbank Baden-Württemberg den „Zyklus der Clowns"; und dann sind da ja noch die vielen hundert Porträts, die Litzenburger von sich selbst und von anderen meistens gezeichnet, gelegentlich auch gemalt hat.

Aber selbst dort, wo Litzenburgers Werke biblische Motive aufgreifen, ist er nicht einfach ein „religiöser Künstler". Wenn „religiöse Kunst" heißen soll, dass sich der Künstler den tradierten Glaubensvorstellungen unterwirft und den religiösen Sinn über die künstlerische Einbildungskraft stellt, dann trifft dies für Litzenburger gerade nicht zu. Mit großer assoziativer Begabung und einem weit gespannten geistigen Horizont lässt er im Bild eine Wirklichkeit entstehen, in der das oft als göttlich überhöhte Geschehen „geerdet" ist und der Mensch in all seinen Facetten zum Vorschein kommt – bis dahin, dass er die „Frau Welt" nackt unter das Kreuz gestellt hat. Bei den einen erhält er dafür begeisterte Zustimmung, von den anderen wird er vehement abgelehnt.

Auch technisch und stilistisch entzieht sich Litzenburgers Werk der Schematisierung. Kunstgeschichtlich ist Litzenburger keiner Stilrichtung der Moderne zuzurechnen, am ehesten noch in die Nähe des Expressionismus zu rücken. F. J. van der Grinten, Sammler, Künstler, Kunstpädagoge und Beuys-Spezialist, der die moderne Kunst wie wenige kennt, schreibt hierzu über Litzenburger: „Vom äußeren, oft hektischen und oft mindestens spektakulären Sich-Drehen des Stilkarussells zu seiner Zeit hat er sich dagegen weitgehend unberührt erhalten. Mal malerisch formauflösend, mal gestisch heftiger ausfahrend, war er bezogen stets auf das, was gedanklich und gefühlsmäßig übertragen werden sollte."

Technisch gesehen – mit Blick auf die Mittel und das Medium der Gestaltung – stand bei Litzenburger zweifellos die Zeichnung an erster Stelle. Er war ein Meister des Stifts, der Feder, des Tuschpinsels und – überraschenderweise – des Kugelschreibers. Doch beschränkt sich seine Kunst keinesfalls auf die Linie und den Strich. Er hat auch nur mit Farbe leuchtende Kompositionen gemalt, manchmal ohne jede gegenständliche Formgebung. Und er war ein Könner der plastischen Gestaltung, der im öffentlichen, vornehmlich kirchlichen Raum Glasfenster, Aluminium- sowie Bronze-Portale und geschweißte Skulpturen schuf.

Zur Biografie

Was sind die Lebensumstände, die Litzenburger als Person geprägt haben und in sein Werk „einverleibt" worden sind?

Er wird 1917 in der, so Litzenburger selbst, „grauenhaften Fabrikstadt" Ludwigshafen am Rhein geboren – als jüngstes von sechs Kindern. Schon in den ersten Lebensmonaten erlebt er Erstickungsanfälle, die man anfangs für Keuchhusten hält. Erst später werden sie als allergisches Asthma diagnostiziert.

Das Milieu, in dem Litzenburger mit drei Brüdern und zwei Schwestern aufwächst, ist kleinbürgerlich und sehr katholisch. Der Vater, ein städtischer Beamter, besitzt eine tiefe Frömmigkeit und Gottergebenheit; die Mutter, die für ihre Kinder Kleider näht bis zur Erschöpfung, hat oft den Rosenkranz in der Hand. Über dem Bett der Eltern hängt ein großes Kruzifix – aalglatt mit schwarzem Schleiflack.

1935 bekommt Litzenburger – als Gymnasiast im zweiten Jahr Altgriechisch – eine schwere Lungenentzündung. Deren Komplikationen führen dazu, dass ihn die Eltern von der Schule nehmen müssen. In den folgenden beiden Jahren – Litzenburger nennt sie die „toten Jahre" – muss er die Nächte in einem alten Großvaterlehnstuhl verbringen, um das Ringen nach Atemluft zu erleichtern.

In dieser schweren Zeit begegnet er Maria Grüner, einer Frau aus angesehener Ludwigshafener Familie. Sie erkennt das Talent des jungen Roland und setzt bei seinen Eltern durch, dass er in der Mannheimer Kunstgewerbeschule an „Abendkursen für Modellieren und Aktzeichnen" teilnehmen kann. Als 19-Jähriger geht Litzenburger wegen des besseren Klimas – der „Bergluft" – von Ludwigshafen nach Oberammergau. Dort besucht er die staatliche Fachschule für Bildhauerei.

1938 verlässt er Oberammergau wieder, um bei den Benediktinern in Ettal das Abitur nachzuholen. 1939 erhält er mit dem Abitur den Einberufungsbefehl. Er muss als Infanterist Schießübungen absolvieren. Danach wird er Student der Architektur in Darmstadt, Praktikant für Landhausbau in Tirol, schließlich Gebirgsjäger, und dieser Einsatz endet mit fünf Monaten Lazarett. 1943 meldet er sich, um dem Druck des NS-Studentenbundes in Darmstadt zu entgehen, zu Studiensemestern für Denkmalpflege im Elsass.

Nach dem Kriegsende arbeitet er zunächst selbständig in Oberammergau. 1948 beginnt er ein Studium der Kunsterziehung in Stuttgart. Er verheiratet sich. Nach dem Staatsexamen hängt er 1950/51 ein Studium für Kunstgeschichte und Germanistik in Freiburg an. Als Lehrer an einer Gewerbeschule hält er es nicht lange aus, da die Lehrmethoden trotz allem Gerede von Schulreform „veraltet und kleinkariert" sind und er „dort alten, neuen Nazis wiederbegegnet, die den Ton auch hier angeben". Er quittiert, inzwischen Vater dreier Kinder, kurz vor der Beamtung den Dienst und wagt die freiberufliche Existenz. Es ist „ein absoluter Sprung ins Wasser". Bei seinen Mitmenschen stößt er auf wenig Verständnis. „Ringsum heißt es: Wie kann der Mann so etwas machen, der hat doch jetzt Frau und Kinder..."

Bis Mitte der sechziger Jahre bestreitet Litzenburger den Lebensunterhalt seiner Familie vorwiegend mit Gebrauchsgraphik. Für mehrere Verlage gestaltet er Hunderte von Buchumschlägen und illustriert einige Bücher. Daneben zeichnet und malt er viele Porträts und beginnt sich immer mehr mit biblischen Motiven, besonders der Gestalt Jesu, auseinander zu setzen. Schon 1950 hat Litzenburger den „Blauen Christus" gemalt, den er selbst für die „Eröffnung" seiner neuen Sicht- und Gestaltungsweise religiöser Themen hält. Er nennt ihn die „Figuration des Abschieds und der Ankunft".

Im „Blauen Christus" knüpft Litzenburger augenscheinlich bei den Vorgaben der Christusikonographie an, aber er geht sehr frei mit ihnen um, und vor allem fügt er eigene Elemente hinzu, sodass ein neues Christusbild in Erscheinung tritt – und ein neuer Verständnishorizont aufgerissen wird. Litzenburger verbindet den Bildtypus des „Allherrschers", bei dem Christus meist frontal im Halbformat mit Heiligenschein und Segensgestus der rechten Hand dargestellt ist, mit dem Bildtypus des „Mandylions", das den auf einem Handtuch (= Mandylion) abgedrückten Kopf Jesu ebenfalls frontal zeigt, wobei das in den Heiligenschein eingetragene Kreuz, die riesigen Augen und die symmetrisch geordneten Haupt- und Barthaare augenfällig sind. Den Traditionsabbruch trotz Anknüpfung am Vorgegebenen bringt Litzenburger schon dadurch zum Ausdruck, dass er den Kopf seitlich wendet. Entscheidend ist aber etwas anderes: Mit blauer und schwarzer Tinte und Tusche hat er dem Gesicht eine Landschaft eingebildet, die Wasser, Himmel und Festland assoziieren lässt. Christus und der Kosmos sind hier in eins gefügt. Damit ist die „Abständigkeit" zwischen Gott und der Welt, die für den Typus des „Allherrschers" be-

***Blauer Christus,
Tinte und Tusche, 1950.***

zeichnend ist, aufgehoben in die Idee des „Christus in allem" (etwa im Sinne Teilhard de Chardins).

1956 erhält Litzenburger erstmals Aufträge für Kirchenbauten. Weitere Bauaufträge – Verglasungen, Portale, geschweißte Skulpturen – folgen. Von St. Märgen im Schwarzwald zieht er nach Ruit bei Stuttgart, um schließlich – auch wegen der besseren Luft – in Markdorf-Leimbach in der Nähe des Bodensees ein eigenes Haus mit Atelier zu bauen. Als er 1964 mit seiner Familie in diesen letzten Wohnort seines Lebens übersiedelt, hat er unter Kennern bereits einen guten Namen. Für die breite Öffentlichkeit ist er noch nicht entdeckt.

Ein Schritt in Richtung größerer Publizität ist die Ausstellung, die der Kunstverein seiner Geburtsstadt Ludwigshafen unter der Schirmherrschaft von Dr. Bernhard Vogel, Minister für Kultus und Unterricht in Rheinland-Pfalz, anlässlich Litzenburgers fünfzigstem Geburtstag 1967 veranstaltet. In den kommenden Jahren schließen sich zahlreiche Ausstellungen an, in kleinen, mittleren und großen Städten: Den Haag, Paris, Pittsburgh, Luzern, Salzburg, Berlin, Essen, Frankfurt, Stuttgart, Trier, Pforzheim, Friedrichshafen, Saulgau, Sigmaringen, Markdorf... Während der gängige – elitäre – Kunstbetrieb Litzenburger eher ignoriert, findet er außerhalb dieses Zirkels großen Zuspruch. In vielen Jugendzimmern der siebziger Jahre hängen Poster von Litzenburger-Bildern, und im Bereich der Religionspädagogik, der kirchlichen Bildungsarbeit und der Pastoral ist er „angesagt" wie kein anderer Künstler. Im Gottesbezug den Menschen finden – das gilt auch für Litzenburgers letztes Werk, an dem er bis wenige Wochen vor seinem Tod arbeitet: ein lebensgroßes Kruzifix, in dessen blutig aufgerissenem Brustkorb die eigene Krankheit widergespiegelt ist.

An Heiligabend 1987 stirbt Litzenburger in seinem Haus in Markdorf-Leimbach.

Dialog als innere Mitte

In einem Radio-Interview von 1968 äußert Litzenburger zur Frage „Was ist Kunst?" gleich am Anfang Sätze, die zum Wesen seiner Kunst und seines Kunstverständnisses hinführen:

„Wenn die Kunst zum Selbstzweck wird, ist ihre Chance als Kunst schon vertan. Das heißt: Kunst ist für mich wie Sprache oder Gebärde Zeichen der Mitteilung, also ganz einfach Kommunikationsmittel und insofern die Möglichkeit der Selbstdarstellung auf den anderen hin und insofern die Chance zu leben."

Litzenburger begreift die Kunst, vom Künstler her gesehen, als elementare Lebensäußerung, als eine Form der Selbstmanifestation, aber diese Selbstmanifestation geschieht oder entwirft sich auf den anderen hin. Anders ist Selbstmanifestation im echten Sinn auch gar nicht möglich. Darauf hat die dialogische Philosophie aufmerksam gemacht. In unvergleichlicher Prägnanz sagt der jüdische Religionsphilosoph Martin Buber: „Ich werde am Du. Ich werdend spreche ich Du."

Mit Blick auf das geschaffene Kunstwerk bedeuten diese Gedanken: Mit dem fertigen Werk, das der Künstler aus und durch sich hervorgebracht hat, in dem er sich

Kreuz, Putz auf Holzkern und Tempera, 1987.

selbst und die von ihm erfahrene Welt ausdrückt, ist das Ziel noch nicht erreicht. Das Werk, für sich genommen, ist bedeutungslos. Der Künstler, der sich darin nur selbst bespiegeln möchte, kreist in sich selbst. Das Kunstwerk wird bedeutend erst durch den anderen, der es anschaut – und der sich von der Mitteilung, die in es „hineingeschrieben" ist, ansprechen lässt und ihr antwortet.

Litzenburger bemerkt dazu: *„Was ist ein Bild von Rembrandt oder van Gogh, wenn es im Banktresor eingeschlossen ist – oder auch ‚nur' auf einem Speicher steht? Es ist nicht. Niemand erlebt es, niemand liebt oder hasst es, mag es oder lehnt es ab. Es ist tot."*

Das Bild oder allgemeiner das Kunstwerk ist also wesentlich Prozess, und zwar dialogischer Prozess. Es entsteht, indem der Künstler das, was er darstellen will, in Beziehung setzt zu seinem Leben und gleichsam im lebendigen Gespräch zwischen sich und dem Abzubildenden die Bildgestalt hervorgehen lässt, und wenn das Werk geschaffen ist, setzt sich der Prozess als eine Geschichte zwischen dem Bild und dem Betrachter fort. Es ist folgerichtig, dass Litzenburger in diesem Zusammenhang das alttestamentliche Gebot aufgreift: „Du sollst Dir kein Bildnis machen." Ein Bildnis machen – das bedeutet vom Künstler her: etwas in Formen, Farben und Komposition so „feststellen", als sei es eindeutig oder endgültig, sodass kein Spielraum bleibt für Interpretation. Und vom Betrachter her bedeutet es: das Bild taxieren, einsortieren und für erledigt erklären, bevor der Anspruch des Bildes vernommen wurde und ich mich selbst im Bild „gespiegelt" – wiedergefunden – habe.

Dem andern begegnen im Porträt

Was Kunstschaffen als Dialog bedeutet, zeigt sich bei Litzenburger nirgends so eindrücklich wie in den Porträts. Dem Porträtieren voraus gehen Gespräche, manchmal stundenlang. Irgendwann fängt dann Litzenburger an zu zeichnen oder auch mit Wasserfarben zu malen. Ölmalerei oder andere pastose Malerei lehnt er für Porträts ab. Für ihn war es wichtig, eine Technik zur Hand zu haben, die das, was zwischen Künstler und „Modell" – dem Gesprächspartner – während der „Sitzung" geschieht, aufzugreifen und umzusetzen vermag. Pastose Malerei malt nach Litzenburger „übereinander bis zu einem Fertigen, man könnte auch sagen: fast zu Ende Gemalten, zu Tode Gemalten". Die graphische Technik, die er bevorzugt, erscheint ihm dagegen wirklich dialogisch, weil er damit „in raschen Augenblicks-

Porträt
Birgit Keil,
Tusche-
Aquarell,
1974.

reaktionen, in rascher Folge von Strichen" die Situation zwischen seinem Modell und ihm – zwischen seinem Gesprächspartner und ihm – auffangen kann. Litzenburger wörtlich:

„Den ersten Strich einer Zeichnung, der in dem Moment einsetzt, wo ich mit meinem Gesprächspartner, also nicht mit meinem Modell, in eins komme, würde ich am liebsten durchstreichen oder in seinem Widersprüchlichen, in seinem Augenblicklichen, in all dem Augenblicklichen, das wir zusammen darstellen, in ein Gefüge von Linien integrieren, die alle gleichzeitig präsent sind, wenn ich mir die Zeichnung ansehe. Ich korrigiere mich in der Zeichnung und korrigiere – Was heißt das? – – – Ich setze das Gespräch fort, widerrufe und bestätige, und dieses Unzulängliche, dieses der Situation Gemäße, sammelt die Graphik. Das ist einer der Hauptgründe, den ich dafür halte, warum heute Graphik im Vordergrund steht, weil wir ohne Frage ein ganz besonderes Moment in unserer Gegenwart, in unserer Gesellschaft, in unserem Erkennen dieses Daseins verwirklichen müssen, nämlich den Chronos raffen und entfalten, übereinander schneiden. Es war niemand anders wie der bekannte Maler Willi Baumeister, den ich in meinen Stuttgarter Studienjahren um eine Korrektur gebeten hatte, der zu einer Schülerin sagte: ‚Schauen Sie mal diese Zeichnung an. Hier ist kein Radiergummi angesetzt. Mit dem dritten und vierten Strich ist der erste Fehlstrich korrigiert. Aber dieser Fehlstrich macht das Lebendige dieses Bildnisses. Bleiben wir also bei unseren Fehlern, damit wir Möglichkeiten haben, sie laufend zu korrigieren. Das wäre eine gute Zeichnung.'"

Begegnung und Beziehung als Thema

Viele Bilder Litzenburgers sind auch inhaltlich Dialog-Bilder. Mit den Mitteln des Zeichnens und Malens ist in ihnen die Erkenntnis gestaltet und zur Anschauung gebracht: „Alles wirkliche Leben ist Begegnung" (Martin Buber). Unter den biblischen Motiven sind es vor allem drei Szenen, die Litzenburger immer wieder aufgreift, um das „Zwischen", das sich hier ereignet, als menschliche Grund- und Lebenssituation sichtbar zu machen: das Geschehen auf dem Weg nach Emmaus, die helfende Zuwendung des barmherzigen Samariters und „Golgotha".

In den Emmaus-Bildern zeigt Litzenburger menschliche Begegnung als glückende und befreiende Kommunikation. Die Beziehungen zwischen dem Auferstandenen in der Mitte und den beiden Menschen rechts und links erscheinen als Ineinander von Geben und Nehmen, Halten und Gehaltenwerden, Anschauen und Gesehenwerden. Bemerkenswerterweise hat Litzenburger die „männliche Besetzung" des Emmaus-Motivs aufgebrochen und in manchen Bildern die beiden Jünger als Mann und Frau dargestellt. Das „existenzielle" Ineinander der drei Personen korrespondiert mit einer Komposition, bei der die Formen von Kreuz, Kelchschale und Rechteck strukturbildend verbunden sind.

Im Bilderzyklus über den „Barmherzigen Samariter" richtet Litzenburger den Blick darauf, dass auch das Helfen von Gegenseitigkeit bestimmt ist. Das her-

Emmaus,
Feder-Tuscheaquarell, 1972.

kömmliche Verständnis, das sich auch in der Kunstgeschichte widerspiegelt, fasst die Hilfe des Samariters als Beziehung von oben nach unten, als barmherzige „Herablassung" aus Mitleid auf. Anders Litzenburger. Er bezieht die Gestalt des Samariters und die Gestalt des Niedergeschlagenen so aufeinander, dass die Körperhaltung des einen in der Körperhaltung des anderen fortgesetzt beziehungsweise durch diese ergänzt wird. Als Litzenburger den Auftrag erhält, zum hundertsten Geburtstag der „Stiftung Liebenau" 1970 ein neues Logo zu entwickeln, richtet er die beiden Männer auf und verdichtet ihre Gestalten zu graphischen Zeichen, die in ihrer gegengleichen Form eine Einheit in der Zweiheit bilden. Darin ist ausgedrückt, dass Helfen partnerschaftlich, gewissermaßen auf gleicher Augenhöhe zu geschehen hat und der Nehmende auch ein Gebender ist. In einigen Bildern des Samariter-Zyklus liegt der Schwerpunkt nicht auf der Begegnung zwischen zwei Menschen in der Situation von Not und Hilfe, sondern es wird auf ein tiefer greifendes Beziehungsgeschehen abgezielt, in das das Tier hineingenommen ist. Der Esel überwölbt die beteiligten Menschen und ist mit ihnen zugleich so zusammengefügt, dass die drei auf den ersten und auch auf den zweiten Blick gar nicht trennbar sind.

Auch bei den Golgotha- oder Kreuzigungsbildern löst sich Litzenburger mit großer Freiheit von den Vorgaben der biblischen Überlieferung und der kunstgeschichtlichen Tradition, um die zwischenmenschliche Dramatik in der Situation von Qual, Verzweiflung und Tod bildnerisch in Szene zu setzen. Beispielhaft dafür ist die Lithografie „Gekreuzigt mit Jesus" (1965). In der Geschichte der Kunst ist das Motiv „Christus und die beiden Schächer" oft dargestellt worden. Litzenburgers Bild hat mit diesen Darstellungen nichts mehr gemein. Hier ist die Szene reduziert auf Jesus und einen Schächer. Die am Kreuz Hängenden sind einander so weit zugeneigt, dass sich ihre Köpfe und Knie berühren. Aus ihren Körpern herauswachsend schaffen Striche über ihren Köpfen ein Verbindungsband. Wer ist Jesus, wer ist der Schächer? Das ist nicht auszumachen. Sie sind sozusagen identisch. Das Schicksal des Christus und das Schicksal des Menschen sind so miteinander verknüpft, dass eine Unterscheidung nicht mehr möglich ist.

Andere wichtige Dialog-Bilder Litzenburgers thematisieren die Beziehung zwischen Mann und Frau, oft als sexuelle Begegnung. Sie sind unter anderem angeregt durch das Grimmsche Märchen vom Froschkönig, das „Hohelied" des Alten Testaments oder durch den Pan-Mythos. In ihren Farben und Formen spiegeln manche eine offene Erotik, andere sind eher verhüllend und lassen die erotischen Anspielungen erst bei intensiver Betrachtung erkennen. Gemeinsam ist diesen Bildern aber, dass sie Chiffren sein wollen für die dialogale Anziehungskraft der Geschlechter – in ihrer Leidenschaft und Schönheit und auch in ihren Gefährdungen.

Die Solidarität des Betrachtens

Litzenburger begreift seine Kunst ganz vom anderen her. Kunst, so sagt er, *„kann überhaupt nur entstehen, wenn sie Anspruch erhebt an den Mitmenschen, wenn sie ruft nach einem Gegenüber".* Wer seine Kunst so durch den anderen bestimmt, der liefert sie ihm auch aus. Er sieht sich darauf angewiesen, dass der andere Kunst – das „Zwischen" von Künstler und Betrachter – versteht als einen Fall menschlicher Begegnung. G. W. Remmert, der langjährige Freund Litzenburgers, spricht in diesem Zusammenhang von der „Solidarität des Betrachtens". Er meint damit die Bereitschaft, das Bild offen anzuschauen, immer wieder und immer wieder neu, das Fremde in ihm, das in unser Vorverständnis nicht hineinpasst, versuchsweise zu integrieren und uns berühren zu lassen von der Echtheit des Ausdrucks, um den der Künstler mit Begabung und Hingabe gerungen hat.

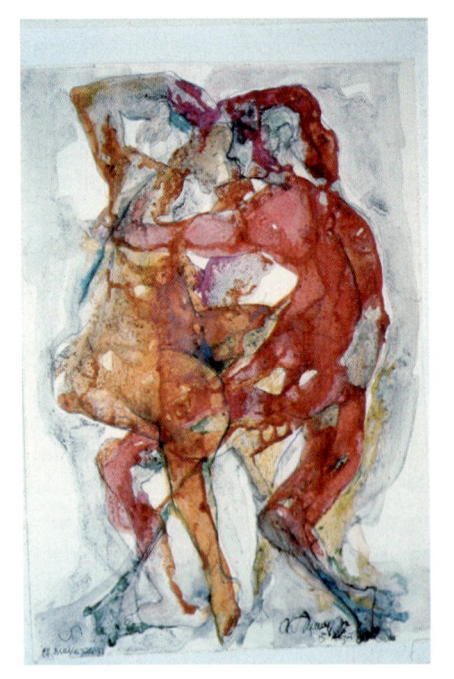

Faun im Mittag,
Feder-Tuscheaquarell, 1973.

Wenn wir Litzenburgers Bildern so begegnen, dann bleiben sie lebendig. Entscheidender ist aber dies: Dass das Gespräch mit ihm im Medium seiner Bilder uns herausführen kann aus eingerasteten Sichtweisen, aus eingeschliffenen Lebensbahnen und aus Verhärtungen des Geistes und des Herzens.

Quellen:
R. P. Litzenburger, Radio-Interview 1968 (unveröffentlicht).
R.P.L., Bilder sind Spiegel, in: Biemer/Kochanek (Hgg.), Menschenbild und Gottesbild in der Bibel, Stuttgart 1981, 31 – 33.
R.P.L., Du sollst Dir kein Bildnis machen, 1986 (unveröffentlicht).
R.P.L., Wer bin ich, wenn mich niemand anschaut. Schöpfung – Erde – Mensch. Eingeleitet und kommentiert von A. Heuser. München 1987.
G. Biemer/R. Ruß, Wenn das Antlitz sich verbirgt. Christusbilder von R. P. Litzenburger. Stuttgart 1975.
F. J. van der Grinten/F. Mennekes, Menschenbild – Christusbild. Auseinandersetzung mit einem Thema der Gegenwartskunst. Stuttgart 1984.
G. W. Remmert, Im Bilde sind wir nie allein. Begegnungen in Bildern von Roland Peter Litzenburger. www.g-remmert.de.

„Es geht alles vorüber..."
Der Komponist Fred Raymond in Überlingen

OSWALD BURGER / ECKHARD JOHN

*Eva Maria Raymond hat vielfältige Erinnerungen
an ihren Mann aufbewahrt.*

Mehr als ein halbes Jahrhundert nach dem Tod des Komponisten ist im Hause Fred Raymonds alles nahezu unverändert. Seine Witwe, Eva Maria Raymond, führt uns am ersten Swimmingpool von Überlingen vorbei. Als ihr Mann ihn in den fünfziger Jahren bauen ließ, habe man davon gesprochen, dass hier nun Hollywood am Bodensee entstehe. Im Garten fällt ein riesiger Thujabaum ins Auge. Er habe ursprünglich das Grab Fred Raymonds geziert. Als er zu groß geworden sei, habe sie ihn hier in den Garten pflanzen lassen.

Das Haus in der Mühlbachstraße

Wir sitzen auf der zweiten Ebene über dem See im Osten von Überlingen, vor uns der Bodensee und hinter uns das Haus, aus dem uns Frau Raymond nach und nach dieses und jenes Dokument aus einem Komponistenleben bringt. Vor allem aber erzählt sie gern und lebhaft über das Leben und Schaffen Fred Raymonds, und zwar über sein ganzes Leben – und dabei hat sie ihn gar nicht viel länger als ein Jahr gekannt.

Das Haus in der Mühlbachstraße stand schon, als die junge Eva Maria Hroch aus Mannheim im Sommer 1952 mit ihrer Schwester und ihrem Schwager im Auto nach Überlingen fuhr, um hier den Urlaub zu verbringen. In Überlingen selbst fanden sie kein Quartier, deshalb mussten sie eine Ferienwohnung in Nußdorf mieten. Die Feriengäste aus Mannheim gingen ins „Café Armbruster", das sich damals im Vanottihaus in der Christophstraße befand. Dort im Garten lernte Eva Maria einen älteren Herrn kennen. Als er sich als Komponist von Operetten vorstellte, sagte sie, sie gehe nicht in Operetten: *„Operette ist nicht Fisch, nicht Fleisch."*

Aber Fred Raymond hielt das nicht davon ab, ihr dann recht schnell einen Heiratsantrag zu machen. Er berichtete ihr auch, dass er gerade in Heidelberg an den Dreharbeiten des Films „Ich hab mein Herz in Heidelberg verloren" beteiligt sei. Miteinander verbunden habe sie die gemeinsame Herkunft aus der „k. u. k.-Mischkulanz": Sie kämen beide aus der schlesisch-böhmisch-österreichisch-ungarischen Mischkultur.

Fred Raymond hielt schließlich ganz formell bei ihrem Vater Walter Hroch um die Hand seiner Tochter an. Ihr selbst habe er die Scheidungsurkunde einer kurzen früheren Ehe gezeigt. Er soll in den vierziger Jahren verheiratet gewesen sein, aber seine erste Frau habe ihn wegen eines Tenors verlassen. Die Hochzeitsfeier des 52-jährigen Komponisten und der jungen Schlesierin aus Mannheim fand am 21. März 1953 im Mannheimer „Parkhotel" statt, wie ein Eintrag im Gästebuch des „Parkhotels" und der „Park-Stuben" noch heute belegt.

Knapp zwei Jahre zuvor, am 12. Juli 1951, war Raymonds letzte Operette „Geliebte Manuela" in Mannheim uraufgeführt worden. Die Rechte für diese Operette übertrug Raymond dem Musikverlag Hohner in Trossingen. In einer Pause der Vertragsverhandlungen bekam er in Trossingen den Rat, doch einmal nach Überlingen zu fahren. Das tat er, wohnte im berühmten Hotel „Hecht" der Familie Surdmann in der Münsterstraße, fuhr zur Unterschrift wieder nach Trossingen, kehrte dann aber noch einmal nach Überlingen zurück und – wurde sesshaft: Er kaufte sich das Grundstück am Mühlbach und ließ sich ein für damalige Vorstellungen luxuriöses Haus bauen.

Der weltberühmte Komponist in Überlingen

Mit Fred Raymond war einer der damals namhaftesten deutschen Operettenkomponisten nach Überlingen gezogen. Aber er war nicht der einzige Musiker, den es Anfang der 1950er Jahre an den Nordwestzipfel des Bodensees zog. In Nußdorf bei Überlingen lebte zu jener Zeit auch Ernst Fischer, ein gleichaltriger Komponist und Schöpfer populärer Schlager („Am Zuckerhut, am Zuckerhut"), der später noch weiter südwärts zog: Geboren am 10. April 1900 in Magdeburg, starb Ernst Fischer am 10. Juli 1975 in Locarno.

Wegen Fred Raymond zog auch einer der Sänger nach Überlingen, der seinen Operetten und Schlagern am Berliner Metropol-Theater zum Erfolg verholfen hatte: Franz Heigl. Der ehemals namhafte Buffo betrieb nun im Litscherweg eine Garnipension und trat noch in Überlingen immer wieder auf.

Neben seinem Überlinger Haus behielt Fred Raymond seine Stadtwohnung in der Moorweidenstraße in Hamburg. Doch seine Jahre am Bodensee sollten nicht lange währen. Anfang Januar 1954 fuhr er zusammen mit seiner Frau zu einer außerordentlichen GEMA-Tagung nach München. Schon dort litt Fred Raymond an Atemnot, auch auf der Zugfahrt nach Überlingen hatte er Beschwerden. Am anderen Tag klagte er über Beklemmungsgefühle. Er stand nicht mehr auf und starb am 10. Januar 1954 in seinem Haus in Überlingen. Die Todesursache sei wohl ein Herzinfarkt gewesen, einen Herzschaden habe man bei Raymond schon beim Militär festgestellt.

Der katholische Stadtpfarrer lehnte damals die Aufbahrung des Leichnams im Münster ab, weil Fred Raymond offenbar aus der Kirche ausgetreten war. Die Intervention Ernst Fischers beim Erzbischof in Freiburg nutzte nichts und hatte lediglich zur Folge, dass auch Fischer verärgert aus der Kirche austrat. Die Abdankungsfeier fand schließlich in der Wiestorhalle statt. Den musikalischen Rahmen gestaltete Ernst Fischer, und er spielte das „Nocturno" aus Raymonds Operette „Romanze im Schloß".

Eva Maria Raymond am Grab ihres Mannes an dessen 50. Todestag, 10. Januar 2004.

Eva Maria Raymond war schwanger, als ihr Mann starb. In den letzten Gesprächen mit ihm ging es unter anderem um den Namen des erwarteten Kindes. Wenn es ein Junge werden sollte, habe Fred Raymond den Namen Armando gewünscht. So heißt die Hauptfigur in seiner erfolgreichsten Operette „Maske in Blau". Als der Sohn dann 1954 geboren wurde, gab sie ihm die Namen Thomas Armando.

Anfänge einer Karriere

Geboren wurde der Komponist als Friedrich Raimund Vesely am 20. April 1900 in der Kübeckgasse 4 im dritten Bezirk von Wien. Seine Eltern waren der Eisenbahnbeamte Vinzenz Vesely und Henriette Vesely. Er hatte drei Schwestern, zwei ältere und eine jüngere, die älteste, Herta, wohnte im elterlichen Haus. Als er mit 15 Jahren seinen Vater und seine Mutter verlor, waren die vier Kinder auf sich alleine gestellt. Friedrich Raimund Vesely musste das Gymnasium verlassen und wurde Banklehrling. Ab 1918 war er Angestellter bei der Österreichischen Nationalbank in Wien.

Als Komponist war Raymond Autodidakt. Während seiner Ausbildung zum Bankkaufmann spielte er an einer Wiener Amateurbühne Klavier und schrieb 1922 seine ersten Schlager. Er nannte sich zuerst Fredy, und schließlich Fred Raymond. Fritz Grünbaum (1880 – 1941), Kabarettdirektor, Conférencier und Textdichter, engagierte ihn 1923 an das Wiener Kabarett „Die Hölle", wo Raymond auch als Chansonnier auftrat. In einer 1924 gezeigten Revue präsentierte er dort den Shimmy „Ich hab' das Fräul'n Helen' baden seh'n", der sein erster Erfolg werden sollte. Mit dem Schlager „Ich hab mein Herz in Heidelberg verloren" (1925) wurde Raymond dann schlagartig berühmt. Ein Singspiel mit gleichem Titel, das 1927 an der Wiener Volksoper herauskam, erlebte mehr als 700 Vorstellungen und trug mit dazu bei, dass dieses Lied ein Welterfolg wurde.

1928 übersiedelte Fred Raymond nach Berlin, wo er sich zunächst durch rasch populär werdende Tanzlieder und Nonsens-Schlager einen Namen machte. Noch heute sind die bekanntesten davon im Ohr: neben den beiden bereits genannten etwa „In einer kleinen Konditorei", „Mein Bruder macht beim Tonfilm die Geräusche" oder „In Mainz am schönen Rheine".

Ihm lag das Leichte, Witzige, Heiter-Versöhnliche. Auf dem Hintergrund der wienerischen Tradition und des Lebensgefühls der zwanziger Jahre adaptierte Raymond dabei auch den Jazz und die neuen Tänze aus Amerika.

Vom Schlager zur Operette

In Berlin wandte Raymond sich zunehmend der Operette zu, einem Genre, das für einen Komponisten weit lukrativer war und das in den zwanziger Jahren, also einer Zeit der geistigen und wirtschaftlichen Nöte und Unsicherheiten, eine neue Blüte erlebte. Man kann diese Operetten – wie den Boom anderer Unterhaltungsformen auch – als eine Art Flucht aus dem schweren Alltag, als ein Bedürfnis nach Zerstreuung deuten. Unterstützt wurde das durch die damals neuen Massenmedien Rundfunk und Schallplatte, mit denen Musik erstmals in ihrer klingenden Gestalt in alle Schichten der Gesellschaft hinein verbreitet wurde.

Auch Fred Raymond versuchte in den zwanziger Jahren im Bereich des Musiktheaters Fuß zu fassen. Seine Werke zeichnen sich durch schlagkräftige Melodien, farbigen Klang und wirksame Textbücher aus. Schon vor dem „Herz in Heidelberg"-Erfolg in Wien (1927) ist sein musikalisches Lustspiel „Garderobe Nr. 7" 1925 in Frankfurt an der Oder uraufgeführt worden. In den Berliner Jahren war Raymond bis 1933 vor allem an neuen Revuen mit Musiktiteln beteiligt („Die Welt um Mitternacht", Metropol-Theater Berlin 1927; „Nur mit Dir", Deutsches Theater München 1927; „Es war einmal in Jena", Wien 1928). Auch an mehreren Filmen hat er zwischen 1929 und 1933 als Komponist mitgewirkt. Und da sein Tango-Schlager „In einer kleinen Konditorei" 1929 so erfolgreich war, wurde die im Dresdner Central-Theater im Juni 1929 uraufgeführte Operette „Die Jungfrau von Avallon" schon wenig später, im November 1929, unter dem Titel „In einer kleinen Konditorei" in Hamburg-Altona neu herausgebracht.

In den zwanziger Jahren verlagerte sich der Schwerpunkt des Operettenschaffens insgesamt von Wien nach Berlin. Österreichische Komponisten wie Franz Lehár, Paul Abraham, Ralph Benatzky und Robert Stolz machten nun in Berlin Karriere. Das Metropol-Theater wurde zum bevorzugten Aufführungsort für die Wiener Operette, der Spielplan war geprägt von den leichten Operetten Franz Lehárs, Leo Falls, Emmerich Kálmáns und Paul Abrahams.

In den dreißiger Jahren trat mit Fred Raymond ein neuer Name unter die erfolgreichsten Operettenkomponisten. Seine bekanntesten Werke in diesem Metier sind:

„Der Königsleutnant" (1933, UA Leipzig),
„Lauf ins Glück" (1934, UA Berlin, zur Einstimmung auf die
  Olympischen Spiele 1936),
„Ball der Nationen" (1935, UA Berlin, Verfilmung 1954),
„Auf großer Fahrt" (1936, UA Berlin),
„Marielu" (1936, UA Dresden),
„Maske in Blau" (1937 UA Berlin, Verfilmungen 1943 und 1953),
„Saison in Salzburg" (1938 UA Kiel, Verfilmungen 1943, 1952 und 1961),
„Das Bett der Pompadour" (1939, UA Berlin),
„Die Perle von Tokaj" (1941, UA Dresden, Verfilmung 1954),
„Konfetti" (1948, UA Hamburg),
„Wohin mit der Frau" (1949, UA Schleswig),
„Flieder aus Wien" (1949, UA Kassel),
„Romanze im Schloß" (1949, UA Hamburg)
und „Geliebte Manuela" (1951 UA Mannheim).

Operette unterm Hakenkreuz

Das Berliner Metropol-Theater in der Behrenstrasse, südlich des Boulevards Unter den Linden, wurde 1927 bis 1933 von den Brüdern Rotter geführt. Sie legten damals den Grundstein für erfolgreiche Operetten wie „Viktoria und ihr Husar" (1930) und „Die Blume von Hawaii" (1931) des aus der Batschka stammenden Komponisten Paul Abraham (1892 – 1960). Der Theaterkonzern der Gebrüder Rotter wurde in den Bankrott getrieben und die beiden emigrierten 1933 nach Amerika. Auch Paul Abraham musste als Jude Deutschland 1933 verlassen.

Die nationalsozialistischen Machthaber ernannten 1934 Heinz Hentschke (1895 – 1970) zum neuen Direktor des Metropol-Theaters. Hentschke holte sich als Texter den erfolgreichen Kabarettisten Günther Schwenn (1903 – 1991) und als Komponisten Fred Raymond. Sein Erfolgsrezept zielte auf die große „Revueoperette", also eine Verbindung von klassischer Operette und moderner Revue. Das arisierte Metropol-Theater und das Team mit Schwenn und Hentschke wurde zur Basis für Raymonds Aufstieg als Operettenkomponist.

Als erstes Auftragswerk komponierte er für das Metropol-Theater den „Lauf ins Glück" (1934), eine Operette um einen Rennläufer. Das nächste Produkt des erfolgreichen Teams war der „Ball der Nationen" (1935). Diese Operette ging scheinbar auf die politische Situation ein und schien aktuelle deutsche Pläne mit dem Schlager „Wer sich die Welt mit einem Donnerschlag erobern will" mit leichter Ironie darzustellen. Ein Jahr später entführte „Auf großer Fahrt" (1936) das Publikum nach Indien, China und Afrika. Hier wird handgreiflich, dass Operette nicht nur ein Märchen für Erwachsene war, wie Raymond seine Arbeiten gelegentlich bezeichnete, sondern Surrogat für nicht erfüllbare Wünsche: Denn natürlich konnten die Zuschauer kaum in diese Länder reisen.

Der letzte und größte Metropol-Erfolg Fred Raymonds war schließlich „Maske in Blau", zu der Heinz Hentschke das Libretto verfasste. Die Liebesgeschichte zwischen einem italienischen Maler namens Armando Cellini und einer argentinischen Hazienda-Besitzerin namens Evelyne Valera gibt Anlass zu dekorativen Schauplätzen, zündenden Rhythmen und feurigen Tänzen und wurde das bis heute bekannteste und beliebteste Werk des Komponisten. Die Uraufführung dieser Operette am 27. September 1937 ging als eine „Festvorstellung zugunsten der Goebbels-Stiftung für Bühnenschaffende in der Reichstheaterkammer" über die Bühne – zugleich war sie der Höhepunkt von Fred Raymonds Karriere.

Erstaunlicherweise trennte sich Raymond danach vom Team Schwenn/Hentschke und brachte seine folgenden Operetten in kleineren Häusern in der Provinz heraus. Die Gründe dafür bleiben unklar. War es ein Akt der Verweigerung der Kollaboration mit der Nazi-Propaganda-Maschinerie? Niemand hat bisher einen einleuchtenden Grund für das Ende der Mitarbeit Raymonds am Metropol-Theater nennen können. Sicher ist nur: Raymond war weder NSDAP-Mitglied noch sonst in NS-Organisationen involviert – was man von anderen, auch weit prominenteren Musikern seiner Zeit nicht behaupten kann. Sicher ist auch: In Einklang mit dem

NS-Regime arbeitete Heinz Hentschke auch in den Jahren des Kriegs als Chef des Metropol-Theaters weiter, nun mit anderen Komponisten wie Ludwig Schmidseder, Friedrich Schröder, Theo Mackeben und Willi Meisel, bis das Metropol-Theater am 7. Mai 1944 durch Bomben getroffen, provisorisch wieder hergerichtet, am 1. September 1944 geschlossen und am 9. März 1945 erneut durch Bomben zerstört wurde. Nur der Zuschauerraum blieb erhalten. In ihm fand nach dem Zweiten Weltkrieg die Komische Oper Berlin (seit 1947) ihre Bleibe bis heute.

Noch Jahre nach dem Ende der Zusammenarbeit mit Fred Raymond produzierte Heinz Hentschke zwei Verfilmungen des größten Erfolgs, den sie gemeinsam hatten: „Maske in Blau" – den ersten Film machte er noch während des Krieges 1943 und einen weiteren dann nach dem Krieg 1953.

Die musikgeschichtliche Einschätzung von Raymonds Operetten ist weit weniger euphorisch als ihre zeitgenössische Aufnahme. Volker Klotz etwa beurteilt seine Werke als zweitrangig und epigonal. Vor dem Hintergrund der Geschichte des Genres schätzt er in seinem Standardwerk „Operette. Porträt und Handbuch einer unerhörten Kunst" (1991) das Operettenschaffen zur Zeit Raymonds als *„musikalisch noch dürftiger"* ein als das der Generation zuvor: Die Operettenkomponisten der dreißiger und vierziger Jahre seien die *„showbeflissenen Nachzehrer einer zunehmend undramatischen Schlageroperette"* (S. 19) gewesen. Protagonist der Schlageroperette war Paul Abraham, und *„während minder begabte, aber ‚arische' Komponisten, wie etwa Fred Raymond, seinen Stil der luxuriösen Schlageroperette schlecht und recht kopierten, musste Abraham emigrieren."* (S. 229). Klotz charakterisiert Raymonds Operetten als reine *„Kostüm- und Radauspektakel"* (S. 285) und *„inszenierte Schlagerketten"* (S. 430). Erfolg und kulturhistorische Wertung klaffen also auch im Falle Raymonds weit auseinander.

Komponist im Krieg

Mit der „Gestellungsaufforderung" vom 1. August 1940 wurde Friedrich Raimund Vesely-Raymond aufgefordert, sich am Dienstag den 13. August 1940 in Berlin-Wilmersdorf, Wilhelmsaue 114 – 115 zur Musterung zu melden. Er war zunächst als „Landesschütze" im Kriegseinsatz und musste dabei wohl in erster Linie Wachdienste machen, zum Beispiel bei Eisenbahnstrecken. Der Dienst als „Landesschütze" war eine militärische Verwendungsmöglichkeit für ältere Männer, die zuvor noch nicht in der regulären Wehrmacht gedient hatten.

Der Maler und Weinpoet Rudi vom Endt berichtet in seinen launigen Lebenserinnerungen, er habe Fred Raymond nach seiner gesundheitlich bedingten Entlassung als „Landesschütze" in eine Propagandakompanie geholt. Das war vermutlich Ende 1940 oder Anfang 1941 (Rudi vom Endt, geboren 1892 in Düsseldorf und dort gestorben 1966, hat zahlreiche Bildgeschichten veröffentlicht, u. a. die so genannten Elefanten-Heftchen, und in den fünfziger und sechziger Jahren zahlreiche Weinbücher).

Es handelte sich um die „Panzer-Propagandakompanie 691", die im Herbst 1940 in Potsdam aufgestellt wurde. Die Kompanie war zunächst im Winter 1940/41 in Frankreich eingesetzt und ab Frühjahr 1941 beim Balkanfeldzug beteiligt. Fred Raymond hatte Glück: Als Mitglied dieser Propagandakompanie konnte er wieder in seiner Berliner Wohnung am Kurfürstendamm Quartier beziehen und zudem als Komponist arbeiten. In diesem Kontext entstand auch seine Operette „Die Perle von Tokaj", die am 7. Februar 1941 in Dresden Premiere hatte.

Raymonds Textautoren hierbei waren Max Wallner (1891 – 1951) und Kurt Feltz (1910 – 1982). Mit ihnen arbeitete er seit seiner Trennung vom Metropol-Theater zusammen. Ihre erste gemeinsame Operette „Saison in Salzburg" war 1938 in Kiel uraufgeführt worden. Während Wallner seinerzeit als namhafter Theaterautor bekannt war, verdiente sich der junge Kurt Feltz damals seine ersten Sporen. Er schrieb während seines Philologiestudiums in Köln die ersten Schlager, zunächst für die „chilenische Nachtigal" Rosita Serrano. Als Texter arbeitete er nicht nur mit Fred Raymond, sondern bald auch für Willi Richartz, Nico Dostal oder Ralph Maria Siegel. Er wurde zu einem der erfolgreichsten Autoren im Bereich Operette und Schlager. Schon im „Dritten Reich" war er zusammen mit Werner Höfer einer der wichtigsten Rundfunk-Unterhalter. Nach dem Zweiten Weltkrieg gestaltete er dann zahlreiche Musiksendungen im Kölner Rundfunk sowie dem daraus hervorgehenden WDR und trat als Produzent für etliche der wichtigsten westdeutschen Schlagerstars in Erscheinung, etwa Catarina Valente, Peter Alexander, Vico Torriani oder Heino.

Soldatensender Belgrad

Am 19. April 1941 besetzte die deutsche Panzergruppe Kleist die Stadt Belgrad und übernahm damit auch den Belgrader Radiosender. Zwei Tage später, am 21. April 1941, begann der „Soldatensender Belgrad" im Auftrag der Propagandakompanie 691 Sendungen für die deutschen Soldaten auszustrahlen. Aus ursprünglich zwei Stunden Sendezeit entstand innerhalb kürzester Zeit ein den ganzen Tag füllendes Programm: Seit September 1941 wurde von 5 Uhr früh bis 1 Uhr nachts gesendet. Die ersten dafür genutzten Schallplatten kamen aus dem Bestand des Senders und den Plattengeschäften der Stadt Belgrad – aber das verfügbare Repertoire war zunächst gering. Im Bericht der Mitarbeiter des Soldatensenders liest sich das so: *„Platten rein serbischen Inhalts und Platten mit jüdischer Musik und jüdischen Künstlern waren bei weitem in der Überzahl. 60 Platten waren es schließlich, die wir als verwendbar herausgesucht hatten"* (aus: „Ein Jahr Soldatensender Belgrad"). Nach einem Jahr standen dem Sender aber bereits rund 10000 Schallplatten mit genehmigten Musiktiteln zur Verfügung. Und innerhalb von kurzer Zeit wurden auch ein großes (und ein kleines) Rundfunkorchester, ein Blasorchester, ein Tanzorchester, ein serbisches Volksorchester, ein Spezial-Tambourizza-Orchester sowie ein eigener Rundfunkchor zusammengestellt, um für den Soldatensender Musik einzuspielen. Mit seiner Mischung aus populärer Musik, Nachrichten und leichter Unterhaltung wurde der Soldatensender Belgrad enorm populär. Zudem war seine geographische Situation so günstig, dass der Sender Belgrad fast in ganz Europa und sogar in Nordafrika gehört werden konnte.

Bereits im Mai 1941 wurde beim Soldatensender Belgrad zum ersten Mal jene legendäre Schallplatte mit der Aufnahme vom „Lied eines jungen Wachtpostens", die klassische Lili-Marlen, gesendet. Gedichtet von Hans Leip, komponiert von Norbert Schultze und gesungen von Lale Andersen, entwickelte sich Lili-Marlen zu einer Art Kennmelodie des Senders, die schließlich jeden Abend am Ende der Sendung „Wir grüßen unsere Hörer" um 21:55 Uhr über den Äther ging – zum Zeitpunkt des Zapfenstreichs für viele Soldaten.

Erkennungsmelodien waren ein wesentliches Element der Belgrader Rundfunkmacher. So war denn auch Fred Raymonds erste Arbeit für den Sender im Frühjahr 1942 die Komposition einer Erkennungsfanfare für die Sendung „Oase Heimat", die mit dem Berliner Philharmonischen Orchester eingespielt wurde.

Wenig später kam Fred Raymonds nächste Melodie für den Sender Belgrad und wurde dort umgehend zum Eröffnungslied der Sendung „Wir grüßen unsere Hörer" am Sonntagabend. Im Rückblick auf „Zwei Jahre Soldatensender Belgrad" (1943) wird dazu erzählt:

„Im Frühjahr 1942 schickte uns der Komponist Fred Raymond ein Lied, das er selbst als Soldat im Osten komponiert und gedichtet hatte. Es hieß ‚Es geht alles vorüber'. Wir spielten es zum allerersten Mal, und als wir kurze Zeit darauf die Schallplatte mit dem Lied in der Hand hielten, wurde sie zum regelmäßigen Auftakt unserer nun auf 20 Minuten erweiterten Sendung. Sie blieb es von Mai 1942 bis zum 20. April 1943. Abend für Abend sprach damit Dorit Talmadge, vorübergehend von Maria von Schmedes und Edith Klawunde abgelöst, zu unseren Hörern.

Beide Lieder, die ‚Lili-Marlen' und ‚Es geht alles vorüber' haben vom Soldatensender Belgrad den Weg in alle Herzen angetreten. Man singt und spielt sie nicht nur in Deutschland oder an der Front. Alle Länder Europas kennen sie. ... Es sind übrigens nicht die einzigen Lieder, die der Sender Belgrad bekannt gemacht hat. Drei Lieder sind mit unserem Mitternachtsruf verbunden. Bevor die Glocken mit der Fanfare ‚Mit unseren Fahnen ist der Sieg' erklingen, singt Maria von Schmedes das Lied ‚Heidrun', das einer unserer Soldaten komponierte. Das Lied ‚Ich nehm' mein Herz in meine beiden Hände' wurde von Fred Raymond und Hans Krause dem Belgrader Jungen Wachtposten gewidmet."

Just diesem Hans Krause-Margraf hatte wiederum Raymond sein Walzerlied „Es geht alles vorüber" gewidmet. Dass er dieses „als Soldat im Osten" geschrieben habe, ist freilich ebenso eine Legende wie die Behauptung, er habe das Lied auch „gedichtet". Den Text mit dem Incipit „Auf Posten in einsamer Nacht" hatten vielmehr seine bewährten Librettisten Max Wallner und Kurt Feltz beigesteuert.

Anlässlich eines „Bunten Abends" im Winter 1942/43 kam Fred Raymond offenbar zum ersten Mal persönlich als Soldat der Propagandakompanie 691 nach Belgrad. Auf der Rückseite der Festschrift „Zwei Jahre Soldatensender Belgrad" ist er in Uniform zusammen mit dem Komponisten der „Lili Marleen", Norbert Schult-

Fred Raymond beim Belgrader Sender.

ze, und dem uniformierten Radiosprecher des „Belgrader Jungen Wachtpostens" zu sehen. Offenbar zog sich der Soldatensender Belgrad vor der heranrückenden Roten Armee und der jugoslawischen Partisanenarmee nach Westen zurück. Bereits 1944 wurden die Sendungen aus der Hartigvilla im Kurort Bad Sauerbrunn im westlichen Burgenland ausgestrahlt. Als die Rote Armee am 18. Oktober 1944 Belgrad einnahm, war die Propagandakompanie 691 jedenfalls schon weiter gezogen (sie war auch in der Ukraine, in Russland und zu Kriegsende in Polen und Böhmen eingesetzt).

Es geht alles vorüber...
– Durchhalteparolen und Kriegsverdrossenheit

Auf dem Höhepunkt des Krieges bedurfte es nicht nur der politisch offensichtlichen Propagandaparolen, sondern gerade auch der subtileren Methoden. In diesem Zusammenhang hatten die „Durchhalteschlager" der Kriegszeit eine wichtige Funktion – und etliche von ihnen sind noch bis heute im kollektiven Gedächtnis gegenwärtig. Zu den bekanntesten zählen: „Davon geht die Welt nicht unter" (Jary/Balz 1942), „Ich weiß, es wird einmal ein Wunder geschehen" (Jary/Balz 1942), „Mach dir nichts daraus" (Grothe/Dehmel 1943), „Kauf dir einen bunten Luftballon (Profes/von Pinelli 1943) und „Es geht alles vorüber" (Raymond/Wallner-Feltz 1942).

Von diesen Liedern zeichnet sich „Es geht alles vorüber, es geht alles vorbei" durch ein Wirkungspotential aus, das sich als ambivalent wie kein anderes erweisen sollte. Komponiert hat Fred Raymond den Schlager vermutlich Anfang 1942. Das Lied wurde im gleichen Jahr in der Edition Majestic, Erwin Paesike, Berlin veröffentlicht.

Allein aus der Zeit des Zweiten Weltkrieges sind von dem Lied sechs Tonaufnahmen überliefert und zwar von folgenden Interpreten:
- Dorit Talmadge (1942, Odeon 0 – 26520a)
- Maria von Schmedes (1942, Grammophon / Die Stimme deines Herrn 47 680a)
- Edith Klawunde (1942, Telefunken)
- Lale Andersen (1942, Electrola EG 7253)
- Erich Heyn (vermutlich 1942/43, Phonoton 1036/37)
- Gesang Melodios (1942, Tempo 5118)

Es geht alles vorüber, es geht alles vorbei
Walzerlied

Text: Kurt Feltz—Max Wallner Musik: Fred Raymond

Auf Posten in einsamer Nacht, da steht ein Soldat und hält Wacht, träumt von Hanne und dem Glück, das zu Hause blieb zurück. Die Wolken am Himmel sie ziehn ja alle zur Heimat dahin, und sein Herz, das denkt ganz still für sich: Dahin ziehe einmal auch ich!

> Es geht alles vorüber, es geht alles vorbei, auf jeden Dezember folgt wieder ein Mai. Es geht alles vorüber, es geht alles vorbei. Doch zwei, die sich lieben, die bleiben sich treu.

Doch als sie voll Sehnsucht ihn rief, da schrieb er ihr gleich einen Brief: Liebe Hanne, bleib' mir gut und verliere nicht den Mut. Denn gibt es auch Zunder und Dreck, das alles, das geht wieder weg. Und beim Schützen wie beim Leutenant, da ist die Parole bekannt: Es geht alles vorüber...

Und endlich kommt auch mal die Zeit, auf die sich der Landser schon freut. Denn beim Spieß, da liegt schon sein unterschrieb'ner Urlaubsschein. Dann ruht er bei Hanne zu Haus im Federbett gründlich sich aus. Darum wird der Abschied doppelt schwer. Doch sie sagt: Jetzt wein' ich nicht mehr! Es geht alles vorüber..

Doch wenn erst der Krieg einmal aus, dann fährt auch der Landser nach Haus. Und am Abend brennt das Licht, denn verdunkeln braucht man nicht. Zu Mittag, da gibt's eine Gans, dann führt er die Hanne zum Tanz. Wenn er tief in ihre Augen sieht, erinnern sie sich an das Lied: Es geht alles vorüber...

Bemerkenswert sind dabei unterschiedliche Textfassungen. Fast alle Aufnahmen verzichten auf die vierte Strophe: Maria von Schmedes etwa sang die Strophen eins bis drei, Dorit Talmadge sogar nur die ersten beiden und Edith Klawunde zog die Strophen zwei und drei in folgender Form zusammen:
Und endlich kommt auch mal die Zeit,
auf die sich der Landser schon freut,
denn beim Spieß, da liegt schon sein
unterschriebner Urlaubsschein.
Denn gibt es auch Zunder und Dreck,
das alles, das geht wieder weg.
Und beim Schützen wie beim Leutenant,
da ist die Parole bekannt:
Es geht alles vorüber ...
Damit wurde sowohl die Sehnsucht der Soldatenbraut nach ihrem Landser wie auch dessen dringlicher Wunsch, sich bei ihr „im Federbett" gründlich „auszuruhen", unterschlagen. Auch die Einspielung der „Gesang Melodios" verzichtet auf die dritte Strophe mit dem Federbett und bringt – als einzige Aufnahme aus den Kriegsjahren – stattdessen die vierte Strophe mit ihrer optimistischen Nachkriegsphantasie.

Der rasche Erfolg des Liedes wäre ohne Rundfunk und Schallplatte nicht möglich gewesen. Aber auch in der herkömmlichen Publikationsform als Notendruck ist „Es geht alles vorüber" damals veröffentlicht worden. Gedruckt wurden eine Klavierpartitur, eine Ausgabe der Orchesterstimmen, eine Bearbeitung für Gitarre (Bearb. Johann Pickart), Akkordeon (Kurt Drabek), Bandoneon (F. Kahle), diatonische Handharmonika (A. Brunner), Männerquartett mit Klavier (J. Drexler), vierstimmigen Männerchor (R. Hardt) und Jazzorchester (F. Fux).

Auch auf Postkarten wurde das Lied verbreitet (drei unterschiedliche Postkartenausgaben sind im Deutschen Volksliedarchiv in Freiburg erhalten), es taucht ebenso in zeitgenössischen Liederbüchern („Liederbuch für Front und Heimat", Leipzig 1943) auf, und in einem Fall machte ein Bearbeiter namens Ernst Friedrich Wilhelm Bodensohn aus dem ursprünglichen Walzerlied gar einen Marsch.

Übersetzungen

Popularisiert wurde dieses Lied nicht nur im deutschsprachigen Raum: Es ist heute überhaupt nicht mehr bekannt, dass „Es geht alles vorüber" – ähnlich wie „Lili Marleen" – in zahlreiche Sprachen übersetzt wurde. Aber im Unterschied zu „Lili Marleen" beschränkte sich solches Interesse bei Raymonds Lied weitgehend auf die Länder, die mit dem nazistischen Deutschland verbündet oder von ihm besetzt waren. Möglicherweise hatten diese Übersetzungen ihren Ausgangspunkt ebenfalls beim Belgrader Sender, der auch Sendungen für italienische, rumänische, bulgarische, ungarische, kroatische, slowakische, finnische und spanische Soldaten ausstrahlte. In Italien wurde es übrigens neben drei populären italienischen Sängerinnen auch von Lale Andersen in italienischer Sprache aufgenommen. Sie hatte im September 1942 noch eine Italien-Tournee unternommen, bevor sie bei Goebbels in Ungnade fiel und im gleichen Monat aus der Reichskulturkammer ausgeschlossen wurde, weil sie Kontakte zu jüdischen Emigranten hatte.

Folgende Übersetzungen des Liedes sind zu verzeichnen:
- Dänisch: Alting faar jo en ende (Text: Sven Rye, Interpret: Victor Cornelius, 1942)
- Niederländisch: Het gaat alles voorbij (Text: Nico Blanken; Interpret: Theo Uden Masman)
- Kroatisch: Sve je prolazno samo (Text: N. Neugebauer, erschienen im Verlag Albini in Zagreb 1942)
- Italienisch: Tutto passa e si scorda (Text: Luigi Luciano Martelli; Interpretinnen: Lina Termini, Meme Bianchi, Nilla Pizzi, Lale Andersen, alle 1942)
- Flämisch: Het gaat alles voorby (Text: Arnold Frank)
- Schwedisch: Når allting år oever (Text: Anita Halldin)
- Englisch: Everything Will be Over
- Französisch: Tout passe dans la vie
- Tschechisch: Vsechno na svete prejde

Gefährliche Parodien

Raymonds Weltkriegs-Hit wurde aber nicht nur in etliche Sprachen übersetzt, sondern ebenso zahlreich parodiert. Noch zu Zeiten des „Dritten Reiches" fanden diese Parodien rasche Verbreitung. Insbesondere der Refrain des Liedes lud dazu ein. Der dänische Journalist Helge Knudsen, von 1938 bis 1943 Korrespondent in Berlin, erinnerte sich in seinem 1945 veröffentlichten Buch „Hitler bandt min Pen" an zwei Versionen, die verbreitet gewesen seien: „.... den Schnaps vom Dezember kriegen wir im Mai" und „.... Zuerst fällt der Führer und dann die Partei".

Dass solche Parodien zu Zeiten der NS-Herrschaft keineswegs harmlos waren, mag folgender Fall illustrieren: Am 25. Mai 1944 wurde ein Soldat zu zwei Jahren Zuchthaus verurteilt, weil er in einem Gasthaus „im Vollrausch" den Text *„Es geht alles vorüber, es geht alles vorbei, erst geht der Führer und dann die Partei"* gesungen hatte. Über den Täter, „Gefr., 31 J., Hilfsarbeiter, bis 1940 SA-Mann", urteilten Gestapo und Partei: „Politisch ist er nicht ungünstig in Erscheinung getreten." Der Richter, Kriegsgerichtsrat Dr. Würfel begründete sein Urteil folgendermaßen:

„An dem zersetzenden Charakter des vom Angeklagten gesungenen Liedtextes kann kein Zweifel bestehen. Dieses Gedicht befasst sich mit der Beseitigung des Führers und der Partei. Dadurch wird nicht nur der Führer in gemeinster und niederträchtigster Weise herabgesetzt, sondern auch der Wunsch nach einer Ablösung der jetzigen Staatsform zum Ausdruck gebracht. Der Strafrahmen (§ 330a RStGB) reicht aber im vorliegenden Fall nicht aus, da durch die vorsätzliche strafbare Handlung des Angeklagten ein schwerer Nachteil herbeigeführt worden ist und der regelmäßige Strafrahmen nach gesundem Volksempfinden zur Sühne nicht ausreicht. Ganz abgesehen davon erfordert die Aufrechterhaltung der Manneszucht

eine Überschreitung des regelmäßigen Strafrahmens. Das Gericht hat aus diesem Grunde unter Heranziehung des § 5a KSSVO auf eine Zuchthausstrafe erkannt"

(zitiert nach Manfred Messerschmidt: Was damals Recht war... NS-Militär- und Strafjustiz im Vernichtungskrieg. Hrsg. von Wolfram Wette. Essen 1996, S. 63).

Auch an anderen Orten sind immer wieder verschiedene parodistische Verse zu diesem Lied überliefert, zum Beispiel:
„... im Monat Dezember gibt's wieder ein Ei",
„... mein Mann ist in Russland, ein Bett ist noch frei",
„ Es geht alles kopfüber, es geht alles entzwei,
erst fliegt Adolf Hitler und dann die Partei."
Insofern hat Rudolf Walter Leonhardt vielleicht gar nicht übertrieben, als er in der „Zeit", schrieb, dieses „Durchhaltelied" sei „gegen Ende 1944 in Deutschland so etwas wie eine Anti-Nationalhymne" geworden.

Besonders tragische Konsequenzen hatte die Liedparodie für die Schauspielerin Hanne Mertens (1909 – 1945). Geboren am 13. April in Magdeburg, begann Hanne Mertens ihre Karriere Anfang der dreißiger Jahre am Berliner Staatstheater. Im August 1932 wechselte sie zum Düsseldorfer Schauspielhaus, ab 1934 spielte sie wieder an verschiedenen Häusern in Berlin. Im Frühjahr 1938 wurde sie vom Intendanten Otto Falckenberg (1873 – 1947) an die Kammerspiele München verpflichtet und wirkte dort fünf Jahre. Ihre erste Rolle war die Luise in „Kabale und Liebe". Hanne Mertens war beim Publikum sehr beliebt und schien eine große Karriere vor sich zu haben. Sie spielte auch in populären Filmen wie „Ich verweigere die Aussage" (1939) mit, war sehr ehrgeizig und eigenwillig, aber auch intrigant. Und als sie sich einmal gegen die Besetzung einer Rolle durch eine mit Falckenberg befreundete Schauspielerin wandte, wurde sie Anfang 1943 fristlos entlassen. Sie erhielt dann im Frühjahr 1943 ein Engagement am Thalia-Theater in Hamburg und wurde auch dort zu einem Publikumsliebling, zum Beispiel als Henrik Ibsens „Hedda Gabler" oder als Mutter Wolffen in Gerhart Hauptmanns „Biberpelz".

Hanne Mertens zeigte ihre antinazistische Einstellung unbefangen und widersetzte sich gesellschaftlichen Zwängen. Seit 1937 stand sie unter Gestapo-Beobachtung. Sie fühlte sich aber aufgrund guter Beziehungen zu prominenten Nazis und als selbst prominente Person relativ sicher. Und so spöttelte Hanne Mertens im Februar 1945 bei einer privaten Feier ihrer Nachbarin über Hitler und andere NS-Größen und sang dort unter anderem die Parodie des Raymond-Schlagers mit dem Text „Es geht alles vorüber ... zuerst Adolf Hitler, dann die Partei". Ein Gestapo-Beamter, der bei der Feier anwesend war, verfasste noch am selben Tag einen Bericht darüber. Aufgrund dessen wurde sie am 5. Februar 1945 wegen „Wehrkraftzersetzung" verhaftet und in die Frauenabteilung des Polizeigefängnisses Fuhlsbüttel gebracht. Unterdessen rückten die britischen Truppen auf Hamburg zu. Als die Gestapo im April 1945 angesichts der bevorstehenden Besetzung Hamburgs die Räumung des Polizeigefängnisses vorbereitete und einen Teil der Häftlinge in ein Kieler Arbeitslager bringen ließ, setzte sie den Namen von Hanne Mertens auf die Liste der Gefangenen, die das Naziregime auf keinen Fall überleben sollten. Am 20. April 1945 wurde sie mit weiteren 12 Frauen und 58 Männern in das schon weitgehend geräumte KZ Neuengamme gebracht. In den Nächten zwischen dem 21. und 24. April 1945 wurden alle 71 Gefangenen dort im Arrestbunker ohne Urteil erdrosselt.

Die einzige Parodie zu Raymonds Lied, die auch als Tonaufnahme überliefert ist, stammt aus dem Exil und wurde von der Sängerin Lucie Mannheim 1943 für die BBC eingespielt. Diese Aufnahme ist in den beiden letzten Kriegsjahren vom Deutschen Dienst der BBC gesendet worden.

... [Die ersten Verse sind auf der Tonaufnahme nicht verständlich]
da schrieb er ihr gleich einen Brief.
Hab' genug schon von dem Krieg.
Niemand glaubt mehr an den Sieg.
Es gibt nichts als Zunder und Dreck,
und alles hat gar keinen Zweck.
Denn das Unheil, das hält niemand auf,
das Schicksal, es nimmt seinen Lauf.
   Es geht alles vorüber, es geht alles vorbei,
auf jeden Dezember folgt wieder ein Mai.
Dann ist es mit Hitler und den Bonzen vorbei.
Von all dem Gesindel wird Deutschland dann frei.
   Doch ist erst der Krieg einmal aus,
dann fährt auch der Landser nach Haus.
Und am Abend brennt das Licht,
denn Nazis, die gibt es dann nicht.
Nicht Kraft durch Furcht wie bisher,
und Goebbels, der lügt auch nicht mehr,
und verschwunden, wohin ich auch seh,
die ganze NSDAP.
   Dann ist alles vorüber, dann ist alles vorbei,
auf jeden Dezember folgt ein friedlicher Mai,
dann ist alles vorüber, dann ist alles vorbei,
mit Göring und Goebbels, mit Sauckel und Ley.

(von der CD „Stimmen des 20. Jahrhunderts. ‚Hier ist England'. Historische Aufnahmen des Deutschen Dienstes der BBC", herausgegeben vom Deutschen Historischen Museum Berlin, BBC World Service London und der Stiftung Deutsches Rundfunkarchiv Frankfurt und Berlin 1998)

Wurde das Lied verboten?

Im Umfeld Fred Raymonds wird verschiedentlich überliefert, „Es geht alles vorüber" sei von den NS-Machthabern schließlich verboten worden und man habe sogar unterstellt, dass die Parodien von Fred Raymond selbst ausgegangen seien. Insbesondere Letzteres erscheint recht unwahrscheinlich. Belegt ist jedoch, dass im

Januar 1943 von Seiten des Reichsministeriums für Volksaufklärung und Propaganda hinsichtlich des Rundfunkprogramms angeordnet wurde:
„Das Lied ‚Es geht alles vorüber' soll künftig nur noch in solchen Sendungen gebracht werden, die nicht über das deutsche Reichsgebiet hinaus gesendet werden"
(Protokoll der Rundfunksitzung vom 13. Januar 1943). Der Popularität des Schlagers scheint das jedoch nicht geschadet zu haben. Etwa Ende 1944 wurde das Lied dann offenbar in der Wehrmacht verboten: Bei einer Programmsitzung im Propaganda-Ministerium am 24. Januar 1945 wurde darauf aufmerksam gemacht.

Gründe werden in beiden Protokollen nicht genannt. Vielleicht waren es vergleichsweise banale Gründe, etwa der im Text artikulierte Wunsch nach Urlaub von der Front, der angesichts des „totalen Kriegs" unpassend erschien. Oder man störte sich allgemein an der spürbaren Kriegsverdrossenheit, die in das Lied auch hineingelegt werden konnte. Vermutlich spielten aber auch die verbreiteten Parodien eine wesentliche Rolle. Sie waren im Laufe der Zeit derart populär geworden, dass beim Hören des Originals wohl immer auch die Parodie mitgedacht wurde.

Der Schlager wird Teil der kollektiven Erinnerung

Auch in Jerichow wurde eine Parodie auf „Es geht alles vorüber..." gesungen. Uwe Johnson erzählt davon in seinem großen Romanwerk „Jahrestage" und beschreibt, wie Gesine Cresspahl mit „unseren" Franzosen das verbotene Lied in folgender Version sang:
„Es geht alles vorüber,
es geht alles vorbei:
Im März geht der Hitler,
Im Mai – Die Partei."
(Uwe Johnson: Jahrestage. Band 2. Eintragung 15. April 1968, S. 986)

Das Lied wurde nach dem Krieg zum Erinnerungsträger an die überstandene Zeit und dabei ergab sich eine bemerkenswerte Verschiebung: „Es geht alles vorüber" ist nun als historische Aufnahme vor allem mit Lale Andersen als Interpretin aufgelegt worden, während diese Version in den Kriegsjahren gar keine prominente Rolle gespielt hatte. Vielleicht lag das neben Andersens besonderer Prominenz auch daran, dass sie in den fünfziger Jahren auch eine Neueinspielung des Liedes aufgenommen hatte. Diese blieb jedoch eine von wenigen: Im aktiven musikalischen Repertoire der Nachkriegsjahre spielte das Lied kaum noch eine Rolle. Überwiegend prägten Wiederveröffentlichungen alter Schellackaufnahmen die Erinnerung an diesen Weltkriegsschlager.

Daneben ging er nicht nur bei Uwe Johnson in die literarische Erinnerungswelt ein. In Tomi Ungerers autobiographischem Buch „Die Gedanken sind frei. Meine Kindheit im Elsaß" (Zürich 1993) wird das Lied ebenso zitiert wie in Christine Brückners Roman „Jauche und Levkojen" (Frankfurt a. M. 1975), der in Pommern spielt. Christine Brückner (1921 – 1996) war eine der erfolgreichsten deutschsprachigen Schriftstellerinnen mit Büchern über die Unterdrückung der Frauen. Mit „Jauche und Levkojen" erzielte sie Auflagenrekorde.

Auch in Louis Begleys Roman „Lügen in Zeiten des Krieges" („Wartime Lies" 1991, deutsch Frankfurt a. M. 1994), kommt der Schlager vor. Louis Begley selbst, ursprünglich Ludwig Beglejter, geboren 1933 in Stryi, damals Polen, heute Ukraine, konnte als Kind mit Hilfe falscher Papiere überleben. Seine Familie wanderte im Herbst 1946 in die USA aus. Er arbeitete als Rechtsanwalt und veröffentlichte 1991 seinen autobiographischen Roman, dem noch weitere Romane folgten. In „Lügen in Zeiten des Krieges" berichtet der junge jüdische Ich-Erzähler Maciek davon, wie es ihm mit vielen Lügen in Polen zu überleben gelingt. Im dritten Kapitel ist der kleine Junge im Nebenzimmer versteckt, während seine Tante Tanja mit dem deutschen Soldaten Reinhard Radio hört. Jeden Abend um elf Uhr hörte man „Lili Marleen". Aber Maciek legt das Bekenntnis ab:

„Mein Lieblingslied, das wir fast so oft wie ‚Lili Marleen' hörten, handelte von einem Soldaten auf Posten in einsamer Nacht, der an Hanne und sein Glück denkt; bald wird er wieder in die Heimat ziehn. Er hat viel mitgemacht, aber er verliert nicht den Mut: Denn gibt es auch Zunder und Dreck, das alles, das geht wieder weg. Dann kam der Refrain oder, wie es im Lied heißt, die Parole, die beim Schützen wie beim Leutnant bekannt ist: Es geht alles vorüber, es geht alles vorbei. Doch zwei, die sich lieben, die bleiben sich treu." (S. 71)

Maciek tröstet sich mit dem Gedanken, daß alles vorbeigehen würde, weil er seine Angehörigen liebt. Und er macht sich weit schweifende Gedanken darüber, was nach dem Krieg kommen werde:

„Wie der Dreck wieder weggehen sollte, konnte ich mir aber nicht vorstellen. Der Krieg ging sicher eines Tages zu Ende; aber was kam dann? Reinhard war überzeugt, dass Deutschland Sieger bliebe, es siegte ja schon die ganze Zeit. Die gelegentlichen Rückzugsbewegungen der Wehrmacht bei Moskau, auf die gewöhnlich gleich wieder Vormärsche folgten, waren nur die Finten eines Jägers, der einen sterbenden Bären endgültig zur Strecke bringen wollte; keine Streitmacht, nicht einmal die Englands, sei der deutschen Härte gewachsen. Ich glaubte ihm das. Die deutschen Soldaten waren besser, da hatte er Recht. Ihre Panzer und Gewehre konnte keiner aufhalten. Aber wenn die Deutschen immer gewannen, waren wir dann nicht ein Stück des Drecks, der wieder weggehen sollte, vielleicht sogar um der Zukunft willen wirklich verschwinden musste?" (S. 71)

Und so war es denn auch: die Juden mussten weg, nur wenige von ihnen konnten überleben – wie Maciek mit Hilfe seiner Lügen.

Auch in Moskau wurde damals Raymonds Schlager gehört. Der seit 1938 im Moskauer Exil lebende deutsche Kommunist Walter Ulbricht (1893 – 1973) führte am 1. Februar 1943 in einer Rundfunkrede über die „Lehren von Stalingrad" aus:

„Auch die Operettenschlager von Goebbels helfen nicht. Als Ersatz für militärische Hilfe schickte Goebbels den deutschen Truppen den Operettenschlager: ‚Es geht alles vorüber, es geht alles vorbei, auf jeden Dezember folgt wieder ein Mai.' Bei Stalingrad ist auf den Dezember der Januar gefolgt, der mehr als hun-

derttausend deutschen Offizieren und Soldaten den Tod brachte. Aber auf den Januar wird der Mai folgen. Wenn die Sonne höher am Himmel steht, dann wird die Offensive der Roten Armee an der Ostfront mit der Offensive der amerikanischen und englischen Armeen in Westeuropa koordiniert werden."

Letzte Station: am Bodensee

Im Zuge der Offensive der Alliierten wurde 1943 auch die Wohnung Fred Raymonds in Berlin-Halensee, Kurfürstendamm 105, vollkommen ausgebombt. Nach dem Krieg lebte er kurze Zeit in Salzburg und zog dann nach Hamburg. 1948 und 1949 erlebten noch einmal vier neue Bühnenwerke (zwei Operetten und zwei musikalische Komödien) ihre Aufführung, die erneut hauptsächlich mit Max Wallner als Textautor entstanden waren.

Seine letzte Operette „Geliebte Manuela" wurde am 12. Juli 1951 im Mannheimer Nationaltheater uraufgeführt. Die Handlung spielt in einem fiktiven Kleinstaat „Ibero-Amerikas", über dessen korrupte und skurrile Verhältnisse sich das Textbuch lustig macht. Die billige politische Satire über polizeistaatliche und undemokratische Verhältnisse am anderen Ende der Welt, die durch die Raffinesse und den Charme der Präsidentengattin Manuela überwunden werden, lässt sich auch deuten als Ausdruck des Ausweichens vor der Bewältigung der politischen Situation im eigenen Lande. Tatsächlich ist auch in dieser Operette die Handlung nur Anlass für schmissige Lieder, lustige Tanzstücke und effektvolle Szenen.

An den Bodensee kam der heimatlos gewordene Komponist, weil er einen neuen Verlag für seine Werke suchte. Er verhandelte mit dem Hohner-Verlag, der aus der Instrumentenfabrik in Trossingen hervorgegangen war. Hohner plante seit 1949, mit Hans Ulbrich als Produktionsleiter und Dr. Armin Fett als Verlagslektor, auch Tanz- und Unterhaltungsmusik jenseits des Repertoires für Akkordeon-Ensembles zu publizieren. 1950 übernahm der Hohner-Verlag die so genannten „kleinen Rechte" der Fred-Raymond-Operette „Flieder aus Wien" (1949) und 1951 erwarb Hohner auch die kleinen Rechte der letzten Operette „Geliebte Manuela". Auf diesem Wege lernte Fred Raymond Überlingen kennen. Hier siedelte er sich an. Hier fand er seine Frau. Und hier starb er, noch bevor sein Sohn geboren wurde.

In Überlingen gibt es noch eine andere Erinnerung an diesem Komponisten, ohne von seinen biographischen Bezügen zu dieser Stadt Kenntnis zu haben. Auch dies ist eine Erinnerung aus den Zeiten der Lügen und des Krieges – und an eine seiner populärsten Melodien.

Überall im deutschen Machtbereich hatten damals Zwangsarbeiter und Häftlinge mitzuhelfen, den Krieg zu verlängern. In Überlingen tauchten im Herbst 1944 KZ-Häftlinge aus Dachau auf, die im Westen der Stadt unterirdische Stollen graben mussten. Dorthin sollten die durch Bombenangriffe zerstörten Friedrichshafener Rüstungsfabriken bombensicher verlagert werden. Während ihres täglichen Marsches vom Konzentrationslager bei Aufkirch zum Stollenbau zwischen Überlingen und Goldbach waren die Häftlinge vollständig abgeschirmt und konnten mit niemandem Kontakt aufnehmen. Aber es gab eine Form der Kommunikation, an die sich sowohl Häftlinge als auch Anwohner der Uhlandstraße erinnerten: Man habe die Melodie des Schlagers „Es geht alles vorüber" gepfiffen – und die Häftlinge hätten die darin verborgene tröstliche Botschaft verstanden.

Ein raffinierter Akt des Widerstands oder nichts weiter als eine selbstgerechte Legende? Hinsichtlich der NS-Verbrechen impliziert der Begriff „Widerstand" prinzipiell mehr als eine gepfiffene Melodie. Und doch hat die Wirkungsgeschichte dieses Schlagers deutlich gemacht, welch existenzielle Konsequenzen für einzelne Menschen mit einem Lied wie diesem verbunden sein können. Angesichts seiner verbreiteten Anti-Hitler-Parodie scheint es durchaus möglich, dass ein Überlinger Lied-Pfeifer mit der scheinbar unverfänglichen Melodie tatsächlich auf die politisch eindeutige Parodie gezielt haben könnte. Ob die KZ-Häftlinge jedoch diese Botschaft dechiffrieren konnten, darf bezweifelt werden. Aber die gepfiffene Melodie konnte möglicherweise dennoch ihre Hoffnungen beflügeln: Denn durch die zahlreichen Übersetzungen des Liedes war die Melodie auch in anderen Ländern bekannt – zumal in Italien, von wo ein großer Teil der Überlinger KZ-Häftlinge stammte – und ebenso bekannt war somit auch ihre Botschaft: „Es geht alles vorüber." So gesehen mutierte hier einer der prominentesten „Durchhalteschlager" der NS-Zeit zu einer Durchhalteparole auch für ihre Opfer.

Literatur:
Ludowica von Berswordt: Fred Raymond Werkverzeichnis. Herausgegeben von Eva-Maria Raymond. Überlingen 1995.
Ingrid Grünberg: „Wer sich die Welt mit einem Donnerschlag erobern will..." Zur Situation und Funktion der deutschsprachigen Operette in den Jahren 1933 bis 1945. In: Musik und Musikpolitik im faschistischen Deutschland. Herausgegeben von Hanns-Werner Heister und Hans-Günther Klein. Frankfurt a. M. 1984.
Eckhard John: „Es geht alles vorüber..." Zur Rezeptionsgeschichte eines „Durchhalteschlagers". In: Lied und populäre Kultur / Song and popular culture. Jahrbuch des Deutschen Volksliedarchivs 50/51 (2005/06); sowie ders. Liedmonographie „Es geht alles vorüber..." in: http://www.liederlexikon.de.
Petra Neumann: Ein Lied kostete sie das Leben. Die Hamburger Schauspielerin Hanne Mertens machte sich über Adolf Hitler lustig, dafür wurde sie am 22. April 1945 im KZ Neuengamme von den Nazis hingerichtet. In: Hamburger Abendblatt, 22./23. April 1995, S. 3.
Stadt und Veste Belgerad. Ein Jahr Soldatensender Belgrad. (88-seitige Broschüre) Belgrad o.J. (1942). [Exemplar des Instituts für Zeitgeschichte München].
Wir schlagen die kostbarste Brücke der Welt. Zwei Jahre Soldatensender Belgrad. (48-seitige Broschüre) Belgrad 1943 [Exemplar der Leopold-Sophien-Bibliothek Überlingen].
Klaus Weigele: Studien zu Leben und Werk Fred Raymonds. Staatsexamensarbeit: Staatliche Hochschule für Musik. Stuttgart 1992.
„... und die musik spielt dazu!" (Biographie Fred Raymonds anlässlich seines 80. Geburtstags mit Beiträgen von Thomas A. Raymond, Lutz Kuessner, Günther Schwenn, Rudi von Endt, Werner Schmidt-Boelcke und Hans Söhnker). Berlin 1979.
Deutsches Rundfunkarchiv: Hinweisdienst Musik Nr. 2/2000: Fred Raymond, S. 23–31 (Nachweis von 180 Tonaufnahmen von Werken Raymonds).

Der Engel auf Goldgrund feiert 2006 Jubiläum

Seit 40 Jahren klingen die Birnau und ihre Kantorei zusammen

ERIKA DILLMANN

Einsamkeit umgibt das beschwingte Barockjuwel über dem Bodensee nur scheinbar, nur für den Blick vom See oder von den Höhen um Uhldingen her. Die Wallfahrtskirche der Zisterzienser hat die Menschen vom ersten Tag an in großer Zahl angezogen, und das war ja schließlich auch ihre Aufgabe. Zur Einweihung im Herbst 1750 durch Anselm II., regierender Abt zu Salem, kamen nach zeitgenössischen Berichten 20000 Pilger auf den Hügel oberhalb Maurach. In einer besonderen Beziehung zur Birnau steht die Jahreszahl mit der „6" am Ende. Im Frühling und Sommer 1746 fielen im Kloster Salem die entscheidenden Beschlüsse, die ursprünglich auf Überlinger Territorium gelegene Wallfahrtskirche Birnau zu schließen und für das aus dem frühen 15. Jahrhundert stammende Gnadenbild durch den Vorarl-

Die Birnauer Kantorei blickt auf vierzig erfolgreiche Jahre zurück.

berger Baumeister Peter Thumb eine neue, größere Kirche inmitten von Salemer Besitz zu errichten. Dass der Besucher Neubirnau – wie es seitdem offiziell heißt – geradezu als Stein gewordene Musik empfindet, ist vor allem dem Bildhauer und Stuckator Josef Anton Feuchtmayer und dem Maler Gottfried Bernhard Göz zu verdanken, die aus Licht, Stuck und Farben die unvergleichlich inspirierende Atmosphäre der Birnau schufen.

Schemenhaft mag die Idee einer Birnau als Ort geistlicher Musik, wie sie nun 2006 ihr 40. Jubiläum feiert, bald nach dem großen Krieg, vielleicht schon 1946, erste zarte Wurzeln im Herzen einer jungen Überlinger Sängerin geschlagen haben, für die das beschwingte Heiligtum mit dem Engelskonzert im Deckenbild von Göz schon immer so etwas wie eine Vorstufe des Himmels gewesen war. Cilla Mayer liebte dieses unvergleichliche Zusammenspiel von Kunst und Landschaft, wo ihre Spiritualität Heimat fand wie nirgends sonst.

Cilla Mayer war, als es wieder Konzerte gab, eine gefragte Sopranistin, sie arbeitete als Gesangslehrerin und als Stimmbildnerin in der Region. Als sie Klaus Reiners, damals Kantor in Friedrichshafen, kennen lernte, stellte sich bald heraus, dass sie beide vom gleichen kühnen Projekt träumten: von einem Ensemble, das die Wallfahrtskirche Birnau zu einem Zentrum geistlicher Musik machen würde. Die Kirche wurde gerade einer Innenrenovierung unterzogen. Nach deren Abschluss –

Sie gründeten 1966 die Birnauer Kantorei: die Überlinger Sopranistin Cilla Mayer und Klaus Reiners, damals Kantor in Friedrichshafen.

darüber erzielte man am 11. Januar 1966 Übereinkunft mit dem damaligen Prior Beda Feser, der das Vorhaben sehr begrüßte – sollte das erste Konzert erklingen. In den folgenden Monaten ging es darum, Cilla Mayers Überlinger Gesangsstudio und den Kammerchor, den Klaus Reiners in Friedrichshafen gründete und leitete, zur Birnauer Kantorei zusammenzuführen.

Am 18. Juni 1966 sangen die beiden zahlenmäßig noch kleinen Ensembles zum ersten Mal unter der Stabführung von Klaus Reiners gemeinsam vor der Birnau, willkommen geheißen vom Prior, der die Schlüssel für Probenraum und Kapelle im Hofgut Maurach übergab. Zugleich teilte der Hausherr der Birnau der Kantorei einen der zahllosen Putti zu, die den Kirchenraum bevölkern, jenen kleinen Engel, der seitdem, gezeichnet von Hermann Feierabend, auf Goldgrund, als Logo gewissermaßen, die Veröffentlichungen der Kantorei ziert. Er hat auch die erste „Geistliche Musik Birnau" am 18. Dezember, dem vierten Adventsonntag 1966, schon angekündigt. Das Konzert fand vor der Basilika statt, die Zuhörer saßen auf Bänken und Stühlen, der Chor sang auf einem Podest aus Brettern des Baugerüstes.

Es war der Auftakt einer mühevollen, freilich von Anfang an von Zustimmung und Begeisterung der Öffentlichkeit begleiteten Aufbauarbeit, die sich nicht nur auf Gesang und Orchester bezog. Auch um Geld ging es. Man musste Noten und die unerlässlichen Gerätschaften haben, war also auf Zuschüsse angewiesen. Nach mancher Aufführung blieb für den Leiter Klaus Reiners und die Stimmbildnerin Cilla Mayer buchstäblich nichts mehr übrig, und der Prior drückte den beiden zum Trost einen kleinen Geldschein in die Hand. Das erste reguläre Konzert der „Geistlichen Musik Birnau" in der Kirche selbst fand am 30. April 1967 statt, am 23. Januar 1969 strahlte der Südwestfunk zum ersten Mal eine Aufführung aus.

Den inneren Bezug der Birnau zur Musik begleitet die Geschichte. Im Jahr der Einweihung 1750 starb Johann Sebastian Bach. Händel und Telemann waren noch mehr als ein Jahrzehnt ihre Zeitgenossen. Die Frömmigkeit der Pilger, damals wie heute, das Staunen der massenhaften Touristen, die jeden Sommer in Schwärmen über die Kirche herfallen und sich auf dem Vorplatz an der Weite des Blicks über den See begeistern: Sie gehören zur Birnau. Aber lebendig in ihrer ganzen Fülle von Licht, Farbe und Stuck macht sie erst die Musik. Darum hätte es keinen glücklicheren Zufall geben können als die Gründung der Birnauer Kantorei. Wobei sich wieder einmal die Frage nach dem Zufall stellt: Geht es da nicht wörtlich um etwas, das einem zufällt wie ein Geschenk?

Die Wallfahrer von einst gingen zu Fuß, Bauherr Anselm fuhr mit der Kutsche, Thumb und Feuchtmayer mögen zu Pferd zur Baustelle gekommen sein. Unvorstellbar für sie alle wäre gewesen, was heute unabdingbar zu einem Konzert in der Birnau gehört: ein riesiger Wagenpark um die Kirche, Blechkarossen wie bunte Schnüre zu beiden Seiten der Straße durch die Reben von Maurach herauf, Autos entlang der Straße am See. Man kommt von weit her, um die Kantorei zu hören. Dafür nimmt man den Stau auf der Bundesstraße in Kauf und notfalls sogar die lange, steile Treppe durch den Weinberg, die einem – unfreiwillig – noch einen Rest der Mühsal einer wirklichen Wallfahrt abverlangt.

Wenn die Kantorei ein Konzert gibt – etwa fünf- bis sechsmal vom Frühsommer bis zum Herbst – ist die Birnau bis zum letzten Platz gefüllt. Lang vor Beginn drängen sich die Wartenden am Kirchenportal. Aber man steht geduldig, unvorstellbar, dass man keine Karte mehr bekäme, denn man hat sich lang auf diesen Tag gefreut. Auch anderwärts gibt es diesen Ansturm auf die Kasse vor großen Konzerten. Aber etwas ist hier anders. Vielfältig sind die Gründe für die Anziehungskraft der Kantorei ineinander verwoben. Hier hängt alles mit allem zusammen.

Natürlich steht die Musik an erster Stelle. Aber es liegt eben auch an dieser Kirche, deren beschwingte Leichtigkeit im Zusammenklang mit Chor und Orchester, mit Melodien und Gedanken die Menschen in andere Sphären entführt. Und was die Musik angeht, so begegnen die Konzertbesucher hier einer Gemeinschaft von Ausführenden, wie sie nicht nur in ihrer Zusammensetzung, sondern vor allem in ihren Zielen und dem Anspruch, den sie an sich selber stellt, nicht alltäglich ist. Obwohl inzwischen auch andernorts geistliche Musik von Chören und Orchestern aus der Region auf hohem Niveau zu hören ist. Die Kantorei ist ein Laienchor, aber Cilla Mayer, die Mitbegründerin, hat die Sängerinnen und Sänger von Anfang an einer systematischen Stimmbildung unterzogen und damit eine wichtige Voraussetzung für die Qualität dieses Musizierens geschaffen.

Seit 1993, als Cilla Mayer die aktive Arbeit beendete und in das Amt einer Ehrenvorsitzenden wechselte, betreut Christa Burgdörfer-Geismann, die heute in Freiburg lebt, die chorische Stimmbildung der Kantorei. Die Mitglieder des Orchesters sind alle Berufsmusiker, Konzertmeister ist seit den Anfängen Roland Baldini.

Der Leiter des Ensembles seit jetzt 40 Jahren, Klaus Reiners, steht nicht nur am Pult, er ist der Inspirator der Kantorei, er ist ihr Motor. Nicht zurückliegende Erfolge sind für ihn das Wesentliche, denn er ist immer unterwegs zu neuen Herausforderungen, zum bisher noch nicht Erreichten. Er hat die Gabe, den Chor, die Musiker mitzureißen, immer noch mehr zu geben. Und das ist es auch, was hochqualifizierte Solisten – Gesang wie Instrumentales – immer wieder anzieht, bei einem Konzert in der Birnau mitzuwirken. Aus all dem ergibt sich eine Summe, die auch die Zuhörer einbezieht. Manche kommen so oft, dass sie selbst so etwas werden wie Mitglieder der Kantorei-Familie.

Da sitzt man also irgendwo in der erwartungsvollen Menge, genießt das Licht, das durch die großen Fenster strömt, und lässt den Blick über das Weiß und Gold des Rokokostucks, über Bilder und Figuren hinauf in den farbenreich gemalten Himmel schweifen, wo die Heiligen und die irdischen Großen jubilieren, während der Zeiger der Uhr hoch oben an der Decke auf fünf Uhr rückt. Die Hast der letzten Stunden ist wie weggeblasen, mit den ersten Takten ergreift die Musik von uns Besitz.

18. Juni 2006: Die Birnauer Kantorei erhält den Kulturpreis 2006 des Bodenseekreises. Von links: Dirigent Klaus Reiners, Vorsitzender Heinrich Morgenstern und Landrat Siegfried Tann.

Ist das alles nicht ein Wunder im Zeitalter der Konserven, da doch jeder die musikalischen Fertiggerichte griffbereit zu Haus hat? Und wir dürfen hier dabei sein, wenn ein Werk ganz neu entsteht. Gewiss, der Komponist hat das alles erdacht, in Noten gesetzt und mit Hinweisen für die Gestaltung versehen. Aber das sind eben nur die Bausteine für ein Klanggebäude, das jetzt vor unseren Ohren und Augen neu geschaffen wird, neu wie am ersten Tag. Und auf einmal erfährt man wieder, was diese perfekte Welt längst vergessen hat: Wie vieler einzelner Stimmen es bedarf, damit das Werk zum Leben kommt. Dass ohne diese einzelne Stimme nichts entstehen könnte. Dass erst die Gemeinschaft der vielen Einzelnen die Kunst Wirklichkeit werden lässt.

Vielleicht hat man das Werk, das an diesem Spätnachmittag den Kirchenraum zum Klingen bringt, schon einmal gehört, man kennt es also, und man kennt es doch nicht. Um Nuancen anders kommt es einem auf einmal vor. Plötzlich offenbart es Tiefen, die man vorher nicht wahrgenommen hat. Vielleicht setzt der Dirigent die Akzente anders, als man sich erinnert. Da ist etwas, das einen auf neue Weise in die Fülle des Klangs zieht, und nur Gott weiß, wie oft die Engel der Harmonie, des Trostes und der Freude in dieser Stunde zu den Wallfahrern der Musik in der Birnau heruntersteigen.

Anlässlich ihres 40jährigen Bestehens wurde die Birnauer Kantorei mit dem Kulturpreis des Bodenseekreises ausgezeichnet.

Ob Blech oder Holz – gespielt wird überall, wo man uns lässt

Die Jugendmusikschulen Kressbronn und Langenargen

SABINE VON BELLERSHEIM

„Streichhölzer" und „Gebläse" in Kressbronn

Im „Haus der Musik" in Gattnau werden „Streichhölzer" und „Gebläse" ausgebildet. Der Geist des Hauses ist mit Karlheinz Vetter, dem neuen Leiter dieses „tönenden Jugendhauses mitten im Herzen der Öffentlichkeit", gewiss nicht humorloser geworden. Dass die Musikschule als Trainingszentrum für die rechte Gehirnhälfte gelten darf, meinte der Vorsitzende des Landesverbandes der Musikschulen Hansjörg Korward anlässlich des fünfzigjährigen Jubiläums. Die Denkmaschine sitzt in der linken Hemisphäre und wird durch die Schule geölt. Aktive Beschäftigung mit Musik dient als Ergänzung, als Ausgleich.

Schon recht früh wurde die Kressbronner Musikschule gegründet. Dazu Bürgermeister Edwin Weiß beim Jubiläums-Festakt am 4. März 2005: „Da haben vor fünfzig Jahren kluge Männer mit Weitsicht eine Entwicklung in die Wege geleitet, aus der sich eine hochkarätige musikpädagogische Einrichtung unserer Gemeinde etabliert

Gespannte Aufmerksamkeit beim Querflötenunterricht in Kressbronn.

4. März 2005: Ein Renaissance-Ensemble spielt auf beim Festakt zum 50-jährigen Jubiläum der Jugendmusikschule Kressbronn.

hat." Wie in vielen ländlichen Gemeinden sollte sie zuvörderst als Nachwuchsschmiede für den Musikverein fungieren. Damals – 1955 – war Kressbronn die kleinste Gemeinde Baden-Württembergs mit eigener Musikschule. Noch bemerkenswerter ist, dass von Anfang an schon Unterricht angeboten wurde für Blockflöte, Gitarre und Violine, Instrumente, die in einer Blaskapelle normalerweise nicht vorkommen.

In der Festschrift findet sich die Aussage der Instrumentallehrer: „Wir behalten unsere Erfahrungen nicht für uns!" Auf diesem Boden mag gewachsen sein, dass heutzutage unter der Hand im Unterricht viel mehr theoretische Kenntnisse vermittelt werden als in den Anfangszeiten. Schließlich kommt in der orchestralen Blasmusik nur weiter, wer sich auch theoretischen Prüfungen unterzieht. Jeder Musikschüler soll ein Metronom zu Hause haben, wobei dahingestellt bleibt, wie oft dieses auch eingesetzt wird.

Für „das ganze Blech außer Posaune" ist der Musikschulleiter kompetent, gegebenenfalls auch fürs Euphonium. Er teilt sich die Arbeit mit acht weiteren Lehrern. In sechzig Prozent der Unterrichtsstunden werden Schüler einzeln unterrichtet, die anderen können allwöchentlich zu zweit oder zu dritt vergleichen, wie fleißig die anderen geübt haben. Neben der Musik wird auch noch Ballett und kreativer Tanz angeboten.

Ohne Fleiß kein Preis. Wie viele Preisträger aus Kressbronn schon bei „Jugend musiziert" Lorbeeren ernten konnten, prangt nicht etwa stolz am schwarzen Brett. Es sind so viele, dass Karlheinz Vetter die Daten heraussuchen müsste. Die Spitzenkünstler, die sich bereits für ein Musikstudium entschieden haben, können für die „haarige" Aufnahmeprüfung an der Musikhochschule vorbereitet werden.

Viel mehr aber noch fällt ins Auge und ins Ohr, wenn die Nachwuchsmusiker das kulturelle Leben Kressbronns bereichern. „Gespielt wird überall, wo man uns lässt", heißt es auf der Homepage. Kirche, Marktplatz, Lände, Schlösslepark – das ganze Jahr über packen sie ihre Waldhörner, Querflöten oder Pauken aus und machen Musik. Denn das lernen sie in der Jugendmusikschule: Zum Musikmachen gehören beinah zwangsläufig öffentliche Auftritte. „Tochter Zion" zu Weihnachten auf der Trompete ist die erste Aufregung. Doch bald geht es weiter auf richtigen Brettern, mit Lampenfieber und Verbeugung. Nicht zuletzt wirkt jeder Auftritt immer wieder aufs Neue motivierend.

Soziales Lernen mit der Tuba – die Jugendmusikschule Langenargen

„Nachher holt dich die Oma ab!", ruft die junge Mami ihrem Töchterchen zu und verlässt die Jugendmusikschule. Das kleine Mädchen geht wie jede Woche zielstrebig auf die große Tür zu. Dahinter warten schon die anderen aus der Blockflötengruppe. So ist also die ganze Familie eingebunden, damit die Sprösslinge ans Musizieren herangeführt werden. Das beginnt schon mit dem „Musikgarten" für Kleinstkinder und im Vorschulalter mit der musikalischen Früherziehung. Manchmal bleiben auch zwei, drei Mütter im Vorraum sitzen und nehmen das Warten als willkommene Gelegenheit zu einem Schwatz. Im Sommer sitzen sie draußen, vielleicht mit noch kleineren Geschwistern auf dem Spielplatz.

In Langenargen haben die Kinder die Chance, von ganz klein auf die Musikschule zu besuchen. Gleich nebenan liegen die Schule und die Schwimmhalle. Im großen Musiksaal riecht es sogar ein bisschen nach Chlor. Ganz organisch wachsen die Kin-

Langenargen: Früh übt sich, wer Trompete spielen will.

In der Gruppe macht das Lernen Spaß: eine Flötengruppe in Langenargen.

der da hinein. Die Schule wird ihr Alltag sein, genau so selbstverständlich für viele aber auch die Musikschule.

Die meisten bleiben nicht bei der Blockflöte. Sie sehen und hören ja so viele andere Instrumente und möchten dann vielleicht lieber Geige spielen oder Posaune blasen. Die Langenargener Musikschule gibt es seit bald 32 Jahren, in dieser Zeit ist das instrumentale Angebot ständig gewachsen. „Die Grundversorgung des musikalischen Nachwuchses" ist gesichert, so heißt es in einer Jubiläumsschrift.

Aus dem anfänglichen Bedürfnis, Nachwuchs für die Bürgerkapelle heranzuziehen, hat sich eine Jugendmusikschule mit reichhaltigen Möglichkeiten entwickelt. Für das gesamte „Blech" – Trompeten, Posaunen, sämtliche Hörner und Tuba – und das „Holz" – Querflöten, Oboen, Klarinetten, Saxophone – stehen acht Lehrer zur Verfügung, Musikschulleiter Gerd Lanz unterrichtet selbst Klarinette und Saxophon und er leitet den Spielkreis wie das Jugendblasorchester, dem derzeit ca. siebzig Mädchen und Buben im Alter von zwölf bis achtzehn Jahren angehören. Im Laufe der Jahre sind auch die Saiteninstrumente dazu gekommen. Zunächst konnte das Zupfen der Gitarre, später auch das Streichen von Geige, Bratsche, Cello und Kontrabass erlernt werden, unterrichtet wird auch Klavier und Gesang. Für eine ländliche Musikschule regelrecht exotisch ist die Möglichkeit, an den Jazz herangeführt werden zu können.

Aus der Sicht des Instrumentallehrers ist der Einzelunterricht effektiver. Doch abgesehen von der damit verbundenen Schonung des elterlichen Geldbeutels ist die besondere Motivation beim Zweier- oder Dreier-Unterricht nicht zu verkennen,

16. Oktober 2004: Die Jugendmusikschule Langenargen feiert ihr 30-jähriges Bestehen. Der Künstler Diether F. Domes malt zu Saxophonklängen.

schließlich ist hier der Wettbewerb unmittelbar gegeben. Ein ganz wichtiges Ziel der Jugendmusikschule ist jegliches Ensemble-Spiel – vom Trio bis zum 12-tett der Saxophone. Für die zahlreichen Gruppen gibt es übers ganze Jahr Auftrittsmöglichkeiten bei Promenadekonzerten, Festen und anderen kulturellen Veranstaltungen.

Von den derzeit etwa 300 Schülern haben sich im Frühjahr 2006 schon 27 für den Regionalwettbewerb von „Jugend musiziert" qualifiziert und 14 von ihnen haben einen ersten Preis mit Weiterleitung zum Landeswettbewerb erreicht. Immer wieder landen Langenargener Musiker auch im Bundeswettbewerb ganz oben, zuletzt das Saxophonquartett mit Martin Teich, Verena Stützle, Petra Bernhard und Felix Roßknecht. Einige lässt die Musik gar nicht mehr los und sie werden Berufsmusiker. Auf diese Bilanz ist Musikschulleiter Gerd Lanz mit Recht stolz.

Die Windjammer kommen!
Die Bodensee-Shantymen bringen Segelromantik ans Schwäbische Meer

MICHAEL HARTWIG

Seit eh und je wird hierzulande mit Freude gesungen – Seemannslieder sind allerdings eher die Ausnahme. Doch rund um den See und fern von Meeresküsten begeistert einer der südlichsten Shanty-Chöre der Republik sein Publikum: Es sind die „Bodensee-Shantymen". Mit Gastspielen, Sonntags- und Benefizkonzerten oder Auftritten bei Geburtstagen, Firmen- und Jachtclub-Jubiläen ist der Chor gut belegt.

Die 22 Hobby-Musiker und -Sänger sowie ihr musikalischer Leiter Paul Häseler singen seit August 2002 zusammen, und das nicht nur in der Bodenseeregion. Shantys und Seesongs haben auch in Österreich oder bis in das schweizerische Interla-

ken am Thuner See viele Freunde. Ein „Fanclub" mit über einhundert Mitgliedern hat sich um die blauen Jungs vom Bodensee gebildet und nimmt kräftig Anteil an den Auftritten.

Ein Repertoire mit über achtzig Titeln hat sich der Chor erarbeitet. Geprobt wird einmal pro Woche im neu ausgebauten Mehrzweckraum der ehemaligen Gäng-Werft des Überlinger Osthafens. Hier verwandeln sich Männer aus den verschiedensten Berufen wie Kaufleute, Handwerker, Ingenieure und Juristen sowie Pensionäre in Seemänner – weitere Mitsänger wären herzlich willkommen.

In ihren Liedern besingen die Shantymen die Arbeit auf Großseglern oder die Weite der Meere. Mit dabei sind typische Begleitinstrumente wie Akkordeons, Gitarren, Mundharmonikas und Rhythmus-Instrumente. Das Motto der Shantymen ist: *„Mit uns kommt die gute Laune."* Der Chor bietet ein abwechslungsreiches abendfüllendes Programm an Land oder auf dem Wasser. Die mitreißenden Musikstücke begeistern Jung und Alt mit ihrem Schwung und verlocken zum Mitsingen. Viele der typischen Shantys trägt der Chor traditionell mit seinen Solisten – den Shantymen – vor. Eine moderne Gesangsanlage gibt Unterstützung.

Was sind Shantys und Seesongs? Und wo kommen diese Lieder her?

Dazu ein kurzer Blick in die Zeit des 19. Jahrhunderts. Heute erscheint uns die Epoche der großen Rahsegler romantisch und verklärt, die Arbeit der Seeleute war jedoch unvorstellbar hart und oft verloren sie ihre Gesundheit oder sogar das Leben. Arbeiten an den Pumpen, an den Winden (Gangspill) oder in der Takelage musste die Mannschaft mit Körperkraft bewältigen. Da ging Disziplin häufig über in Sklaverei. Dazu kamen einseitige Ernährung, Seuchen und Skorbut. Aber es gab auch die Vorfreude auf die Wiederkehr und das glückliche Leben in der Heimat. All das fand seinen Ausdruck in vielen Liedern, die bis heute bekannt blieben.

Um einen gleichmäßigen Kräfteeinsatz der Mannschaft – zum Beispiel beim Heißen (d.h. Hochziehen) der tonnenschweren Rahen – zu erreichen, fand ein Wechselgesang zwischen den Männern und dem Vorsänger, dem schon erwähnten Shantyman, statt. Sollte mit dem Gangspill (capstan) der Anker geholt werden, sang man, oft in Vorfreude auf die beginnende Heimkehr, den bekannten Capstan-Song *„Rolling Home"*. Es gab jedoch auch lustige Freizeitlieder, mitgebracht von den Küsten der Ozeane. Sie wurden an Bord oder im Hafen gesungen. Harmonika, Gitarre, manchmal eine Fidel begleiteten die Matrosen. Ein bekanntes Lied dieser Art ist der *„Drunken Sailor"*. Seemannslieder aus der Zeit der schnellen, aus Holz gebauten Teeklipper oder der viel größeren stählernen Windjammer wurden von verschiedenen Komponisten aufgeschrieben und von Interpreten festgehalten oder weiterentwickelt.

Viele Freunde und Konzertbesucher regten die Bodensee-Shantymen zur Produktion einer Musik-CD an. Diesem Wunsch hat der Chor im April 2005 zum zweiten Mal entsprochen. Dazu Musikleiter Paul Häseler: „In Seemannsträume Vol. 2 präsentieren wir, in traditioneller Art, eine Fülle neuer Lieder von den Meeren der Welt und auch vom Bodensee. In Eigenregie haben wir nach intensiven Proben die Musikstücke in Meersburg aufgenommen."

Von der neuen CD erschallt der musikalische Ruf „*Die Windjammer kommen!*" Mit ihnen geht es in die Welt des Karibik-Bogens. Verstärkt durch große Konga-Trommeln und typische Perkussions-Instrumente, sind bekannte Seesongs, wie sie Harry Belafonte sang, wieder zu erleben. Titel wie „*Angelina*" oder die „*Girls of Trinidad*" erinnern an die karibische Lebensfreude. In eine ganz andere Richtung entführen die singenden Seemänner ihre Zuhörer, wenn es mit dem „*Hamborger Veermaster*" nach einer „*Blauen Nacht im Hafen*" auf den Segler „*Mary Ann*" geht. Mit „*Winde weh'n*" nimmt dann der Segler Kurs in den Atlantik und die Shantymen stellen fest „*Endlos sind jene Meere*".

Übrigens kann man sich einige der hier angesprochenen Lieder auf der Homepage www.bodensee-shantymen.de auszugsweise anhören. Dort sind unter anderem auch die Termine der nächsten Auftritte zu finden oder ein Video-Film von einem Konzert in Bodman, anlässlich der Einweihung des neuen Hafens im Juli 2005. Neben einem Fan-Postkasten stellen weitere Rubriken die einzelnen Sänger vor, berichten mit Fotos von verschiedenen Konzerten. Etwas Besonderes ist ein Rundfunk-Mitschnitt von einem Übungsabend der Shantymen für den „*Musiktreff Baden-Württemberg*". Zugegeben, Lampenfieber gab es an diesem Abend bei allen, als die Rundfunk-Redakteurin des SWR zu Interview und Probenmitschnitt eintraf. In der späteren Sendung war davon natürlich nichts mehr zu merken, wie jeder feststellen kann.

Was plant die singende „Seemanns-Gemeinschaft" für die kommende Zeit? Man muss sich Ziele setzen: Es gibt traditionelle Auftritte und bestellte Veranstaltungen. Tradition ist zum Beispiel der Jahresauftakt im Probenraum, ein musikalischer Nachmittag, an dem die Shantymen für ihren Fanclub die neu erarbeiteten Lieder als „Dankeschön" singen. Tradition ist auch das jährliche Benefizkonzert im Seniorenheim „St. Anna" in Singen. Der richtige Saisontest aber, vor hunderten von Zuhörern, findet jedes Jahr am Himmelfahrtstag in Meersburg auf der Haltnau statt, wo ab 11 Uhr fast das gesamte Lieder-Portfolio vorgetragen wird. Mit den geforderten Zugaben kann das schon mal bis 17 Uhr dauern. Eine große Herausforderung war das Galakonzert der Shantymen im Überlinger Kursaal am 30. September 2006. Hierfür waren viele Vorbereitungen nötig, es macht aber auch Spaß, wenn alles klappt. Wie war das noch? „*Mit uns kommt die gute Laune*" – ganz sicher für alle Beteiligten.

„Frau Inschenör ist nichts zu schwör"
Die Berufsakademie Ravensburg und ihre Ingenieurs-Studentinnen in Friedrichshafen

JEANNINE MEIGHÖRNER

Dipl.-Ing. Katrin Gerum, Preisträgerin 2006 des Dr.-Ilse-Essers-Preises, mit Professoren der Berufsakademie.

Einige Herren in dunklen Anzügen haben sich zum Pressefoto und Interview aufgestellt. Mittendrin steht eine blonde junge Frau. Sie lächelt zaghaft. Die Zeitungen werden morgen ein Gruppenbild mit Dame bringen: „Katrin Gerum mit Dr.-Ilse-Essers-Preis ausgezeichnet" werden die Aufmacher in etwa lauten. Doch zunächst kämpfen die Journalisten und das „Krawattengeschwader", so der Kommentar eines Schülers, gegen den Geräuschpegel der Berufsinfobörse an, der sie umspielt wie eine Art Brandung. Wir befinden uns in Friedrichshafen an der Droste-Hülshoff-Schule und das, was da gerade stattfindet, soll eine Signalwirkung haben. Für wen? Na, für die geräuschaktiven Schüler.

Doch zurück zu unserer Hauptdarstellerin Katrin Gerum. Eben hat Oberbürgermeister Josef Büchelmeier ihr unter Applaus ein Buchpräsent überreicht: „Technik an meinem Lebensweg", eine Publikation ebendieser Ilse Essers, der Luftfahrtpionierin vom Bodensee. Der Titel könnte paradigmatisch für die Berufswahl der Preisträgerin stehen. Schließlich hat sie mit 22 Jahren schon ihr Ingenieursdiplom in Elektrotechnik in der Tasche und obendrein – als beste weibliche Absolventin der Berufsakademie (BA) Ravensburg am Standort Friedrichshafen – gerade den diesjährigen Dr.-Ilse-Essers-Preis „eingeheimst". Dafür hat die 1983 in Fürstenfeldbruck geborene Jungingenieurin eine Diplomarbeit mit Traumnote 1,1 und ein Diplom mit der Note 1,5 vorgelegt. „Eine Leistung, auf die Sie mit Recht stolz sein können", wie der Oberbürgermeister hervorhob.

Der Dr.-Ilse-Essers-Preis für Frauen in Technikberufen

Katrin Gerum ist die Dritte, die den von der Zeppelin-Stiftung der Stadt Friedrichshafen seit 2004 ausgelobten Preis mit nach Hause tragen darf. Anstatt eines Preisgeldes haben sich die Initiatoren etwas Besonderes ausgedacht. Die Stiftung zahlt jeder Preisträgerin einen einwöchigen Besuch an einem Standort der ZF Friedrichshafen AG oder der Zeppelin GmbH. Diese sind über den Globus verstreut, also kann das eine schmucke Reise werden. Katrin Gerum will sich zwischen Singapur und den USA entscheiden.

Doch Ehre, wem Ehre gebührt! Die Nachrichtentechnikerin Heidrun Richter – 2004 die Erste, die den Dr.-Ilse-Essers-Preis erhielt – hatte mit einem Notendurchschnitt von 1,1 die Latte schon hoch gelegt. Im Folgejahr wurde sie von der damals 22-jährigen Elektrotechnikerin Susanne Schlötzer noch übertroffen. Sie hatte sich mit Satelliten-Navigation befasst und mit der Note 1,0 eine auch außerirdisch gute Diplomarbeit mit dem Titel „Three Carrier Ambiguity Resolution – A Study in Applicability" in exzellentem Englisch vorgelegt. Schlötzers wissenschaftliche Ergebnisse waren auch für ihren Arbeitgeber EADS/Astrium in Ottobrunn interessant. Gerade diese Nähe zur Wirtschaft macht die Stärke der Berufsakademie aus. Doch später mehr dazu.

Was bewegt nun die drei Akteure, sprich die Stadt Friedrichshafen, die Zeppelin-Stiftung und die Berufsakademie in Friedrichshafen, einen Preis explizit nur für weibliche Bewerber auszuschreiben? Die Motivation ist hintergründig. Sie hat indirekt mit dem Standort Deutschland und sehr direkt mit den Zielen der Akteure zu tun: Es geht darum, junge Frauen für ein technisches Studium zu begeistern! Professor Dr. Thomas Spägele, Leiter der Außenstelle der BA im Häfler Fallenbrunnen, ist, salopp gesagt, ein Fan dieser Zielgruppe: *„Wenn wir die Damen dann haben, sind sie richtig gut und im Schnitt auch besser als unsere männlichen Stu-*

Professor Dr. Spägele mit Studentinnen im Techniklabor.

Fast noch Exoten: Ingenieurinnen | 211

denten." Dem sonst eher nüchtern strukturierten Homo Technicus ist der Wunsch, noch mehr Frauen in sein Bildungsdomizil zu lotsen, offen anzumerken. Sein Erfolgsquotient ist noch ausbaufähig. Im Jahr 2005 gab es im Fallenbrunnen 542 Studierende, nur 82 davon waren Frauen. Das entspricht einem Frauenanteil von 15,2 Prozent. Der liegt zwar knapp 50 Prozent über dem Bundesdurchschnitt, doch das ist dem visionären Professor zu wenig.

Der deutsche Innovationsgeist und sein demoskopisches Problem

Spägele weiß: Im Land der Tüftler und Patentanmelder sind Frauen in Technikberufen fast noch Exoten. Seit 1949 ist das Gleichberechtigungsgebot für Mann und Frau zwar fest im deutschen Grundgesetz verankert. Über den nationalen Tellerrand geschielt, wirkt diese Gleichstellung jedoch geschönt, wenn man die Karrierechancen, die Bezahlung und die Berufswahl deutscher Frauen betrachtet. Auch im Jahr eins einer Bundeskanzlerin, die – darf Frau hoffen? – den Naturwissenschaften entstiegen ist!

Lassen wir Zahlen sprechen: Im europäischen Durchschnitt studieren 22 Prozent aller weiblichen Studenten einen Ingenieursberuf, das eher traditionelle Griechenland liegt sogar bei 24 Prozent. In Deutschland sind es nur rund 18 Prozent und viele Ingenieurinnen wählen die „soften Sparten" wie Innenarchitektur, Gartenbau oder Umweltschutz. In den klassischen Ingenieursdisziplinen Elektrotechnik und Maschinenbau sind nur knapp 10 Prozent der erwerbstätigen Ingenieure Frauen. Dies sind gerade die Disziplinen, die Deutschland groß gemacht haben und die nach wie vor der Hochleistungsmotor der Wirtschaft sind. 2005 stellten deutsche Unternehmen Maschinen im Wert von 165 Milliarden Euro her, teilte ganz aktuell der Verband Deutscher Maschinen- und Anlagenbauer (VDMA) mit. Noch konnte Deutschland, hinter den USA und Japan, seinen Vorjahresplatz als drittgrößter Maschinenbauer der Welt verteidigen. Doch das viertplazierte China macht auch hier an Boden gut. Allein zur Standortsicherung wird Deutschland viel Ingenieursknowhow benötigen – und gerade dort droht ein Engpass.

Wir gelten nicht nur als beruflich konservativ, sondern auch als „zeugungsfaul". Mit 1,3 Kindern pro Frau ist Deutschland derzeit das weltweite Schlusslicht. Bei Akademikerinnen entscheidet sich fast nur noch jede Zweite für Nachwuchs und da laut Pisa-Studie und anderen „gelehrten Betrachtungen" vor allem die Kinder aus Bildungsfamilien studieren, mangelt es dem deutschen Innovationsgeist bald an Nachwuchs. Insider sprechen von einer „demoskopischen Wachstumskatastrophe". Dieses verdörrende Tal sollen Frauen befruchten. Meine Damen, das kennen wir doch: Waren es nicht auch schon nach dem Zweiten Weltkrieg die Frauen gewesen, die wichtige Aufbauarbeit leisteten, um dann in den fünfziger Jahren wieder an den Kochtopf geschickt zu werden? *„Wenn wir zu wenig Ingenieure haben, brauchen wir mehr Ingenieurinnen"*, verkündete sogar der eher konservative VDI.

Inzwischen ist auch die Politik aufgewacht. Schon Edelgard Bulmahn – sie ist noch im Kurzzeitgedächtnis als Bundesministerin für Forschung und Bildung im Schröder-Kabinett – hatte begriffen, dass Deutschlands Labors, Universitäten und Entwicklungszentren bald händeringend nach qualifiziertem Nachwuchs suchen werden. Nun sollen politisch unterstützte Impulse wie Berufsinfobörsen, "Girl's Day", „Be.ing", „MentorING" oder „Gender-Networks" die Technikfaszination junger Frauen schüren. Dagmar Schipanski, Professorin für Festkörperelektronik und frühere Wissenschaftsministerin in Thüringen, formulierte jüngst eine unbequeme Wahrheit: *„In der DDR wurden Ingenieurinnen oder Elektrotechnikerinnen als selbstverständlich akzeptiert. Nach der Wende haben dann leider viele junge Frauen Geisteswissenschaften studiert."*

Warum es die Neugierde bei Mädchen so schwer hat

Auch und gerade der deutsche Ingenieurinnenbund (dib) wirbt seit Jahren um einen höheren Frauenanteil. Leichter gesagt als getan. Martina Gerbig vom dib sieht gerade in der Jugend viele Stolpersteine: *„Das fängt schon im Kindergarten an. Gibt es dort Erzieher? Auch in der Schule unterrichten häufiger Lehrerinnen, daheim bügelt die Mutter und der Vater ist kaum präsent. Da fehlen männliche Vorbilder."* Gerbig hält auch das Selbstwertgefühl der Mädchen für eine Entwicklungsbremse: *„Wenn ein Junge eine Drei in Mathe und Physik hat, macht er sich keine Gedanken, wenn er was Technisches studieren will. Mädchen hadern schon bei einer Zwei und werden dann doch lieber Bürokauffrau."* Psychologen bezeichnen dieses Zweifeln an Talenten, die sich gegen Konventionen richten, als Schwellenängste. Auch eine aktuelle Studie der Universität Michigan in Detroit unterstreicht Gerbigs These der frühkindlichen Prägung. Angeblich wird die Liebe zu Fräsen, Schrauben und Rechnen schon im Kinderzimmer geweckt. Zumindest „vergessen" Mädchen ihr Interesse für technische und naturwissenschaftliche Themen, wenn dieses Fenster nicht vor der Pubertät geöffnet wird. Eine These, die einige Damen an Professor Spägeles Ingenieurschmiede glatt unterschreiben würden.

Barbie als Crash-Test Dummy

Bettina Austen hat sich bis ins fünfte Semester der Berufsakademie durchgebissen. Die zierliche Frau mit den langen braunen Haaren ist zäher, als

Bettina Austen,
Ausbildungsingenieurin an der BA.

der Augenschein vermuten lässt. Hat sie doch, sehr zum Befremden ihrer Mutter, vor dem Studium eine Lehre als Lackiererin absolviert und es als einzige Frau weit und breit sogar bis zur Meisterprüfung gebracht. „*Erst dann war Muttern stolz auf mich*", meint sie im Rückblick. Später hat sie erfolgreich beim TÜV Süddeutschland gearbeitet und dort die Gesetze des Dschungels kennen gelernt: „*Da kam es öfters vor, dass Mannsbilder sich vor mir aufbauten und meinten: ‚Hey Mädel, bei Autos hast Du doch keine Peilung.'*" Austens Interesse für Technik fing schon im Kinderzimmer an. Sie war eine Puppenmutti der besonderen Art: „*Ich bekam immer Barbies geschenkt. Denen hab ich dann sofort die langen Haare abgeschnippelt und sie immer und immer wieder mit den Spielzeugautos meines Bruders überfahren. Sie waren meine Crash-Test Dummys!*"

Vorurteile innerhalb der Familie kennt auch Katharina Schneider. In der Landwirtschaft groß geworden, wirkt sie nicht gerade erschrocken und besitzt auch einen Traktorführerschein. „*Obwohl ich schon im vierten Semester Maschinenbau studiere, traut mein Vater meinem Bruder immer noch mehr Technikkompetenz zu. Auch in der ZF, meinem Ausbildungsbetrieb, haben gerade ältere Meister uns Mädchen anders behandelt. Die erklärten Sachen, wie wenn wir Kleinkinder wären. Andererseits halfen die einem manchmal sogar beim Feilen, das hatte was Väterliches. Die jüngeren Ausbilder nehmen Mädchen härter ran.*"

Mit der Familientradition brach auch Katharina Quering, Werksstudentin des EADS: „*Daheim waren alle Geisteswissenschaftler. Mein Vater hat sogar mal Latein studiert. Meine Eltern fanden es aber gut, als ich mich auf eine Anzeige der EADS beworben habe. Meine frühren Klassenkameraden bewundern mich sogar, jetzt wo ich mich in der Weltraumtechnologie tummle.*"

Immer nur Bärte, Geheimratsecken und Krawatten

Weder Bettina Austen, Katharina Schneider noch Katharina Quering haben ein technisches Gymnasium besucht. Dort sind Mädchen immer noch eine seltene Spezies. (Waldorf-Schulen haben eine andere Frauenstatistik.) Die BA-Ingenieurinnen werden jedoch eine schon deutlich frauenfreundlichere Umgebung antreffen, als Monika Greif sie beschreibt. Die 55-jährige Professorin für Maschinenbau und Dekanin an der Fachhochschule Wiesbaden wagte sich vor rund dreißig Jahren in eine Männerdomäne. „*Ich habe 1977 als eine von 16 Frauen in ganz Deutschland einen Abschluss in Maschinenbau gemacht und mir noch anhören müssen, dass es sich nicht lohnt, die Studierenden mit ‚Sehr geehrte Damen und Herren' anzusprechen, weil die Damen bald alle aus dem Hörsaal verschwänden.*" Dieses „Leben unter Wölfen" kennt auch Annette Schwenk, die Mitte der achtziger Jahre Werkstoffwissenschaft studierte. Inzwischen ist sie die stellvertretende Gießleiterin in einem mittelgroßen Aluminiumwerk. „*Ich war die einzige Ingenieurin im Werk und suchte verzweifelt andere Wesen ohne Bart, Geheimratsecken und Krawatten.*" Gefunden hat sie den Frauenrückhalt bisher nur beim dib, wo sie im Juni 2005 zur „Ingenieurin des Monats" gewählt worden war.

Daniela Düsentrieb in Friedrichshafen

„Studentinnen des Monats brauchen wir nicht. Unsere Damen sind auch so eine Klasse für sich." Professor Dr. Manfred Mangelmann, Studienleiter für Maschinenbau an der Berufsakademie, bedauert, dass die Industrie Frauen momentan noch unterschätzt. *„Frauen sind kommunikativer, kooperativer und oft auch erstaunlich kreativ, wenn es um Problemlösungen geht"*, so sein Tenor.

Das deckt sich mit den neuesten Erkenntnissen der sehr männlich geprägten Automobilindustrie. Hier nur ein Beispiel: Volvo hat von einer vorwiegend von Frauen besetzten Entwickler-Crew den Prototyp eines „Frauenautos" entwickeln lassen. Klar, die holde Weiblichkeit wird als Kunde immer wichtiger und wer weiß besser, was Frauen wünschen? So verfügt der schnittige Flitzer über eine riesige Ablage in der Mitte für Handtaschen und den Laptop. Die Seitentüren schwingen nach oben, während sich das Trittbrett absenkt; so kann man auch im Minirock aussteigen, ohne gegen die Moral zu verstoßen – und vor allem schwere Einkäufe ohne Hexenschuss ins Auto wuchten. Dies sind Ideen, von denen nicht nur Frauen profitieren – aber auf die sie einfach schneller kommen. Dort, wo es sie gibt... Daniela Düsentrieb hat eben eine andere Sichtweise und eine eigene Innovationsdynamik, die auch Daniel Düsentrieb befruchten kann. *„Frauen haben einen etwas anderen*

Campus der BA im Friedrichshafener Fallenbrunnen.

Zugang zur Technik und gemischte Teams sind oft produktiver." Auch hier spricht Mangelmann aus Erfahrung. Wie alle BA-Professoren kommt er aus der Praxis und horcht intensiv in die Ausbildungsbetriebe seiner Studenten hinein.

Keine andere Hochschulart weist eine vergleichbare Praxisnähe auf. Das duale Ausbildungssystem schreibt vor, dass die Studierenden auch Firmenangehörige sein müssen. Das heißt, um einen der begehrten Studienplätze zu erhalten, müssen sie sich erst bei einer Firma bewerben, die sie, nach Vertragsabschluss, zum Studium an der BA freistellt. Als Firmenangehörige bekommen die Studenten natürlich auch eine Art Gehalt, das in den Ingenieursstudiengängen bei bis zu 1000 Euro liegen kann. Schon dieses Argument allein müsste doch viel mehr Damen an die Berufsakademie locken? Ganz davon abgesehen: 90 Prozent der Absolventen werden nach dem Examen von ihren Ausbildungsfirmen übernommen und rutschen nicht in die Arbeitslosigkeit.

Bis ein Gleichstand erreicht ist, übt sich Professor Spägele weiter in der Akquise: *„Ich wünsche mir noch viel mehr Frauen in den technischen Disziplinen"*, wird er nicht müde zu wiederholen. *„Wir können auf 50 Prozent der Intelligenz nicht verzichten!"* Frühkindliche Prägung kennt er auch von zu Hause. Seine Tochter Christina ist mathematisch hochbegabt und durfte schon in der Grundschule eine Klasse überspringen. Vielleicht sollte Spägele noch früher in die Schulen gehen, um Mädchen schon mit zehn Jahren an die Technik heranzuführen. Auch die Stadt Friedrichshafen will mit einem „Technikschuppen" mehr junge Leute für das gewinnen, wofür die Stadt weltweit steht. Ein klein wenig wird dies ja auch dem Wirtschaftsstandort Deutschland und dem Klima der geistigen Erneuerung nützen. Das Zitat eines Mannes, der so gar kein Techniker ist, sollte einem jedoch zu denken geben: *„Die Leistungsstärkeren in den Schulen bis zum Examen sind immer die Frauen. Die Karriere machen dann die Männer"*, sagte der evangelische Landesbischof Ulrich Fischer bei der Preisverleihung zu einem Schülerwettbewerb.

Aber zum Glück gibt es noch solche Mutmacherinnen wie Bettina Austen, die vielleicht die nächste Generation ein wenig verändern werden: *„Frauen, die so gut sein wollen wie die Männer, haben einfach zu wenig Ehrgeiz"*, meinte sie bei unserem letzten Gespräch und verschwand augenzwinkernd im Hörsaal.

„Ein Unternehmen kann nur mit Optimismus geführt werden"

Diehl – Marktführende Expertise für Verteidigung, Luftfahrt und Innere Sicherheit

CHARLES WESTON

Der Hochtechnologie-, Wehrtechnik- und Luftfahrtstandort Überlingen wird maßgeblich geprägt vom Teilkonzern Diehl VA Systeme Stiftung & Co. KG (V=Verteidigung; A=Avionik), der die Wehrtechnik- und Luftfahrtaktivitäten des Nürnberger Familienunternehmens Diehl bündelt und größter Arbeitgeber der Stadt ist.

Zum Teilkonzern Diehl VA Systeme zählen u.a. das High Tech- und Wehrtechnik-Unternehmen Diehl BGT Defence GmbH & Co. KG mit Hauptsitz in Überlingen und weiteren Standorten in Röthenbach a.d. Pegnitz, Maasberg und Mariahütte im Saarland sowie Diehl Avionik Systeme GmbH, der größte deutsche Avionik-Hersteller, mit Standorten in Überlingen und Frankfurt a.M. Die strategische Zielsetzung des Teilkonzerns und seiner Unternehmen besteht darin, die Markt- und Wettbewerbsposition auszubauen sowie Kernkom-

Messgerät im Kompetenzzentrum Feinmechanische Teilefertigung.

petenzen zu konzentrieren, um das Verteidigungs- und Luftfahrtgeschäft auf eine stabile und zukunftsfähige Grundlage zu stellen.

Mit zielgerichteten Investitionen in Forschung, neue Technologien und Produkte hat sich Diehl Avionik Systeme im globalen Wettbewerb erfolgreich als Systemausrüster für die zivile und militärische Luftfahrt etabliert. Die beiden Firmenstandorte Überlingen und Frankfurt a.M. beliefern die namhaften Flugzeughersteller Airbus und Boeing, aber auch die Bundeswehr mit System- und Ausrüstungslösungen in den Bereichen Entwicklung, Fertigung und Integration von Cockpit- und Displaysystemen, Kabinensysteme, Triebwerksregelung sowie primäre und sekundäre Flugsteuerung. Das Unternehmen beschäftigt etwa 880 Mitarbeiterinnen und Mitarbeiter, davon ca. 370 am Standort Überlingen. Um einen optimalen Service zu bieten, betreibt das Unternehmen Kundendienstzentren in Frankreich, Nordamerika und Asien.

Diehl Avionik Systeme ist an allen europäischen Flugzeugprogrammen wie an der Airbus-Familie, am militärischen Transportflugzeug A 400 M, am Tornado, am Eurofighter sowie am Unterstützungshubschrauber TIGER und am Transporthubschrauber NH 90 beteiligt. So erhält der europäische Megaliner Airbus A380 das von Diehl neu entwickelte Türsteuerungs- und Überwachungssystem, mit dem sich erstmals Passagiertüren vollautomatisch öffnen lassen. Die Flugsteuerung von Diehl sorgt für sichere Starts und Landungen des Großraumflugzeugs. Für das Jagdflugzeug Eurofighter liefert Diehl die elektronische Flugsteuerung.

Um am wachsenden Luftfahrtmarkt teilhaben zu können, hat Diehl Avionik Systeme im März 2006 eine neue Betriebsstätte in Rostock eröffnet, in der zunächst bis zu dreißig zusätzliche Ingenieure für Hard- und Softwareentwicklung die Arbeiten an den beiden Standorten Frankfurt a.M. und Überlingen ergänzen. Die neue Betriebsstätte ist für das Schwesterunternehmen Diehl BGT Defence wegen seiner Nähe zum Marinestützpunkt Warnemünde sowie zum Fliegerhorst Rostock-Laage von besonderer Bedeutung; dort wurde auch im Dezember 2005 der erste Serien-Lenkflugkörper IRIS-T für die Standardbewaffnung der neuen Eurofighter-Jagdflugzeuge an das Jagdgeschwader 73 übergeben.

Diehl BGT Defence, ein Unternehmen des Teilkonzerns Diehl VA Systeme mit insgesamt 1800 Mitarbeiterinnen und Mitarbeitern (ca. 800 in Überlingen), liefert modernste Produkte und Technologien für den Verteidigungsbereich sowie für den Markt der Inneren Sicherheit. Als Systemhaus für Lenkflugkörper und intelligente Munition bietet es eine breite Palette an leistungsfähigen Flugkörpern einschließlich Zielsuchköpfen, Mittel- und Großkalibermunition, Subsystemen, Trainingssystemen sowie an Systemen mit flugkörperverwandten Technologien, die bei Aufklärungs-, Schutz- und Warnsystemen zum Einsatz kommen.

Der internationale Vertrieb konzentriert sich auf sechs Weltregionen: Osteuropa und Naher Osten, Südeuropa, Westeuropa und Nordamerika, Lateinamerika, Golfregion und Südafrika, Asien und Pazifik.

Erfolgreiche europäische und transatlantische Zusammenarbeit

Als Generalunternehmer des multinationalen Luft-Luft-Lenkflugkörperprogramms IRIS-T führt Diehl BGT Defence ein europäisches Industriekonsortium aus Deutschland, Griechenland, Italien, Norwegen, Schweden und Spanien.

Eine besondere Auszeichnung wurde dem IRIS-T-Team der Firma im September 2005 zuteil: Es erhielt von der Deutschen Gesellschaft für Luft- und Raumfahrt Lilienthal-Oberwerth e.V. anlässlich eines Festakts in Friedrichshafen die Ehrennadel der Deutschen Luftfahrt. Gewürdigt werden damit die hervorragenden Verdienste bei der erfolgreichen Entwicklung des IRIS-T-Lenkflugkörpers als herausragendes Beispiel zur Erlangung von Systemkompetenz unter deutscher Leitung. Diehl BGT Defence betrachtet IRIS-T als Kern eines Familienkonzepts moderner Lenkflugkörper für Heer, Luftwaffe und Marine.

Bei zahlreichen nationalen und internationalen Kooperationsprogrammen wirken Diehl BGT Defence und Diehl Avionik Systeme maßgeblich auf System- und Subsystemebene mit. Das grundlegende Ziel dieser Zusammenarbeit besteht darin, mit innovativen Produkten und wehrtechnischen Kernfähigkeiten europa- und weltweit, häufig im Verbund mit Systemhäusern, den Kunden bestmögliche Lösungen anzubieten sowie die Marktposition Diehls abzusichern und auszubauen.

Beispielhaft für die Zusammenarbeit auf dem Flugkörpersektor ist das von Diehl und dem amerikanischen Unternehmen Raytheon im März 2004 gegründete Gemeinschaftsunternehmen Diehl Raytheon Missile Systems in Überlingen, zu

Luft-Luft-Lenkflugkörper am Jagdflugzeug Eurofighter.

dessen Aufgaben die Modernisierung und weltweite Vermarktung der Sidewinder-Flugkörpertypen AIM 9L/M zählt.

Ein deutsch-amerikanisches Erfolgsprogramm, an dem Diehl BGT Defence, EADS-Deutschland und Raytheon mitwirken, bildet das schiffgestützte Flugabwehrsystem Rolling Airframe Missile (RAM). Die Bundesmarine setzt RAM auf dem Schnellboot S 143A sowie auf den Fregatten F 122, F 123 und F 124 ein. Auch die nächste Fregattenklasse F 125 und die neue Korvette K 130 werden mit RAM ausgerüstet. Neben der U.S. Navy haben Griechenland und Südkorea das Flugabwehrsystem eingeführt. Weitere Staaten sind an dem System interessiert.

Die strategische Partnerschaft zwischen Diehl Avionik Systeme und Thales Avionics dient der Konzentration von Kernkompetenzen, um die internationale Wettbewerbsfähigkeit zu festigen und den Zugang zum globalen Markt zu verbessern. Die gemeinsamen Centres of Excellence für Symbolgeneratoren in Frankfurt a. M. sowie für Elektronische Flugregelung in Überlingen stärken die Innovationskraft in diesen Avionik-Bereichen.

In eine Vielzahl von Entwicklungsvorhaben im Rahmen von EU- und deutschen Luftfahrt-Forschungsprogrammen bringt Diehl Kernkompetenzen gemeinsam mit nationalen und internationalen Partnern ein.

High-Tech für mehr Sicherheit und Schutz

Erfolgreich zu wirtschaften und mit qualifizierten Mitarbeiterinnen und Mitarbeitern eine wettbewerbsfähige Marktposition zu behaupten, heißt, in Schlüsseltechnologien und in neue Produkte zu investieren sowie ein weltweites Kooperations- und Kundennetzwerk zu pflegen und auszubauen. Als Dienstleister der Bundeswehr sowie internationaler Streitkräfte

Prüfvorrichtung im Kompetenzzentrum Elektronikfertigung für zentralen Steuerknüppel des Jagdflugzeugs Eurofighter.

liefert Diehl seit mehr als fünf Jahrzehnten marktführende Bewaffnungen und Munition für Flugzeuge, Landsysteme und Marineplattformen. Das Know-how bei hochpräzisen Wirkmitteln und intelligenten Sensoren, gepaart mit Schlüsseltechnologien der schnellen Datenverarbeitung, stellt Diehl auch in Produkten für die innere Sicherheit zur Verfügung.

Da sich die Herausforderungen an innere und äußere Sicherheit zunehmend ähneln, gestaltet sich zwangsläufig die Zusammenarbeit ziviler und militärischer Organisationen immer enger. Das vielschichtige Kundenspektrum setzt sich zusammen aus den Streitkräften, der Polizei, der Bundespolizei, der Feuerwehr, den Hilfs-, Katastrophen- und Rettungsdiensten sowie unterschiedlichsten Industriezweigen mit kritischer Infrastruktur.

Grenzüberschreitende terroristische Netzwerke stellen eine wachsende Bedrohung für den öffentlichen Personenverkehr, Versorgungseinrichtungen, Informations- und Kommunikationsstrukturen, aber auch für Großveranstaltungen mit hoher Besucherzahl dar. Die Herausforderung besteht in der Abwehr gezielter Anschläge, bei denen extremistische Gewalttäter eine große Zahl an Opfern in Kauf nehmen. Vorbeugung ist dabei oberstes Gebot.

Zum Schutz der Bevölkerung, ziviler und militärischer Einsatzkräfte sowie kritischer Infrastrukturen wie Finanz-, Transport- und Versorgungswesen bietet Diehl BGT Defence für unterschiedliche Einsatzszenarien intelligente Verbundlösungen:
- Aufklärungs- und Überwachungsmittel;
- Systeme für Personen- und Objektschutz;
- autonome und teilautonome Plattformen zur Aufklärung und Kampfmittelbeseitigung.

Der Roboter ASENDRO ist spezialisiert auf die Aufklärung in Gefahrenbereichen sowohl innerhalb von Gebäuden als auch im freien Gelände. Sein gelenkiger Manipulatorarm entwickelt das notwendige Fingerspitzengefühl zur sicheren Entschärfung von Sprengsätzen. Dazu bietet Diehl den Biochip an, ein Mini-Labor zur raschen Identifizierung biologischer Gefahrenstoffe und Toxine in weniger als 30 Minuten, sodass sich umgehend geeignete Schutzmaßnahmen treffen lassen.

Der Biosensor wurde bereits erfolgreich getestet. Im Rahmen eines Projekts der Europäischen Kommission, das sich mit der Sicherheit der gesamten Infrastruktur von Schienentransporteinrichtungen befasst, ist Diehl BGT Defence für die Technologie der Biosensorik verantwortlich. Zusätzliche Projekte der EU-Kommission mit Diehl-Beteiligung betreffen Aufklärung und Abwehr von Boden-Luft-Bedrohungen des Luftverkehrs sowie die Sicherheit von Flughäfen und des Luftraums.

Weiterhin bietet Diehl Technologien und Produktinnovationen für Personen- und Objektschutz, Feldlager- und Konvoischutz, Gefechtsfeld- und Nahbereichsaufklärung sowie für die Bekämpfung terroristischer Netzwerke und Gewalttäter an: High Power Microwaves (HPM), ein von Generalunternehmer Diehl BGT Defence in Kooperation mit Rheinmetall entwickeltes nicht-letales Wirksystem, versetzt zivile und militärische Einsatzkräfte in die Lage, elektronische

Erprobung des Warnsystems PIMAWS auf der Bodenseefähre „Meersburg".

Kommunikations-, Informations- und Überwachungssysteme terroristischer Netzwerke oder Gewalttäter auszuschalten und damit Festnahmen erheblich zu erleichtern. Ebenso lässt sich HPM einsetzen, um selbstgebaute Zündvorrichtungen von Sprengfallen zu zerstören sowie anfliegende oder heranfahrende bedrohliche Objekte abzuwehren, die durch elektronische Systeme gesteuert werden. Darüber hinaus vermögen HPM-Systeme die Fahrzeuge verdächtiger Personen durch Zerstören der Fahrzeugelektronik zu stoppen.

Bundespräsident Horst Köhler fand zur Schutzthematik anlässlich der Kommandeurtagung der Bundeswehr am 10. Oktober 2005 in Bonn eindringliche Worte: *„Unsere Armee braucht für ihre Auslandseinsätze eine Ausrüstung auf der Höhe der Zeit. Das ist teuer, ich weiß. Aber wer will den Angehörigen eines getöteten Soldaten erklären, es sei leider gerade kein Geld für den besten Schutz vor Sprengfallen da gewesen? Es geht um das Leben von Menschen."*

Verbundlösungen bietet Diehl BGT Defence für Aufklärung und lückenlose Überwachung der Umgebung schützenswerter Objekte, z. B. Feldlager, Flugplätze, Flugzeuge, Schiffe und Hafenanlagen mit sensorgesteuerten, bodengebundenen, schiff- und flugzeugbasierten Warn- und Abwehrsystemen. Erfolgreich getestet wurde die „Rundum-Überwachungsfähigkeit" des Diehl-Sensors am Oberdeck des Fährschiffs „Meersburg" während des regulären Fährbetriebs zwischen Meersburg und Konstanz. Anwendungen betreffen die Kollisionswarnung, die Erkennung Schiffbrüchiger oder die Warnung vor feindlichem Entern. Der Test fand mit freundlicher Unterstützung der Stadtwerke Konstanz sowie mit Unterstützung der DLRG, Ortsgruppe Meersburg, statt.

Technologiezentrum für Wehrtechnik und Luftfahrtausrüstung

Um bestmögliche System- und Ausrüstungslösungen für Streitkräfte, Flugzeughersteller sowie für die innere Sicherheit bereitzustellen, bedarf es erfahrener Mitarbeiter mit ausgeprägter Entwicklungs- und Fertigungskompetenz. Gefordert sind Entwicklungsfähigkeiten: Der hohe Ingenieuranteil bei Diehl BGT Defence (knapp 40%) und bei Diehl Avionik Systeme (ca. 30%) am Standort Überlingen, die langjährige Firmentreue eines Großteils der Belegschaft, aber auch der Einsatz modernster Entwicklungs- und Simulationseinrichtungen, Fertigungs- und Testanlagen tragen zum Geschäftserfolg wesentlich bei.

Die Entwicklungsabteilung verfügt über herausragende Fähigkeiten auf den Fachgebieten System- und Sensortechnik, Elektronik, Signalverarbeitung und Softwaretechnik, Wirksystem- und Munitionstechnik, Versuchstechnik und Systemintegration. Die Fertigung umfasst die Herstellung einzelner Muster und Prototypen, von Klein- bis zu Großserien, und ist auf die Standorte Überlingen, Röthenbach, Maasberg und Mariahütte verteilt.

Das Kompetenzzentrum Feinmechanische Teilefertigung ist in klimatisierten Räumen in Überlingen angesiedelt. Dort werden Präzisionsteile für Lagerkreisel von Infrarot-Zielsuchköpfen und andere hochgenaue mechanische Baugruppen gefertigt.

Kompetenzzentrum Feinmechanische Teilefertigung.

Prüfung eines Messgeräts im Kompetenzzentrum Elektronikfertigung.

Das Kompetenzzentrum Elektronik-Fertigung mit Sitz in Überlingen und Röthenbach umfasst die Bereiche Flachbaugruppen-, Hybrid- und Spulenfertigung.

Streitkräfte und Flugzeughersteller stellen höchste Anforderungen an Zuverlässigkeit, Sicherheit, Leistungsfähigkeit und Wirtschaftlichkeit verwendeter Systeme und Baugruppen. Diehl investiert daher erhebliche Mittel in integriertes Qualitätsmanagement sowie in die Entwicklung neuer Prüfanlagen, wie z. B. Klima- und Höhenkammern, Vibrationsprüfstände und Labors für elektromagnetische Verträglichkeit. Die Umweltprüfanlagen werden auch externen Kunden aus den Bereichen Kfz- und Industrie-Elektronik sowie Medizintechnik als Dienstleistung angeboten.

Attraktive Ausbildungsmöglichkeiten

Attraktive berufliche Entwicklungsperspektiven für junge Menschen bieten Diehl BGT Defence und Diehl Avionik Systeme in Überlingen mit einem Ausbildungsverbund, in dem derzeit ca. vierzig Jugendliche in zukunftsträchtigen Berufssparten ausgebildet werden. Dabei werden die Azubis durch fachkundige Ausbildungsbeauftragte im technischen und kaufmännischen Bereich bei der Erfüllung anspruchsvoller Aufgaben des Arbeitsalltags unterstützt.

Das vielfältige Angebot umfasst vier Ausbildungsgänge: Industriemechaniker/in, Elektroniker/in für Geräte und Systeme, Diplombetriebswirt/in, Fachrichtung Industrie, Industriekaufmann/frau. Während der betrieblichen Ausbildung sammeln die Jugendlichen auch Erfahrungen in verschiedenen Fachabteilungen des Unternehmens. Begleitet wird die praktische Ausbildung durch den wöchentlichen Besuch der Berufsschule in Tettnang.

Gute Leistungen und überdurchschnittliches Engagement ebnen den Weg zum beruflichen Aufstieg wie z. B. zum Industriemeister oder zum staatlich geprüften Techniker. Auch ein späteres Studium bietet sich an.

Geschäftserfolg mit Kompetenz und Optimismus

Entscheidend für den mehr als vier Jahrzehnte währenden Erfolg des Diehl-Standorts Überlingen mit Spitzenprodukten der Wehrtechnik und Luftfahrtausrüstung sind die hohe Motivation, der vorbildliche Einsatz sowie das technische Können der Mitarbeiterinnen und Mitarbeiter. Globale Marktausrichtung und unternehmerische Eigenständigkeit bilden weitere Erfolgsfaktoren. Senior-Chef Karl Diehl bringt es auf eine einfache Formel: *„Ein Unternehmen kann nur mit Optimismus geführt werden."*

Ausbildung zum Industriemechaniker.

Dieselantriebe mit Esprit
Die MTU-Gruppe entwickelt, fertigt und plant Elektroniksysteme im eigenen Hause

WOLFGANG STOLBA

Sie steht ihren Herren auf Knopfdruck jederzeit zur Verfügung, löst komplexe Aufgaben im Zeitraum von Sekunden, beansprucht nur wenig Platz und verliert auch bei Stress nie den Kopf – und doch spielt die Elektronik ihre Rolle still und leise, dem Publikum verborgen wie ein kluger Regisseur. Demgegenüber gilt das allgemeine Augenmerk, wie im Fall von MTU-Dieselmotoren, ganz und gar der mechanischen Kraftentfaltung. Verständlich, wo Hunderte, ja Tausende Kilowatt Leistung am Werk sind. Die Gischtentfaltung einer Schnellfähre oder einer Megayacht, die bis auf 70 oder 80 Kilometer pro Stunde beschleunigen können, ist spektakulär; der Anblick eines 550-Tonnen-Muldenkippers imposant. Nur Spezialisten denken da an den Kopf, der souverän das Schauspiel dirigiert.

Motorelektronik für MTU-Baureihe 2000 Common Rail: Die Elektronik-Box des Motormanagementsystems ADEC, gut erkennbar an den Kühlrippen und der Verkabelung, ist auf der Oberseite des Motors installiert.

Denn es ist gerade die MTU-Elektronik, die solche Leistungen erst möglich macht. Stand sie anfangs nur für einfache Mess- und Reglerfunktionen zu Diensten, so hat sie sich mittlerweile zu einem umfassenden elektronischen Managementsystem gemausert, sowohl von Motoren wie auch von ganzen Antriebsanlagen. Der Kapitän der 1927 gebauten amerikanischen Yacht „Malaina", ausgestattet mit drei Maybach-G4A-Motoren, musste noch sein ganzes Können und Fingerspitzengefühl einsetzen, um den Antrieb zu beherrschen. Der Grund: Die Antriebsaggregate waren direkt mechanisch gesteuert. Das heißt, er musste sie über neun verschiedene Hebel, Bowdenzüge, Steuerketten und Gestänge bedienen. Bei einem modernen Schiff genügt ein Fahrhebel, um mit Hilfe der Elektronik gleichzeitig viele Funktionen des Antriebsstrangs exakt aufeinander abzustimmen. Eine 120 Meter lange Schnellfähre zwischen Teneriffa und La Gomera zu betreiben, eine 50-Meter-Megayacht vor Mallorca zu steuern, eine 2000 Kilowatt starke dieselelektrische Lokomotive in Österreich oder einen 550-Tonnen-Muldenkipper in der kanadischen Ölsandmine Syncrude zu fahren oder die Notstromzentrale eines Industrieunternehmens zu betreiben, heißt somit, viel Arbeit der Elektronik zu überlassen.

Wie in der gesamten Elektronikbranche haben Rechnerleistung und Kompaktheit der Steuergeräte in den letzten Jahrzehnten eine atemberaubende Entwicklung durchlaufen. Bereits in den sechziger Jahren gründete die MTU-Vorgängerfirma Maybach-Motorenbau GmbH die Produktgruppe Elektronik. Am Anfang standen einfache, separate Mess- und Reglerfunktionen. Messwerte wurden noch separat und analog angezeigt. Mittlerweile sind daraus komplexe computergesteuerte Systeme geworden, die viele Daten und Werte aufnehmen und verarbeiten. Mit ihrer Hilfe haucht die MTU ihren Motoren die Intelligenz und das Feuer ein, die sie zu Höchstleistungen treiben, die ihren Durst zügeln und sie zu genügsamen Asketen machen, die ihnen das Rauchen abgewöhnt haben und so die Umwelt vor übermäßigem Ruß und Abgasen schützen.

Anders als bei einem simplen Rasenmäher-Zweitakter greift die MTU-Elektronik dabei tief in innermotorische Prozesse ein, zum Beispiel in die Verbrennung, die Einspritzung, die Aufladung, aber auch in den Anlassvorgang. Sie steuert diese Vorgänge so, dass die Leistungskurve der Motoren optimal den Anforderungen eines Schiffs, einer Lokomotive, eines Muldenkippers oder eines Krans angepasst wird. Die Präzision, mit der elektronische Systeme die Mechanik steuern, wurde und wird ständig verfeinert: *„Heute wird jeder einzelne Einspritzvorgang entsprechend dem Betriebszustand des Motors exakt in seiner Position und Menge berechnet"*, sagt Jörg Remele, Teamleiter im Entwicklungsbereich.

Zu den wichtigsten Entwicklungen der MTU-Elektronik gehören Systeme, die nicht nur Motoren, sondern ganze Antriebsanlagen steuern. Wenn der Skipper einer Yacht den Fahrhebel bedient, um zu beschleunigen, sendet er elektronische Informationen an einen Fahrcomputer, der nach einem vorgegebenen Programm die Drehzahl des Motors, die Position der Kupplung und – bei Schiffen mit Verstell-

Integrierte Elektroniksysteme von MTU ermöglichen die Überwachung und Steuerung der kompletten Antriebsanlage sowie der gesamten Schiffsbetriebtechnik.

propeller – die Steigung der Propeller, bei Schiffen mit Wasserstrahlantrieb die Düse und die Umstellklappe regelt. Das entlastet das Personal und sorgt zugleich für einen optimalen wirtschaftlichen Betrieb.

Die anspruchsvollsten Elektronik-Lösungen sind generell im Anwendungsgebiet Schifffahrt gefragt, da große Fähren, Yachten, Arbeits- oder Behördenschiffe besonders komplexe Systeme mit vielen Funktionen darstellen. Dies gilt vor allem für so genannte kombinierte Anlagen, bei denen zum Beispiel vier Dieselmotoren über Getriebe zwei Wellen antreiben, oder Anlagen mit zwei Dieselmotoren und einer Gasturbine.

Aber auch im Bahnbereich bietet die MTU umfangreiche Systeme an, die in Lokomotiven sowie Triebwagen zum Einsatz kommen. Zu den neuesten Produkten gehört ein Überwachungssystem für standardisierte Unterflur-Antriebssysteme von

Montage eines Unterflurschranks für PowerPack-Module, die für den Antrieb von Triebwagen eingesetzt werden.

Triebwagen, so genannte PowerPacks. In diesen PowerPacks, von denen viele hundert Einheiten allein in Europa täglich im Einsatz sind, integriert der Antriebshersteller MTU in einem gemeinsamen Grundrahmen außer dem Motor sämtliche peripheren Komponenten, die früher die Triebwagenhersteller Stück für Stück einbauen mussten: Ventilatoren, Luftfilter, Rußfilter, Kompressoren, Kühlanlagen. Mit dem neuen Unterflurschrank liefert die Elektronik nun das dazu passende Gerät, das die Daten aller dieser Komponenten erfasst. Bahn-PowerPacks von MTU verdeutlichen im Übrigen eine Produktphilosophie, die in den letzten Jahren zunehmend an Bedeutung gewonnen hat: Antriebskomponenten einschließlich der passenden Elektronik zu einem Modul zusammenzufassen, das dem Fahrzeughersteller viel Zeit und Aufwand erspart, weil er das System als Ganzes nur noch einbauen muss.

Neben der Steuerung ist die Überwachung das zweite zentrale Aufgabengebiet der Elektronik: Sensoren im Motor registrieren Betriebswerte wie Drücke und Temperaturen. Die Elektronik wertet diese Daten aus und interpretiert sie: Ist das Öl zu heiß? Sind die Abgastemperaturen zu hoch oder zu niedrig? Wird die Ladeluft für die Turbolader ausreichend gekühlt?

Ist der Motor überlastet, so kann die Elektronik nach einem vorgegebenen Programm entsprechende Konsequenzen zu dessen Schutz ziehen. Dabei werden auch die Bedingungen des Einsatzfelds berücksichtigt: Ein Schiffsantrieb kann bei hohem Wellengang nicht einfach gestoppt werden, eine Lokomotive auf freier Strecke dagegen schon. Sollte der Kapitän einer überladenen Schnellfähre beispielsweise die Motoren zu sehr „drücken", so regelt die Elektronik zumindest die Drehzahl herunter. Auch für die Überwachung kompletter Anlagen gibt es elektronische Systeme. *„Eine komplette Schiffsbetriebsüberwachung, bei der neben dem Antrieb auch die Befüllung der Tanks, das Feuermeldesystem, die Kühlräume, die Heizung, die Türen, das Klimaanlagensystem und viele andere Funktionen überwacht werden, kann gleichzeitig die Daten von mehreren tausend Messstellen verarbeiten"*, sagt Dr. Hans-Jürgen Thomas, Teamleiter im Anwendungszentrum.

Steuerungs- und Überwachungssysteme von Motoren und Anlagen arbeiten nicht separat, sondern sind per Daten-Kabel zu einem harmonisch integrierten System verbunden. Auch sämtliche Daten der Motorüberwachung eines Schiffs werden an die übergeordnete Anlagenüberwachung und -steuerung weitergeleitet.

All diese Funktionen sind in der Tat einem Fahrzeug nicht von außen anzusehen. Die meisten Produkte der MTU Elektronik präsentieren sich optisch weithin unauffällig: Sensoren, Kabel, Kästen und Schränke, teils am Motor, teils im Maschinenraum. Ein Blickfang sind hingegen Produkte, welche die MTU für die Brücke eines Fährschiffs, einer Yacht oder eines Patrouillenboots liefert: Farbbildschirme oder auch ganze Bedienpulte, zum Beispiel für militärische Schiffe. Farbbildschirme integrieren alle Überwachungs-, Alarm- und Steuerungsfunktionen – eine ergonomische Meisterleistung. Anhand übersichtlicher Graphiken und Tabellen, die der

Elektronik-Montage: Das Steuerungs- und Überwachungssystem „Blue Line" wurde für Yachten und Arbeitsschiffe entwickelt. Im Bild Udo Gresser, Michael Nief und Martin Werner (von vorn).

*unten:
Andreas Schneider entwickelt unter anderem Schaltpläne von Leiterplatten.*

Kapitän mit dem Trackball ansteuert, geben sie ihm einen klaren Überblick über den aktuellen Zustand des Schiffsbetriebssystems. Ein wichtiger Beitrag, um den Betrieb eines Schiffs effizienter und sicherer zu machen.

Der Raum, in dem Elektronik-Leiterplatten für solche und andere Zwecke gefertigt werden, ist sorgsam von den anderen Elektronik-Produktionsbereichen der MTU getrennt. Eine Klimaanlage hält ihn wie einen Brutkasten konstant auf 22 Grad Celsius, damit die empfindliche Lötpaste stabil bleibt. Die Mitarbeiter tragen weiße Arbeitskleidung, stehen auf einem Boden, der zum Schutz der Bauteile alle elektrischen Ladungen ableitet, arbeiten an millionenschweren, vollgekapselten Maschinen, Röntgenprüfautomaten, lichtstarken Mikroskopen: In der Arbeitswelt von Susanne Hey geht es so sauber, leise und präzise zu wie in einem Forschungslabor. Nur mit höheren Stückzahlen: Jährlich werden hier 17,5 Millionen Elektronikbauteile wie Kondensatoren und Widerstände verbaut. Im Sekundentakt bestücken Fertigungsautomaten damit algengrüne Leiterplatten, verlöten sie in 200 Grad heißem Dampf, prüfen mit Röntgenstrahlen und Kameratechnik jede Lötstelle. Rund 25 000 Elektronik-Komponenten entstehen so pro Jahr. Ein anspruchsvolles Arbeitsumfeld, in dem „angelernte" Kräfte wie Susanne Hey rund ein Jahr brauchen, bis sie es wirklich beherrschen, ganz zu schweigen von den hoch spezialisierten Ingenieuren, die diese Bauteile und ihre Gehäuse entwickeln, testen und an die Motoren und Systeme anpassen.

Die automatische Leiterplattenbestückung gehört zu den Highlights des „Electronic Centers", das die MTU im Jahr 2004 im Werk 1 eröffnet hat und in das alle Funktionen des ehemaligen Werks 3 in Fischbach integriert wurden. Hier bietet das Unternehmen neben den vielen technischen und nichttechnischen Arbeitsplätzen im Motorenbau auch attraktive Stellen für Elektroniker, Nachrichtentechniker, Elektroingenieure und andere Elektronikberufe. 260 Mitarbeiter sind in Entwick-

Electronic Center im MTU-Werk 1: Seit April 2004 entwickeln, produzieren und planen 260 Mitarbeiter Elektronik-Systeme für Motoren und Antriebssysteme des Unternehmens.

lungs-, Produktions-, Prüf- und Anwendungsbereichen tätig, deren Abläufe lückenlos ineinander greifen. Ein Beispiel: Die Projektteams vom so genannten Anwendungszentrum setzen die Anforderungen der Kunden auf Wunsch bis ins Detail um, sodass der Kunde maßgeschneiderte Elektronik-Systeme erhält. Sie geben diese Wünsche aber auch intern an die Software- und Systemtechnik-Entwicklung weiter, die diese Anforderungen wiederum in die Gestaltung neuer Produkte einfließen lässt.

Die gesamte Hard- und Software wird im Hause entwickelt – bis hin zur Gestaltung der Gehäuse und Pulte, ebenso die Programme von Prüfgeräten. Auch hier zeigt sich die hohe Wertschöpfungstiefe der Elektronik-Abteilungen. Dabei gilt es nicht nur, eine Vielzahl international gültiger Normen zu beachten. Weil die Elektronik vielfach denselben extrem harten Arbeits- und Klimabedingungen unterliegt wie die Motorenmechanik, werden neu entwickelte Teile auch in zahlreichen Messeinrichtungen und -räumen auf Herz und Nieren geprüft.

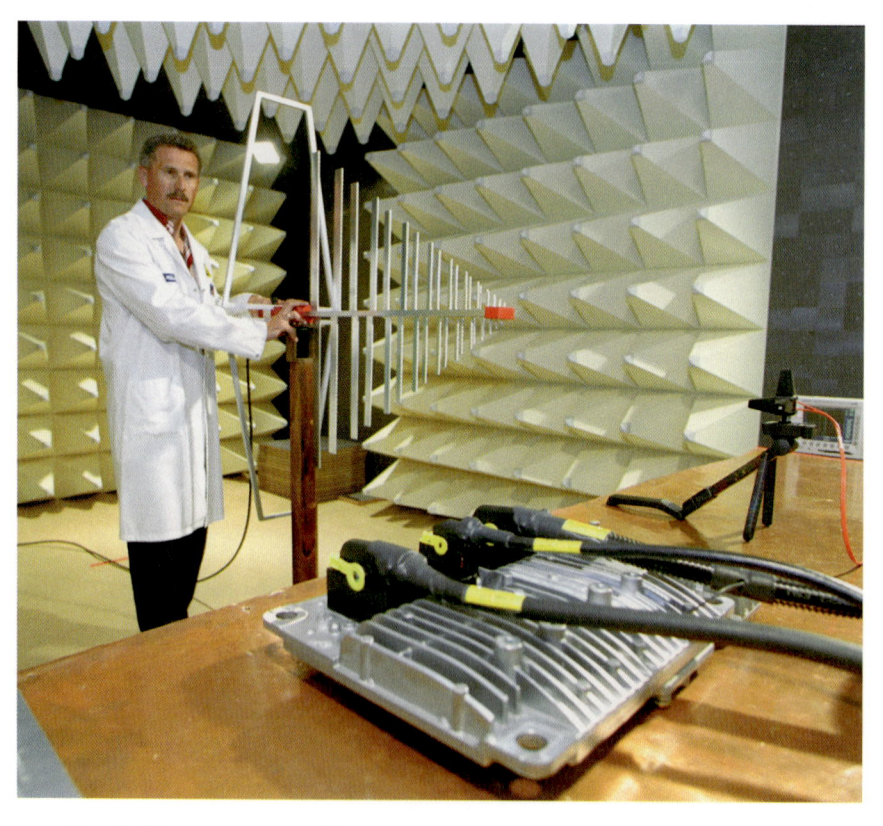

Messkabine: Martin Müller, Teamleiter Prüftechnik, untersucht das neue Motormanagementsystem ADEC (= Advanced Diesel Engine Control) auf dessen elektromagnetische Verträglichkeit.

Die Tests auf Faktoren wie Temperatur, Feuchtigkeit, Schock, Vibrationen und elektromagnetische Umwelt sind gnadenlos. *„Die Höchstbelastungen übersteigen die realen Verhältnisse teilweise um das Mehrfache"*, sagt Martin Müller, Teamleiter Prüftechnik in der Entwicklung. So erreichen elektromagnetische Felder im Versuch mit 50 V/m (Volt pro Meter) das 10fache der durchschnittlichen Werte. Die Temperaturen auf den Klima-Prüfständen schwanken zwischen minus 40 und plus 150 Grad Celsius, die Vibrationen werden bis zum 40fachen der Erdbeschleunigung simuliert. Und auch der bis zu 80 Grad Celsius heiße und 100 bar starke Strahl eines Dampfstrahlgeräts, mit dem Kunden die Motoren reinigen, lässt die Elektronik-Box auf einem Motor kalt. Kurz: Die scheinbar fragile Elektronik nimmt es an Robustheit jederzeit mit der Mechanik von Motoren auf.

Einen hohen Stellenwert besitzt die Elektronik auch bei der Wartung der Motoren und damit der Arbeit der Service-Mitarbeiter. Per Laptop kann ein Monteur, wo immer auf der Welt, über ein Schnittstellenkabel gespeicherte Betriebsdaten aus der Motorelektronik herauslesen und mit Hilfe dieser Daten die notwendigen Wartungs- und Reparaturarbeiten ausführen.

Zu den neueren Entwicklungen im Service-Bereich, bei denen die MTU eine führende Position einnimmt, gehört die Daten-Fernüberwachung von Antrieben per Handy: Zentrale Stellen des Betreibers einer Fähre oder einer Lokomotive erhalten während des Betriebs per Funk die wichtigsten Daten eines Motors. Dadurch lassen sich Wartungs- und Reparaturarbeiten noch während des Motorbetriebs planen und unnötiger Verschleiß verhindern. Während im Schiffsbereich solche Anlagen bereits im Einsatz sind, werden sie im Bahnbereich derzeit getestet.

Mit ihrem Elektronik-Bereich setzt die MTU ein besonderes Zeichen am Markt. Denn bezogen auf die Leistungsklasse ihrer Motoren und deren spezifische Einsatzgebiete – Schiff, Bahn, Bau und Industrie, Schwerfahrzeuge und Aggregate – ist sie weltweit der einzige Motorenhersteller, der seine eigene Elektronik entwickelt und produziert. Ein Alleinstellungsmerkmal, das wesentlich zu ihrem Image als Premiumhersteller beiträgt. Denn niemand kann Motorelektronik besser auf Motoren abstimmen als der Hersteller selbst.
Der große Vorteil dieser Philosophie für den Kunden liegt auf der Hand: Elektronik wird nicht als ein separates Produkt zugeliefert, dessen Entwicklungsphilosophie sich vom Motor unterscheidet. Der Kunde – sei es eine Werft, ein Bahn- oder Schwerfahrzeughersteller – erhält Elektronik und Mechanik wie aus einem Guss. Das erspart ihm viel Abstimmungsarbeit. Den Einbau aller Geräte und Schiffskabel will ihm die MTU so leicht wie möglich machen: Plug and Play – Einstecken und Loslegen heißt die Devise, die eine wichtige Rolle bei der Produktgestaltung spielt. Schließlich profitiert der Kunde auch beim Service: Die Kundendienst-Monteure der MTU müssen sowohl die mechanische wie auch die elektronische Seite der Antriebe beherrschen.

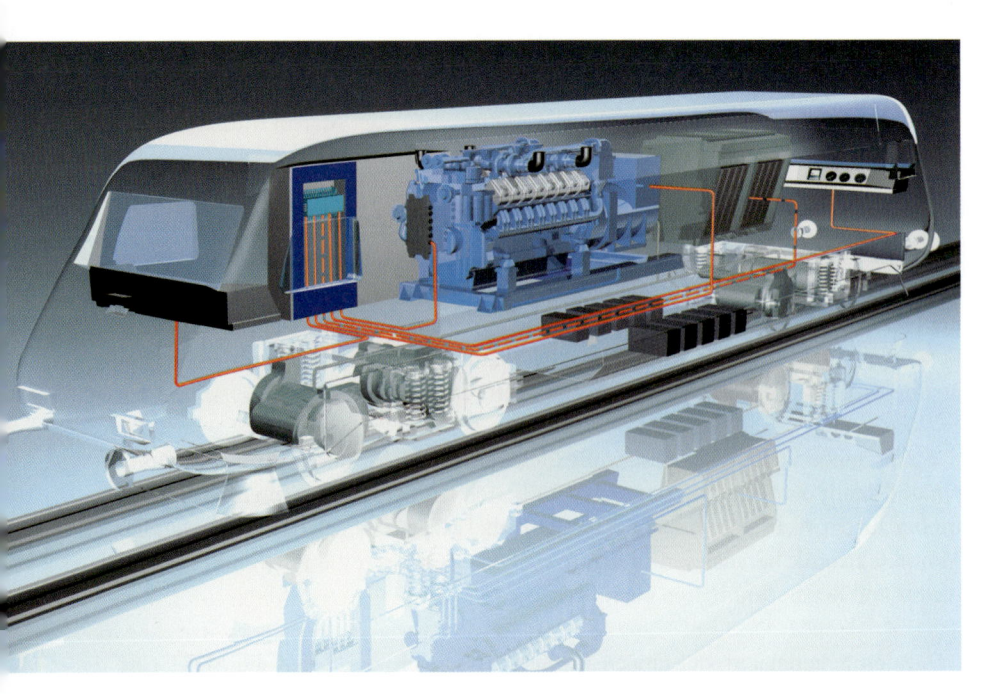

*Überwachungs- und Steuerungssystem eines
dieselelektrischen Lokomotiv-Antriebs.*

Die technologische Spitzenstellung der MTU beruht nicht ausschließlich auf ihrem hohen Elektronik-Know-how. So spielen auch die Themen Aufladung und Einspritzung hierbei eine wesentliche Rolle. Doch kaum ein Bereich hat so universelle Bezüge – über alle Motoren und deren Anwendungsspektren hinweg. Kein Wunder, dass das Unternehmen das bisher Erreichte derzeit in verschiedenen Anwendungsfeldern noch weiter optimieren und durch neue Elektronik-Produkte für verschiedene Anwendungsgebiete ergänzen will: von der Bahn über die Binnenschifffahrt, über Aggregate, Bau- und Industrieanwendungen bis hin zu einem Produktbereich, der in Zukunft erheblich ausgebaut werden soll: Gasmotoren für die stationäre Energieversorgung.

Zusammenwachsen übers Wasser...
Mit dem Katamaran von Friedrichshafen nach Konstanz und zurück

SEBASTIAN DIX

1. Juli 2005, 18.02 Uhr, auf dem Bodensee: Eine Sektflasche zerschellt am Rumpf des ersten Katamarans, rund 800 geladene Gäste auf der Fähre „Tabor" applaudieren. Mit der Taufe von „Constanze" und „Fridolin" – auf dem See, in der Mitte zwischen Friedrichshafen und Konstanz – ist der Weg frei für die neueste Schiffsverbindung am „Schwäbischen Meer": direkt mit dem Katamaran von Friedrichshafen nach Konstanz und zurück.

5. Juli 2005, 12 Uhr, Friedrichshafen: Bundespräsident Horst Köhler, Ministerpräsident Günther Oettinger und Friedrichshafens Oberbürgermeister Josef Büchelmeier durchschneiden das Band und eröffnen damit die Katamaran-Linie offiziell. Zweihundert Diplomaten aus aller Welt fahren anschließend mit den Schiffen über den See.

6. Juli 2005, 5.02 Uhr, Konstanz: Eine Handvoll Passagiere, Journalisten und einige Katamaran-Vertreter sind früh aufgestanden, um bei der ersten fahrplanmäßi-

Katamaran „Fridolin" im nächtlichen Konstanzer Hafen.

gen Fahrt dabei zu sein. Unter ihnen zum Beispiel Lisa Lamb, Studentin aus den USA, die von Friedrichshafen aus in den Urlaub fliegt und über die direkte Verbindung froh ist. Als der Katamaran sich von Konstanz aus in Bewegung setzt und zum ersten Mal sein Ziel in Friedrichshafen ansteuert, geht die Morgensonne auf. Die Gesichter sind gelöst, erleichtert, neugierig, fröhlich.

Kein Wunder: Für die Verantwortlichen ist es das Happy End einer schier unendlichen Geschichte. Sieben Jahre hat es seit der Gesellschaftsgründung gedauert, bis die „Katamaran-Reederei Bodensee" auch wirklich Schiffseigner geworden ist. Widerstände und Bedenken konnten die Verwirklichung der Idee nicht aufhalten – der Idee, dass eine direkte Schiffslinie quer über den See sinnvoll und notwendig ist.

Diese Idee ist neu: zwei schnittige Schiffe, die direkt über den See fahren, ganzjährig im Stundentakt, von 5.02 Uhr bis 20.02 Uhr. Mit einer Fahrzeit von 46 Minuten im Sommer und 53 Minuten im Winter (dann fahren die Katamarane eine andere Route, um die Wasservögel im Konstanzer Trichter ja nicht zu stören) sind die beiden Schiffe schneller als Auto, Bus oder Bahn. „Constanze" und „Fridolin" bieten den Fahrgästen hohen Standard an Bord – ein Bistro, gemütliche Sitzgruppen, komfortable Sessel, Internet-Anbindung und ein eigenes Informations- und Unterhaltungssystem. Auf dem Freideck können sich die Passagiere den Fahrtwind bei 40 Stundenkilometern um die Nase wehen lassen – an heißen Sommerta-

Bistro, komfortable Sessel und Internetanbindung gehören zum hohen Standard an Bord von „Constanze" und „Fridolin".

Katamaran „Fridolin" in der Abendstimmung.

gen ein besonderes Vergnügen. Oder den beiden schlanken Schiffsrümpfen zusehen, wie sie die Wellen mit leisem Plätschern durchschneiden.

„Constanze" und „Fridolin" sind vom See nicht mehr wegzudenken. Tagaus, tagein sind die beiden eleganten Schiffe unterwegs, bei (praktisch) jedem Wetter. 1300 Fahrgäste täglich sind bis zum Jahresende 2005 im Durchschnitt auf den beiden Schiffen unterwegs gewesen. Pendler, Tagesausflügler aus der Region, Urlauber, Geschäftsleute nutzen die schnelle Verbindung.

Ein großer Vorteil: Die beiden Anlegestellen liegen in unmittelbarer Nähe der Geschäftszentren in den Innenstädten und verschiedener Attraktionen wie dem Sea Life in Konstanz oder dem Zeppelin-Museum in Friedrichshafen. Die beiden Städte, die so unterschiedlich sind und sich gerade deswegen so gut ergänzen können, werden langsam zu wirklichen Nachbarn. Messe, Flughafen und pulsierende Wirtschaft hier, Universität, Fachhochschule und das Flair einer mittelalterlichen Stadt mit einer reizvollen Einkaufs- und spannenden Ausgehszene dort rücken ins Bewusstsein der Menschen hüben und drüben.

Wichtig auch: Mit dem Katamaran kommen die Fahrgäste nicht nur schnell über den See, sondern bei Bedarf auch weiter. Denn die Abfahrt- und Ankunftszeiten sind an den Fahrplänen der Busse und Bahnen ausgerichtet. Am Hafenbahnhof Friedrichshafen besteht direkter Anschluss an die Züge der Bodensee-Oberschwaben-Bahn in Richtung Flughafen und Ravensburg. Interessant sind auch die Anschlüsse in Konstanz. Dort stehen die Schweizer Intercity-Züge in Richtung Winterthur und Zürich schon bereit, wenn der Katamaran ankommt. Auf beiden Seiten sind es nur wenige Schritte zu den Bahnhöfen und zentralen Bushaltestellen. Die neue Idee ist bestmöglich realisiert.

Neu ist die Idee – und ist es doch nicht. Jahrhundertelang war der Bodensee ein Verkehrsraum. Lastschiffe sicherten im Mittelalter den Verkehr zwischen den großen Handelsmetropolen, brachten Waren und Menschen schnell und sicher von einem Ufer zum anderen. Doch mit dem Ausbau der Transportwege und Transportmittel rund um den See verlagerte sich der Verkehr zunehmend vom Wasser an Land. Schifffahrten auf dem Bodensee wurden zum Vergnügen, die Ausflugsdampfer waren nur noch im Sommer unterwegs, die (Fahr-)Zeit spielte kaum noch eine Rolle. „Vom Lastschiff zum Lustschiff" nennt der Historiker Karl-Heinz Burmeister treffend diese Entwicklung. Wer schnell von A nach B will, ist auf Straße oder Schiene unterwegs.

Doch seit den 1960er Jahren beginnt ein Umdenken. Erste Studien über die Machbarkeit einer direkten Schiffverbindung werden in Auftrag gegeben. Ein Arbeitskreis mit Vertretern von IHK und den beiden Städten hält einen Linienverkehr mit Tragflügelbooten für möglich. Schmankerl am Rande: Die Auftraggeber der Studie ziehen auch den Ankauf eines Bootes aus sowjetischer Produktion in Erwägung. Mit der Ölkrise Anfang der 70er Jahre erlahmt der Elan und die Idee gerät in Vergessenheit – Tragflügelboote sind laute Spritfresser; das lässt sich mit den Ideen der Initiatoren nicht vereinbaren.

Doch der Autoverkehr rund um den See nimmt rasant zu. Die Straßen sind im Sommer chronisch verstopft, die Bahnverbindungen langsam, Busse eine schwache Alternative. Der See trennt die beiden Ufer immer mehr, wird zum reinen Freizeitrevier, während um ihn herum der Verkehr tobt. Die Idee, den See als Verkehrsweg wieder zu beleben, nimmt Gestalt an.

Anfang der 90er Jahre greifen darum Regionalverband Bodensee-Oberschwaben, die IHK Bodensee-Oberschwaben und Technische Werke Friedrichshafen GmbH (TWF) die Idee wieder auf. Eine Machbarkeitsstudie sagt ein Potenzial von 1200 Fahrgästen pro Tag voraus. Damit lässt sich ein wirtschaftlicher Verkehr betreiben, errechnen die Verfechter der Idee. Die beiden Städte sind Feuer und Flamme. Der Gedanke, dass sie von einer engeren Bindung profitieren, leuchtet allen ein. Im November 1997 beschließen die Gemeinderäte in Friedrichshafen und Konstanz die Gründung einer Reederei, ein Jahr später setzen die beiden Gesellschafter – die TWF und die Stadtwerke Konstanz – dies in die Tat um. Die Katamaran-Reederei Bodensee GmbH ist gegründet.

Doch die Widerstände gegen das Projekt regen sich: Segler fürchten um ihr Wassersport-Revier, Berufsfischer um ihre Fanggründe und ihre Sicherheit. Die hitzige Debatte führt zu einem Bürgerentscheid in Konstanz, der jedoch am so genannten Quorum scheitert: Zwar spricht sich eine Mehrheit gegen den Katamaran aus, doch durch die geringe Wahlbeteiligung ist der Entscheid nicht bindend. Der Gemeinderat in Konstanz hält am Kurs fest und bestätigt seine Entscheidung für den Katamaran. Der Konstanzer Oberbürgermeister Horst Frank und seine Friedrichshafener Kollegen, Dr. Bernd Wiedmann und sein Amtsnachfolger Josef Büchelmeier, setzen sich nach Kräften für den Katamaran ein. Das Land Baden-Württemberg, insbesondere Verkehrsminister Ulrich Müller, erkennt die Verbindung als ÖPNV – öffentlicher Personen-Nahverkehr – an und fördert das Projekt.

Die Gegner bemühen die Gerichte. Erfolglos: In mehrjährigen Prozessen bescheinigen alle Instanzen – bis zum Verwaltungsgerichtshof in Leipzig – der Katamaran-Verbindung die Unbedenklichkeit. Mit modernster Sicherheits-Technik bemühen sich die Katamaran-Verantwortlichen, die Bedenken und Ängste auszuräumen. Der Katamaran wird – mit elektronischer Seekarte, zwei kompletten Steuerständen, Radar und Infrarot-Nachtsichtgeräten – das sicherste Schiff seiner Größe am See. Zumal bei jeder Fahrt zwei erfahrene Schiffsführer an Bord sind.

Und warum zwei Rümpfe? Das gab es schließlich am See bisher fast nur bei Segelbooten. Warum also Katamarane? *„Katamarane sind erheblich sparsamer im Verbrauch"*, weiß Reederei-Geschäftsführer Rainer Schöttle. *„Und extrem wendig sind sie außerdem."* Dafür sorgen die schlanken Rümpfe, das geringe Gewicht – ein Katamaran wiegt rund 55 Tonnen – und die somit geringe Wasserverdrängung. Bremsung aus voller Fahrt bis zum Stillstand in nur zweieinhalb Schiffslängen, das gab es bisher am See noch nicht. Durch den äußerst kleinen Wendekreis können die Schiffe Hindernissen auf dem See gut ausweichen – ein wichtiger Aspekt für die Sicherheit. Und schließlich noch: Bauweise und Gewicht führen dazu, dass der Katamaran viel kleinere Wellen macht als ein herkömmliches Einrumpfschiff. In 30 Metern Entfernung vom Katamaran bewegt sich der See bei voller Fahrt gerade mal um 13 Zentimeter auf und ab.

Sechs Jahre Warten auf die Realisierung. Doch dann muss plötzlich alles ganz schnell gehen. Im Juni 2004 unterschreiben die Geschäftsführer Rainer Schöttle und Kuno Werner den Vertrag mit der Bodan-Werft Kressbronn. In Zusammenarbeit mit der holländischen Damen-Werft bauen die Schiffbauer die zwei Katamarane. Kiellegung im Januar 2005, Stapellauf am 19. Mai – die Bodan-Werft arbeitet unter Hochdruck. Und ist erfolgreich – siehe oben.

Bald ein Jahr ist seitdem vergangen. Die Verbindung hat sich etabliert, die Bedenken sind großteils verstummt. *„Die Fischer und Segler grüßen uns heute, wenn wir an ihren Booten vorbeifahren"*, erzählt Gerhard Fritsche, einer der Schiffsführer, die mit den neuen Schiffen unterwegs sind. Die elegant geschwungenen Schiffe gehören zum Bodensee, Postkarten mit ihrem Bild zieren die Ständer an den Souvenirläden. Ein dritter Katamaran ist im Bau und wird im Dezember 2006 zu Wasser gelassen. Er soll den Katamaran-Verkehr ergänzen: zum Beispiel zu Stoßzeiten, wenn der Platz an Bord knapp wird. Oder am Abend, wenn im Sommer Feste, Konzerte und Biergärten Besucher auf die andere Seeseite locken. Der Katamaran bringt die Menschen zusammen. Oder wie heißt noch einmal der Werbespruch der Katamaraner? *„Der Katamaran – die geniale Verbindung"*.

Die älteste Baustoffhandlung im oberschwäbischen Bodenseegebiet ist 100 Jahre jung

**Franz Gaissmaier GmbH &. Co. KG
– Baustoffe & Fliesen in Tettnang**

ANGELIKA BANZHAF

Nur vier Prozent der Unternehmen in Baden-Württemberg werden hundert Jahre alt. Eines dieser Unternehmen ist die Firma Franz Gaissmaier GmbH & Co. KG Baustoffe & Fliesen. Trotz seines hohen Alters ist der Tettnanger Betrieb stets jung geblieben.

Betrachtet man die Firmengeschichte der ältesten Baustoffhandlung im oberschwäbischen Bodenseegebiet, fällt auf, dass sich hier vier Generationen durch Mut, Menschlichkeit, Toleranz, Kompetenz und den beharrlichen Blick in die Zukunft eingebracht haben. Es fällt weiterhin auf, dass die Firma, bedingt durch Krieg und

Auf 10000 qm bietet die Baustoffhandlung alles für den Bau von der Kanalisation bis zum Dach. Peter Gaissmaier hat sie 1994 übernommen.

Tod, stets von einer jungen Gaissmaier-Generation geprägt worden ist. Nur 23,8 Jahre jung waren im Durchschnitt die Inhaber, als sie jeweils die Geschäftsführung übernommen haben bzw. in das Unternehmen eingetreten sind: 23 Jahre alt war Franz Gaissmaier, als er 1905 den Handwerksbetrieb gründete, 26 bzw. 22 Jahre dessen Söhne Franz jun. und Hermann, als sie zwanzig Jahre später in die Firma eingetreten sind. Mit 27 Jahren gehörte Hermann Gaissmaier jun. fast schon „zum alten Eisen", als er im Jahr 1974 in der Baustoffhandlung anfing zu arbeiten. Jüngster Spross war Peter Gaissmaier: Mit nur 21 Jahren hat er 1994 nach dem Tod seines Vaters die Firma übernommen.

Auf einer Fläche von 10000 Quadratmetern bietet heute die Baustoffhandlung alles für den Rohbau und die Kanalisation, liefert Dämmstoffe für Dach und Fassade, Materialien für den Trockeninnenausbau sowie chemische Baustoffe für die Bausanierung. Große Themenfelder sind Gartenbaustoffe und Fliesen, verbunden mit einer eigenen Abteilung. Neben Handwerkern, Bauunternehmern und Architekten, welche oft seit Jahrzehnten mit Gaissmaier zusammenarbeiten, stammen 20 Prozent der Kunden aus dem privaten Sektor.

Allein 15000 Artikel können in der Baustoffhandlung vom bestehenden Lager abgerufen werden. Bedenkt man, dass der Wert dieses Warenlagers im Jahr 7,5 Mal umgeschlagen wird, wird die Di-

15000 Artikel können vom Lager abgerufen werden.

Firmenchef Peter Gaissmaier packt selbst mit an.

mension des Unternehmens deutlich. Gleichartige Gewerbe schlagen im Schnitt ihr Lager zwischen fünf und acht Mal um. *„Wir sind stolz, dass wir durch unsere gesunde Marktstruktur unseren Platz behaupten können und seit Jahren mit unserem Wachstum deutlich über jenem der Baubranche liegen"*, betont Peter Gaissmaier.

Seit 1978 ist das Unternehmen im Gewerbegebiet Schäferhof angesiedelt und nutzt mit der Anbindung an die Umgehungsstraße B 467 die regionalen Vorteile: Die günstige Verkehrssituation und der eigene Fuhrpark sorgen für schnelle Lieferzeiten und schaffen zufriedene Kunden. Dass es sich hier lohnt zu investieren, ist für Peter Gaissmaier selbstverständlich: So besitzt die Firma mit dem unbemannten, ferngesteuerten Gabelstapler „Crayler" deutschlandweit eine Neuheit im Baustoffhandel: Der Crayler kann auch bei engen Platzverhältnissen und schwerem Gelände Baustoffe bis in die zweite Etage liefern.

„Um bestehen zu können, ist betriebswirtschaftliches Denken unabdingbar. Eine genaue Marktkenntnis, ein gutes Kostenmanagement, Flexibilität, Kontinuität sowie eine ausgeprägte Mitarbeiter-Motivation sind klare Zielsetzungen unseres mittelständischen Unternehmens", betont Gaissmaier. *„Ein Patentrezept gibt es allerdings nicht."* Der intensive Kontakt zur Basis, also zu den Handwerksbetrieben und privaten Kunden, wird als oberste Devise für jeden Mitarbeiter ausgegeben. Organisierte Handwerker-Ausfahrten zu Messen oder einzelnen Baustoff-Herstellern werden für das Gaissmaier-Team zur wichtigen Informationsbörse. *„Nur durch Zuhören erfahren wir, was der Kunde will."* Dass hierbei Qualität, Preis, Zuverlässigkeit, Service und Tempo eine große Rolle spielen, weiß der Inhaber. *„Sie sind für die Umsetzung unserer kundenorientierten Ziele prägnant."*

Wichtige Impulse werden so früh wie möglich aufgefangen und als Herausforderung gesehen. Intensive Schulungen sorgen dafür, dass jeder Mitarbeiter ein Vollprofi auf seinem Fachgebiet ist und zur Kundenzufriedenheit beiträgt. Auch im Sektor umweltverträglicher, biologischer und schadstoffarmer Baustoffe ist die Firma seit vielen Jahren aktiv und bemüht sich um deren Einsatz, Beratung und Anwendung. Mit einem mit 10000 Euro dotierten Preis, welcher zu gleichen Teilen an einen Bauherrn und die Firma Gaissmaier ging, wurde die Baustofffirma zudem jüngst in der Zeitschrift „Bauen & Renovieren" für ihre vorbildliche Energiefachberatung und Betreuung ausgezeichnet.

Stets „am Ball bleiben" bedeutet für Gaissmaier seit jeher Verpflichtung, um auch in der kurzlebigen Zeit, in der das Verbraucherverhalten unkalkulierbar geworden ist und Trends in immer kürzeren Zyklen wechseln, bestehen zu können. Ganz getreu diesem Grundsatz prägten in der Vergangenheit vier Generationen das Geschehen: *„Die Entscheidung, von Meckenbeuren, dem Gründungssitz meines Urgroßvaters, nach Tettnang umzusiedeln, war nicht nur die weitestreichende, sondern auch die innovativste"*, erklärt Peter Gaissmaier. Dennoch war es für den heute 33-Jährigen ein schwerer Schicksalsschlag, als sein Vater Hermann 1994 an den Folgen einer schweren Krankheit starb. *„Ich arbeitete vier Jahre lang zweigleisig: Morgens lernte ich an der Fachhochschule in Biberach die Theorie, mittags die Praxis im eigenen Geschäft"*, blickt der junge Mann, der 1998 sein Diplom mit einem ausgezeichneten Ergebnis erworben hat, zurück. Diese harte Zeit hat ihn positiv gefordert und ebenso geprägt wie seine Arbeit als Rettungssanitäter, die er in seiner Zivildienst-Zeit leistete. Die in diesem Umfeld erlebten Schicksale haben

Peter Gaissmaier bespricht sich mit Alexander Richert (links). Er ist einschließlich seiner Ausbildungszeit seit 1988 bei der Firma und ist heute in Verwaltung und Buchhaltung tätig.

Stets ein Ohr für seine Mitarbeiter: Peter Gaissmaier mit Lagermeister Georg Stärk, der seit 1988 in der Firma beschäftigt ist.

ihm zu denken gegeben und Spuren hinterlassen. Deshalb steht heute bei Peter Gaissmaier mehr denn je der Mensch im Mittelpunkt. Erst danach zählen für ihn betriebswirtschaftliche Ergebnisse und Erfolgszahlen. Dieses Bekenntnis spüren auch seine 25 Mitarbeiter.

Stets hat der junge Unternehmer für seine Mitarbeiter ein offenes Ohr; die Meinung des Einzelnen ist für ihn bei seinen unternehmerischen Überlegungen wichtig. Gemeinsame Ausflüge und Unternehmungen, wie etwa beim Fallschirmspringen oder als Team auf der Go-Kart-Bahn, prägen das Betriebsklima und verdeutlichen den menschlichen Führungsstil. „*Vom Verkäufer bis zum Kraftfahrer und Lagerarbeiter identifiziert sich jeder Einzelne mit unserem Familienunternehmen*", freut sich Peter Gaissmaier über den Zusammenhalt.

Dass seine Mitarbeiter kräftig mit anpacken, haben sie bei der 100-Jahr-Feier am 25. Juni 2005 bewiesen: Über tausend Handwerker, Geschäftskunden und Freunde kamen zu der großen Feier auf dem Betriebsgelände im Schäferhof. „*Wir brauchen Unternehmen wie das Ihre, welche mit Mut und Weitsichtigkeit an die Bewältigung von Herausforderungen herangehen*", beglückwünschte Peter Hüni, Vizepräsident der IHK Bodensee-Oberschwaben, Peter Gaissmaier. Glückwünsche kamen auch vom BDB-Geschäftsführer Lothar Müller. Mit Stolz dürfe er auf einen Mann blicken, so Müller, der im Jahr 2000 zum Zweiten Vorsitzenden der Kooperation Baustoff Verbund Süd gewählt worden ist. Seine kompetente Meinung, seine Sichtweise des Mittelstandes sowie sein stetiges Engagement waren die Gründe, dass Peter Gaissmaier nur wenige Tage vor der 100-Jahrfeier als bisher jüngster Vorstand in den Gesamtvorstand des Deutschen Baustoff-Fachhandels gewählt wurde. „*Es gibt seit Kriegsende keinen Jüngeren, der dies geschafft hat*", verkündete Müller bei der Jubiläumsfeier.

In Seppi Recks Pralinen lodert Pfeffer
Neues aus einer Tettnanger Feinbäckerei

HELMUT VOITH

In Tettnang kennt ihn jedes Kind, den Seppi Reck vom „Reck-Beck". Nicht nur seine Vollwert-Backwaren vom Dinkellaible bis zur Roggenvollwertstange, sondern auch sein „Mopedle" – sprich seine geliebte alte Harley – und seine Liebe zur Kunst und zu den Künstlern. Am 13. Dezember 2005 stellte er im Tettnanger Torschloss einen neuen „Kunst-Genuss" vor: wild-würzige Pralinen und Schokoladetafeln, für die zehn Künstler der Region das Outfit geschaffen haben. So viele strömten zu dem Event, dass man schon fast Platzangst bekam.

Eigentlich ist Seppi Reck Bäcker. 1991 hat er die Feinbäckerei von seinem Vater Karl übernommen und führt den Betrieb, der seit 1889 seinen Stammsitz in der Storchenstraße 13 hat, nun schon in der vierten Generation weiter. Für sein Brot und seine Backwaren wurde er in den letzten beiden Jahren im „Feinschmecker" ausgezeichnet, auch das Fernsehen war schon mehrfach in seiner Backstube zu Gast. Kein Wunder, denn er stellt nur noch Brote nach eigenen Rezepturen her und verwendet ausschließlich selbst gezogenen Natursauerteig. Auch das Bioland- oder Demetergetreide für die Vollwert-Backwaren wird an Ort und Stelle selbst gemahlen und geschrotet.

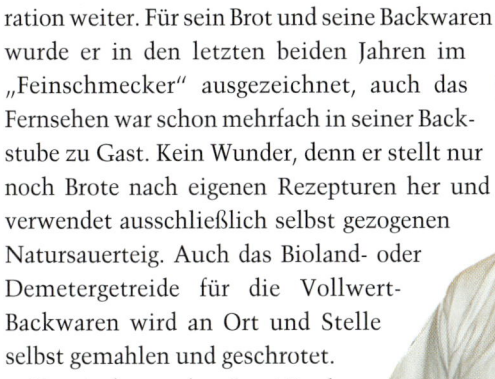

Von Anfang an hat Seppi Reck auch als Feinbäcker und Konditor gearbeitet und später die Konditorei-Ausbildungsbefugnis erworben. Vor elf Jahren kreierte er seine ersten Pralinen, die „Hop-

Strahlend zeigt Seppi Reck seine süßen Kreationen.

Seppi Recks Pralinen: „wild & würzig".

fenkügele", die er mit Hopfenbitter impft. Und bis heute hat er sich seine Neugierde auf Neues bewahrt.

Seine Frau Esther weiß ein Lied davon zu singen, mit welcher Begeisterung er spontane Ideen umsetzt – wenn möglich sofort. So war es bei den „Hopfenkügele" und so war es 1997 bei der Herausgabe des Kochbuchs „Speisen wie die Grafen von Montfort" nach Originalrezepten aus dem späten 18. bzw. frühen 19. Jahrhundert aus einer handschriftlichen Sammlung, die ihm sein Vater geschenkt hatte (siehe „Leben am See", Band 16, Seiten 147 – 152). Denn die Reck-Kinder sind mit Kunst aufgewachsen, mit alter Kunst, die der Großvater leidenschaftlich sammelte und der Vater liebevoll bewahrte. Wer sich im Laden umschaut, wird über den Brotregalen alte Ansichten von Tettnang finden, Urkunden, historische Backformen... Und ein Großteil der religiösen Kunstwerke, die das Museum Langenargen ausstellt, sind Leihgaben aus dem Hause Reck.

Beide Stränge – der Spaß am Experimentieren, am Außergewöhnlichen und die Liebe zur Kunst – vereinen sich in Seppi Recks jüngster Kreation, den „Pralinen und Schokolade – wild & würzig", die er unter dem Namen „Kunst-Genuss" in der Städtischen Galerie im Torschloss vorstellte, zusammen mit ausgewählten Bildern der beteiligten Künstler.

Erst wenige Wochen zuvor hatte sich Seppi Reck auf der Bäckerfachmesse die Anregung geholt, Schokolade und besonders Pralinen mit seinen Lieblingsgewürzen anzubieten: „Wenn es mit Chili geht, geht es mit jedem Gewürz", dachte er sich – also wohl auch mit Ingwer, Kardamom, Curry oder Tandoori Masala. Wenn man das hört, dann kommen einem doch leise Zweifel. Doch Moment mal: Hat man nicht schon vor Jahren in guten Lokalen als besondere Delikatesse Erdbeeren mit Pfeffer auf der Dessertkarte entdeckt? Kenner schwärmen davon, dass der Pfeffer den Eigengeschmack der Früchte besonders intensiv zutage bringe. Warum also nicht Pralinen mit exotischen Gewürzen?

Als Historiker denkt man da sofort an die Speisenzusammenstellung in der feinen mittelalterlichen Küche. Oft waren die scharfen Gewürze hier dringend nötig, um zu verbergen, dass das Fleisch längst nicht mehr appetitlich frisch war. Doch hat man damals auch Honig und süße Beeren zu Fleisch gegessen – Preiselbeeren werden heute noch zu Wild geschätzt.

Seppi Reck hat in seinen wilden Jugendjahren 1976 und 1979 „auf dem Hippiepfad" Indien und Afghanistan bereist und die dortigen Gewürze kennen und schätzen gelernt. Er hat uns von grundlegenden Unterschieden erzählt: dass in Indien das Gewürz im Vordergrund stehe, dass es sich im Mund entfalten solle, während es in der feinen Küche des Westens dazu diene, um den Eigengeschmack des Fleisches hervorzuheben. Kaum war also die Idee geboren, ging er eines Sonntags daran, von morgens halb elf bis spät in die Nacht verschiedenste Würzmischungen für die Pralinenfüllungen auszuprobieren, wieder eine Kleinigkeit zu verändern, frische Pralinen zu machen, wieder zu probieren und die Geschmacksnerven dazwischen mit Joghurt und Brot zu beruhigen.

Seine Mühen haben sich jedenfalls gelohnt: Am Ende hatte er neun verschiedene Geschmacksrichtungen für seine Trüffel kreiert. Dazu kamen zehn unterschiedlich gewürzte Schokoladensorten, von der weißen Schokolade mit „Curry und Banane", „Curry und Macadamianuss" oder „Kardamom, Pinienkernen und Berberitze" und der Vollmilchschokolade mit „Koriander, Walnuss und Ananas" oder „Ingwer, Haselnuss und Mango" bis zur dunklen Schokolade mit „Garam Masala, Paranuss und wilder Shirazfeige", „Chili und Granatapfelkernen" oder „Galgant, Papaya und Kokosnuss". Kreationen von eigenwilligem Reiz. Selbstbewusst sagt er von sich: „I hon e guets Züngle."

Die besondere Würze ist nur eine Seite der neuen Produkte, die andere ist ihre eigens dafür kreierte künstle-

Neben der Backstube ist die kleine „Pralinenküche", hier rührt Seppi Reck seine Würzmischungen zusammen.

Die Einladung zur Vorstellung des „Kunst-Genusses" zeigt Motive der Künstler.

rische Verpackung. Seppi hat seit jeher Kontakt zu Künstlern gepflegt, er bewundert ihre Kreativität, ihr Anderssein. Aber er weiß ganz genau: „I bin Handwerker, i bin kein Künstler, i kann's it, aber i bin gern mit ihnen zusammen." Daher ist es kein Wunder, dass er auf die Idee kam, verschiedene ihm bekannte Künstler darum zu bitten, Zeichnungen für die Banderolen der Pralinenpackungen zu entwerfen und auch die Verpackung der „wilden und würzigen" Schokolade zu gestalten. Seine einzige Vorgabe war das Format und dass das Bild schwarz-weiß sein und einen groben Bezug zum Inhalt, also zu Schokolade und Gewürzen im weitesten Sinn, haben sollte. Dominik Zehle aus Friedrichshafen, jetzt in Radolfzell lebend, und seine Frau Bettina, Manfred Zacher und Jürgen Weing lud er ein, dazu die Mitglieder der Tettnanger Malgruppe Duktus, das sind Angelika Banzhaf, Thomas Geiger, Rita Huchler, Josefine Hurler, Adi Schreiber und Petra Schulz. „Nach den ersten zwei Pralinen habe ich alles akzeptiert", bekennt Dominik Zehle, und das sagt alles. Viel Zeit hat ihnen Seppi nicht gelassen: gerade mal fünf Tage, um ihre Ideen auf dem kleinen Format umzusetzen.

Beim Arbeitstreffen im Nebenzimmer vom Hotel Rad waren wir dabei. Geschäftiges Treiben. Jeder hat eine Mappe mitgebracht, legt seine Entwürfe auf den Tisch, begutachtet mit fachmännischem Blick, was die anderen für Ideen hatten. „Hosch du des mit em Computer gmacht?", fragt einer. „Noi, alles von Hand – mit zwei Gläsern Wein hat des klappt", ist die Antwort. Seppi schaut beglückt die Entwürfe an. „Wunderschön, super", strahlt er, „do isch koi oinzigs drbei, wo mir net gfallt – jeder hat en andere Stil und des isch des, was mir so gfallt." Er fragt seine

Im Nebenzimmer des Hotel Rad werden die Entwürfe für die Banderolen gemeinsam begutachtet, hier Seppi Reck und Frau Esther.

Frau Esther nach ihrer Meinung und ist hochzufrieden, wenn sie auf den gleichen Entwurf tippt.

Manfred Zacher klagt, dass er doch immer in großen Formaten arbeite – ob man das nicht mit der heutigen Technik hätte verkleinern können? Es hat ihm nichts geholfen, er musste wie die anderen das Original in der vorgegebenen Größe liefern. Dominik Zehle hat das Format nicht ganz getroffen, er weiß sich zu helfen. Unbeeindruckt von dem Trubel um ihn herum hält er seinen Entwurf an ein leeres Glas, schaut hindurch und bringt ihn auf die richtige Größe. Von jedem Künstler ist je ein Motiv für die Pralinen und die Schokolade ausgewählt worden – dabei ist eine interessante Bildergalerie herausgekommen. „I bin zfriede, richtig zfriede – so ganz aus em Bauch raus", sagt Seppi am Ende und strahlt.

Natürlich ist die Idee als solche nicht neu, es gibt auch Etiketten für Weinflaschen, die von Künstlern gestaltet wurden. Aber hier sind es Künstler aus der Region und sie haben die Möglichkeit, ihre Arbeiten einem erweiterten Publikum bekannt zu machen. Gut für den Künstler und gut für Seppi Reck, der die gewürzten Pralinen und die Schokolade kreiert hat und in seinem Betrieb produziert.

Was hat wohl Dominik Zehle mitgebracht?

Pralinen „wild & würzig" mit und ohne künstlerische Verpackung.

Heiße Diskussionen gab es in der Familie wegen der Schachteln. Seppi hatte sie schon in Schwarz, Weiß und Rot geordert, doch sein Sohn Josua, inzwischen Student, hat beim Familienrat vehement für das alleinige Schwarz gekämpft und rasch auch die Mutter dafür gewonnen, so dass Seppi zuletzt nichts anderes übrig blieb, als sich auch überzeugen zu lassen. Zwei BWL-Studenten von der Uni Hohenheim haben durch Umfragen das Terrain sondiert. Heute kommt man nicht einfach mit einem neuen Produkt auf den Markt, sondern betreibt Marktforschung und Marketing. Und Frau Esther unterstützt voll ihren Mann. Bei seinen spontanen Ideen ist sie Kummer gewöhnt und seufzt nur nebenbei, ob das gerade in der Hektik des Betriebs vor Weihnachten habe sein müssen. Sie weiß, dass er nicht zu bremsen ist, wenn ihn eine Idee gepackt hat, und diese hier kam erst Ende Oktober... Ob es bei einer Fahrt durch Oberschwaben mit seiner geliebten Harley war oder einfach beim Joggen? Er überlegt kurz und sagt: „Ja, du hast Recht, beim Joggen kommen mir immer gute Ideen." Doch diesmal kam die Anregung doch beim Gang durch die letzte Bäckerfachmesse.

Zeppeline zum Anbeißen

Handgeschöpfte Schokoladenspezialitäten vom Traditionshaus Weber&Weiß in Friedrichshafen

CHRISTEL VOITH

Im Shop des Zeppelin Museums gibt es nicht nur Bücher und Souvenirs rund ums Thema Zeppelin, sondern auch süße Zeppeline zum Anbeißen: Zeppelin-Pralinés vom Friedrichshafener Traditionshaus Weber&Weiß, das als einzige deutsche Confiserie in die „Chaîne Confiseur", den Ring der führenden Schweizer Chocolatiers, aufgenommen wurde.

Wir sitzen im Büro des Juniorchefs und reden vom „Grand Cru" Nr. 1 bis 9, den er uns anbietet, von der genau bekannten Einzellage. Nein, nicht in Frankreich oder Italien, sondern im nördlichen Südamerika, in der Karibik. Noch viel verwunderlicher sind die Prozentangaben: von 45 bis 90 Prozent! Vom Wein kann hier wirklich nicht die Rede sein, auch nicht von hochprozentigen Getränken, aber von Schokoladetafeln, deren Kakaoanteil – in 5-Prozent-Stufen gestaffelt – bis auf 90 Prozent ansteigt. Eine Schokolade, die man nicht einfach nebenbei in sich hineinfuttert, die man auch nicht zerkaut, sondern genussvoll auf der Zunge zergehen lässt.

Bei Kaffee und Tee verbindet man bestimmte Namen mit ihren Herkunftsorten, aber wer weiß schon, dass es auch beim Kakao schmeckbare Unterschiede gibt, je nachdem, woher die Kakaobohnen stammen? Dass deren Herkunft den Geschmack der Schokolade entscheidend beeinflusst? So kommen für den oben erwähnten „Grand Cru", den Weber&Weiß anbietet, nur die Elitebohnen des vor allem in Venezuela, Ecuador und Java angebauten Criollo in Frage, der als der beste Kakao gilt. Sein Anteil an der Welternte beträgt nur drei Prozent und nur wenige Hersteller bieten reinsortige Criollo Edelschokolade an – einer davon ist in Friedrichshafen zu finden.

Michael Weiß, Juniorchef der Konditorei Weber&Weiß in Friedrichshafen, deren reiches Schokoladen- und Pralinensortiment wie auch die Torten und Gebäcksorten Kennern schon beim Anblick das Wasser im Mund zusammenlaufen lassen, weiht uns in die Geheimnisse seiner Schokolade ein. „Ich bin Purist", sagt er – nichts überlässt er dem Zufall.

Ebenso wesentlich wie die Herkunft ist, wie Michael Weiß uns erklärt, wie der Edelkakao weiterverarbeitet wird, wie er noch im Herkunftsland fermentiert und nachher geröstet und gemahlen wird. Während der vor allem in Westafrika, Brasilien und Asien angebaute Konsumkakao der Marke Forastero, die etwa 85 Prozent der Welternte ausmacht, für die Großproduzenten von Schokolade aus Spargründen möglichst schnell gemahlen wird, oft nur eine Stunde lang, wird beim Edelkakao die Kakaomasse über drei Tage lang langsam über Walzen bewegt – ein Vorgang, bei dem die Bitterstoffe sich verflüchtigen und die Aromen verstärkt werden.

Michael Weiß kennt seinen Schweizer Hersteller, weiß, dass er seinen Criollo-Kakao aus ganz bestimmten Lagen importiert und sortenrein verarbeitet. Wie hier ist Weiß auch sonst Purist. Anders als in Großbetrieben, die auf eine längere Lagerzeit angewiesen sind, verwendet er keine Konservierungsstoffe. Seine Schokoladen und Pralinen werden jeden Tag in kleinen Mengen frisch produziert und sollten auch gleich frisch genossen werden. Farbstoffe lehnt er ebenfalls ab, gefärbt wird nur mit natürlichen Säften und Fruchtmark. Ebenso frisch sind die in Handarbeit verarbeiteten Naturprodukte, vom frisch aufgeschlagenen Ei, das direkt beim einheimischen Bauern bezogen wird, bis zur Molkereibutter

Die frischen Naturprodukte bezieht Michael Weiss vom einheimischen Bauern.

Ein Schlaraffenland mit köstlichen Pralinen und Torten: das neu umgebaute Geschäft in der Charlottenstraße.

und frischen Sahne von Omira. „Bodenseefrüchtchen" werden mit Kirsch, Himbeerdestillat oder Destillat aus Spätburgundertrauben vom See gefüllt, während der Rum direkt aus Kolumbien importiert wird.

Für die „Grand Cru"-Schokoladetafeln werden die Zutaten direkt „trocken" mit der Kakaomasse vermengt, ob Crisps, Müsli oder Knusperwaffeln, Espresso oder Stückchen von Rohkakao, ob Früchte oder mit der Granitwalze feingeriebene Gewürze wie Ingwer, Muskat-, Zimt- oder Orangenblüten.

Vom Champagnertrüffel bis zum Bodensee Grappa

Damit heben sich die Schokoladetafeln ganz bewusst von den gefüllten Pralinen ab, den weiteren Confiserie-Spezialitäten des Hauses. Köstlich liest sich die Liste der vierzig verschiedenen Pralinésorten vom Champagnertrüffel, der eine Goldmedaille errang, bis zum Montélimar-Nugat, vom Milano-Marzipan bis zur Hopfenblüte, deren cremige Trüffelmasse Hopfenblütendestillat und einen Hauch Haselnuss enthält, vom Bodensee Grappa bis zum Grand Marnier oder Irish Coffee mit frisch gebrühtem Kaffee und original Irish Whiskey in der Trüffelmasse. Je nach Füllung wählen die Schokoladespezialisten die dazu passende charaktervolle „Grand Cru"-Kuvertüre aus.

Nicht minder wichtig als der Inhalt ist auch die Form. Ein Renner sind beispielsweise die Zeppelin-Pralinen in Edelvollmilch und Zartbitter, die seit mehr als fünfzehn Jahren im Programm sind und im Februar 2005 vom Pralinenclub Deutschland zur Praline des Monats gewählt wurden. Um jeden Wunsch erfüllen zu können, baut man bei Weber&Weiß die Formen selbst, nicht nur für reizende Weihnachtsengelchen oder sportliche Osterhasen, sondern auch für Firmenpräsente aller Art. Ob Fußball oder Zahnrad, Scheibenwischermotor oder BMW-Mini, Glühbirne, Dampfkochtopf, Brillenetui oder Herrenuhr – da gibt es nichts, was ein kreativer Confiseur nicht aus Schokolade maßschneidern könnte.

Ein Familienunternehmen mit Tradition

Mit berechtigtem Stolz erzählt Michael Weiß, dass seine Firma als bisher einziges deutsches Unternehmen in die „Chaîne Confiseur", den Ring der führenden Schweizer Chocolatiers, aufgenommen wurde. Dass er „von der Schokolade infiziert" ist, wurde ihm schon in die Wiege gelegt. Denn die Konditorei Weber&Weiß ist ein Familienbetrieb, den Großvater Albert Weber mit seiner Frau Paula 1932 gegründet hat. In den Nachkriegsjahren wurde die Konditorei mit Café und Produktion am heutigen Standort in der Charlottenstraße gebaut. Als Gründungsmitglied der Messe Friedrichshafen hat Großvater Weber seine schmackhaften Produkte schon auf der Messe verkauft, eine Tradition, die seit 2002 auf der Neuen Messe fortgeführt wird.

Als die Tochter Antoinette Weber Ende der 1950er Jahre den Konditormeister Gabriel Weiß heiratete, baute dieser nach und nach den Confiseriebereich mit Pralinen- und Trüffelspezialitäten auf. Gabriel Weiß, den heutigen Seniorchef, hatten seine Wanderjahre durch Europa und bis nach Südamerika geführt. Lange Jahre gab er seine reichen Kenntnisse und Erfahrungen als Fachlehrer an den Konditorennachwuchs weiter.

Neben den handgeschöpften Schokoladenspezialitäten laufen die traditionellen Konditoreiprodukte, Torten, Kuchen und Gebäck, weiter. Mehr noch als ein Blick ins Schaufenster zeigt davon die wunderschön aufgemachte und bebilderte Homepage (www.weber-weiss.de). Denn da gibt es nicht nur die schönsten Obst- und Nusstorten, die über den heimischen Tellerrand hinausschauende Lemon Tarte, Französische Punschtorte und Zuger Kirschtorte, sondern phantasievolle Hochzeitstorten und als Spezialität „Fototorten", auf denen das gewünschte Foto farbig oder schwarzweiß mit natürlichen Lebensmittelfarben gedruckt erscheint, ganz nach Wunsch auch in einem Schokoladenrahmen.

Michael Weiß ist ein „Chocoholic"

Womit wir wieder bei der Schokolade und bei „Chocoholic" Michael Weiß wären. Seit 1990 ist der Enkel mit im Betrieb. Er hat nach dem Abitur eine Lehre zum Konditor-Confiseur in der Schweiz absolviert und danach in führenden Schweizer Betrieben in Kanada viel praktische Erfahrung gesammelt. Dass er anschließend in Augsburg Wirtschaftswissenschaften studiert und sein Studium mit Diplom ab-

Juniorchef Michael Weiss und Frau Martina freuen sich über den gelungenen Umbau.

geschlossen hat, hilft ihm heute, wo neben dem Fachwissen sehr viel an Management verlangt ist, sehr. Obwohl ihm die Promotion angeboten wurde, ist er nach dem Studium gleich in den elterlichen Betrieb eingestiegen und hat an den Wochenenden in Ulm den Meister gemacht.

Mit seinem Einstieg wurde das kleine Café geschlossen, um die Backstube zu vergrößern. Von der Mehlabteilung führt eine Schleuse in die hintere Backstube, wo die Torten fertiggemacht und verziert werden, und in den Schokoladenbereich, in den kein Mehlstaub mehr gelangen soll, da viele Leute – nicht nur Michael Weiß selbst – auf die Mikroorganismen im Mehlstaub allergisch reagieren. Rund zwanzig Mitarbeiter sind hier wie im Verkauf beschäftigt. Vier Meister, zwei Gesellinnen und vier Lehrlinge arbeiten mit ihm in der Produktion. Am guten, qualifizierten Nachwuchs fehle es ihm nicht, auch wenn manchen jungen Leuten, die vom Schnupperpraktikum begeistert waren, von ihren Lehrern wieder abgeraten wurde. Eine Tatsache, die er bedauert, aber auch versteht, denn für engagierte Leute seien die Aufstiegs- und Verdienstmöglichkeiten mager: In den letzten zwanzig Jahren habe sich die Zahl der Betriebe in Deutschland halbiert, nur noch zweitausend Konditoreien seien übriggeblieben, die meisten mit Cafébetrieb als zusätzlicher Einnahmequelle. So wandern viele fertige Konditormeister ab in die Hotellerie, wo sie als Pâtissiers für das Dessert die weitaus besseren Chancen haben.

Auf der Homepage ist so eine Erfolgsgeschichte über „Alexandra

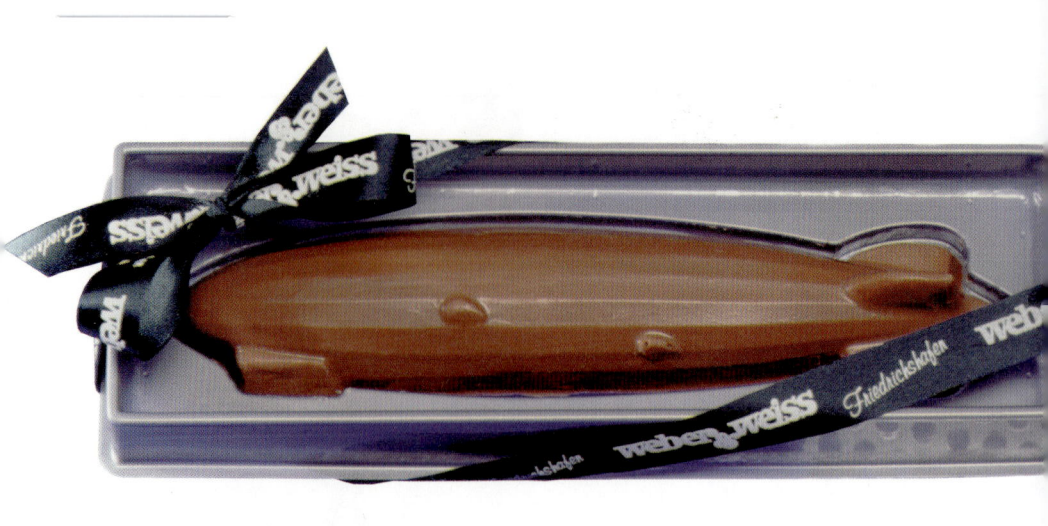

Lang, die Süßigkeitenfee" zu lesen. Wie ein Handwerksbursche auf der Walz hat die Tochter eines Sternekochs und Hoteliers aus Meersburg an ihre Lehre bei Weber&Weiß ein „learning bei doing" in besten Gourmetküchen angehängt, vom Schlosshotel auf der Wielandshöhe zum Schweizerischen „Sterneparadies" in St. Moritz – nächste Station ist die Traube Tonbach in Baiersbronn. Auch Weiß' Azubi Ralf Wenzler, der bei der Abschlussprüfung der Konditoreninnung Oberschwaben als Innungsbester abgeschlossen und beim Thema Märchentorten mit seiner Froschkönigtorte den Carlo-Wildt-Pokal gewonnen hat, wird demnächst in einem der renommiertesten Hotel Deutschlands in Baiersbronn als Pâtissier für die Desserts zuständig sein.

Wer nun meint, im süßen Schlaraffenland werde andauernd genascht, der irrt. Alexandra Lang jedenfalls fehle der „süße Zahn". Marzipan finde sie schrecklich, Schokoladenosterhasen verschenke sie weiter und esse allenfalls ein Gummibärchen, umso lieber aber eine Kiwischeibe oder ein Stückchen Ananas.

256 | Traditionshaus Weber&Weiß in Friedrichshafen

Aus der wechselvollen Geschichte des Argentales

Eine historische Wanderung von Langenargen bis Schloss Achberg

THOMAS MARKTANNER

„Warum denn in die Ferne schweifen, wenn das Gute liegt so nah?" Dieser alte Spruch ist heute mehr denn je aktuell, in einer Zeit, in der selbst die entferntesten Winkel der Erde leicht zu erreichen sind. Denn über den Schönheiten anderer Länder und Kontinente sollte man die der engeren Heimat nicht vergessen. Sie erschließen sich uns nicht nur am Seeufer mit seinen reizvollen Städten und Dörfern, sondern auch auf einem Netz von Wanderwegen, das den Bodenseekreis auszeichnet.

Zu den beliebtesten Wandergebieten, das alljährlich Tausende anlockt, zählt das in der Bodenseeebene beginnende, ab Gießen beiderseits von Höhenzügen flankierte Argental, die Landschaft zwischen Langenargen und Achberg. Sie ist geprägt von Wäldern, Wiesen, Äckern, Obstanlagen, Hopfengärten und Sonderkulturen, aber auch von einer Vielzahl wertvoller Biotope, die eine artenreiche Tier- und Pflan-

Zauberhafte Stimmungen bietet eine Wanderung entlang der Argen.

zenwelt beherbergen. Manche finden sich am Ufer oder unweit der Argen, andere abseits vom Fließgewässer. Somit erwartet den Wanderfreund argenaufwärts am Wegesrand eine Fülle von Naturerlebnissen, die sich aber oft nur dem guten Beobachter erschließen. Doch schon das Gewässer allein lohnt für den Naturfreund eine Wanderung ins Argental, hat es ab Gießen doch noch den Charakter eines teilweise von Steilufern und Prallhängen gesäumten Wildflusses, der uns das ganze Jahr über mit seinen wechselnden Stimmungen bezaubert: vom Frühling, wenn er unter jungem Grün überhängender Bäume über Kiesbänke und Steinblöcke rauscht, bis in den Herbst, wenn das vergilbende Laub der Ahorne und Buchen einen wunderbaren Kontrast zum klaren Blau des Wassers bildet, und selbst im Winter, wenn er stellenweise unter bizarren Eisformationen verborgen dahinfließt.

Das Argental beschert dem Wanderer aber nicht nur mannigfache Naturerlebnisse, von der fruchtbaren Bodenseeebene bis in die wildromantische Gegend von Achberg, es zeichnet sich auch durch kulturelle und historische Sehenswürdigkeiten aus, in denen sich die wechselvolle Geschichte der Landschaft spiegelt. Man findet sie in den dörflichen Kirchen mit ihren sakralen Kunstwerken, in ehemaligen Adelssitzen, in traditionsreichen Gasthäusern und alten Brückenbauwerken, auf den nördlichen und südlichen Höhen, aber auch in vorgeschichtlichen Befestigungsanlagen, die bis in die Zeit der Kelten zurückreichen. Die historischen Stätten und Bauwerke lassen, neben den Naturschönheiten, die Landschaft noch in einem anderen Licht erscheinen.

Traditionsreiche Gasthöfe liegen am Wege: hier der Gasthof Adler in Oberdorf.

*Die Kabelhängebrücke bei Langenargen, die kleine „Schwester"
der Golden-Gate-Brücke.*

Als Ausgangspunkt der historischen Wanderung empfiehlt sich die Argenmündung, wo sich der bis Pflegelberg zweigeteilte Fluss nach seiner langen Reise durch das Hügelland des westlichen Allgäus in den Bodensee ergießt. Zu den einzelnen Zielen führen dem Ufer nahe und ferne Wege und Sträßchen sowie Stege und Brücken, sodass in größeren Abständen immer wieder auf das andere Ufer gewechselt werden kann.

Die kleine „Schwester" der Golden-Gate-Brücke

Das erste historische Bauwerk auf der Wanderung ins Argental ist die einen Kilometer von der Mündung der Argen entfernt liegende etwa 70 Meter lange *Kabelhängebrücke*, die bis 1978 eine wichtige Verkehrsverbindung zwischen den Gemarkungen Langenargen und Kressbronn war. Sie ist wohl die älteste Brücke dieser Bauart in Deutschland. Die frühere Brücke, ein überdachter Holzbau, war 1839 errichtet worden. Nach zwei kostspieligen Umbauten hatte im März 1896 ein Hochwasser diese Holzbrücke zerstört, sodass eine neue notwendig wurde.

Die 1898 fertiggestellte Brücke folgte dem uralten Prinzip der Hängebrücke, das schon 1870 in der Brooklynbrücke in New York angewandt wurde. Zum ersten Mal aber fanden hier statt Ketten Kabel aus Stahlseilen Verwendung. Die Kabelhängebrücke über die Argen löste seinerzeit nicht nur in der Fachwelt Begeisterung aus. Im Jahr 1937 wurde in der gleichen Technik die Golden Gate-Brücke in San Francisco mit einer Spannweite von 1280 Meter fertiggestellt (vgl. „Leben am See, Band 16, S. 35 – 40).

*Inmitten einer fruchtbaren Gegend liegt Oberdorf
mit seiner Backsteinkirche von 1907/08.*

An der Straße zwischen Langenargen und Oberdorf lädt die offene *Kreuzkapelle* zu einem besinnlichen Verweilen ein. Schon im letzten Viertel des 18. Jahrhunderts stand in der Nähe ein hölzernes Kreuz, zu dem besonders an Kreuzauffindung und Kreuzerhöhung gewallfahrt wurde. Da es offenbar den Gläubigen nicht mehr genügte, entschieden sie sich 1844 für einen kleinen, kapellenartigen neugotischen Bau zum Schutze des Gekreuzigten. Im gleichen Jahr wurden die inzwischen stattlich gewordenen Kastanien und Linden gepflanzt.

Nach dem von einem großen Streuobstbestand umgebenen Endringer Hof ist schon bald der Kirchturm von *Oberdorf* in Sicht. *„Der Ort liegt wie in einem Garten und mehrere gute Häuser, besonders aber die Kirche, geben ihm ein äußerst freundliches Aussehen."* So wurde Oberdorf vor fast 170 Jahren beschrieben. Damals war es noch von einem „Wald von Obstbäumen" umgeben, zu dem auch zahlreiche Kirschbäume beitrugen. Heute wird die schon immer fruchtbare Gegend um Oberdorf vor allem von Obstplantagen, Hopfenanlagen und Erdbeerfeldern dominiert. Wenn es im Ort auch zu Neu- und Umbauten und am Rande zu Siedlungen kam, hat er im Kern doch noch weitgehend seinen ländlichen Charakter bewahrt.

Das damalige Operindorf wird bereits 769 erstmals urkundlich erwähnt, als es an das Kloster Sankt Gallen übergeben wurde. 1290 übernahmen es die Grafen von Montfort, die den Besitz bis 1789 auf 43 Lehen und drei Eigengüter vergrößerten.

Die 1745 von Graf Ernst von Montfort erbaute Kapelle wurde 1746 durch den Anbau eines Langhauses zur Pfarrkirche erweitert und dem heiligen Wendelin geweiht. Die heutige 1907/08 erstellte Kirche ist ein neuromanischer einschiffiger Backsteinbau mit Holzdecke im Langhaus und gewölbtem Chor. Bemerkenswert ist ein Gemälde des Kirchenpatrons im rechten Seitenaltar vom Langenargener Barockmaler Andreas Brugger (1737 – 1812), das aus der früheren Kapelle stammt.

Zu den genannten „guten" Häusern in Oberdorf zählt auf jeden Fall der Gasthof „Adler" von 1815 mit schönem historischem Wirtshausschild, zweiläufiger Freitreppe und einer Haustür mit Empire-Ornamentik. Erwähnt sei noch eine für diese Gegend typische ehemalige Hopfendarre inmitten des Dorfes. In dem aus einem ausgemauerten Fachwerkgerüst bestehenden Obergeschoss wurde der Hopfen gelagert und getrocknet. Charakteristisch sind auch die schmalen, hohen Fenster mit den Holzläden.

Über Feldwege durch Kulturen oder entlang dem Argenufer ist die im letzten Jahrhundert öfters erneuerte *Gießenbrücke* zu erreichen. Wo heute eine Vielzahl von Fahrzeugen, Wanderern und Radlern die Argen überqueren, war dies vor mehr als 600 Jahren keine Selbstverständlichkeit. Obwohl Gießen schon von jeher an einem wichtigen Handelsweg zwischen Lindau, Ravensburg und Ulm lag, fehlte erstaunlicherweise bis gegen Ende des 14. Jahrhunderts ein Übergang über die Argen. Bis dahin mussten die Menschen und Wagen durchs Wasser, wobei die Güter oft großen Schaden nahmen. Erst 1374 einigten sich die beiden Hauptinteressenten, Graf Hugo von Montfort und die Stadt Lindau, eine überdachte Holzbrücke über die Argen zu bauen. Um deren Bestand zu sichern, durfte von den Montfortgrafen für geladene Wagen, Saumrösser und Vieh Zoll erhoben werden. Mit Ausnahme der Lindauer Bürger hatte auch jeder Mensch, *„sofern er durch das Wasser nicht gewaten mag oder will"*, einen Heller zu entrichten.

Der heutige Gasthof *„Zollhaus"* von 1826 erinnert noch an die ehemalige montfortische Zollstation an der Gießenbrücke. Der ursprüngliche Lehenhof der Grafen von Montfort war seit Ende des 18. Jahrhunderts auch Poststation. Im 19. Jahrhundert sorgte die heute sehr beliebte Einkehrstätte als Gasthaus „zum Hirsch" für leibliches Wohl und Unterkunft, worauf noch das schmiedeeiserne Wirtshausschild hinweist.

Der Bau der Gießenbrücke war zugleich der Auftakt zu endlosen Streitigkeiten zwischen der Stadt Lindau und den Grafen von Montfort, bei denen es zumeist um den Unterhalt oder einen Neubau der Brücke ging. Die Reibereien begannen bereits, als die erste Brücke 1396, 22 Jahre nach dem Bau, zusammenbrach, und abermals 1545, als die Brücke erneut den Gewalten des Flusses nicht mehr standhalten konnte und sogar 40 Jahre lang unersetzt blieb, wobei auch eine Boshaftigkeit des zu dieser Zeit herrschenden Grafen im Spiel war. Er wollte nämlich Untertanen daran hindern, am damals evangelischen Gottesdienst in Laimnau teilzunehmen.

Der Gasthof „Zollhaus" bei der Gießenbrücke erinnert an die ehemalige montfortische Zollstation.

Als im Dreißigjährigen Krieg die Schweden 1634 die Gießenbrücke niederbrannten, war der Handelsweg nach Norden erneut unterbrochen, sodass die Güter per Schiff auf dem Bodensee auf die andere Seite der Argen transportiert werden mussten, was den Fuhrleuten neben den Zollgebühren zusätzliche Kosten verursachte. Da Graf Hugo mit dem Hinweis auf die starke Schädigung seines Landes durch den Krieg den Bau einer neuen Brücke verweigerte, kam es aufgrund einer Klage der Stadt Lindau sogar zu einer Strafandrohung durch Kaiser Ferdinand III., falls nicht wenigstens eine „verlorene Interimsbrück" errichtet würde. Doch schon 1647 zündeten die Schweden zu Langenargen die Brücke erneut an.

Die letzte holzüberdachte Brücke, 1822 – 24 gebaut, wurde am 29. April 1945 vor der Annäherung feindlicher Panzer von einem SS-Kommando gesprengt. Ihr folgte ein 1948 eröffnetes Bauwerk aus Stahlbeton, das aber kurz nach seinem fünfzigsten Geburtstag schon wieder abgerissen werden musste, um einem weiteren Neubau Platz zu machen. Dessen Freigabe für den Verkehr erfolgte im Jahr 2000 (vgl. „Leben am See", Band 18, S. 64 – 72).

Den Montfortgrafen stets ein Dorn im Auge

Unweit der Gießenbrücke erhebt sich inmitten von Wiesen und Kulturen *Schloss Gießen*. Urkundlich erwähnt wird es erstmals 1357, sein tatsächliches Alter aber liegt im Dunklen. Damals war es im Besitz eines Eglolf von Wolfurt. 48 Jahre später verkaufte die Familie von Wolfurt den Adelssitz und den übrigen Landbesitz im

Argental dem Lindauer Heilig-Geist-Spital. Schon 1383 hatte das Spital vom Konstanzer Domkapitel das Dorf Laimnau mit der Kirche St. Peter und Paul erworben. Mit dem Kauf der Herrschaft Gießen, einer Exklave inmitten des Hochgerichts der Grafen von Montfort, kam es jahrhundertelang zu weiteren „Händel und Spän" zwischen dem Spital der freien Reichsstadt Lindau und den Montfort-Grafen, in die 1442 sogar Kaiser Friedrich III. und 1513 Kaiser Maximilian I. eingreifen mussten.

Ende des 15. Jahrhunderts hielt es das Spital für angebracht, Gießen zu einer noch wehrhafteren Burg auszubauen. Nach der Befestigung durch eine Mauer, sechs Rundtürme und einem Torturm sollte sie zwei Jahre später auch noch mit einem Wall und Graben umgeben werden. Dies aber führte zu einem Protest von Graf Ulrich II., den auch die Reichsstädte Konstanz und Ravensburg sowie Erzherzog Sigmund von Österreich und andere Feudalherren unterstützten. Doch unbeeindruckt davon ließ Lindau im Schutz von zweihundert Soldaten die Wall- und Grabenarbeiten durchführen. Nun präsentierte sich Gießen als eine, abgesehen von einer kleinen Pforte an der südlichen Mauer, nur über eine Zugbrücke erreichbare wehrhafte Wasserburg. Dennoch wurde sie im Dreißigjährigen Krieg kampflos an die Schweden übergeben, wofür sich der Vogt vor einem Lindauer Kriegsgericht zu verantworten hatte.

Anfang des 19. Jahrhunderts, als die Herrschaft Gießen nicht zuletzt durch die inzwischen an der neu entstandenen Grenze zwischen Württemberg und Bayern anfallenden Zollgebühren für das Spital unrentabel geworden war, wurde sie veräußert und die Burg versteigert. Damit fand die über 400 Jahre dauernde Präsenz des Lindauer Heilig-Geist-Spitals im Argental ihr Ende.

Der heutige Besitzer hat Schloss Gießen vorbildlich erhalten. Hier ein Blick auf Torturm, Bergfried und Palas.

Der älteste Teil der Burg ist der viereckige, wehrhafte, schon längst dachlose Bergfried neben dem Palas mit Staffelgiebel und Satteldach. Erhalten geblieben sind zudem noch einige Nebengebäude, Teile der Mauer, ein halber Rundturm und der Torturm mit Pechnase, in dem noch die Öffnungen für die Ketten der Zugbrücke zu sehen sind. Schloss Gießen lässt auch heute noch seine einstige Wehrhaftigkeit erahnen. Auch wenn es in Privatbesitz ist und der Innenhof seit Jahren nicht mehr betreten werden darf, lohnt es, sich von außen einen Eindruck von dem geschichtsträchtigen ehemaligen Adelssitz zu verschaffen, der den Montfortgrafen jahrhundertelang ein Dorn im Auge war. Der heutige Besitzer der Burg macht sich seit Jahren um dessen Erhaltung für die Nachwelt verdient.

Von Gießen führen Wanderwege nach *Laimnau*, in eine klimatisch begünstigte Gegend des Argentales, in der die Baumblüte schon früher beginnt als anderswo. Unter dem Namen Laimauvia gelangte das Dorf zusammen mit Apflau 769 an das Kloster St. Gallen. Erst 500 Jahre später findet es wieder Erwähnung, als Albert von Summerau seinen Besitz samt Patronat der Kirche an das Domkapitel Konstanz verkaufte. Von diesem erwarb es 1388, zusammen mit umliegenden Gütern, die sich bis Unterwolfertsweiler und Wiesach erstreckten, das Heilig-Geist-Spital in Lindau.

Der Mittelpunkt des Ortes ist die bereits 1269 erwähnte *Pfarrkirche St. Peter und Paul*. Sie wurde 1466 nach einem Neu- und Umbau erneut geweiht. Im späten 17. und frühen 18. Jahrhundert erfolgte eine Barockisierung. Im 1966 völlig modernisierten Inneren erinnern in der Marienkapelle nur noch der Marienaltar, der schöne Taufstein aus dem 15. Jahrhundert, einige interessante Holzbildwerke aus dem 17. bis 19. Jahrhundert und im Schiff der Kreuzweg an die frühere Ausstattung.

Das vom Bollenbach durchflossene Dorf zeichnet sich durch einige schöne Fachwerkhäuser aus. Ein besonderes Schmuckstück ist der unter Denkmalschutz stehende Gasthof „Ritter" von 1726. Das Fachwerk beschränkt sich auf das Obergeschoss. Bemerkenswerte Zierformen sind Rauten und Andreaskreuze unter den Fenstern.

Hinter der Löwenzahnwiese erhebt sich die Laimnauer Pfarrkirche St. Peter und Paul.

Die Burgruine Altsummerau lädt zur Rast.

Als Teil der Herrschaft Gießen ist auch Laimmau nicht von den Händeln mit den Montfortern verschont geblieben. Der Anlass war häufig die Holznutzung des Waldes. Dabei kam es einmal zu einer Begebenheit, die eher zum Schmunzeln anregt. Als nämlich der herrschende Graf 1432 wieder einmal über die Schädigung des Waldes klagte, trieben Tettnanger Bauern den Laimnauern das Vieh weg und ließen es zwei Tage lang ohne Futter stehen. Darauf zogen die Lindauer mit dem Banner voraus gegen Tettnang, was die erschreckten montfortischen Amtsleute veranlasste, die sofortige Rückgabe der Herde zuzusichern. Es ist nur eine von den Geschichten über das Argental, die nicht weniger erzählenswert sind als die großen Ereignisse.

Dass die Gegend um Laimnau schon früh besiedelt war, bezeugt eine prähistorische Ringburg auf dem nördlich den Ort überragenden *Drackenstein*, von der aber nur noch Fragmente zu erkennen sind. Wesentlich besser erhalten ist südwestlich auf der gegenüberliegenden Seite des Argentales die von Gras überwachsene jüngere *Lehnensburg*. Sie gliedert sich in eine Hauptburg von 95 Metern Länge und bis zu 20 Metern Breite und eine wohl erst im Mittelalter durch einen breiten Graben abgetrennte Vorburg. Keramikfunde aus dem 7. bis 5. Jahrhundert vor Chr. beweisen, dass die Anlage während der Hallstattzeit besiedelt war. Leider ist von dem auf halber Höhe des Bergrückens entlangführenden Wanderweg der Zugang zur ehemaligen Befestigung durch Zäune versperrt.

Östlich der Lehnensburg liegt ebenfalls über dem steil abfallenden Rand des Argentales die *Ruine Altsummerau*, die vermutlich auf vorgeschichtlicher Grundlage ruht. Sie ist über einen von seltenen Pflanzen gesäumten schmalen Pfad zu erreichen. Obwohl seit Jahren Gehölzaufwuchs zunehmend das ausgedehnte Mauerwerk überwuchert, ist die Ruine in ihrer Weltabgeschiedenheit für den Wanderer noch immer ein reizvoller Platz für eine längere Rast auf dem Weg ins hintere Argental. Der Ursprung der einst ansehnlichen Burg liegt vermutlich im 11. oder 12. Jahrhundert. Die Ritter von Summerau waren Dienstmannen der Welfen, später der

Hohenstaufen. Um 1290 kam die Burg in den Besitz der Montfortgrafen, von der aus nun Vögte lange Zeit die zur Herrschaft gehörenden Güter verwalteten. Bereits in der Mitte des 17. Jahrhunderts aber war Altsummerau unbewohnt, was wohl zu ihrem baldigen Verfall führte.

Nur ein unbedeutender Rest ist von der im hinteren Argental am Waldrand über einem Steilhang zwischen Summerau und Flunau gelegenen, schon im 13. Jahrhundert erwähnten ehemaligen *Burg Neusummerau* erhalten geblieben. Der steile Aufstieg zu dem brüchigen Mauerwerk lohnt schon seit langem nicht mehr.

„Der Bauer stand auf im Lande"

Neben dem Drackenstein über Laimnau erhebt sich der Mongatsberg. Von ihm blickt man in östlicher Richtung auf Wellmutsweiler und auf das darüber liegende *Rappertsweiler*, über dem ein eiszeitlicher Moränenhügel auffällt. Er ist in die Geschichte eingegangen. Denn am 21. Februar 1525 trafen sich auf dem Rappertsweiler Berg 7- bis 8000 Bauern aus dem nordöstlichen Seegebiet, um ihre berechtigten Forderungen an ihre weltlichen oder geistlichen Herren notfalls mit Waffengewalt durchzusetzen. Es war der Beginn des Bauernkriegs am Obersee.

Die Versammlung verfasste die „Zwölf Rappertsweiler Artikel", unter denen die Abschaffung der Leibeigenschaft und des Frondienstes zu den wichtigsten „Begehren" zählte. Der Seehaufen, der als Hauptmann den Junker Dietrich Hurlewagen vom Gut Gitzenweiler bei Oberreitnau gewinnen konnte, verbündete sich mit dem oberschwäbischen „Baltringer Haufen" und dem „Allgäuer Haufen".

Anfänglich stand die Obrigkeit dem Aufstand der Bauern eher hilflos gegenüber, zumal Kaiser Karl V., der für den Landfrieden zu sorgen hatte, mit seinem Heer in Italien weilte, wo er am 24. Februar über König Franz I. von Frankreich einen glänzenden Sieg errang. Die Situation änderte sich, als der „Schwäbische Bund", ein Zusammenschluss des Adels, geistlicher Herren und der Reichsstädte, gegründet wurde, dessen Führung Truchsess Georg III. von Waldburg übernahm. Unter seinem Kommando endete der Aufstand schon am 17. April im „Weingartener Vertrag", obwohl sich an diesem Tag bei Weingarten etwa 6000 Knechte und 2000 Reiter des „Bauernjörg" einer Übermacht von 12- bis 15000 Seebauern gegenüber sahen und zudem noch 6000 Allgäuer im Anmarsch waren. Da er angesichts dieser Überlegenheit der Bauern keine Schlacht wagte, zumal aufgrund der strategisch günstigen Stellungen der Bauern die Reiterei und Artillerie nicht erfolgreich eingesetzt werden konnten, überredete er deren Führer unter der Zusicherung von Straffreiheit zur Aufgabe, in die sie schließlich einwilligten.

Zuvor aber hatten eine Anzahl Bauern das nahe gelegene *Kloster Langnau* überfallen, das sie wohl schon vom Berg der Versammlung über Rappertsweiler im Auge hatten, um sich einmal an klerikaler Obrigkeit schadlos zu halten. Dabei spielte auch die Versorgung mit Proviant eine Rolle. Obwohl es der Weingartener Friedensvertrag verbot, kam es am 14. Mai zu einer erneuten Plünderung der klösterlichen Anlage, worauf die Mönche flohen, um bei Graf Hugo Zuflucht zu suchen. Zu diesem Zeitpunkt wirkte im Argental schon seit 300 Jahren eine Ordensgemeinschaft. Bereits um 1200 war nämlich die erste mit Benediktinern besetzte Klosterzelle der Gegend von Hiltensweiler nach Langnau verlegt worden. Sie unterstand dem Kloster Allerheiligen in Schaffhausen. 1359 gründete Graf Heinrich IV. von Montfort das kleine Kloster *Argenhardt* bei Tettnang, für das er den besonders in Ungarn verbreiteten Eremitenorden der Pauliner holte. Dreißig Jahre später erwarb Graf Heinrich den ganzen Klosterkomplex von Langnau und übertrug 1405 dessen geistliche und wirtschaftliche Betreuung den Paulinern von Argenhardt. Damit besaßen die Grafen ein größeres Hauskloster, das dem Ansehen des Geschlechtes entsprach, und zugleich eine Grablege. Als Erster fand hier 1408 Graf Heinrich seine letzte Ruhestätte.

Im Dreißigjährigen Krieg wurde das Kloster 1647 nach der erfolglosen Belagerung von Lindau von den Schweden teilweise niedergebrannt und später in veränderter Form wieder aufgebaut. Nachdem aber in der zweiten Hälfte des 18. Jahrhunderts der Glanz der Montfortgrafen durch Überschuldung zu erlöschen begann, leitete dies auch den Niedergang des Klosters ein, das mit ihrem Namen fast 400 Jahre lang verbunden war. Nach dem Verkauf der Grafschaft an Österreich wurde es 1787 von Kaiser Josef II. aufgehoben und die schadhafte Kirche 1793 abgerissen. Erhalten geblieben sind inmitten des heutigen *Oberlangnau* noch zwei Flügel der ehemaligen Klosteranlage und ein romanischer Vierungspfeiler der Kirche.

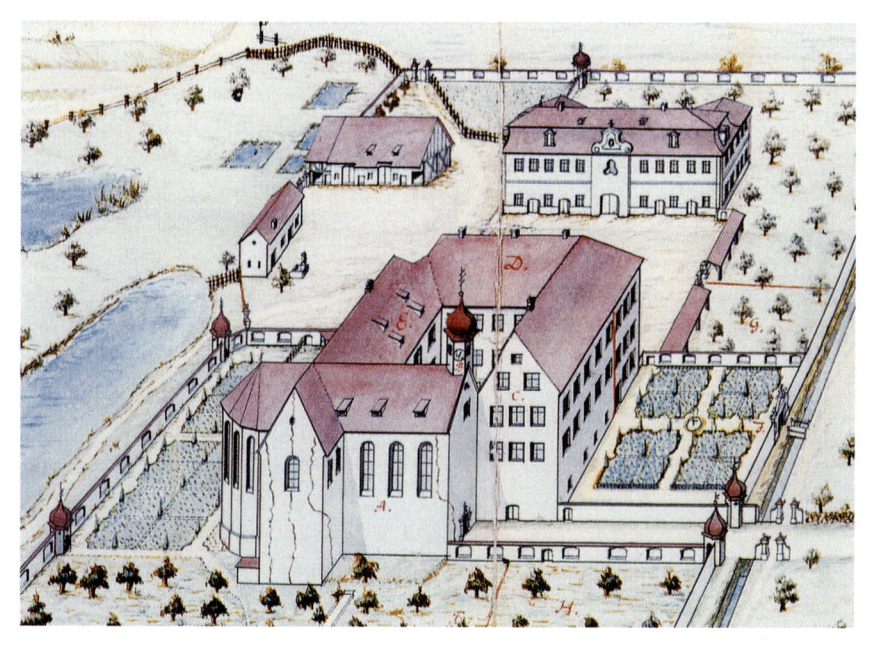

Das ehemalige Kloster Langnau auf einer Federzeichnung um 1788.

Sakrale Kunstwerke in Hiltensweiler

Von Langnau spannt sich der geschichtliche Bogen nach *Hiltensweiler*, zumal sich hier die erste Cella befand. Der malerische, südlich von Langnau auf einem Höhenzug über dem Argental gelegene Ort wird von der Kirche überragt. Auf der ehemaligen Burg residierten die Herren von Hiltensweiler, nachweislich um 1100 der selige Ritter Arnold, ein Kreuzfahrer, der ein heiligmäßiges Leben geführt haben soll. Im Jahre 1122 vermachten er und seine Gemahlin Junzila den ganzen Besitz im mittleren Argental dem Reformkloster Allerheiligen in Schaffhausen. Der altersgraue, wehrhaft aussehende Turm der Kirche war möglicherweise der Bergfried der früheren Burg.

Die heutige Kirche geht auf das Jahr 1516 zurück. Patrone sind der heilige Dionysius von Paris und der selige Ritter Arnold von Hiltensweiler. Das Innere der Kirche ist bemerkenswert, besonders der Chor mit dem Netzgewölbe, dessen Meister namentlich unbekannt blieb. Vermutlich aber hat er sein Porträt in einem Relief – es zeigt das Antlitz eines Mönches – am Türbogen zur Seitenkapelle verewigt. Ein bedeutendes Kunstwerk ist das nun an der linken Seitenwand des Schiffs angebrachte einstige Hochaltarbild, die Grablegung Christi, geschaffen von Camillo Procaccini (1546 – 1626) aus Bologna, der nicht nur in Mailänder Kirchen zahlreiche Werke hinterlassen hat. Es ist ein Geschenk des Salzburger Fürsterzbischofs Wolf-Dietrich von Raitenau, dessen Familie dort eine Grablege hatte, an das Kloster Langnau.

Links des Chorbogens nimmt den Betrachter eine prachtvolle barocke Madonna aus der Mitte des 17. Jahrhunderts gefangen, die ebenfalls aus dem Kloster Langnau hierher gelangte. Die Bilder des Kreuzweges malte Andreas Brugger. In der angebauten Arnoldskapelle ruhen im Altarunterbau die Gebeine des seligen Ritters Arnold und nach ihrer Umbettung aus Langnau unter einer Steinplatte des Fußbodens die von vier Montfortgrafen und sieben Gräfinnen. Auch aufgefundene Gebeine von Paulinermönchen fanden hier ihre endgültige Ruhestätte. Das Mittelfeld des Altarbildes von 1957 zeigt die Schmerzhafte Muttergottes; auf den Flügeln halten ein Montfortritter und ein Paulinermönch die Totenwache.

Gegenüber der Kirche lädt das 1786 eröffnete Gasthaus „Rössle", ein Fachwerkbau mit urigem Kellerlokal, zu einer Einkehr ein.

Vorbei am längst verlandeten ehemaligen Hirensee und dem malerisch in einer Senke liegenden *Muttelsee* führen schmale Straßen nach *Siberatsweiler*, der mit dem Pfarrdorf Esseratsweiler ehemals preußischen Exklave Achberg. Schon von weitem ist über einer sanft ansteigenden Hügelkuppe die Spitze des Zwiebelturms der Pfarrkirche zu sehen. Das dem hl. Georg geweihte, nur noch bei kirchlichen Anlässen geöffnete Gotteshaus ist ein Umbau von 1730, dessen reiche Rokoko-Ausstattung großenteils erhalten blieb. Beachtung verdienen einige Epitaphe ehemaliger Herren von *Schloss Achberg*.

Deckengemälde in der Kirche von Hiltensweiler.

Dieses erhebt sich unweit von Siberatsweiler über der Argenschlucht. Das auf eine 1194 erwähnte mittelalterliche Burg zurückgehende Schloss hatte im Laufe der Jahrhunderte wechselnde Besitzer, angefangen von den Herren von Achberg über die Truchsessen von Waldburg, die Herren von Molperthaus und Königsegg bis zu den Grafen von Sürgenstein. Letztere verkauften nach 160 Jahren die Herrschaft Achberg wegen zu hoher Schuldenlast 1691 an den Deutschen Ritterorden, der das Schloss bis 1700 prachtvoll ausbauen ließ, wobei vor allem die kunstgeschichtlich bedeutenden Stuckarbeiten hervorzuheben sind. Im Zuge der Säkularisierung, der 1809 die Auflösung des Deutschen Ordens durch Kaiser Napoleon I. folgte, übernahm 1805 Bayern und ein Jahr später das Fürstentum Hohenzollern-Sigmaringen das Gebiet Achberg. In der Mitte des 19. Jahrhunderts wurde es an Preußen abgetreten. Als nach dem Zweiten Weltkrieg der Staat Preußen aufgelöst worden war, fiel Achberg an Württemberg-Hohenzollern.

Seit 1988 gehört das Schloss dem Landkreis Ravensburg, der es nach einer gründlichen Renovierung der Öffentlichkeit zu Kunstausstellungen und Konzertveranstaltungen wieder zugänglich machte. Zuvor hatten zwischenzeitliche Besitzer leider wertvolle Erinnerungsstücke an die Ordensritter, vor allem Rüstungen, Waffen, Jagdtrophäen und Gemälde, veräußert. Dennoch lohnt sich eine Besichtigung des Schlosses.

Über dem Spätrenaissanceportal fällt neben einer barocken Madonna das Wappen des ersten Landkomturs des Deutschen Ordens auf Schloss Achberg, Franz Benedikt Freiherr von Baden, ins Auge. Er liegt in der Kirche von Sibratsweiler begraben. Ein lebensgroßes Bildnis, das ihn in voller Rüstung zeigt, ist in der Ein-

Nach der Renovierung ist Schloss Achberg ein Ort der Kunst und Kultur.

Auf schwankendem Hängesteg gelangt man bei Flunau ans andere Argenufer.

gangshalle angebracht. Der Höhepunkt bei einem Rundgang durch das Schloss erwartet die Besucher im Rittersaal mit seiner prachtvollen Stuckdecke. Viele Motive, insbesondere Waffen aller Art, Brustpanzer und Fahnen, sowie vier fast lebensgroße, mit ihren Musketen in den Saal zielende Halbfiguren in den oberen Ecken erinnern an den Sieg im Türkenkrieg von 1683 – 1699. An den Wänden finden sich zwei schöne, von Putten gehaltene vergoldete Wappenschilde und einige Porträts. Die Hauskapelle birgt ein um 1700 entstandenes Altarbild mit einer Darstellung der Verkündigung Mariens.

Schloss Achberg ist südlich überragt vom *Königsbühl*, einem eiszeitlichen Moränenhügel, den bis vor wenigen Jahren noch eine weithin sichtbare hohe Fichtengruppe krönte. Der Name erinnert an König Friedrich Wilhelm IV. von Preußen, dem bei einer Besichtigung von Schloss Achberg im Jahre 1856 die Landschaft so gut gefiel, dass er auf der Kuppe des Hügels eine Villa erbauen lassen wollte. Wegen einer bald danach aufgetretenen schweren Krankheit, die den Monarchen zur Aufgabe seiner Regentschaft zwang, kam das Vorhaben nicht mehr zustande.

Über den Hängesteg vor *Flunau* ist wieder das rechte Argenufer zu erreichen. Seit der Restaurierung vor mehreren Jahren kann er wieder sorglos betreten werden. Dennoch bekommt zumindest der nicht ganz Schwindelfreie ein unsicheres Gefühl beim erheblichen Schwanken der Anlage. Nördlich über dem Weiler liegt die von einer herrlichen Eiche und einer alten Kiefer bestandene Höhe von Reisenbronn. Zwischen den Bäumen konnte nur noch eines von ehemals drei hölzernen Kreuzen den Unbilden der Witterung standhalten. Es ist ein idealer Platz, um sich am Ende der historischen Wanderung von Langenargen bis Achberg in einer Mußestunde die vielfältigen Eindrücke auf dem langen Weg hierher noch einmal in Erinnerung zu rufen. Weit schweift der Blick gegen Süden über die Landschaft um Schloss Achberg auf das Panorama der Alpenkette. An die Wälder im Westen schließt sich die in vielen Jahrhunderten von bäuerlichem Fleiß geprägte Landschaft des Argentales an, dessen besonders hervorzuhebende historische Bauwerke, auch wenn manche ihr einstiges Aussehen nur noch erahnen lassen, Zeugen seiner wechselvollen Geschichte sind – der Geschichte eines Wandergebietes, das mit seinen Naturschönheiten und kulturellen Sehenswürdigkeiten im nördlichen Bodenseeraum zweifellos zu den erlebnisreichsten zählt.

Literatur:
Auer, R. (1985): Den Montfortern zum Trotz befestigt. Jahrbuch des Bodenseekreises. Friedrichshafen.
Biegert, G. u.a. (1986): Der Bauernkrieg in Oberschwaben. Eine Unterrichtseinheit. Friedrichshafen.
Eisele, F. (1922): Die ehemalige Herrschaft und jetzige Exklave Achberg. Schriften des Vereins für Geschichte des Bodensees und seiner Umgebung. Lindau.
Haußmann, H. (1983): Die Kabelhängebrücke bei Langenargen. Jahrbuch des Bodenseekreises. Friedrichshafen.
K. Statistisches Landesamt (1915): Beschreibung des Oberamts Tettnang. Stuttgart.
Kuhn, E. (1989/90): Auf den Spuren des Bauernkriegs. Jahrbuch des Bodenseekreises. Friedrichshafen.
Memminger, von (1838): Beschreibung des Oberamts Tettnang. Stuttgart & Tübingen.
Näher, E. (2001): Und wieder wurde sie neu gebaut... Jahrbuch des Bodenseekreises. Friedrichshafen.
Schneider (1885): Die Herrschaft Summerau. Schriften des Vereins für Geschichte des Bodensees und seiner Umgebung. Lindau.
Sachs, P. (1985): Bauernhäuser im Bodenseekreis. Friedrichshafen.
Stadelmann, J. (1984): Forscher, Gräber, Fürstensitze. Jahrbuch des Bodenseekreises. Friedrichshafen.
Voith, H. (1995): Aus dem Dornröschenschlaf erwacht. Das schöne Allgäu. Kempten.

Ein berühmtes Panorama und viel Unbekanntes
Der Höchsten

RAINER BARTH

Eindeutiger kann ein Bergname nicht sein. Ein wenig Anmaßung klingt schon mit, aber die objektiven Tatsachen bezüglich des weitläufigen Geländes zwischen Donau und Bodensee gibt er korrekt wieder. Hier ist der Höchsten der Höchste. Betrachtet man ihn allerdings, gleich aus welcher Blickrichtung, drängt sich einem das nicht zwingend auf. Da ist der Bussen, der „heilige Berg" dieser Region eine andere Gestalt. Ihn sucht man unwillkürlich, wenn man im Oberschwäbischen unterwegs ist, nach dem Höchsten hält keiner Ausschau.

Der Bussen ist mit dem eleganten Schwung seiner Linien und seinen durchaus markanten Formen deutlich aus dem weiten, sanft gewellten Land herausgehoben. Er ist ein richtiger Berg, trotz seiner bescheidenen Dimensionen. Aber der Höchsten? Er wirkt einfach nicht so recht als Berg, zu unbestimmt ist seine Erscheinung, obwohl sich sein höchster Punkt 440 Meter über dem Wasserspiegel des Bodensees befindet. Nähert man sich dem Höchsten aber von Süden, vom See her also, kommt man auf sanft geneigte Hänge zu, die sich weit zurücklehnen. Von einem Berg ist

Historische Bildpostkarte, abgestempelt am 31. 10. 1927.

Blick vom Gehrenberg über Roggenbeuren zur Südabdachung des Höchsten.

eigentlich nichts zu sehen. Zwischen dem Bergfuß in 500 m Höhe bei Urnau und dem höchsten Punkt liegen mehr als sechs Kilometer. Nach Norden, zum Illmensee hin, beträgt die Absenkung nur 140 m und nach Osten, ins obere Rotachtal, südlich von Wilhelmsdorf, sind es 250 m. Nennenswerte Höhenunterschiede auf kurze Distanz, richtig steile Abhänge also, weist er nur in seiner westlichen Abdachung ins Tal der Deggenhauser Aach hinunter auf, immerhin 350 Höhenmeter auf etwa zweieinhalb Kilometer. Doch auch von hier gesehen lässt nur der riesige Sendeturm erahnen, wo der Berg oben aufhört. So etwas wie einen Gipfel hat der Höchsten nicht, wenn auch zwangsläufig einen höchsten Punkt. Der ist vermessen mit 837,8 Metern und befindet sich am südlichen Rand der freien Hochfläche bei Glashütten, ohne sich irgendwie in Szene zu setzen.

Aus all dem könnte man den Schluss ziehen, der Höchsten sei ein eher beliebiges, nicht sonderlich interessantes Stück Natur. Wer sich aber nicht auf die klassische Höchsten-Aktion beschränkt, die darin besteht, an einem Nebeltag im Winterhalbjahr mit dem Auto hinaufzufahren, um die Sonne zu genießen und das Alpenpanorama zu betrachten, wird eine Mittelgebirgslandschaft von überraschender Vielfalt und großer Schönheit vorfinden, eine Schönheit allerdings, die sich nicht stürmisch aufdrängt. Wandernd und versehen mit einem Vorrat an Zeit, vermag man sich die einzelnen Elemente Schritt um Schritt zu erschließen und zu einem großartigen Gesamtbild zusammenzufügen. Man wird dann auch erkennen, dass der Höchsten nicht überall domestiziert ist, dass die weichen Geländeformen kein durchgängiges Prinzip sind, dass es wilde Tobel und drei Seen gibt und dass sich von den Höhen unvergleichliche Aussichten auftun. Umgeben ist er von zwei ganz unterschiedlichen Tälern und einer ausgedehnten Riedlandschaft von stiller, fremder Schönheit.

Zusammen mit dem Heiligenberg und dem Gehrenberg bildet der Höchsten die markante Geländeschwelle, die das Oberschwäbische Hügelland vom Bodenseebecken trennt. Dadurch fällt es auch schwer, die Grenzen des Berges im Norden zu bestimmen, denn hier geht er ganz unmerklich in das weit gedehnte Hügelland über, das sich bis zur Donau hinzieht. Obwohl hier eine gewisse Beliebigkeit herrscht, drängt sich eine Grenzziehung auf der Linie Echbeck-Illmensee-Pfrungen auf. Einfacher liegen die Dinge im Westen, wo der Lauf der Deggenhauser Aach zwischen Echbeck und Wittenhofen klare Verhältnisse schafft, und im Osten, wo die Rotach zwischen Wilhelmsdorf und Urnau mit ungleich dramatischerer Geste auch keinerlei Zweifel aufkommen lässt. Das kurze Verbindungsstück im Süden zwischen Urnau und Wittenhofen ist eine Talsohle, die ganz eben erscheint, wo sich aber unterhalb von Roggenbeuren – nahe der schönstgelegenen Kirche weit und breit! – eine kleine Wasserscheide befindet. Sie bildet die Grenze zwischen den Einzugsgebieten der beiden kleinen Flüsse Deggenhauser Aach und Rotach – beide in den Bodensee fließend, beide alemannisch.

Höchstenwasser für zwei Meere

Eine Wasserscheide ganz anderen Zuschnitts, stellenweise aber genauso unscheinbar, verläuft in reichlich eigenwilliger Linienführung über die Höhen unseres Berges. Es ist die zwischen den beiden Fluss-Systemen von Rhein und Donau und damit die Europäische Wasserscheide zwischen dem Atlantik einerseits und dem Mittelmeer, dem Schwarzen Meer und dem Kaspischen Meer andererseits. Sie verläuft quer durch den Kontinent von Gibraltar bis zum Ural.

Man möchte annehmen, dass südlich des Berges alle Wasser zum Bodensee und damit in den Rhein fließen und umgekehrt nordseits alles zur Donau. Doch so einfach ist es nicht. Es bereitet einige Mühe, den exakten Verlauf auf der topografischen Karte zu ermitteln. An Ort und Stelle gelingt es ohnehin nicht, denn mit dem bloßen Auge ist nicht zu erkennen, dass die Wasserscheide im Pfrunger Ried gleich nördlich von Wilhelmsdorf quer durch das Hochtal läuft. Man sieht nur eine Ebene ohne erkennbares Gefälle. Dass der Schein trügt, bekamen die Wilhelmsdorfer Moorkolonisten, pietistische Siedler aus dem württembergischen Unterland, 1824 schmerzlich zu spüren. Ihrem Trockenlegungsversuch zur Urbachmachung der „Wasserwüste" des Pfrunger Rieds lag die irrtümliche Annahme zugrunde, dass sie ihr Ziel mit dem Bau eines Abflusskanals nach Süden zur Rotach hin erreichen würden. Tatsächlich entwässert der überwiegende Teil des Pfrunger Rieds jedoch nach Norden zur Ostrach und damit zur Donau.

Als Folge der Tatsache, dass die kleinen Bäche der östlichen Abhänge zur Rotach hin fließen und die der westlichen Steilhänge zur Deggenhauser Aach, bildet das Einzugsgebiet der Donau auf dem Höchsten einen Keil, dessen Knick sich ungefähr beim Aussichtspavillon am südlichen Ende der Hochfläche, oberhalb von Rubacker befindet. Lange wird die Donau das Terrain allerdings nicht halten können, denn wegen des größeren Gefälles zum Bodensee hin hat das fließende Wasser eine viel stärkere Erosionskraft und damit leichtes Spiel mit den weichen Gesteinen, aus denen der Höchsten aufgebaut ist. So frisst sich das Einzugsgebiet des Rheins in geduldiger Arbeit auf Kosten der Donau immer weiter in den Berg hinein. Zum Vergleich: Der Bodensee, in den die Rotach mündet, befindet sich auf 395 Meter über dem Meer, die etwas weiter vom Berg entfernte Ostrachmündung in die Donau auf 540 Meter. Wie für den Höchsten formuliert ist Goethes Feststellung in „Dichtung und Wahrheit", „wie bedeutend es sei, sich auf Reisen nach dem Laufe der Wasser zu erkundigen, ja bei dem kleinsten Bache zu fragen, wohin er denn eigentlich laufe". Er hätte auf dem Höchsten seine Freude gehabt.

Aufgebaut aus dem Abfall der Alpen

Die weichen Formen des Höchsten, seine behäbige Weitläufigkeit und die wilden, tief eingefrästen Tobel an seinen Rändern scheinen auf den ersten Blick im Widerspruch zueinander zu stehen, sie haben letztlich jedoch dieselbe Ursache: die weichen Gesteine, aus denen der Höchsten aufgebaut ist. Schuld daran sind wie immer die Alpen. Sie haben mit zweierlei Mitteln ganz unterschiedlicher Art und zeitlich weit auseinander liegend die gesamte Bodenseelandschaft gestaltet: zunächst mit den Ablagerungen, also den Abbauprodukten während ihrer langen Entstehungsphase, und Millionen Jahre später mit den weit ins Vorland herausfließenden Gletschern während der verschiedenen Eiszeiten, deren letzte vor gerade 10000 Jahren, vor einem Moment also in geologischen Dimensionen gemessen, zu Ende ging.

Wie der gesamte Bergriegel, der über den Heiligenberg nach Hohenbodman hinüberreicht und die bewegte Trennlinie zwischen dem Seebecken und dem viel strengeren Oberschwäbischen Hügelland bildet, ist der Höchsten aus weichen Gestei-

Blick über den Gehrenberg und den im Nebelmeer versunkenen Bodensee zu den Schweizer Alpen mit dem Säntis.

nen der oberen Süßwassermolasse aufgebaut. Gleichzeitig mit der Entstehung der Alpen, die vor etwa 60 Millionen Jahren begann, setzte auch deren Zerstörung ein. Flüsse transportierten das in einem unentwegt wirkenden Erosionsprozess abgelöste Gestein aus den Alpen heraus. In unserem Raum befanden sich abwechselnd Meere oder große, weitgehend trockene Becken, in denen das Geschiebe über 30 Millionen Jahre hinweg bei wechselnden Bedingungen abgelagert wurde. Die jüngste dieser Epochen, deren Ablagerungsgesteine als Obere Süßwassermolasse bezeichnet werden, begann vor etwa 15 Millionen Jahren und dauerte um die 10 Millionen Jahre.

Den Höchsten gab es damals allerdings noch nicht, genauso wenig wie den großen See. Das heutige Landschaftsbild wurde erst in den letzten zwei Millionen Jahren modelliert, vorwiegend vom fließenden Wasser und dem Eis der in mehreren Phasen aus den Alpen weit ins Vorland hinausfließenden Gletscher. Mit jedem neuen Eisvorstoß wurde das heutige Bodenseebecken ausgehoben, von Eiszeit zu Eiszeit ein Stück tiefer. Der vorläufig letzte dieser Eisströme, der Rheingletscher, überfuhr unsere Region während der so genannten Würmeiszeit, wobei die Kuppe des Höchsten als triste, flache Insel knapp aus dem Eismeer herausragte. Die Oberfläche bilden verbackene Schotter älterer Eiszeiten, die man mit dem schönen Begriff „Nagelfluh" benennt. Eindrucksvolles Beispiel für diese Formation sind die Rappenfelsen an der westlichen Kante der Hochfläche überm Deggenhausertal, ein lang gezogener, versteckter und kaum bekannter Felsriegel. Man könnte meinen, Kieselsteine wären in Beton gegossen worden. Den runden, geschliffenen Formen dieser Kiesel und ihrer Verschiedenartigkeit ist unschwer abzulesen, dass sie aus

Die Rappenfelsen an der westlichen Kante des Hochplateaus bei Lichtenegg.

Der Illmensee.

verschiedenen Regionen der Alpen hierher transportiert wurden. Geologen vermögen ihre Heimatregionen eindeutig zu bestimmen.

Seen, Ried und Tobel

Der Illmensee und das Pfrunger Ried, zwei landschaftliche Kostbarkeiten im Bereich des Höchsten, verdanken ihre Entstehung der letzten Vergletscherung. In einer Höhenlage von 691 m liegt der 72 ha große, bis zu 18 m tiefe Illmensee als stilles Juwel in einer Mulde der sanft geneigten Nordabdachung des Höchsten. Nur einen Kilometer weiter nördlich befinden sich der 22 ha große Ruschweiler See und der Volzersee mit 6 ha und zwischen den drei Seen die Gemeinde Illmensee. Entstanden sind sie nach dem Rückzug des Gletschers vor etwa 12 000 Jahren in abflusslosen Senken im Geschiebematerial, den so genannten Moränen.

Auf diese Weise entstand auch das ausgedehnte Pfrunger Ried am Ostfuß des Höchsten (2600 ha), eines der größten und schönsten oberschwäbischen Feuchtgebiete, das nach langen Phasen des Torfabbaus und Aktivitäten zur Trockenlegung heute unter Naturschutz steht. Seine Begrenzung im Süden bildet eine Moräne, die sich nur knapp überm Ried erhebt und auf der die Gemeinde Wilhelmsdorf steht.

Einen unerwartet dramatischen Akzent bekommt die Landschaft ein wenig weiter im Süden. Die junge Rotach, von Wilhelmsdorf noch sanft durch das obere Ried vorbei an Zußdorf und Hasenweiler fließend, tritt ab der Haslachmühle in eine wilde Wälder- und Tobellandschaft ein, die sie sich selbst gegraben hat. Die sanft und

Der alte Kirchweg im Kohltobel zwischen Burg und Limpach.

in langer Distanz abfallende Südabdachung des Höchsten endet in diesem seltsam ausgefransten und in seiner Struktur zunächst nicht überschaubaren wilden und engen Tälergeflecht. Die Namen sprechen eine klare Sprache: Benistobel, Littistobel, Hardtobel, Kohltobel. Das starke Gefälle, 60 m auf der kurzen Distanz nach Urnau hinunter, führte zu einer enormen Erosion, wobei das weiche Molassegestein die Arbeit der Rotach und ihrer kleineren Zuflüsse erleichtert hat.

Geschützte Natur

Im Tobelsystem der Rotach und an den steilen, durch kleinere Tobel gegliederten Abhängen des Berges nach Westen ins Deggenhausertal hinunter konnten sich wegen der schweren Zugänglichkeit und der dadurch eingeschränkten Nutzung seltene naturnahe Waldgesellschaften und Biotope erhalten. Sie haben in den letzten Jahren Schutzstatus erlangt als so genannte Fauna-Flora-Habitat-Gebiete, die auf der Grundlage einer entsprechenden Richtlinie der Europäischen Union eingerichtet wurden und gewährleisten, dass keine menschlichen Eingriffe erfolgen.

Beeindruckend ist die Vielfalt der Vegetation am Höchsten. Neben den Waldgesellschaften gibt es geschützte Feldgehölze, Feuchtgebiete, Hangquellmoore und Halbtrockenrasen mit einer reichen Pflanzenwelt, darunter auch seltene Orchideen. Sie aufzuspüren vermag ganz subtile Entdeckerfreuden zu bescheren. Es ist hier nicht der Raum, sie alle aufzuführen. Beispielhaft sei nur der Bacheschenwald oberhalb der wunderschönen Lichtung von Katzenmoos unweit des Wanderwegs von Deggenhausen nach Rubacker auf den Höchsten erwähnt. Es handelt sich um eine seltene naturnahe Waldgesellschaft an einem feuchtigkeitsgetränkten Quellhang mit zahlreichen Bachrinnen, die sogar Kalksinterbildungen aufweisen. Hier hat sich eine feuchtigkeitsliebende Pflanzengesellschaft angesiedelt mit acht verschiedenen Baumarten und einer Bodenvegetation mit Riesenschachtelhalm und echter Nelkenwurz. Ein kleines Stück bergauf, unterhalb des Fachkrankenhauses, steht auf einem quelligen Rutschhang ein Eschenwald mit sechs Baumarten, sieben verschiedenen Sträuchern und einer reichen Bodenflora, in der auch der prächtige und seltene Türkenbund vertreten ist.

Menschen auf dem Höchsten

Der Höchsten ist ein bewohnter Berg. Ein ganzes Geflecht kleinerer Ortschaften überzieht seine Hänge und selbst das Hochplateau, wo an der höchsten Stelle des Berges die kleine Häuserversammlung Glashütten die oberste Position einnimmt. Dass sich der Mensch den Höchsten als Wohngegend schon früh erschlossen hat, belegen Siedlungsfunde in Illmensee, die auf die Zeit von 8000 vor Christus und damit in die mittlere Steinzeit datiert werden. Wirklich greifbar wird das Treiben der Menschen aber erst im Mittelalter. Die Orte mit der Endung „-weiler", wie etwa Wahlweiler und Atzenweiler sind in der Folge von Rodungen im 8. oder 9. Jahrhundert entstanden. Die Endungen „-berg" und „-burg", wie z. B. Homburg, Wattenberg, deuten auf Gründungen im 10. und 11. Jahrhundert hin. Bis zum heutigen Tag gering geblieben ist allerdings die Besiedlungsdichte, bedingt durch die relative Abgeschiedenheit und die Höhenlage, in der eine intensive landwirtschaftliche Nutzung nur noch eingeschränkt möglich ist. So weist etwa die Gemeinde Deggenhausertal eine Bevölkerungsdichte auf, die gerade ein Fünftel des Bundesdurchschnitts beträgt. Dem Landschaftsbild hat das nicht geschadet.

Ein eigenes Kapitel hätten die Burgen bzw. deren bescheidene Überreste verdient, die wie ein Kranz um den Höchsten gelegt sind. Da es kaum mehr Mauerreste über dem Boden gibt, sind ihre Standorte für den Nichtfachmann nur schwierig erkennbar. Hat man sich allerdings kundig gemacht und erwandert die Plätze gezielt, in der Regel exponierte Stellen und scharf profilierte Bergsporne, findet man noch die Überreste künstlich ausgehobener Gräben und künstlich abgeflachtes Gelände für die Burgplätze.

Das schönste bestehende Gebäudeensemble auf dem Höchsten, 666 m hoch gelegen und weithin sichtbar, ist der Kirchenbezirk in Limpach. Neben der im Kern schon 500 Jahre alten Kirche mit ihrem wehrhaften Staffelgiebelturm bilden das 1846 errichtete, symmetrisch gegliederte Pfarrhaus, die etwa 300 Jahre alte große Pfarrscheuer, das Back- und Waschhaus, der ummauerte Friedhof und die alte Kirchenlinde ein Gesamtbild, wie es im weiten Umkreis kaum irgendwo zu finden ist. Geweiht ist die Kirche dem Drachenbekämpfer St. Georg, von der Bevölkerung durch die Jahrhunderte immer wieder angerufen als Helfer in der Not.

Im Jahr 1702 wurde die Georgibruderschaft gegründet und seither wird mit wenigen Unterbrechungen jährlich der Georgiritt abgehalten. Am zweiten Sonntag im Mai bewegt sich eine Prozession mit hunderten von festlich gekleideten Reitern mit

Kirche und Pfarrhaus in Limpach.

Der Aussichtspavillon von 1854.

ihren Pferden, mehreren Musikkapellen und einer großen Zahl von Wallfahrern zu Fuß durch das geschmückte Dorf und auf einem Rundweg durch den Höger Wald zu den Höfen von Leustetten und wieder zurück zur Kirche, wo auf der angrenzenden Wiese bei guter Witterung ein feierlicher Festgottesdienst abgehalten wird.

Das große Alpenpanorama

Was den Kirchenbezirk von Limpach über seine bauliche Geschlossenheit und die prächtige Terrassenlage am Südabhang des Höchsten hinaus auszeichnet, ist der Blick nach Süden, der in schier unermessliche Weiten geht. Der weite Raum, dessen Mittelpunkt der Bodensee bildet, wird begrenzt vom Zackengewoge der Alpen. Doch das ist nur einer von unzähligen Aussichtsplätzen, und noch weiter wird die Umschau, je näher man dem „Gipfelort" Rubacker kommt.

Der Blick auf die Alpen macht die eigentliche Berühmtheit des Höchsten aus. Nirgends ist er umfassender als von dem hölzernen Pavillon, den das Haus Fürstenberg 1854 am Südrand der Hochfläche gleich über dem kleinen Ort auf einem gemauerten Unterbau errichten ließ als eine Art Tempel, in dem ein Panorama zelebriert wird, wie es in unserem Land nur wenige gibt. Von der Zugspitze im Osten bis zum weltberühmten Dreigestirn Eiger, Mönch und Jungfrau im Südwesten ist die Alpenkette in einer Ausdehnung von 250 km ausgebreitet. Gipfel an Gipfel, neben- und hintereinander gestaffelt, ein nur dem Kenner und geduldigen Beobachter entzifferbares Gewirr. In seinen Bann zieht es auch den, der, wenn überhaupt, nur den dominanten Säntis als Mittelpunkt zu identifizieren weiß.

Die Faszination entsteht aus der scheinbaren Unvereinbarkeit der einzelnen Bildbestandteile: Die weichen, im Unbestimmten zerfließenden Linien der ausgedehnten Weiten und in denkbar schärfstem Kontrast dazu der schroffe Gebirgswall, der das Land übersteigt. Mittendrin das schmale, mal glänzende, mal mattsilberne Band des Bodensees oder ein unabsehbares Nebelmeer, aus der die flach gewölbte Masse des Gehrenbergs herausragt. Er bietet ein ähnliches Panorama, das nicht ganz so große Räume umfasst wie dieser Standort, dafür den See als dominantes Element und Mitte der Landschaft hat. Man kann sich nicht entscheiden, welchem Platz der Vorzug gebührt. Ob man vom Höchsten das Ulmer Münster sieht, wie gelegentlich behauptet wird, konnte nicht verifiziert werden. Ganz sicher zu erkennen ist der Bussen, wenn auch nicht direkt vom Pavillon, aber bereits einige Meter weiter nördlich vom Weg zum Parkplatz und an vielen anderen Stellen der Hochfläche.

Als Beispiele für die riesigen Entfernungen seien der östliche Eckpfeiler des Panoramas, die Zugspitze (mit 2962 m Höhe Deutschlands höchster Berg) genannt, die 130 km entfernt ist, sowie der westliche Schlusspunkt, die Jungfrau im Berner Oberland (4158 m), zu der die Distanz gar 180 km beträgt.

Der achteckige Pavillon mit seinem pagodenartigen Dach diente allerdings nicht immer der Panoramabetrachtung. Nach dem Zweiten Weltkrieg wurde er bis 1954 von den französischen Besatzungstruppen als Funkstation genutzt. Zwei Jahre später verkaufte ihn das Haus Fürstenberg an die Wirtsfamilie Kleemann, die den nahe gelegenen Berggasthof seit 1858 betreibt. Aus dem Fürstenbergischen Archiv in Donaueschingen weiß man, dass der Wirtshausbetrieb sogar auf das Jahr 1724 zurückgeht.

Der Berggasthof ist Handlungsort in Martin Walsers Novelle „Ein fliehendes Pferd", einem der bekanntesten Texte der deutschen Nachkriegsliteratur. Sogar das titelgebende Tier ist auf dem Höchsten entsprungen. Das von einer der handelnden Personen in Aussicht gestellte Panorama fiel allerdings buchstäblich ins Wasser, es regnete. Die Topografie des Berges bleibt in der Erzählung unbestimmt, Walser lässt kein genaues Bild des Berges entstehen. Der Widerspruch zwischen den bescheidenen Dimensionen und dem stolzen Namen löst bei einem Akteur gar ein verächtliches Lachen aus, gipfelnd in der Empfehlung, ihn doch „Allerhöchsten" zu taufen. Kein Loblied auf den Höchsten also, aber immerhin ein literarischer Auftritt.

Ein Drei-Kreise-Eck

Durchaus kurios sind die Grenzverläufe auf dem Höchsten. Zunächst einmal stoßen drei Landkreise aufeinander: der Bodenseekreis und die Kreise Sigmaringen und Ravensburg. Dies geschieht an einer ganz unscheinbaren Stelle, die sich etwa 700 m nordöstlich von Rubacker im Wald an der schmalen Straße befindet, die nach Latten und Zußdorf hinunterführt. Dass es sich dabei gleichzeitig um eine alte Landesgrenze handelt, dokumentiert der dort stehende Grenzstein von 1912, in den die Buchstaben GB für Großherzogtum Baden und KW für Königreich Württemberg eingemeißelt sind.

Der Kreis Sigmaringen greift auf dem Höchstenplateau keilförmig nach Süden aus. In Rubacker verläuft die Kreisgrenze völlig willkürlich mitten durch den Ort, als wäre hier ein Eroberungszug zum Stillstand gekommen. So gehört vom Anwesen Berenbold westlich des Gasthofs das Wohnhaus zur Gemeinde Illmensee und damit zum Kreis Sigmaringen und die Scheune zum Deggenhausertal, also zum Bodenseekreis. Noch kurioser geht es auf dem Grundstück des Gasthofs selbst zu. Hier zieht die Kreisgrenze mitten durch das zum Anwesen gehörende Wohngebäude

Der Grenzstein von 1912 bei Rubacker, der einst die Grenze zwischen dem Großherzogtum Baden und dem Königreich Württemberg anzeigte. Heute treffen hier drei Landkreise aufeinander.

nördlich neben dem Gasthaus. Die Bewohner betreten ihr Haus im Bodenseekreis und legen sich im Kreis Sigmaringen schlafen. Vor der kommunalen Gebietsreform 1972/73 war Rubacker zwar auch schon auf zwei Gemeinden aufgeteilt, damals Homberg und Illwangen, immerhin aber lag es ganz innerhalb des damaligen Kreises Überlingen. Da bei der Reform die an dieser Stelle vorher schon unsinnigen Gemeindegrenzen beibehalten wurden (neu ist nur die Schaffung größerer Gemeindeeinheiten), die Grenzen der neuen, größeren Kreise aber neu gezogen wurden, kam es für die Bewohner zu einer zusätzlichen Verschärfung der vorher schon unbefriedigenden Situation.

Rubacker als Spielball der Politik – das scheint ein Schicksal mit Tradition zu sein. Das jedenfalls darf aus der ersten schriftlichen Erwähnung des Orts geschlossen werden. Sie datiert vom 7. März 1294 und dokumentiert, dass der „Edle Swigger von Teggenhusen", ein Gaurichter, seine Besitzungen Rugakker und Rengartswiller um 12 Pfund Konstanzer Pfennige dem Kloster Salem geschenkt hat.

Wo heute der „Vordere Hof", das Anwesen Hiestand, steht, befand sich jahrhundertelang ein kleines Frauenkloster, gegründet wohl im 14. Jahrhundert. Seine wechselvolle Geschichte endete im ausgehenden 18. Jahrhundert. Heute erinnert nur noch ein alter Giebel der Klosterscheune und ein Bildstock an das fromme Geschehen. Eine Statue der heiligen Odilia mit einer einst verehrten Reliquie der Elsässer Schutzheiligen steht heute in der Oberhomberger Kirche. Unmittelbar neben dem ehemaligen Kloster wurde 1955 von den Zieglerschen Anstalten in Wilhelmsdorf zunächst in einem bestehenden Gebäude das „Kurheim Höchsten" eingerichtet, eine Heilstätte für suchtkranke Frauen, damals eine mutige Pioniertat. Die erfolgreiche Arbeit machte bauliche Erweiterungen erforderlich, mit denen letztlich ein ganzes Dorf entstand, das heutige Fachkrankenhaus Höchsten als eine zentrale Einrichtung der regionalen Suchttherapie, noch immer ausschließlich Frauen vorbehalten. Im Sommer 2006 fiel allerdings der Beschluss, den Standort aufzugeben und in Saulgau neu zu bauen, um dort die Arbeit fortzusetzen. Über die künftige Verwendung der wenig attraktiven und sanierungsbedürftigen Gebäude ist derzeit noch nichts bekannt.

Hohe Wege auf dem Höchsten

Seine Hauptberühmtheit hat der Berg als Fluchtpunkt, wenn überm See die Herbst- und Winternebel lasten. Man sieht endlich wieder die Sonne und den blauen Himmel. Häufig liegt so viel Schnee, dass man mit Langlaufskiern seine Kreise ziehen oder Schlitten fahren kann. Angereist ist man in der Regel mit dem Automobil. In der anderen Jahreshälfte dominieren die Radler die Szene. Die Fahrt auf den Höchsten hat bei den sportlichen Fahrern in der Region Klassikerstatus. Die neue elektronische Zeitmessanlage für die Strecke von Urnau bis zum Sendemast ganz oben wird die Beliebtheit noch erhöhen.

Nicht gar so weit schallt sein Ruf als Wanderberg. Noch zu wenig bekannt ist der Bodenseeraum als Wanderland, zu vielfältig sind die Möglichkeiten ringsum, zu

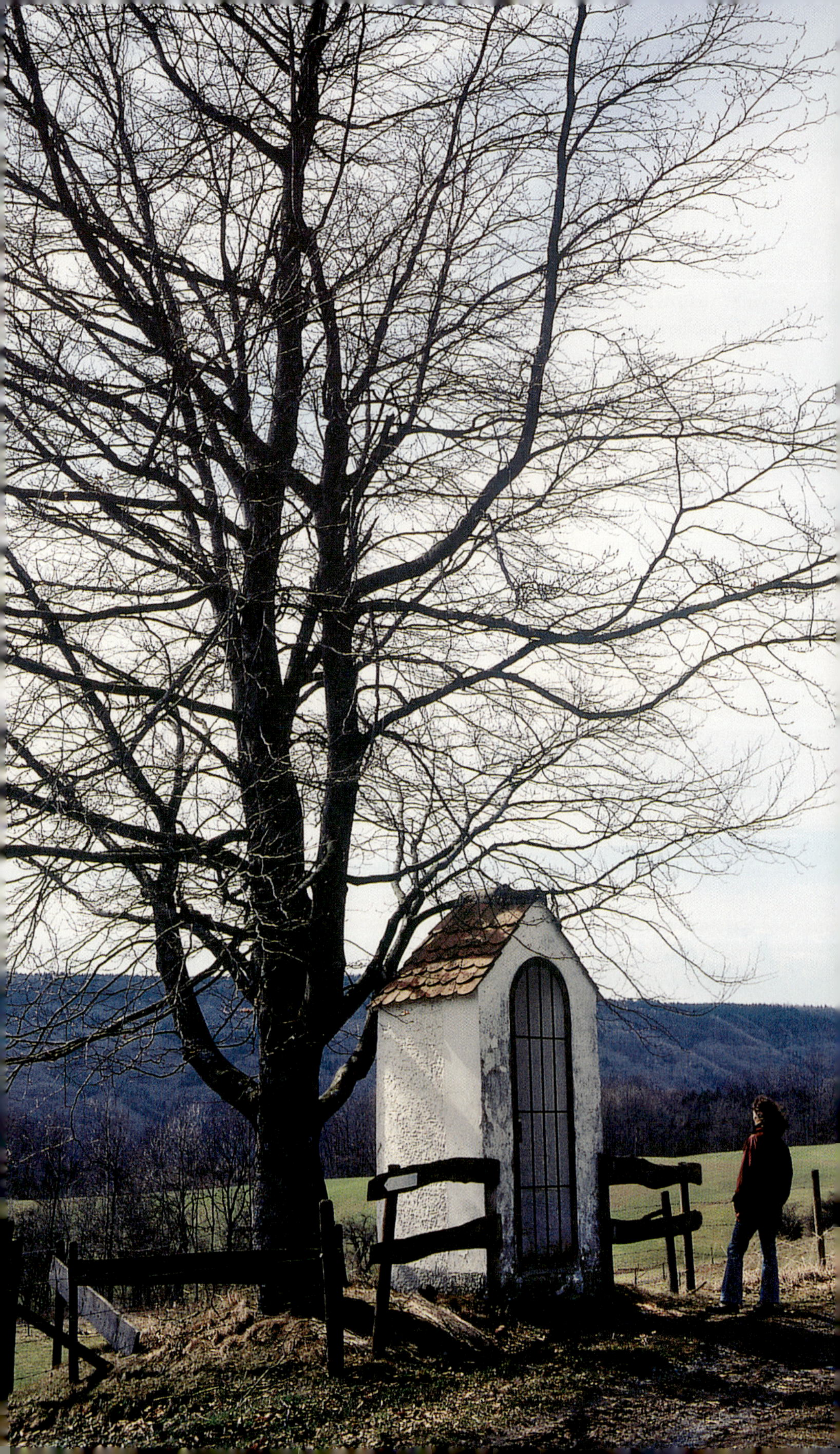

*Links: Der Bildstock bei Rubacker
erinnert an das ehemalige Kloster.*

groß die Konkurrenz der nahen Alpen. Hier wandern die Einheimischen, eher selten die Touristen. Dabei schenkt der Höchsten Mittelgebirgsfreuden jeder Art und als Dreingabe den spektakulären Blick auf die Alpenkette.

Prächtige Runden lassen sich beliebig zusammenstellen, wobei die handliche Deggenhauser Wanderkarte, auf der alle Wege verzeichnet sind, bereits die Auswahl zu einer vergnüglichen Unternehmung macht. Da der Verfasser als Bergsteiger eine unverbesserliche Gipfelorientierung hat, kulminieren die im Folgenden vorgeschlagenen Routen alle oben beim Pavillon. Und weil er seine Wanderwurzeln auf der Schwäbischen Alb hat, wo das Einkehren unumstößlicher Bestandteil jeder Wanderung ist, betrachtet er die Position des Berggasthofs ganz oben als Idealfall.

Eine relativ kurze und abwechslungsreiche Rundwanderung führt von Deggenhausen über die herrliche Lichtung von Katzenmoos, vorbei am Standort einer ehemaligen Burg nach Rubacker hinauf. Dem Engagement des Wirts Hans-Peter Kleemann ist nicht nur der gute Erhaltungszustand des Pavillons zu verdanken, er hat auch das neu angebrachte geschmiedete Alpenpanorama beim Künstler Peter Klink in Auftrag gegeben und finanziert. Der „Schwäbisch-alemannische Mundartweg" zwischen Gasthof und Pavillon mit seinen originellen Tafeln ist ebenfalls eine Co-Produktion der beiden. Vom Pavillon aus gelangt man auf einem fast ebenen Höhenweg zum Lehenhof, wo seit 1965 in einer großen Dorfgemeinschaft behinderte Menschen eine Heimat und vielfältige Arbeitsmöglichkeiten gefunden haben. Bevor man nach Ellenfurt ins Deggenhausertal hinabgeht, sollte man ein Stück des Wegs nach Lichtenegg über die arkadisch anmutende Lichtung gehen, um einen Blick auf die überraschend wilden Abbrüche der Rappenfelsen zu werfen.

Etwas länger sind die Anstiege, die von Zußdorf und Wilhelmsdorf heraufführen. Wunderschön ist eine Wanderung ab Illmensee, die eine Umrundung des zauberhaften Sees mit einschließt.

Die letzte Empfehlung gilt dem Wander-Lehrpfad Deggenhausertal mit Limpach und Oberhomberg als möglichen Start- und Endpunkten. Speziell ausgeschildert und versehen mit vielen Informationstafeln, erschließt er die vielfältige Natur und die Kulturlandschaft an der Höchsten-Südabdachung und führt immer wieder an prächtigen Aussichtspunkten vorbei. Ein eher unerwartetes Erlebnis schenkt der wildromantische Kohltobel mit seinen steilen, urwaldartig bewaldeten Hängen und einer verblüffenden Wegführung. Das war der alte, ziemlich mühsame Kirchweg der Leute von Burg nach Limpach, benutzt bis in die fünfziger Jahre des 20. Jahrhunderts. Der Lehrpfad berührt den höchsten Punkt des Berges nicht, mit einem kurzen Schlenker kann er allerdings angehängt werden. Ohne vom Pavillon aus nach Süden geschaut zu haben, sollte man den Berg nicht verlassen, denn dieser Blick ist das Höchste, was der Höchsten zu bieten hat.

Literaturhinweise:
Leider gibt es keine Darstellung, die sich umfassend dem Höchsten widmet. Man muss sich die Informationen an vielen Stellen zusammenlesen. Nachstehend Hinweise auf aktuell erhältliche Publikationen:
Ein zehnseitiger Abschnitt im Führer „Der Bodenseekreis – ein Führer zu Natur, Geschichte und Kultur" widmet sich der Gemeinde Deggenhausertal und ihren Sehenswürdigkeiten. Dieses unentbehrliche Buch enthält auch eine Darstellung der geologischen Vergangenheit. Erschienen ist es im Verlag Robert Gessler, Friedrichshafen.

In der Broschüre „Historischer Spaziergang durch das Deggenhausertal" von Pfarrer Dieter Göpfert sind die Geschichte des Orts, die ehemaligen Burgstellen und die vielen kirchlichen Denkmäler beschrieben. Man erhält sie im Rathaus der Gemeinde Deggenhausertal in Wittenhofen.

Vom gleichen Verfasser ist das reich bebilderte Büchlein „Kirchen, Kapellen und Wegkreuze im Deggenhausertal", ebenfalls im Rathaus erhältlich.

„Rubacker Höchsten – 700 Jahre – 1294 bis 1994" ist der Titel des lesenswerten Jubiläumsbüchleins mit historischen Fotografien, das man im Rathaus Deggenhausertal und im Berggasthof Höchsten kaufen kann.

Für das Pfrunger Ried gibt es einen hervorragenden Führer von Lothar Zier, erschienen in der Reihe „Führer durch Natur- und Landschaftsschutzgebiete Baden-Württembergs" als Band 10, zu beziehen über den Buchhandel oder das Naturschutzzentrum in Wilhelmsdorf.

Die Geschichte der Gemeinde Illmensee und ihrer Teilorte, auch auf dem Höchsten, ist in dem umfangreichen Werk „Heimat an drei Seen" von Juro Marcinkovic, erschienen im Thorbecke Verlag, dargestellt.

In der Festschrift „175 Jahre Wilhelmsdorf" ist unter anderem die faszinierende Gründungsgeschichte der pietistischen Kolonie beschrieben. Man kann sie über das Rathaus Wilhelmsdorf beziehen.

Karten:
Die beste Gesamtdarstellung des Höchsten findet man auf der handlichen Karte „Wandern im Deggenhausertal" im benutzerfreundlichen Maßstab 1:30000, basierend auf der Topographischen Landeskarte 1:50000. Sie ist gut lesbar und enthält sämtliche Wanderwege. Erhältlich ist sie im lokalen Buchhandel und im Rathaus Deggenhausertal.
Wer es ganz detailliert will, benutzt die Topographische Karte 1:25000 des Landesvermessungsamts Baden-Württemberg. Der größte Teil des Höchsten ist auf dem Blatt 8122 Wilhelmsdorf dargestellt, die Südabdachung ab Limpach auf dem Blatt 8222 Markdorf.

Dem Höchstenwirt Hans-Peter Kleemann danke ich herzlich für seine vielfältigen Informationen.

Von Kolkraben, Milanen und Störchen
Die Vogelwelt einer Mülldeponie

GERHARD KERSTING

Im Spätsommer kann man besonders viele Schwarzmilane auf der Kreismülldeponie sehen.

Laute „Roak-, Roak-Rufe" lenken den Blick des Besuchers zum Himmel. Vier große Vögel kreisen warnend über den Wipfeln der alten, noch nicht belaubten Buchen: Mächtig erscheinen sie im Flugbild, mit ihren brettartigen Flügeln und den fingerartig ausgezogenen Handschwingen, dem großen, klobigen Schnabel und dem keilförmigen langen Schwanz. Das schwarze Gefieder glänzt in der Abendsonne metallisch. Krähen scheinen es nicht zu sein, denn diese wirken im direkten Vergleich deutlich kleiner, haben auch eine viel hellere, krächzende Stimme. Kolkraben, die Wotansvögel in der Sagenwelt der alten Germanen, sind es.

Erst jetzt nimmt der Besucher einen unangenehmen Müllgeruch wahr und ihm wird bewusst, dass er sich am Rande einer großen Deponie befindet. Hier, beim idyllisch gelegenen Friedrichshafener Ortsteil Raderach, liegt gut versteckt hinter Hügeln und Wäldern die zentrale Mülldeponie des Bodenseekreises. Seit 1982 wurde hier, wo im Zweiten Weltkrieg KZ-Häftlinge Teile der V2-Raketen zusammensetzten, vor allem Hausmüll gelagert. Im Laufe von über zwanzig Jahren entstand aus etwa 1,3 Mio. Kubikmetern Müll ein etwa 40 Meter hoher Berg, der bereits teilweise wieder aufgeforstet wurde. Kaum ein Naturfreund wird wohl auf den Gedanken kommen, hierhin eine Exkursion zu unternehmen. Und dennoch: Nur an wenigen Orten im Kreis gelingen so eindrucksvolle Naturerlebnisse wie hier.

Zwei Faktoren sind es, die die Deponie für viele Tiere attraktiv machen: Der häusliche Müll enthält offensichtlich noch so einiges an fressbarem Material und das Umfeld mit dem Naturschutzgebiet „Hepbach-Leimbacher Ried" weist eine große Vielfalt naturnaher, wertvoller Lebensräume mit Feuchtwiesen, Weihern und Tümpeln sowie schönen Buchenwäldern auf. Von den Wanderwegen am Rande der Deponie aus werden dem Besucher vor allem die Vögel auffallen, sodass wir unseren Fokus auf diese richten. Natürlich nutzen auch Füchse, Mäuse, Ratten und verwilderte Katzen das Nahrungsangebot, doch sind diese zumeist nachtaktiv und deshalb schwieriger zu beobachten.

Setzen wir also unseren kleinen Spaziergang an einem schönen Nachmittag Anfang April fort. Zusammen mit zahlreichen Rabenkrähen und einigen Dohlen sind die Kolkraben zu einem hohen, dürren Baum geflogen, von dessen Wipfel sie einen guten Überblick haben. Einst im ganzen Land verbreitet, fiel der Kolkrabe vor hundert Jahren als vermeintlicher Schädling einem Vernichtungsfeldzug des Menschen zum Opfer. Ein halbes Jahrhundert lang galt er in Baden und Württemberg als ausgestorben. Erst in den sechziger Jahren des 20. Jahrhunderts wurde Baden-Würt-

Auf hohen Bäumen sitzend, warten die Schwarzmilane auf die ersten Müllfuhren.

Kolkrabe im Flug.

temberg von den überlebenden Beständen in den Alpen her wieder besiedelt, und heute kann man Kolkraben in fast allen Landesteilen antreffen, vor allem im württembergischen Allgäu, auf der Alb und im Schwarzwald.

Kaum haben die Arbeiter am Feierabend gegen 17 Uhr den Umladebereich des Biomülls am Rande des Geländes verlassen, sind schon die Schwarzmilane da, die bislang oben am Müllberg kreisend die dortige Thermik nutzten. Zuerst sind es nur wenige, dann kommen immer mehr, die zuvor auf hohen Bäumen sitzend offensichtlich auf den Betriebsschluss gewartet haben. Über fünfzig der eindrucksvollen Greifvögel kann man schließlich zählen. Mit langsamen, tiefen Flügelschlägen fliegen sie immer wieder zu den Müllhaufen, greifen mit ihren Fängen im Vorbeifliegen etwas Fressbares, um dann mit der „Beute" schleunigst das Weite zu suchen. Die Futterneider lassen nicht auf sich warten. Zwei weitere Milane und eine Rabenkrähe versuchen in spektakulären Flugmanövern der Beute habhaft zu werden. Schließlich geben sie auf und der Besitzer frisst im Flug den Nahrungshappen.

Nach einer Viertelstunde hat sich die anfängliche Hektik gelegt; viele Schwarzmilane sitzen – aufgereiht wie die Hühner auf der Stange – auf großen Müllcontainern, andere sind zu ihren Sitzwarten auf Bäumen zurückgekehrt oder kreisen im Aufwind. Aufmerksame Beobachter entdecken zwischen den kreisenden Schwarzmilanen meistens auch einzelne Rotmilane. Sie sind mit einer Spannweite bis zu 160 cm noch etwas größer, unterscheiden sich aber vor allem durch ihre hellen Flügelmarken, das kontrastreichere, hellere Gefieder und den rotbraunen, tief eingeschnittenen Schwanz, der dem Vogel in manchen Regionen auch den Namen „Gabelweihe" verlieh.

Unter den heimischen Greifvögeln sind die Milane die typischen Arten auf Mülldeponien. In ihrer Ernährung recht flexibel, verschmähen sie auch Aas nicht und nehmen so eine ökologische Stelle ein, die derjenigen der Geier in Südeuropa oder Afrika ähnelt. Während der Schwarzmilan ein sehr weites Verbreitungsgebiet besitzt, das sich von Europa und Nordafrika über Asien bis nach Australien erstreckt, ist der Rotmilan viel seltener. Der Gesamtbestand der Art wird auf etwa 20000 Paare geschätzt, deren Verbreitungsschwerpunkt sich von Deutschland über Teile Südfrankreichs bis nach Spanien erstreckt. Gut die Hälfte aller Rotmilane brütet in

Aufgereiht wie die Hühner auf der Stange, sitzen die Schwarzmilane auf einem Müllcontainer.

Deutschland, sodass unser Land einer besonderen Verantwortung für den Schutz dieser Art gerecht werden muss.

Schwarzmilane überwintern vor allem in Afrika und kehren Ende März in die Brutgebiete am Bodensee zurück. Um diese Zeit sowie im Spätsommer, kurz vor dem Wegzug in den Süden, kann man besonders viele Schwarzmilane an der Kreismülldeponie sehen. Im Bodenseekreis ist der Schwarzmilan als Brutvogel recht verbreitet, wobei er gerne die Nähe zu größeren Gewässern sucht. So brüten im Naturschutzgebiet „Eriskircher Ried" am Bodensee jährlich etwa drei bis vier Paare.

Der Verbreitungsschwerpunkt des Rotmilans im Land erstreckt sich vom Wutachgebiet im Westen über die Baar zur Schwäbischen Alb. Am Bodensee waren Brutvorkommen noch vor dreißig Jahren auf den Bodanrück, die Höri und den Hegau beschränkt. In den letzten Jahren hat er sein Verbreitungsgebiet nach Osten ausgedehnt, sodass einzelne Paare jetzt in vielen Gemarkungen des Bodenseekreises brüten, etwa im Hinterland von Friedrichshafen. Den Gesamtbestand im engeren Bodenseegebiet schätzte die Ornithologische Arbeitgemeinschaft Bodensee für Mitte der neunziger Jahre auf zwanzig Paare. Im Gegensatz zum Schwarzmilan können Rotmilane in geringer Zahl bei uns überwintern, so vor allem an Mülldeponien.

Seit sich im nahen Hepbach-Leimbacher Ried ein Paar Weißstörche angesiedelt hat, taucht auch Meister Adebar immer wieder auf der Deponie auf und stakst dort auf der Suche nach Fressbarem im Müll herum. Dass so manche „Beikost" vom Müll des Menschen ihre Risiken haben kann, zeigte sich vor wenigen Jahren, als drei Jungstörche des nahen Brutpaars tot im Horst gefunden wurden. Im Magen fanden sich zahlreiche Gummiringe, die offensichtlich von den Elterntieren als ver-

Rotmilan im Flug.

meintliche Würmer verfüttert worden waren und den Jungtieren nicht gut bekamen. Möglicherweise stammte die gefährliche Kost aber gar nicht vom Müllberg, sondern von Erdbeerfeldern, wo solche Gummis verwendet werden, um die Setzpflanzen zusammenzuhalten.

Zahlreiche Singvögel nutzen weniger den Müll als vielmehr das reiche Angebot an Insekten und Pflanzen auf der Deponie. Bachstelzen jagen nach Fliegen, Distelfinken picken Samen aus den Fruchtständen der Disteln, die hier nicht der Sense oder dem Herbizid zum Opfer fallen. Aus den vielen lichten Gebüschen hört man im Frühjahr den monotonen Ruf des Zilpzalps.

Besonders eindrucksvoll kann ein Besuch der Kreismülldeponie auch im Winter sein. Die im Frühjahr und Sommer so auffallenden Schwarzmilane sind jetzt in ihren afrikanischen Winterquartieren, dafür bevölkern vor allem bei Schneelage einige Mäusebussarde das Areal. Dann kann es sein, dass die Winterruhe plötzlich unterbrochen wird durch heisere, manchmal fast wie ein Lachen klingende Rufe, und man entdeckt, dass die unzähligen weißen Flecken am blauen Winterhimmel keine Schneeflocken sind, sondern Möwen! Dreitausend Lachmöwen und einige Dutzend Sturmmöwen kreisen im Formationsflug über der Deponie, und man fragt sich unwillkürlich, wie sie es bei dieser „Flugdichte" schaffen, nicht aneinander zu

Möwenschwarm über der Deponie Raderach.

Turmfalke im Flug.

stoßen. Wie auf ein Kommando lassen sich dann die weißen „Sicheln" laut kreischend nach unten trudeln und einen Moment später hüllen sie das Müllfahrzeug, das gerade seine Last ablädt, in dichte Wolken ein. Mülldeponien können im Winter für Möwen eine wichtige Nahrungsquelle sein. Auf Feldern ist nur noch wenig zu holen, fütternde Touristen machen sich rar und auch der Bodensee bietet Nahrung nicht mehr im Überfluss, seit die Überdüngung durch Abwässer stark reduziert wurde.

So eindrucksvoll die Naturbeobachtungen an Mülldeponien auch heute noch sein können, im Vergleich zu früher hat ihre Bedeutung für Vögel deutlich abgenommen. Früher unterhielt noch fast jede Gemeinde im Land ihre eigene kleine Deponie, auf der durchaus auch einmal ein ganzer Tierkadaver entsorgt wurde. Für Aasfresser war dies ein „gefundenes Fressen", aus hygienischer Sicht natürlich eine fragwürdige Praxis. So konnten an der Mülldeponie Radolfzell-Böhringen vor 25 Jahren mehrfach über 250 Schwarzmilane beobachtet werden.

Einen großen Einschnitt gab es zum 1. Juni 2005. Eine EU-Verordnung sieht seitdem vor, dass Hausmüll nicht mehr auf Deponien gelagert werden darf, sondern Verbrennungsanlagen zugeführt werden muss. Viele Deponien, etwa die in Ravensburg-Oberzell, wurden seither geschlossen, sodass sie ihre frühere Bedeutung als Nahrungsquelle für Greifvögel und Rabenvögel gänzlich verloren haben.

Auch auf der Deponie Raderach wird kein Hausmüll mehr gelagert, sodass am hohen Müllberg für Vögel wohl nicht mehr viel zu holen ist. Glücklicherweise wird aber noch verschiedenster häuslicher Müll, auch Biomüll mit einem hohen Anteil an Nahrungsresten, am Rande des Areals umgeladen. Die Milane und Rabenvögel haben sofort reagiert und sind seitdem in diesem Bereich am Rande der Deponie anzutreffen. Es besteht folglich die Hoffnung, auch zukünftig das eindrucksvolle Vogelleben an der Kreismülldeponie zu erleben.

So leisten wir Menschen dank der Deponien, wenn auch unbeabsichtigt, so etwas wie eine Gutmachung an den Greifvögeln und Raben, nachdem diese von uns über einen Zeitraum von mehr als zweihundert Jahren bis in die 1970er Jahre gnadenlos verfolgt und teilweise ausgerottet worden waren.

„Man muss den See richtig suchen..."
Niedrigwasserstand im Winter 2005/06

HILDEGARD NAGLER

Die Eiseskälte des letzten Winters machte Ungewöhnliches möglich: Im Eriskircher Ried mussten Fußgänger eine Zeit lang nicht auf den ausgeschilderten Wegen bleiben. Sie durften sich auch in der sonst hochsensiblen Flachwasserzone bewegen, wo es gefroren war. Ich war mit Gerhard Kersting, seit 1. Mai 1993 Chef des Naturschutzzentrums Eriskirch, dort draußen.

Auf der Suche nach kleinen Wundern in der Flachwasserzone des Eriskircher Rieds: Gerhard Kersting, Chef des Naturschutzzentrums Eriskircher Ried, und Hildegard Nagler, Redakteurin der Schwäbischen Zeitung.

Eigentlich müsste Gerhard Kersting schon längst im schlammigen Wasser stehen, und zwar im eiskalten. Oder er müsste angesichts der Eiseskälte zumindest über Bodensee-Eis schlittern. Doch nichts von alledem. Obwohl der Biologe im Bereich der Flachwasserzone im Eriskircher Ried schon mehrere hundert Meter vom Ufer in Richtung See zurückgelegt hat, ist noch immer kein Wasser in Sicht. „Man muss den See richtig suchen", sagt ein Spaziergänger, der Kersting begegnet. „Fast könnte man meinen, er sei verschwunden." Mit ihm die vielen, vielen Wasservögel, für die das Naturschutzgebiet Eriskircher Ried sonst berühmt ist. Mit ihm das viele, viele Seegras, das im Sommer die Flachwasserzone zum Dschungel macht.

Gerhard Kersting setzt seinen Weg fort, die Hände tief in seinen Anoraktaschen vergraben. Der 47-Jährige geht Richtung Halde. Der Boden unter seinen Füßen ist hart gefroren. Gleichmäßig, monoton, könnte man meinen. Doch bei näherem Hinsehen offenbart die Natur kleine Wunder. Hier sind Strukturen im gefrorenen Boden, die an viele tausend kleine Sterne erinnern. Dort ist in einer kleinen Senke Wasser gefroren. Unzählige kleine Bläschen sind sichtbar. Ein paar Schritte weiter sind die Spuren einer Krähe, die auf der Suche nach Muscheln war, am Boden eingefroren. Ansonsten ist alles ausgestorben. So könnte eine Eiszeit beginnen.

Bereits im 15. und 16. Jahrhundert gab es jeweils sieben Seegfrörnen, für die Jahre 1684, 1695, 1788, 1830, 1880 und 1963 sind weitere dokumentiert. Allerdings war es 1963 schon viel früher bitter kalt als im vergangenen Jahr. Das Eis hatte sich meterhoch zu Bergen aufgetürmt und schaurige Geräusche von sich gegeben.

Eisberge gibt es in diesem Winter nicht, dafür Eisflächen. Je mehr sich Gerhard Kersting der Halde nähert, desto größer werden sie. Manche sehen aus, als wären sie mit Schnee überzuckert. Andere tragen fragile, kunstvolle Gebilde. Wenn Kersting darüber geht, knirscht das Eis manchmal bedenklich. Dazwischen ist gefrorener Boden sichtbar. Mit ein bisschen Phantasie kann man die Umrisse ferner Länder erkennen.

Abgrundtiefer See

Und dann, rund 700 Meter vom Ufer entfernt, ist er endlich da, der Bodensee. Sanft schaukeln auf ihm die Eisplatten mit ihren schneeweißen Rändern, ein grandioses Schauspiel. Nur noch rund 200 Meter sind es bis zur Halde, bis zu dem Abschnitt, an dem der See abgrundtief wird. Draußen treibt eine einsame Eisscholle. Gerhard Kersting entdeckt mit Hilfe seines Fernglases zwei Höckerschwäne. Wie weiße Pünktchen sehen sie aus.

Wo sind all die anderen Vögel, die sonst im Eriskircher Ried überwintern? „Haubentaucher gibt es bisweilen an der Halde. Die können 40 Meter weit runter", sagt Kersting. Auch Tauchenten werden dort fündig – sie können zehn Meter tief tauchen. Andere Vögel aber, sagt der Biologe, hätten schnell begriffen, dass es derzeit in der Flachwasserzone des Eriskircher Rieds mit Futter schlecht aussieht – sie versuchen, in Gewässern in nicht so kalten Gefilden fündig zu werden.

„Der Bodensee ist ein unregulierter See", sagt Gerhard Kersting. *„Das heißt, er unterliegt Schwankungen."* Hochwasser gab es zwischen dem 24. Mai und dem 11. Juni 1999: Damals betrug der Seespiegel 5,65 Meter – der höchste Wert seit 1890 (vgl. Leben am See, Bd. XVII, Seite 357–371). Am 18. August 1821 wurden 5,91 Meter gemessen, am 7. Juli 1817 waren es 6,36 Meter. *„Die Schwankungen sind für die Natur am See sehr wichtig"*, sagt der Biologe. Beispielsweise für Schnepfen. Und beispielsweise für das Bodensee-Vergissmeinnicht: Diese Pflanze blüht im Frühling bei niedrigem Wasserstand – und hält so Konkurrenten fern: Denn keine andere Pflanze kann unter derartigen Bedingungen überleben. Steigen die Temperaturen, wird die Flachwasserzone hoch produktiv: Dort wird im Frühling das Wasser früher warm als in anderen Teilen des Bodensees, auf Grund der Ufernähe gibt es mehr Nährstoffe. Kurzum: Die Produktion wird wieder boomen.

Die gesamte Fläche des Bodensees beträgt 536 Quadratkilometer. Soll der Seespiegel bei Mittelwasserstand nur um einen Zentimeter steigen, braucht es 5,36 Millionen Kubikmeter Wasser. *„Für den Anstieg des Wasserstandes von aktuell 2,37 Meter (Pegel Konstanz) auf den Mittelwasserstand von etwa 3,50 Meter ist also ein Anstieg von 113 Zentimeter nötig. Daraus ergibt sich 5,36 Milliarden Liter mal 113 ist gleich 605,68 Milliarden Liter Wasser."* Jeder der 82 Millionen Deutschen könnte damit knapp drei Mal eine Badewanne mit einem Fassungsvermögen von rund 250 Liter Wasser füllen.

Jahrhundertealtes Erbe schützen

Gerhard Kersting und alle anderen, die gerne am See spazieren gehen, werden das noch längere Zeit trockenen Fußes tun können. Sie werden über die gefrorene Flachwasserzone gehen können, wie es gerade der Biologe auf dem Rückweg ans Ufer tut. Und sie werden aufpassen müssen, dass sie nicht über kleine Pfähle stolpern, die es beispielsweise in der Flachwasserzone des Eriskircher Rieds zu sehen gibt. Dabei handelt es sich um so genannte Fachen, Fischfangvorrichtungen, die aus der Zeit zwischen 1600 und 1850 stammen. Die Unterwasserarchäologen sind gar nicht froh, dass diese alten Pfähle auf Grund der Erosion zu sehen sind und deshalb verwittern. In Keilform und mit Geflechten verbunden in den Boden gerammt, haben sie die Fische in Rondelle geführt und ihnen jegliche Fluchtmöglichkeit versperrt. Die Wissenschaftler bitten daher alle, die sich in gefrorenen Flachwasserzonen bewegen, diese Pfähle zu schonen und so ein jahrhundertealtes Erbe zu schützen und zu bewahren.

Das Leben als unschätzbare Form des Daseins

Dialysestation und Interessengemeinschaft – Hoffnung und Heimat für viele Betroffene

BRIGITTE GEISELHART

Es begann an der Universität Ulm – vor mehr als 35 Jahren. Wolfgang Brech und Peter Piazolo, zwei junge Nierenfachärzte, erkannten die aus ihrer Sicht völlig unbefriedigende Situation vieler Menschen mit chronischen Nierenkrankheiten und ergriffen die Initiative. Mit der Heimdialyse und der Einrichtung eines Dialysehauses außerhalb des Krankenhausbereichs gingen sie damals zusammen mit dem Leiter der Sektion Nephrologie der Universität, Professor Dr. H. E. Franz, einen ganz neuen, bahnbrechenden Weg, der die beiden Mediziner schon wenige Jahre später an den Bodensee führen sollte.

1973 eröffneten sie in der Häfler Werastraße die neu geschaffene Dialysestation – eine internistische Gemeinschaftspraxis, wie es sie in dieser Form in Deutschland nur in ganz wenigen Städten gab. Später stießen der Lungenfacharzt Günther Overrath, der Onkologe Helmut Feyen – ebenfalls Kollegen aus der Ulmer Zeit – und der Kardiologe Udo Stirner hinzu. Letztlich kümmerten sich sieben qualifizierte Spezialisten verschiedener Fachrichtungen der inneren Medizin um ihre Patienten, die von Haus- oder Fachärzten an sie überwiesen wurden.

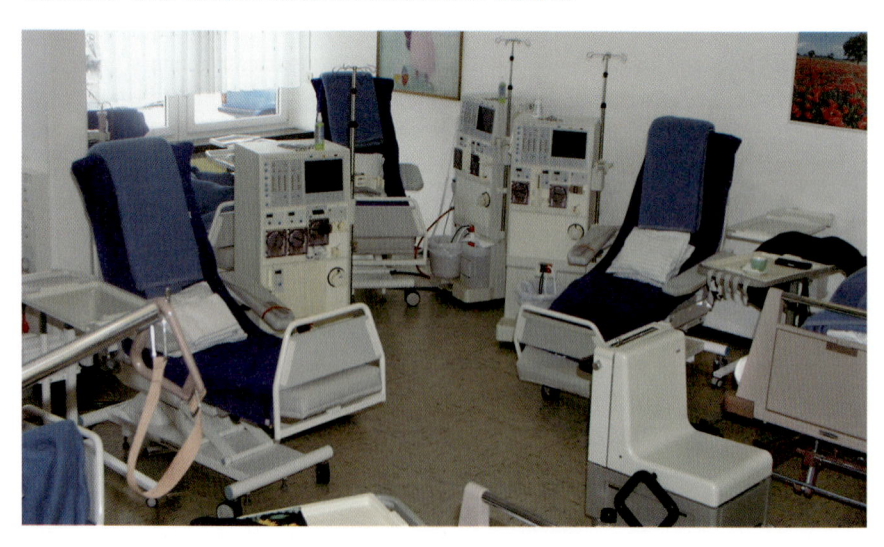

Ambulante Dialyseplätze heute.

Gehen wir zurück an den Anfang der siebziger Jahre. *„Fast jede Dialyse war damals ein Abenteuer für Patient und Arzt gleichermaßen"*, erinnert sich Professor Brech. Die Ausgangslage war klar: Krasser Mangel an Dialyseplätzen, vielen Patienten blieb eine Behandlung versagt. Synthetisches Shuntmaterial stand nicht zur Verfügung, feinschliffige Dialysenadeln waren nicht erhältlich. Die Dialysezeiten betrugen acht bis zehn Stunden pro Sitzung und das dreimal pro Woche – ein personelles und logistisches Problem, das kaum zu bewältigen war. Die Versorgung von über 65-jährigen Patienten erschien über einen längeren Zeitraum überhaupt nicht möglich, insbesondere bei Menschen mit schwerwiegenden Zweitkrankheiten. Die Überlebenszeit bei Diabetikern an der Dialyse lag unter zwei Jahren, das Durchschnittsalter der Patienten bei nur 45 Jahren.

So nahmen Wolfgang Brech und Peter Piazolo schon 1969 in Ulm das Training der Patienten für die Heimdialyse in die eigenen Hände. Dass von den damaligen Patienten auch heute noch zwei am Leben sind – und das nach über 35 Jahren –, belegt den medizinischen Erfolg eindeutig. *„Kein Wunder"*, sagt der inzwischen 69-jährige Brech, *„dass wir in unserer Praxis bis auf den heutigen Tag die Heimdialyse noch immer als eines der erfolgreichsten Verfahren zur Behandlung der chronischen Niereninsuffizienz überaus schätzen und fördern."*

Viele chronisch nierenkranke Menschen suchten Hilfe in Ulm, auch Patienten aus Friedrichshafen und Umgebung, die zwei- bis dreimal wöchentlich die Strecke von hundert Kilometern oder mehr auf sich nehmen mussten. Der Plan, in der Bodenseeregion eine eigene Dialysestation zu errichten, reifte und nahm langsam, aber sicher Gestalt an. Hilfreich waren die Kontakte zu Wolfgang Stuckenbrock, der als Architekt und Stadtrat die Verhältnisse vor Ort bestens kannte und tatkräftig Unterstützung leistete. Nachdem die Standortfrage geklärt war und auch die Verhandlungen mit den Krankenhäusern im Umfeld positiv verlaufen waren, fielen die Würfel für eine selbständige Dialysepraxis in Friedrichshafen, aus der eine interdisziplinäre, die wichtigsten Felder der Inneren Medizin abdeckende Gemeinschaftspraxis wurde.

Auf drei Stockwerken begann man 1973 in der Werastraße 33 mit der Arbeit: im ersten Stock die Praxis mit Arztzimmern, Anmeldung und Labor, im zweiten Stock die Dialysestation mit zehn Dialyseplätzen und im dritten Stock die Röntgenabteilung und Personalwohnungen. Damit konnte – was für Ärzte, Patienten und auch für Krankenkassen und kassenärztliche Vereinigungen zunächst einmal gewöhnungsbedürftig war – ein großes Spektrum an Diagnostik und Therapie vom Krankenhaus in den ambulanten Bereich verlagert werden.

Die Kriterien zur Auswahl von Patienten für ein chronisches Hämodialyseprogramm sollten nicht nur medizinischen, sondern auch ethischen Gesichtspunkten Rechnung tragen. Konkret gesagt: Es galt, *„die Behandlung eines Patienten im Lichte seiner Lebensqualität zu definieren."* Das Minimalziel, den chronisch Nierenkranken in das häusliche Milieu zu entlassen und einer ambulanten Zentrumsdialyse zu unterziehen, durfte nicht aus den Augen verloren werden. Eine Zweitkrankheit, die den Tod des Patienten in kurzer Zeit wahrscheinlich werden ließ, musste ebenso ausgeschlossen werden wie andere Krankheiten, die eine Hämodialyse aufgrund der zusätzlichen Belastung des Körpers nicht erlaubt hätten.

Hämodialyse – die künstliche Blutwäsche

Bei der Hämodialyse, der künstlichen Blutwäsche im Rahmen eines akuten oder chronischen Nierenversagens, muss das Blut des Patienten von Stoffwechselprodukten und Wasser gereinigt werden. Dazu wird es über ein Schlauchsystem in den Dialysator (Blutfilter) geleitet und dort über Filtrations- und Austauschprozesse gewaschen. Anschließend gelangt es wieder in den Körper des Patienten zurück.

Damit die Blutwäsche effektiv stattfinden kann und der Patient nicht zu häufig dialysieren muss, sollten etwa 250 bis 350 Milliliter Blut pro Minute durch den Dialysator geleitet werden. Die natürlichen Blutgefäße des Menschen sind nicht dafür geeignet, solche Blutmengen auf unkomplizierte Weise zugänglich zu machen. In den Venen, die direkt unter der Haut liegen und daher gut zu punktieren sind, ist der Blutfluss nicht ausreichend. Die Arterien dagegen liegen zum einen in der Tiefe verborgen und sind deshalb schwieriger zu finden, zum anderen ist eine Punktion der Arterien sehr schmerzhaft. Deshalb muss für eine dauerhafte, chronische Hämodialyse operativ ein spezieller Gefäßzugang geschaffen werden, ein so genannter „Shunt" (englisch: Nebenschluss, Parallelleitung).

Der amerikanische Pharmakologe John Jakob Abel entwickelte bereits 1912 das erste Gerät, mit dem eine extrakorporale künstliche Blutwäsche – allerdings zunächst nur im Tierversuch – durchgeführt werden konnte. Erste Versuche an den Menschen erfolgten durch Professor Haas in Deutschland in den zwanziger Jahren an Patienten mit akutem Nierenversagen, jedoch ohne überzeugen-

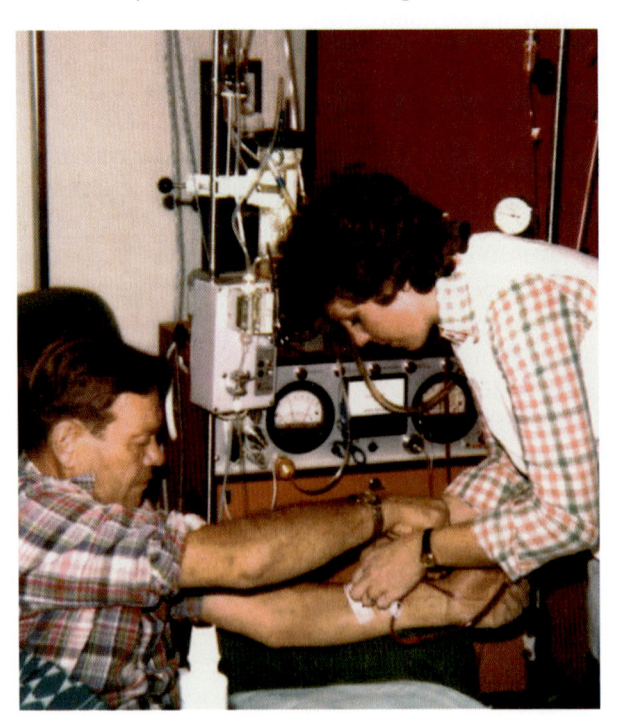

Schwester Waltraud Chevalier bei der Punktion eines Shunts (Ende der 70er Jahre).

Zwei Generationen, die für Kontinuität im Dialysezentrum stehen: Professor Dr. Wolfgang Brech zusammen mit dem jetzigen Geschäftsführer Dr. Axel Versen.

den Erfolg. 1943 gelang dem holländischen Internisten Willem Johan Kolff die erfolgreiche Anwendung eines von ihm konstruierten Dialysegeräts bei Nierenkranken. Vor der operativen Herstellung des Dialyse-Shunts war die dauerhafte Behandlung von nierenkranken Menschen mit dem Verfahren der Hämodialyse allerdings nicht möglich. 1966 entwickelten Brescia und Cimino die so genannte Ciminofistel, eine chirurgische Verbindung einer Vene mit einer nahe gelegenen Arterie – meist am Unterarm. Von diesem Zeitpunkt an konnte sich die Hämodialyse weltweit als eine Methode zur Behandlung von chronisch Nierenkranken etablieren. In den letzten Jahrzehnten wurden Materialien entwickelt, die sich für den Aufbau eines künstlichen Shunts – alternativ zur „natürlichen" Ciminofistel – eignen.

33 Jahre danach – der Weg bleibt nach wie vor das Ziel

Die Zeit steht nicht still im Häfler Dialysezentrum. Ein Generationswechsel wurde im Frühjahr 2005 mit dem Ausscheiden von Wolfgang Brech und Helmut Feyen vollzogen, der frühe Tod von Peter Piazolo musste beklagt werden. Nichts geändert hat sich freilich an der Fachkompetenz der internistischen Gemeinschaftspraxis, die zur Zeit von Dr. Axel Versen als Geschäftsführer geleitet wird.

Bei der Indikation zur Dialyse spielt immer noch die Frage nach der Lebensdauer, verstärkt aber die Frage nach Lebensqualität die entscheidende Rolle. Für Nieren-

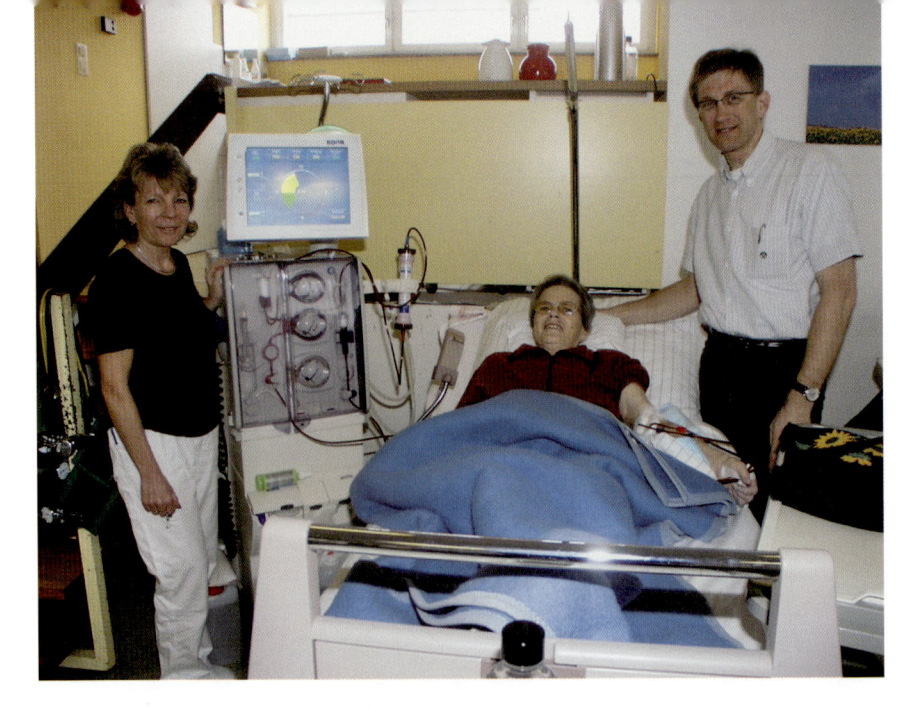

Patienten fühlen sich in der Häfler Dialysestation in guten Händen. Dr. Axel Versen und Schwester Waltraud Chevalier zusammen mit einer Patientin am derzeit neuesten Blutwäschegerät Fresenius 5008.

patienten hat sich vieles zum Besseren verändert, auch dank eines erheblichen Wandels in der medizinischen Betreuung, die nicht mehr nur die Blutreinigung selbst, sondern individuelle Behandlungskonzepte umfasst.

Rein nephrologisch-technische Parameter wie Harnstoff, Kreatinin, Kalium, Hämatokrit und Phosphor müssen beachtet werden, aber auch begleitende gesundheitliche Faktoren. Nicht zuletzt sind körperliche Mobilität und geistige Regsamkeit der Patienten wesentliches Behandlungsziel. Eine Altersbegrenzung für die Aufnahme in ein Dialyseprogramm gibt es nicht mehr. Waren es Anfang der siebziger Jahre zehn Dialysepatienten mit einem durchschnittlichen Alter von etwa 45 Jahren, die in Friedrichshafen betreut wurden, so liegt heute der statistische Durchschnitt der aktuell etwa 150 Dialysepatienten bei 75 Jahren. Auch für Nierentransplantationen wird die Altersgrenze immer weiter angehoben. Dabei spielt die physische Kondition des Kranken eine wichtigere Rolle als die bloßen Lebensjahre. Gewandelt hat sich aber auch das Diagnosespektrum der Grundkrankheiten der Dialysepatienten. War es früher die Glomerulonephritis (Nierenentzündung) in all ihren Formen, so ist heute der Diabetes mellitus (Zuckerkrankheit) die überwiegende Diagnose.

Die Dialysezeiten wurden im Lauf der Jahre durch eine höhere Effizienz der Dialysemembran von früher dreißig auf jetzt zwölf bis fünfzehn Stunden pro Woche gesenkt. Kurzzeitdialysen – ein lang erhofftes Ziel für Patienten und Ärzte – wurden wegen der höheren Sterblichkeit wieder verlassen. Erheblich gesteigert wurde die Überlebenszeit der Betroffenen. So konnten bereits 1998 im Dialysekollektiv von

Friedrichshafen 16 Patienten beschrieben werden, die mehr als 23 Jahre ausschließlich unter Hämodialyse, und 44 Patienten, die mit Dialyse und Nierentransplantation bereits mehr als 19 Jahre überlebt hatten.

Dank der Einführung von Erythropoietin – einem Medikament, das leider vor allem durch den Missbrauch im Leistungssport als EPO bekannt wurde – ist eine schwerwiegende Blutarmut nicht oder kaum mehr festzustellen, sodass Bluttransfusionen in der Regel nicht mehr erforderlich sind. Patienten und Personal sind gegen die früher gefürchtete Hepatitis B geimpft, die seltenen Bluttransfusionen werden sorgfältig hinsichtlich Hepatitis C und HIV überprüft. Nicht zuletzt: Die Nierentransplantation wird immer erfolgreicher, stößt aber weiterhin auf das Problem der mangelnden Organspendebereitschaft. Lebendspenden sind von früher null auf jetzt 15 bis 20 Prozent angestiegen.

„*Gewaltige Fortschritte konnten in den vergangenen Jahren erzielt werden*", sagt Professor Wolfgang Brech im Rück- und im gleichzeitigen Ausblick. „*Diese können jedoch nicht befriedigen, da die Anzahl der Patienten von Jahr zu Jahr zunimmt.*" Deshalb müsse, so der Mediziner, ein völlig neues Kapitel aufgeschlagen werden – die Prävention. Wie kann verhindert werden, dass ein Nierenversagen überhaupt auftritt oder unaufhörlich fortschreitet? Der Fachmann gibt Stichworte vor: Normalisierung von Blutdruck und Blutfetten, Umstellung der Ernährung, Reduzierung der täglichen Eiweißzufuhr, Normalisierung des Körpergewichtes, körperliche Aktivität.

Vieles hat sich geändert, die Dialysetechnik ist in den zurückliegenden Jahrzehnten prinzipiell gleich geblieben. Nach wie vor spielt der Zeitfaktor mit der dreimal wöchentlichen Punktion eine große Rolle. Lebensbedingungen, mit denen sich viele Menschen auseinander setzen müssen. Professor Brech macht Betroffenen und deren Angehörigen Mut: „*Dieses Leben hat für Sie seine beiden Seiten: den Preis, die auf sich zu nehmenden Strapazen der Krankheit und der Behandlung, aber auch das Geschenk, nämlich die Fortsetzung dieses Lebens als unschätzbare Form unseres Daseins überhaupt, eines Lebens in möglichst hoher Qualität und Mobilität. Das ist die Aufgabe von uns Ärzten für Sie – aber auch trotz Krankheit als unerklärbare und wunderbare Form des Begreifens eines eigenen Ich.*"

Professor Dr. Wolfgang Brech

Wolfgang Brech wurde am 28. Mai 1937 geboren. Er studierte Medizin in München und Wien und promovierte 1962. Zwei Jahre war er wissenschaftlicher Assistent an Universitätskliniken in den USA, danach an der Universität Heidelberg. Die Anerkennung als Facharzt für Innere Medizin/Nephrologie erhielt Brech 1972, ein Jahr später habilitierte er sich im Fach Innere Medizin an der Universität Ulm und wurde zum Privatdozenten ernannt. Zusammen mit seinem Kollegen Dr. Peter Piazolo eröffnete er 1973 eine internistische Gemeinschaftspraxis mit Dialyse in Friedrichshafen. Dort war er bis zu seinem altersbedingten Ausscheiden im Frühjahr 2005 niedergelassen. 1983 wurde er zum außerordentlichen Professor an der Medizinischen Fakultät der Universität Ulm ernannt. Wolfgang Brech engagierte sich jahrelang im Vorstand der Kassenärztlichen Vereinigung Südwürttemberg, deren Erster Vorsitzender er von 1997 bis 2004 war, er arbeitete in verschiedenen Gremien der Kassenärztlichen Bundesvereinigung (KBV) und war dort insbesondere für Fragen der Arzneimittelversorgung zuständig. Von 1997 bis 2000 war er darüber hinaus Beisitzer im Vorstand der KBV.

Seit 30 Jahren gibt es die „Interessengemeinschaft der Dialysepatienten und Nierentransplantierten Bodensee-Oberschwaben e.V."

Dialyse, Organspende, Transplantation – emotionale und innerlich aufrüttelnde Themen, die immer wieder für gesellschaftlichen Diskussionsstoff sorgen. Allein in Deutschland warten weit über 10000 schwerkranke Menschen auf eine Niere, eine Leber oder ein anderes Spenderorgan, teilweise seit Jahren. Die Kluft zwischen Bedarf und tatsächlich ausgeführten Transplantationen ist nach wie vor groß. In Deutschland hat der Gesetzgeber die Organspende und Organentnahme durch das Transplantationsgesetz (TPG) geregelt. Transplantationen sind demnach nur möglich, wenn Menschen sich zu Lebzeiten mit der Organspende auseinander setzen, dazu eine persönliche Entscheidung treffen und diese schriftlich festhalten. Ist der Wille des Verstorbenen nicht bekannt, so entscheiden stellvertretend die Angehörigen – seinem mutmaßlichen Willen folgend.

Für Kranke, die an chronischem Nierenversagen leiden, ist die regelmäßige Dialyse – die künstliche Blutwäsche – von existenzieller Bedeutung. Laut Angabe des Kuratoriums für Dialyse und Nierentransplantation sind in Deutschland rund 60000 Patienten dialysepflichtig.

„Wenn es diese Krankheit nicht gäbe, dann bräuchten wir auch unsere Interessengemeinschaft nicht mehr. Das wäre mit Sicherheit die beste Lösung. Doch das ist wohl eine Illusion." Es ist nicht Resignation, die aus den Worten von Wolfgang Stuckenbrock nachklingt, sondern einfach eine realistische Einschätzung der aktuellen Sachlage.

Prof. Dr. med. Wolfgang Brech.

Als langjähriger Vorsitzender und Gründungsmitglied der „Interessengemeinschaft der Dialysepatienten und Nierentransplantierten Bodensee-Oberschwaben e.V.", die im vergangenen Jahr ihren dreißigsten Geburtstag feiern durfte, weiß er aber auch, dass sich in den zurückliegenden Jahrzehnten vieles getan hat, sowohl in medizinischer Hinsicht als auch in der öffentlichen Bewusstseinsbildung.

Vor drei Jahrzehnten sahen die Verhältnisse noch grundlegend anders aus. Es war ein denkwürdiger Tag, als sich am 26. Oktober 1975 32 Frauen und Männer im Häfler Hotel Schöllhorn trafen, um einen zukunftsweisenden, absolut notwendigen Schritt zu wagen: Die Interessengemeinschaft wurde als eine der ersten regionalen Selbsthilfegruppen ins Leben gerufen. Heute sind im „Bundesverband Dialysepatienten Deutschlands e.V." 175 Regionalgruppen mit insgesamt 18000 Mitgliedern vertreten.

Die Ausgangssituation stellte sich für viele Betroffene mehr als kritisch dar. Nur jeder dritte Nierenkranke konnte fachgerecht versorgt werden, ganz zu schweigen davon, dass die Öffentlichkeit in Bezug auf eine Organspendebereitschaft nicht hinreichend informiert und sensibilisiert war. „*Damals steckte die Behandlung von Dialysepatienten noch in der Pubertät*", berichtete Professor Dr. Wolfgang Brech in seinem Festvortrag zum Thema „30 Jahre Dialyse und Transplantation" bei der Jubiläumsveranstaltung im Graf-Zeppelin-Haus. „*Früher wurden Patienten über 65 Jahre nicht einmal akzeptiert und die allgemeinen Prognosen waren mehr als schlecht.*" Durch die Verbesserung der Behandlungsmethoden und die Weiterentwicklung der medizinischen Geräte sei nicht nur die Lebenserwartung, sondern auch die Lebensqualität von Dialysepatienten entscheidend verbessert worden, betonte Brech und verwies darauf, dass die Gründung der Interessengemeinschaft unmittelbar mit der Gründung des Dialyseinstitutes im Jahre 1973 in Friedrichshafen verbunden gewesen sei.

Die Ziele der IG Bodensee-Oberschwaben sind klar abgesteckt. Es geht um Information und Beratung, aber auch um die Kontaktpflege der Mitglieder untereinander. Fachvorträge zu medizinischen und rechtlichen Themen gehören genauso zum Vereinsleben wie Ausflüge oder gesellschaftliche Veranstaltungen. Natürlich will man nach wie vor auch die Öffentlichkeit erreichen und die Organspendebereitschaft weiter gezielt fördern. „*Ohne das engagierte Team um Wolfgang Stuckenbrock wäre unsere Gesellschaft ärmer*", würdigte Bürgermeister Peter Hauswald im Namen der Stadt Friedrichshafen den vielfältigen Einsatz der mittlerweile 120 Mitglieder der Interessengemeinschaft, zu der viele Dialysepatienten, Transplantierte und deren Angehörige sowie Mitarbeiter der Dialyseinstitute Friedrichshafen und Ravensburg gehören.

„*Die Gemeinschaft der Selbsthilfegruppe ist nicht nur eine formale Mitgliedschaft, sondern bietet vor allem ein Stück emotionaler Heimat. Hier stehen authentische Fachleute als Ansprechpartner zur Verfügung, die gegenseitig Halt, Ansporn und Motivation vermitteln*", so die Erfahrung von Peter Gilmer, dem Vorsitzenden des Bundesverbandes der Dialysepatienten Deutschlands, der dafür plädierte, dass die Chip-Karten der Krankenkassen in Zukunft bereits die Information einer eventuellen Organspendebereitschaft des Versicherten enthalten müssten.

„Organspenderausweis muss zu einer Selbstverständlichkeit werden"
Wolfgang Stuckenbrock – ein Mann der ersten Stunde

Er ist ein Mann der ersten Stunde. Was es heißt, an terminaler Niereninsuffizienz zu leiden und damit mit der Tatsache konfrontiert zu werden, künftig von einer Maschine abhängig zu sein, diese dramatische Situation musste er in seinem engsten Familienumfeld hautnah kennen lernen. *„Nicht nur der Kranke steht unter Schock"*, sagt Wolfgang Stuckenbrock auch aus heutiger Sicht. *„Die ganze Familie ist betroffen und gezwungen, sich auf den Zustand einzustellen, dass der kranke Familienangehörige dreimal in der Woche zur Blutwäsche in ein Dialyseinstitut fahren muss. Mit der ärztlichen Versorgung ist aber nur ein Teil des Problems gelöst. Es besteht die Gefahr der krankheitsbedingten Isolierung."* Die Grün-

Gut gelaunt bei der Jubiläumsveranstaltung zum 30-jährigen Bestehen der Interessengemeinschaft der Dialysepatienten Bodensee-Oberschwaben: Vorsitzender Wolfgang Stuckenbrock und seine Stellvertreterin Susanne Schweitzer.

dung einer Interessengemeinschaft war also nicht nur naheliegend, sie war für Wolfgang Stuckenbrock zwingend. Es galt, die Initiative zu ergreifen, um aufzuklären, um Erfahrungsaustausch und gegenseitige Hilfe zu ermöglichen. Nicht zuletzt ging es darum, Kranken die Möglichkeit zu Ausflügen und Familientreffen anzubieten und damit auch die Chance, weiterhin am gesellschaftlichen Leben teilzunehmen.

Drei bewegende Jahrzehnte sind vergangen. Die Medizin hat Fortschritte gemacht. Die „Blutwäsche" kann unter bestimmten Voraussetzungen in häuslicher Umgebung durchgeführt werden. Dialysen werden weltweit angeboten, sodass auch eine vernünftige Ferienplanung möglich ist. Die Gefahr der Organabstoßung wurde reduziert. Unter den 120 Mitgliedern der Interessengemeinschaft sind etwa 40 Prozent Transplantierte, die durch das Implantat in ihrem beruflichen und privaten Leben wesentlich unabhängiger geworden sind.

Gezielt wird auch der Blick über den eigenen Tellerrand hinaus gesucht. *„Als regionale Selbsthilfegruppe unterstützen wir durch unseren finanziellen Beitrag und durch die Mitwirkung bei den Bundesversammlungen die Aufgaben, die nur auf Bundesebene zu bewältigen sind"*, betont Wolfgang Stuckenbrock. Darüber hinaus habe der Verband auf die Verabschiedung des Transplantationsgesetzes gedrängt und daran mitgewirkt. *„Nicht alle Vorstellungen sind zum Tragen gekommen, da die vom Bundesverband der Dialysepatienten vertretene Widerspruchslösung leider nicht in die Gesetzgebung eingeflossen ist"*, bedauert der ehemalige langjährige Häfler Gemeinderat. Dennoch sei es wichtig, dass der Verband zu krankheitsspezifischen Fragen in den Arbeitskreisen gehört werde und somit auch die Meinung der Nierenkranken in Öffentlichkeit, Gremien und Ausschüssen vertreten könne.

Auch auf lokaler Ebene gibt es genug zu tun, um die Notwendigkeit der Organspende den Menschen näher zu bringen. Die Interessengemeinschaft stellt sich für Gespräche im Schulunterricht zur Verfügung und wendet sich bei relevanten Themen auch an politische Mandatsträger.

Vieles ist erreicht, vieles muss noch getan werden. „Das Transplantationsgesetz hat zwar die notwendige Rechtssicherheit geschaffen, aber leider nicht zu der erhofften Steigerung der Organverpflanzungen geführt. *„Im Gegenteil!"*, weiß Wolfgang Stuckenbrock und fordert auf mittelfristige Sicht eine Gesetzesänderung zugunsten der auf ein Organ angewiesenen Patienten und eine bessere Zusammenarbeit der regionalen Krankenhäuser mit den Transplantationszentren: *„Momentan warten über 12 000 Nierenkranke in Deutschland auf eine fremde Niere. Die Wartezeit beträgt derzeit durchschnittlich 60 Monate. Die Stelle eines gesetzlich verankerten Transplantationsbeauftragten an den Krankenhäusern könnte den Kontakt zu den Transplantationszentren intensivieren. Damit könnte eine größere Auswahl an Spenderorganen angeboten werden, um so mitzuhelfen, die Wartezeiten zu verkürzen."*

Sorge macht aber auch die allgemeine Entwicklung im Gesundheitsbereich. *„Die Bemühungen, die Krankheitskosten insgesamt zu senken, dürfen nicht dazu* führen, dass darunter die Qualität der Dialysebehandlung leidet", moniert Stuckenbrock. Außerdem plädiert er dafür, das Themenspektrum „Organspende und Organtransplantation" im Schulunterricht verpflichtend einzuführen.

Im Namen der Interessengemeinschaft wendet sich Stuckenbrock offensiv an Menschen, die aus Angst oder Unsicherheit mit ihrer eigenen Organspendebereitschaft ringen: *„Das Transplantationsgesetz schreibt zwingend die Diagnose des Hirntodes vor, einen irreversiblen Ausfall aller Hirnfunktionen. Dieser wird durch zwei unabhängige Ärzteteams festgestellt. Der Verstorbene muss selbst, zum Beispiel durch einen Spenderausweis, sein Einverständnis zu einer Organentnahme erklärt haben oder die Angehörigen müssen mit einer Organentnahme einverstanden sein. Ein Missbrauch ist damit in jedem Fall ausgeschlossen. Die Ärzte werden alle Möglichkeiten ausschöpfen, um den Patienten am Leben zu erhalten."*

Auf die Frage, ob der Organspenderausweis zu einer Selbstverständlichkeit werden müsse, gibt Wolfgang Stuckenbrock eine klare und unmissverständliche Antwort: *„Ja, denn so kann Leben gerettet und erhalten werden. Jeder kann in die Situation kommen, auf ein fremdes Organ angewiesen zu sein."*

„Man darf den Kopf nicht in den Sand stecken"
Angela La Mela wurde mit einer neuen Niere auch ein neues Leben geschenkt

Das Telefon klingelte nachts um halb zwei. *„Packen Sie Ihr Köfferle und fahren Sie nach Ulm"*, sagte Professor Peter Piazolo am anderen Ende der Leitung. *„Da ist eine Niere für Sie."* Jetzt war der Augenblick da, auf den sie jahrelang gewartet hatte und der dennoch überraschend kam. Alles musste recht schnell gehen. Den Kindern Bescheid sagen und dann

Angela La Mela, hier mit ihrem Enkel, wurde mit einer neuen Niere auch ein neues Leben geschenkt.

rein ins Auto. „*Schon während der gemeinsamen Fahrt mit meinem Mann hat sich in meinem Kopf alles überschlagen*", weiß Angela La Mela noch zu genau. „*Endlich wieder einmal in Urlaub fahren, ohne auf die Dialyse angewiesen zu sein. Endlich wieder einmal sich eine Banane schmecken lassen. Endlich wieder ein Stück menschliche Freiheit spüren und neue Pläne schmieden dürfen.*" Würden diese Träume schon bald in Erfüllung gehen?

Es war der 18. Januar 1997. Natürlich ging der Blick an diesem unvergesslichen Tag auch zurück. Zurück zu den Anfängen einer Lebens- und Leidensgeschichte, die Angela La Mela über Jahre hinweg prägte und doch nie verzweifeln ließ.

Als Kind kam sie zusammen mit ihren Eltern und ihren beiden Brüdern von Waiblingen nach Brochenzell, erlernte nach der Schule den Beruf der Friseurin und traf im Friseursalon auf ihre große Liebe Alfio. Bald kamen Sohn Christian und Tochter Patrizia zur Welt. Dass die junge Mutter bei beiden Schwangerschaften eine Nierenbeckenentzündung überstehen musste, diesem Umstand wurde zunächst keine große Bedeutung geschenkt. 1982 legte Angela ihre Meisterprüfung ab und war bald darauf wieder in anderen Umständen. Aufgrund hoher Blutdruckwerte und der angeschlagenen Nieren rieten die Ärzte, die Schwangerschaft abzubrechen. „*Ich habe lange darüber nachgedacht, aber ich konnte eine Abtreibung nicht mit meinem Gewissen vereinbaren*", war sich die damals 24-Jährige sicher, die richtige Entscheidung getroffen zu haben. Im Oktober 1982 kam Giuseppe gesund zur Welt.

Sechs Jahre führte Angela ihr eigenes Friseurgeschäft, eine Zeit, in der sich ihr Gesundheitszustand kontinuierlich verschlechterte. 1989 musste schließlich die Nebenschilddrüse operativ entfernt werden. Als die junge Frau aus der Operation aufwachte, fand sie sich in der Dialyse wieder. Von diesem Zeitpunkt an sollte sich ihr Leben schlagartig ändern. Neun Jahre wurde sie dreimal pro Woche jeweils vier Stunden dialysiert. Das Friseurgeschäft musste aufgegeben, der familiäre Haushalt völlig neu organisiert werden. „*Ich habe es ganz gut weggesteckt*", sagt Angela La Mela und gewinnt ihrer damaligen Situation sogar etwas Positives ab: „*Während der Dialyse konnte man schlafen, lesen, fernsehen. In der ersten halben Stunde war es sogar erlaubt, ein Stück Schokolade zu essen.*"

Ansonsten mussten die Ess- und Trinkgewohnheiten stark eingeschränkt werden. Bananen waren zum Beispiel wegen des hohen Kaliumgehalts und andere Früchte wegen des hohen Flüssigkeitsanteils verboten. „*Nur helles Brot, keine Tomatensoße, kaum Salat, stattdessen eher Hähnchenfleisch mit Reis*", war die Devise aus ärztlicher Sicht. Obwohl sich die Patientin an die Vorgaben hielt, brachte sie nach ein paar Jahren nicht mehr die gewohnten 80 Kilo, sondern nur noch 55 Kilo auf die Waage.

„*Jammern und Schimpfen nützt nichts. Es gibt viele Hochs und Tiefs, aber man darf den Kopf nicht in den Sand stecken.*" Diese Einstellung entspricht der Lebensphilosophie von Angela La Mela. In ihrer Familie fand sie den nötigen moralischen Rückhalt, in der Interessengemeinschaft der Dialysepatienten traf sie auf viele Menschen, die ein ähnliches Schicksal erleiden mussten. „*Immer wieder lernte ich starke Persönlichkeiten kennen"*, erinnert sie sich. *„Dadurch konnten wir uns gegenseitig stützen."* Vor allem bei der Behandlung im Dialysezentrum fühlte sie sich aufgehoben und bestens versorgt. *„Ganz egal, welche Fragen die Patienten hatten, die Ärzte und Schwestern haben uns nie alleine gelassen."*

All diese Gedanken waren präsenter denn je, als Angela und Alfio La Mela an diesem frühen Wintermorgen die Ulmer Klinik erreichten. Nach eingehenden Untersuchungen stand am nächsten Tag die entscheidende Transplantation an und nach vielen Stunden der Unsicherheit war endlich klar, dass die neue Niere ihren Dienst nicht versagen würde. *„Es war ein unbeschreiblich schönes Gefühl"*, sagt Angela La Mela. Ihre Augen glänzen. *„Ich konnte plötzlich wieder Wasser lassen."* Was sie nach der Transplantation als Erstes gegessen hat? Richtig: die heiß ersehnte Banane. Schon zehn Tage später ging's nach Hause, natürlich mit einem „mulmigen Gefühl" in der Magengegend.

Inzwischen sind wieder fast neun Jahre vergangen. Noch immer geht Angela La Mela zur regelmäßigen Kontrolle ins Dialysezentrum, noch immer muss sie regelmäßig Medikamente einnehmen. Daran wird sich bis zu ihrem Lebensende wohl nichts ändern. Aber das macht der lebenslustigen Frau nichts aus. Sie lebt bewusster und intensiver als vor der Transplantation. Sie will Mut machen und ihre Erfahrungen an Betroffene weitergeben. Sie hat wieder eine Arbeit angenommen, liebt es, in Urlaub zu fahren, und kümmert sich liebevoll um ihre drei Enkelkinder. *„Mir geht's gut"*, sagt Angela La Mela und lehnt sich auf dem Sofa ihres Wohnzimmers in Immenstaad gemütlich zurück. Jetzt glänzen ihre Augen wieder.

Bodenseekreis bekämpft Langzeitarbeitslosigkeit in eigener Regie
Das Kreissozialamt und Hartz IV

ANDREAS KÖSTER

„Könnte man die ganze Nation auf Kur schicken, dann wüsste man jetzt, wohin die Reise gehen muss: an den Bodensee – zu den glücklichsten Menschen Deutschlands. Zu Menschen, die kaum Angst vor Arbeitslosigkeit haben." So beginnt der Stern-Artikel vom 27. April 2006 und bezieht sich auf die größte Umfrage zu der Lebenssituation in Deutschland, der so genannten „Perspektive Deutschlands", an der über 620000 Menschen teilgenommen haben. Von den 117 Regionen Deutschlands rangiert dabei die Region Bodensee/Oberschwaben an der Spitze auf Platz 1!

Verschiedene Kriterien wurden dabei zugrunde gelegt. Unter anderem auch Wohlstand und Arbeitslosigkeit. Dies soll zwar nicht darüber hinwegtäuschen, dass nicht auch wir unsere Probleme haben. Aber nicht zuletzt aus der Zuversicht auf die Stärken der Region hat der Kreistag im August 2004 beschlossen, die Aufgabe der Bekämpfung der Langzeitarbeitslosigkeit in alleiniger Regie zu übernehmen. Damit gehört der Bodenseekreis zu den fünf Optionskreisen in Baden-Württemberg, die sich zum Ziel gesetzt haben, das Problem der Langzeitarbeitslosigkeit in eigener Verantwortung zu übernehmen.

Diese Möglichkeit wurde im Jahr 2004 mit dem „Vierten Gesetz für moderne Dienstleistung am Arbeitsmarkt", meist Hartz IV genannt, eingeräumt. Bundesweit erhielten nur 69 Kreise die Möglichkeit, die Aufgabe der Bekämpfung der Langzeitarbeitslosigkeit selbst in Angriff zu nehmen. Dem Bodenseekreis war sehr schnell klar, dass er nur bei einer eigenen Aufgabenwahrnehmung die Möglichkeit hat, selbst Einfluss auf die Arbeitsmarktpolitik vor Ort zu nehmen. Im Herbst 2004 erfolgte die Zusage, dass der Bodenseekreis die Aufgabe als Optionskommune wahrnehmen darf.

Nach dieser Zusage folgten sehr hektische Zeiten für den Kreis. In etwas mehr als drei Monaten musste eine Organisation aufgebaut werden, die langzeitarbeitslose Menschen mit den Leistungen des Arbeitslosengelds II versorgt und gleichzeitig diese Menschen auch wieder in Arbeit zu bringen sucht. Neu war hierbei auch, dass der Bund die Vorgabe machte, dass nicht nur die klassischen Sachbearbeiter, sondern auch so genannte Fallmanager die Aufgabe der Vermittlung in Arbeit übernehmen müssen. Hierzu wurde im Kreissozialamt eine eigene Abteilung gebildet, die sich aus erfahrenen Mitarbeitern des Sozialamtes und neu eingestellten Mitarbeitern zusammensetzte. Umfangreiche Schulungen für die neue Gesetzeslage und für die neuen Mitarbeiter waren notwendig. Außerdem wurde die Delegation der Sozialhilfe auf die Stadt Friedrichshafen in diesem Zusammenhang zurückgenommen und die Mitarbeiter des städtischen Sozialamtes wurden übernommen.

Trotz dieser umfangreichen und schwierigen Vorarbeiten ist es dem Bodenseekreis gelungen, die Arbeitslosengeld II-Zahlungen pünktlich zum 1. Januar 2005 an die Hilfeberechtigten auszuzahlen. Zu Beginn des Jahres waren ca. 2800 Haushalte im Bezug von Arbeitslosengeld II, diese Zahl hat sich im Laufe des Jahres 2005 auf 3800 Haushalte erhöht.

Direkt zu Beginn war allen Beteiligten klar, dass die neue Aufgabe neue Strukturen erforderlich macht. Daher wurde ergänzend zur regionalen Organisationsstruktur im Bereich des Fallmanagements die Zielgruppenbetreuung eingeführt. Die vier Zielgruppen im Bodenseekreis sind:
- „U25" mit Jugendlichen und jungen Menschen von 15 bis 24 Jahren,
- Alleinerziehende,
- Migranten und Personen mit Sprachproblemen,
- Allgemein, d.h. alle Personen, die nicht in eine spezielle Zielgruppe fallen.

Durch die Einführung der Zielgruppen wird im Bodenseekreis erreicht, dass sich die Fallmanager auf eine bestimmte Klientel spezialisieren können, bei der es sehr viele ähnlich gelagerte Vermittlungshemmnisse gibt. Dadurch ist es auch möglich, passgenaue Maßnahmen für die Wiedereingliederung in das Berufsleben anzubieten.

Gleichzeitig wurde im Bodenseekreis auch erkannt, dass es nicht ausreicht, wenn das Landratsamt sich allein um den Personenkreis der Langzeitarbeitslosen kümmert. Daher wurde von Anfang an versucht, die Lösung dieses Problems als gemeinsame gesellschaftspolitische Aufgabe anzugehen und weitere Personen und Institutionen mit ins Boot zu nehmen. So wurde vom Landratsamt der enge Kontakt zur Wirtschaft, zu den Wirtschaftsverbänden, aber auch zu den politischen Entscheidungsträgern in den Gemeinden des Bodenseekreises gesucht.

Als eines der vordringlichsten Probleme sieht der Bodenseekreis die Jugendarbeitslosigkeit. Wir sind daher besonders bemüht, in diesem Bereich neue Wege zu gehen. So wurde zum Beispiel erreicht, dass mehrere Bürgermeister die Patenschaft für junge Langzeitarbeitslose übernehmen. Im Jahr 2006 startet nun in drei Regionen des Bodenseekreises ein Projekt mit dem Ziel 0 % Arbeitslosigkeit bei jungen Menschen bis zum 25 Lebensjahr. Hierfür konnte der Kreis auch die Unterstützung der Bundesagentur für Arbeit und der Gemeinden vor Ort gewinnen.

Der Bodenseekreis bemüht sich im Jahr 2006 verstärkt um die Schulabgänger und zeigt in Zusammenarbeit mit der Bundesagentur für Arbeit und verschiedenen gesellschaftlichen Gruppen den jungen Leuten Perspektiven für die Zukunft auf. Außerdem ist vorgesehen, dass wir bereits in den niedereren Klassen an die Schüler herantreten und ihnen Orientierung bei der Berufswahl geben.

Ein weiteres großes Projekt, welches im Jahr 2006 noch ansteht, ist der Umzug der gesamten Abteilung von der Außenstelle Allmandstraße in das neue Landratsamtsgebäude. Dadurch erhoffen wir uns noch eine effektivere Bearbeitung der Arbeitslosengeld II-Anträge und für die Bürger kürzere Wege.

Nach jetzt knapp über einem Jahr Arbeitslosengeld II-Bearbeitung durch das Landratsamt können wir ein positives Fazit ziehen. Es ist gelungen, das schwierige erste Jahr mit vielen Personalwechseln und gesetzlichen Änderungen gut zu meistern. Die Gelder an die betroffenen Arbeitslosen werden pünktlich bezahlt. Mit der örtlichen Industrie, dem Handwerk, der Landwirtschaft und dem Handel wurde eine positive Grundstimmung erzeugt und eine vertrauensvolle Zusammenarbeit in Gang gesetzt, sodass wir den Langzeitarbeitslosen Möglichkeiten der Eingliederung in das Arbeitsleben geben können. 700 Personen konnten entweder durch die Mithilfe unserer Arbeitsvermittler und Fallmanager oder durch Eigeninitiative in Ausbildung oder wieder in Arbeit gebracht werden. Nicht zuletzt dadurch pendelt unsere Arbeitslosenquote zwischen 5,2 und 5,7 Prozent und ist damit eine der niedrigsten in Deutschland.

Trotz der vielfältigen Probleme der Langzeitarbeitslosen und der schwierigen wirtschaftlichen Lage zeichnet sich ein Silberstreif am Horizont ab. Es scheint so, dass die Wirtschaft langsam wieder in Gang kommt und um Arbeitskräfte nachfragt. Besonders hier in unserer Region mit einer starken innovativen Wirtschaft hoffen wir auf eine weitere positive Entwicklung. Wie das eingangs erwähnte Gutachten zeigt, leben wir in einer Region, die von einer positiven Grundstimmung getragen wird. Dies ist auch für uns eine Chance, in Zukunft viel für die arbeitslosen Menschen in unserer Region zu bewegen.

Vielfarbig wie der Regenbogen
20 Jahre Vereine-Haus „Spektrum" in Friedrichshafen

EGON LUDWIG

Seit 1986 gibt es in Friedrichshafen das Vereine-Haus „Spektrum". Seine Geschichte beginnt aber schon ein Jahr vorher: 1985 durften sich ein paar Vereine im ehemaligen städtischen Altersheim in der Keplerstraße 7 einrichten. Die Räume wurden von der Stadt zur Verfügung gestellt und dann in Eigenarbeit renoviert und ausgestattet. Es gab sogar einen größeren Gemeinschaftsraum für Versammlungen und sonstige Veranstaltungen, doch das Problem war, dass keine Stühle da waren. So wurden dann immer bei Bedarf die alten Klappstühle aus der Festhalle ausgeliehen. Trotzdem waren alle glücklich, endlich eigene Vereinsräume zu haben. Leider kam bereits ein gutes Jahr später die Mitteilung von der Stadtverwaltung: *„Alles wieder raus, das Haus wird für Asylbewerber benötigt."* Große Enttäuschung: Kaum hatte man sich eingerichtet, kam schon wieder die Kündigung.

Aber ganz so schlimm war es auch wieder nicht, denn gleichzeitig wurde den Vereinen eine andere Unterkunft angeboten: das ehemalige Isoliergebäude des Karl-Olga-Krankenhauses. Es wurde von der Stadt komplett renoviert und gebrauchsfertig übergeben. Nach dem Umzug, einschließlich der „geliehenen" Klappstühle, waren alle der Meinung: Wir haben uns mit dem neuen Vereine-Haus echt verbessert. Sogar eine kleine Küche gibt es jetzt, das Geschirr dafür haben Vereinsmitglieder gespendet. So kann man nun eine Versammlung mit einem Kaffeenachmittag verbinden. Auch bessere Stühle sind inzwischen da. Somit haben endlich die alten Klapp(er)stühle ausgedient.

Bald einigte man sich auf den Hausnamen „Spektrum". Bunt und vielseitig wie die Spektralfarben des Lichts sind auch die Vereine und ihre Aktivitäten in diesem Haus. Waren 1986 neun Vereine hier eingezogen, so sind heute – zwanzig Jahre später – 23 Gruppen im Spektrum untergebracht. Dabei ergeben sich eindrucksvolle Zahlen: Etwa 1900 Mitglieder mit 13 Hauptamtlichen und fast 450 Ehrenamtlichen fühlen sich hier zu Hause.

„Amnesty International" beispielsweise unterhält hier ein Lager für seine regelmäßigen Bücherflohmärkte, die „AG Naturschutz" und die „Bewährungshelfer beim Landgericht Ravensburg" haben im Haus „Spektrum" ein Büro. Der „Deutsche Hausfrauenbund" trifft sich hier ebenso wie der „Kinderschutzbund", die „Deutsch-französische Gesellschaft" und der „Filmclub Friedrichshafen" und ein- oder zweimal monatlich die Buddhistische Gemeinde.

Dazu kommen die „Fraternität", die sich um unsere behinderten Mitmenschen kümmert, und der Verein „Frauen helfen Frauen", der vielen Frauen bekannt ist für schnelle und unbürokratische Hilfe in Ausnahmesituationen. Dazu kommen der „Interkulturelle Frauenarbeitskreis", eine „Greenpeace"-Gruppe und das „Internationale Schulzentrum Politechnika Akademija". Das „Kindertheater Hella Degen", bekannt durch seine Auftritte beim Seehasenfest, hat hier ebenso sein Domizil wie der „Kneipp-Verein", der „Peoria-Club", die Selbsthilfegruppe „Kreuzbund" und der „Sängerbund" mit seinem Notenarchiv. Hier versammeln sich auch der „Schwäbische Albverein" und die „Selbsthilfegruppe nach Krebs". Der „Seehasenfestausschuss" hat da sein Archiv und der „Waldorf-Kindergarten" belegt das Untergeschoss. Damit ist das Haus zum Platzen voll und trotzdem funktioniert das Zusammensein ziemlich reibungslos. Eigentlich erstaunlich, dass bei so vielen Vereinen mit den unterschiedlichsten Zielen und Aufgaben und bei so großen Generationsunterschieden eine so harmonische Gemeinschaft entstanden ist.

Gleich am Anfang wurde die damalige Vorsitzende des Kinderschutzbundes und Stadträtin Rotraut Binder zur Haussprecherin gewählt. Dank ihrer guten Verbindungen und ihrer Fürsprache wurde das Spektrum von der Stadt immer großzügig unterstützt. Es war die Meinung aller, als sie sagte: *„Engagement braucht ein Zuhause und das haben wir hier gefunden."* Frau Binder verstand es bei den jährlichen Hausversammlungen immer, kleinere oder größere Probleme – größere gab's eigentlich nie – gemeinsam mit den Gruppen zu beheben. Nach fast 20-jähriger Tätigkeit als Haussprecherin hat sie 2005 ihr Amt niedergelegt und an ihre Nachfolgerin, Frau Inge Rehm, übergeben. Auf Grund ihrer früheren Tätigkeit im Graf-Zeppelin-

Die Vereine stellen sich vor.

Der leider früh verstorbene Vorsitzende der Fraternität, Kurt Benz, überreicht Frau Binder Blumen.

Beim 15-jährigen Jubiläum: von rechts OB Josef Büchelmeier und Frau, Roland Leppert vom Landratsamt und Bürgermeisterin Margarita Kaufmann.

Haus hat Frau Rehm gute Verbindungen zur Stadtverwaltung, sodass die Geschicke des Spektrums weiterhin in guten Händen sind.

Einen wesentlichen Anteil an der „häuslichen Eintracht" haben das jährliche „Hausfestle" für die Spektrum-Bewohner wie auch die alle fünf Jahre stattfindende Jubiläumsfeier mit einem Tag der offenen Tür. Bei diesen Gelegenheiten können sich auch die Häfler Bürger vom Leben im Spektrum ein Bild machen und die Hausbewohner lernen sich untereinander besser kennen.

An so einem interessanten und fröhlichen Tag zeigt sich die ganze Buntheit der verschiedenen Gruppen: Das Kindertheater bietet Szenen aus seinen Theaterstücken, dabei ist es herzerfrischend zu sehen, mit welcher Begeisterung die kleinen Schauspieler dabei sind und vor allem wie Hella Degen die kleine Rasselbande beherrscht. Manche Gruppen bieten Speisen und Getränke an. Der Waldorf-Kindergarten zeigt auch mal ein Figurentheater, das die Kinder begeistert und bei dem selbst die Erwachsenen gespannt zuschauen. Bei Amnesty International kann man Bücher erwerben, der Kreuzbund bietet eine hervorragende alkoholfreie Bowle an und der Filmclub erntet mit seinen informativen und humorvollen Kurzfilmen viel Beifall und herzliches Lachen.

Vom benachbarten Karl-Olga-Haus war auch schon Besuch da. Eine ältere Dame meinte: „*Etz will i doch amol sähe, was do für Leut sind und was dia do so treibet.*" Ihr Kommentar nach einem Rundgang durchs Haus: „*Mir hot's gfalla, do komm i wieder amol.*" Selbst die „oberste Prominenz" der Stadtverwaltung und des Landratsamts lässt es sich nicht nehmen, bei solchen Gelegenheiten hier einen Besuch zu machen. Da wird dann die gut funktionierende Einrichtung zum „*einmaligen Glücksfall für die Stadt*" und die Hausgemeinschaft zu einem „*Symbol des Bürgersinns*".

Voll ist das Haus nun bis oben hin. Voll mit Menschen und voll mit Leben. Immer wieder fragen Vereine nach einem Unterkommen im Haus, doch leider besteht momentan keine Möglichkeit, weitere Gruppen aufzunehmen. Selbst die „Hausbewohner" haben nicht alle das Glück, über einen eigenen Raum zu verfügen wie z.B. das Kindertheater, das hier eine Requisitenkammer und einen Probenraum hat, oder der Peoria-Club und der Deutsch-französische Club, die sich ein Büro(le) teilen, der Filmclub mit seinem kleinen Arbeitsraum zum Filmschneiden und der Kreuzbund, der hier Räume gefunden hat zur Betreuung kranker Menschen. Meist sind es nur recht kleine Zimmerchen, doch für die Vereine sind sie notwendig und wertvoll.

Manche Gruppen benutzen für ihre Treffen nur den Gemeinschaftsraum, der vom Filmclub gestaltet und mit einer Projektionsfläche versehen wurde. Bis zu vierzig Personen können hier zusammenkommen. Da wird es dann aber schon ein bisschen eng. Anmerkung eines Vereinsmitglieds: „*Macht nix, des gibt warm.*" Damit es aber kein Durcheinander und keine Überschneidungen gibt, hängt im Flur ein großer Kalender, in dem die Belegung des Raumes eingetragen wird – eine Möglichkeit, die über zweihundert Mal pro Jahr genützt wird.

Ein besonderer Glücksfall ist, dass es in der benachbarten Wohnanlage zwei ganz liebenswerte Leute gibt: das Ehepaar Mohr. Die beiden kümmern sich um das Haus, als ob es ihr eigenes wäre. Sie sorgen dafür, dass alles sauber ist, dass die Fenster zu und abends die Türen geschlossen sind.

Die Stadt Friedrichshafen hat mit diesem Haus eine gute und sinnvolle Einrichtung geschaffen, von der Vereine in manch anderen Städten und Gemeinden nur träumen können. Schließlich ist die Hoffnung berechtigt, dass das „*friedliche Nebeneinander*" und das „*freundliche Miteinander*" weiterhin bestehen bleibt. Dann wäre das Spektrum auch in Zukunft ein wichtiger Teil der Kultur in Friedrichshafen und ein „*Spiegel des Lebens*", wie es OB Josef Büchelmeier einmal nannte, denn was sich bewährt hat, ist auch bewahrenswert.

„Deus est caritas"
Pater Berno Rupp aus Meckenbeuren lebt diese Maxime

ROLAND WEISS

Meckenbeuren, im Januar 2006: Beim Neujahrsempfang wird Pater Berno Rupp geehrt; fast 300 Gäste haben sich eingefunden. Laudator Pater Richard Zehrer hat gerade seine Worte beendet, ruft Mitbruder Pater Berno nach vorne, der erhebt sich – und merkt, dass er sein Zingulum, die Gürtelschnur seines Ordensgewandes, gelockert hat und auf dem Weg nach vorne erst einmal neu festzurren muss. Allseitiges Lachen, aber keine Verlegenheit, vielmehr Symbolkraft: Der Salvatorianer-Pater, der 1935 in Bergatreute unter dem bürgerlichen Namen Karl-Rudolf Rupp geboren wurde und 1951, als der Vater in Meckenbeuren Rektor wurde, mit der Familie an die Schussen gekommen ist, ruht stets in sich – was nicht heißt, dass er mit seiner Unruhe nicht anzustecken weiß.

Die Ehrung in Meckenbeuren war die zweite innerhalb eines Vierteljahres – nach der Ehrenbürgerwürde von Temeswar – und sie hinterließ Pater Berno leicht verwirrt,

Als Quell der Freude empfindet der Salvatorianerpater die Besuche von Freunden und Verwandten, denen er seine rumänische „Heimat" nahezubringen weiß.

Dieses Foto steht für die Verbundenheit der Meckenbeurer zu Pater Berno (Vierter von links) und seine Verbundenheit zur Schussengemeinde, die sich seit Jahren ergänzen. Es stammt vom Besuch des Havana-Clubs in Temeswar 2003, bei dem ein Lkw voller Hilfsgüter die 1300 Kilometer nach Rumänien fuhr.

denn: „Ich ziehe den Leuten hier ja das Geld aus den Taschen", bekannte er augenzwinkernd. Und dafür eine Ehrung?

Nun, es kommt wohl darauf an, was mit dem Geld passiert. Und davon haben sich Hunderte aus Meckenbeuren und dem gesamten Oberland – Wangen, Röthenbach bei Wolfegg und Tannau sind weitere wichtige Anlaufstellen hierzulande – in Rumänien selbst ein Bild gemacht. In Temeswar haben sie Pater Berno besucht, haben sich im Hauptort des Banat, der 350000 Einwohner zählt, ihre eigenen Eindrücke verschafft: vom Nachtasyl, in dem vor allem Kinder eine trockene Schlafstätte finden, vom Frauenhaus, von der Suppenküche, dem Mädchenhaus oder auch vom ehrgeizigen Projekt einer Jugendfarm. Dieses Projekt, für das im 24 Kilometer entfernten Bacova zusammen mit der Caritas fünf Hektar einer ehemaligen Kolchose erworben wurden, steht gleichsam für die Vision, nicht bei Akuthilfen und Schlafstätten zu verweilen, sondern Jugendliche und junge Erwachsene weiter in ihren elementaren Bedürfnissen zu begleiten – in Bezug auf Gemeinschaft und Arbeit, „beim Umstieg ins normale Leben" eben, so Pater Berno. Auf der Jugendfarm sollen einmal 150 Obdachlose ein Zuhause finden, das sie selbst bewirtschaften und dessen Infrastruktur ihrem Leben Struktur verleiht.

Fünfzehn Jahre sind es nun, in denen all dieses gewachsen ist. Wenngleich Pater Berno sich nur als Rädchen dabei sieht: Er ist mehr als dies, er ist der Motor, der seit 1991 Kilometer um Kilometer abspult – zugleich buchstäblich, denn der Salvatorianer nimmt jährlich zehnmal den 1300 Kilometer langen Weg nach Deutschland auf sich, im Meckenbeurer Ortsbild stets erkennbar am blauen Mercedes 312-Transporter mit dem Passauer Nummernschild.

Das Ende der Volksmissionen im Jahre 1990 hatte zugleich einen Anfang in sich bereitgehalten. 21 Jahre lang hatte Pater Berno zuvor Süddeutschland und Österreich bereist – Jahre, die er als seine „goldenen" bezeichnet, der vielfältigen Begegnungen mit den Menschen wegen. „Er war wirklich ein mächtiger Prediger", gibt Pater Richard Zehrer die Eindrücke jener wider, die Pater Berno als Volksmissionar erlebten. Mächtig war dann auch die Aufgabe, die sich dem damals 56-Jährigen 1991 stellte: Vier Monate nach der Revolution, die von Temeswar ausgegangen war (den Anstoß bot, dass der reformierte ungarische Pfarrer verhaftet werden sollte) und dem Ceaucescu-Regime ein Ende bereitet hatte, verstärkten die Salvatorianer ihre Aktivitäten in der stark westlich ausgerichteten Universitätsstadt, zunächst mit einer selbst gesetzten Zweijahresfrist, um zu prüfen, ob ein Weitermachen sinnvoll war. 1947 war ihnen das Klostergebäude entzogen worden; der Prozess auf Rückgabe war erfolgreich, sodass Pater Berno im Februar 1993 den drei sehr betagten Mitbrüdern zur Seite trat und neues Leben in die verfallene Ruine einzog. Wand an Wand ist sie gebaut zur Elisabethstädter Herz-Jesu-Kirche, in der die liturgischen und seelsorgerischen Dienste stets aufrechterhalten wurden. Heute werden dort am Sonntag Messen in Ungarisch, Rumänisch und Deutsch gelesen.

„Deus caritas est" – diese Maxime steckt dahinter, dass zeitgleich zur Wiedererlangung des Eigentums die karitative Tätigkeit für jene ungemein forciert wurde, die sonst durch das soziale Netz fallen: speziell Straßenkinder, Mittellose und Alte. *„Deus caritas est"* – hinter den Worten von Pater Berno verbirgt sich die Einschätzung, dass Christsein ohne mildtätige Nächstenliebe ein Unding ist.

Überregionales Aufsehen erregte bei seinen Aktivitäten das „Nachtasyl". In 90 Betten und auf Stühlen finden die maximal 120 Kinder und Jugendliche, aber auch Erwachsene einen Unterschlupf für die Nacht. Die allgemeine Anerkennung war angesichts der absoluten Vorreiterschaft des „Nachtasyls" im Land und aufgrund interner Organisationsprozesse keineswegs selbstverständlich. Mehr als einmal war es an Pater Berno „hinzustehen" und die durchaus rigiden Regeln einzufordern – so jenem Minderjährigen die Tür zu weisen, der sich nicht ans Rauchverbot hält. Wer die Enge vor Ort gesehen hat, weiß um die Sinnhaftigkeit.

Für seine Vorstellungen mit Leib und Seele einzustehen, beispielsweise sich auf der Jagd nach einem Dieb selbst eine Nacht auf die Lauer zu legen, das ist sicherlich eine der Eigenschaften, die Pater Berno kennzeichnen. Die ihn authentisch werden lassen, spürbar authentisch, sodass es weder mit seinen Schützlingen noch mit den Helfern hierzulande grundsätzlicher Diskussionen bedarf.

Sich für etwas zu „verkämpfen", das hat schon den jungen Karl-Rudolf Rupp ausgemacht. Er war gerade Mitte 20, hatte eine einprägsame Internatszeit bei den Salvatorianern in Bad Wurzach, sechs Jahre Studium in Rom und die Priesterweihe

1. Juli 1962: Pater Berno (kniend) wird in Rom zum Priester geweiht. 130 Meckenbeurer hatten ihn schon damals begleitet, eine Verbundenheit, die nicht abgerissen ist.

1962 hinter sich, da beherrschte ihn die Idee, in Russland für die Einheit der Christen tätig zu werden. Doch die Ordensoberen hatten anderes mit Pater Berno vor, schickten ihn als Lehrer nach Lochau. Berno nahm es an, verbunden mit einem Vorsatz: *„Ich lasse meinen Bart stehen, in Erinnerung an mein Russland-Vorhaben"* – 1969 hat er das Vorhaben in mehrwöchiger Rundreise in anderer Form als gedacht verwirklicht. Freilich: In der Zeit vor dem Zweiten Vatikanum durften Pfarrer keine Bärte tragen, sodass gar die päpstliche Erlaubnis dafür eingeholt werden musste. *„Ein ganz früher Protestbart also"*, schmunzelt Pater Berno.

Eigenheiten lebt er weiter. Etwa seine Wallfahrten, deren erste ihn 1975 zu Fuß ins Heilige Land führte. Als Extremform der Exerzitien versteht sie der Salvatorianer, der sich zu seinen bislang stets allein bewältigten Wallfahrten vom Propheten Elias ermutigt fühlt. Der war laut „Buch der Könige" in einer Lebenskrise durch die Wüste hin zum Sinai geflohen, um die Nähe Gottes zu erfahren. Die Erneuerung und Stärkung der Gottesbeziehung ist es auch, die Pater Berno die Erfahrung des Ausgesetzt-Seins in der Natur suchen lässt. *„Das geht an die Grenze der leiblichen*

Am Sonntag, 15. September 2002, feierte Pater Berno Rupp sein 40-jähriges Priesterjubiläum mit seiner Heimatgemeinde. Zum Andenken überreichte ihm Pater Winopal Walter – damals Provinzial der Süddeutschen Provinz der Salvatorianer, heute Superior in Lochau – ein aus uralten Nägeln zusammengeschmiedetes Kreuz, das vermutlich vom Abbruch der Kollegskirche in Bad Wurzach stammt.

Existenz", beschreibt er seine Fußwallfahrten, inklusive Übernachtungen ohne Zelt und unter freiem Himmel, die ihn nach Santiago de Compostela, Rom und Trondheim führten – und Berno stets die wichtigste Erfahrung seines Lebens bestätigten: *„Ich habe mich Gott überlassen können"*, verbunden mit der Erkenntnis: *„Je größer das Vertrauen in Gott ist, desto mehr lässt sich Vertrauen zu den Menschen wagen."*

Im Vorjahr musste Berno seine Fußwallfahrt nach Tschenstochau nach acht Tagen zur Hälfte der Strecke abbrechen, der Innenmeniskus im rechten Knie war abgerissen. Unter großen Beschwerden reiste der Pater nach Ravensburg, wo eine Operation Abhilfe verschaffte. Dieses Jahr will er den Rest der Wanderstrecke in Angriff nehmen, halbe Sachen liegen ihm nun mal nicht. Freilich ist angedacht, dass er die Wallfahrt erstmals in Begleitung angeht – ein Tribut an das Alter, das ihn vor allem seine Kreuzschmerzen immer wieder gewahr werden lassen.

Und doch, er geht ihn unverändert voller Tatkraft, seinen Weg, von dem er im übertragenen Sinne sagt: *„Der Weg hat dich gewählt, und dafür sollst du dankbar sein."* In anderen Worten: *„Es war meine Entscheidung – und doch nicht."* Wer solches von sich und seinem Leben sagt, wer diese Widersprüche charismatisch ausfüllt und solches Vertrauen unkompliziert vorlebt, den bringt eine offene Kordel nicht aus der Ruhe.

Der Engel von Simbabwe

In Erinnerung an Else Sterner aus Immenstaad, Gründerin von ai am Bodensee

ROTRAUT BINDER

Christa Morstadt hat innerhalb der Ortsgruppe Friedrichshafen von amnesty international die Aufgabe übernommen, sich um die Aufklärung von zwanzig Todesfällen im rumänischen Polizeigewahrsam zu kümmern. Folter und deren Bekämpfung sind ihr Spezialgebiet, das sie in Vorträgen bei Gruppenabenden und Bezirksversammlungen weitervermittelt. Sie mag ihr vom Werdegang, Aussehen und Wesen her sehr unähnlich sein, aber gerade mit dieser ehrenamtlichen Arbeit folgt sie konsequent dem Vermächtnis ihrer 1993 verstorbenen Mutter Else Sterner. 1991, anlässlich des 30-jährigen Bestehens der Menschenrechtsorganisation, hatte diese bei einer Feier im Theaterstadel Markdorf dazu aufgerufen, die *„Folter als die schlimmste Geißel der Menschheit"* zu bekämpfen.

Ihr fehle sie geradezu im Ortsbild, antwortet spontan Elisabeth Hiß, langjährige Immenstaader Gemeinderätin, wenn man sie nach Else Sterner befragt, der *„wunderbaren, einmaligen Frau, die unglaubliche Freundlichkeit und Güte ausgestrahlt hat"*. Von gelebter Nächstenliebe, hohem Idealismus und einem großen Fürsorgebewusstsein aus christlichem Glauben sprechen auch diejenigen, die mit der tatkräftigen Frau oft über Jahre

Else Sterner (vorne) mit Fanny Gleixner an ihrem letzten Geburtstag im April 1993.

zusammengearbeitet haben. Else Sterner hat ein beachtliches Lebenswerk geschaffen – ehrenamtlich, aus großem Gerechtigkeitsempfinden und aus dem Bewusstsein, aus ihrer abgesicherten Position heraus den Hilfebedürftigen Hilfe geben zu müssen.

Sie wurde 1911 geboren und entstammte einem wohlhabenden Elternhaus. Der Vater Gustav Braun besaß ein Dampfsägewerk in Fürth, die Mutter war eine deutschstämmige Amerikanerin aus reichem Hause. Ihre Schulbildung erhielt Else Braun auf der Höheren Mädchenschule und im Lyzeum. Sie besuchte ein Jahr lang ein Pensionat in Neuchâtel, um Französisch zu lernen. Während zweier Besuche bei der Familie in Amerika erwarb sie sich beste Englischkenntnisse. 1935 heiratete sie den Rechtsanwalt Dr. Eugen Sterner aus Berlin. Nürnberg wurde zum Wohnort der Familie, die sich bis 1941 um drei Kinder vergrößerte.

Auch wenn die Eltern den Nationalsozialismus, der sich gerade in Nürnberg in eindrucksvoller Weise inszenierte, nicht laut kritisierten, muss die ablehnende Haltung den Kindern bewusst geworden sein. Christa Morstadt erinnert sich, dass sie sich über ein ganzes Jahr beharrlich und trotz der unausbleiblichen Strafe weigerte, in der Schule mit „Heil Hitler" zu grüßen. Der Vater, zunächst im Kriegseinsatz im Osten, wurde in den letzten Kriegsjahren als Militärrichter nach Italien beordert. Als er es ganz offensichtlich unterließ, Todesurteile für fahnenflüchtige italienische Soldaten auszusprechen, wurde er selbst zum Verfolgten: Die Mütter der Angeklagten versteckten ihn und halfen ihm zu überleben. Bis zu seiner Rückkehr 1947 aus amerikanischer Gefangenschaft blieb Else Sterner wie viele ihrer Zeitgenossinnen alleine mit den Kindern auf sich gestellt, wurde ausgebombt und lebte ab dem Kriegsende bis 1963 in Fürth-Dambach.

Dank ihrer englischen Sprachkenntnisse wurde es ihr leicht, in der Nachkriegszeit Kontakte zu knüpfen. Zu einem amerikanischen jüdischen Dolmetscher, der bei den Nürnberger Kriegsverbrecherprozessen eingesetzt und im Hause einquartiert war, bestanden noch über lange Jahre freundschaftliche Beziehungen der Familie. Auch mit der besten Freundin, einer Jüdin, die während der NS-Zeit nach London geflüchtet war, war sie bis ins hohe Alter verbunden.

Mit dem Umzug nach Immenstaad im Jahr 1963 gewann die dortige evangelische Kirchengemeinde ein überaus engagiertes Mitglied: Else Sterner wurde bald zur Ältesten, d.h. Kirchengemeinderätin, und in die Bezirks- und Landessynode gewählt, gründete den Gemeindebesuchsdienst und den „SOS-Dienst", eine Art Nachbarschaftshilfe. Manchen neu Zugezogenen hat sie als erste Besucherin eine freundliche Aufnahme signalisiert und das Einleben in der Gemeinde erleichtert, ihnen mit ihrem Zuspruch Lebenshilfe und Mut gegeben. Mit den Pfarrern Mono und Conradi pflegte sie eine geradezu ideale Zusammenarbeit. Bei einem Besuch ihrer Tochter in Kehl lernte Else Sterner das Epilepsiezentrum in Kork kennen und sorgte dafür, dass die Kirchengemeinde eine Patenschaft für diese Einrichtung übernahm.

Sie unterhielt Kontakte mit der jüdischen Gemeinde in Konstanz und gründete dort die erste Vereinigung für christlich-jüdische Zusammenarbeit. In diesem Rahmen organisierte sie gegenseitige Besuche und Begegnungen und holte sogar den späteren Friedensnobelpreisträger Elie Wiesel zu einem Vortrag nach Immenstaad. *„Es gehörte damals viel Mut dazu, am Bodensee ein Treffen zwischen Christen und Juden zu organisieren"*, betont Christa Schmidt, die über viele Jahre mit Else Sterner zusammengearbeitet hat. Und ihr fällt noch eine „typische Geschichte" ein: Als einmal am Immenstaader Landungssteg „Türken raus!" zu lesen war, sei Else Sterner unmittelbar aufs Rathaus gegangen und habe verlangt, dass die Schrift sofort entfernt würde. Sie habe *„die Dinge beim Namen genannt"*, charakterisiert Regine Klages dieses kompromisslose Eintreten gegen jede Art von Ungerechtigkeit.

Besonders folgenreich sollte sich die Kontaktaufnahme mit amnesty international in London im Jahr 1969 entwickeln: Die Immenstaaderin erhielt zunächst die Adressen von drei Gefangenen in Rhodesien (später Simbabwe), die sie betreuen sollte. Und Else Sterner handelte: Sie schickte Kleiderpakete an die Familien dieser Gefangenen. Das sprach sich rasch herum, und so kamen bald Hilfeersuchen auch von den Familien der Mitgefangenen. „Das geht nicht" oder „Das wird mir zuviel" als Reaktion darauf war offenbar kein Thema: Die Paketaktion wurde einfach ausgeweitet. Als Else Sterner 1986 im Immenstaader Rathaus das Bundesverdienstkreuz für ihre ehrenamtliche Arbeit aus der Hand von Landrat Siegfried Tann erhielt, waren es bereits 275 Familien! Die Pakete: Sie enthielten Kleidung, von Immenstaader Bürgern gespendet, nach Konfektionsgrößen für die jeweiligen Familienmitglieder ausgewählt, von Else Sterner und wenigen Helferinnen gepackt, jedes 10 Kilogramm schwer, sechs bis acht allwöchentlich. Und jedes enthielt einen persönlichen Brief. Gewogen wurden sie auf einer Waage mit sehr eigener Geschichte: Else Sterner hatte sie zu sehr anständigem Preis in Fürth einer jüdischen Familie abgekauft, die im Dritten Reich aus Deutschland fliehen musste.

Allein bis 1986 waren es insgesamt 1200 dieser Pakete! Das Porto – je 20 DM – hat Else Sterner im Wesentlichen von ihrer Witwenrente bezahlt, auch aus Mitteln, die dank ihrer „sanften Hartnäckigkeit" beim Spendensammeln mit eigens organisierten Veranstaltungen und Kollekten zusammenkamen. Die unterstützten Familien verkauften zum Teil die Kleidung, um sich damit eine neue Existenzgrundlage zu schaffen – etwa einen Esel, der für Transporte einzusetzen war, oder ein Stück Land für den Gemüseanbau.

Christa Morstadt hält die Büste ihrer Mutter, die einer der Strafgefangenen aus Simbabwe aus Mahagoni geschnitzt hat.

1969 schon hatte Else Sterner zusammen mit anderen im Hause Tobelweg 30 die erste Ortsgruppe von amnesty international am See gegründet, der die Nummer 127 zugeteilt wurde. Drei Jahre später gab sie deren Leitung ab und führte ihre Simbabwe-Hilfe unabhängig von der Menschenrechtsorganisation durch.

Im Jahr 1989 überreichte ihr Carl-Friedrich von Weizsäcker einen Teil des Theodor-Heuss-Preises für das Engagement in Simbabwe. Besonders gefreut haben dürfte sie sich aber über die 8000 DM, die ihr das baden-württembergische Wirtschaftsministerium für einen Container zur Verfügung stellte. Zwei Jahre lang packte sie mit ihren Frauen 550 individuell adressierte Pakete – „mit ihren letzten Lebenskräften", sagt Christa Morstadt, denn die Mutter war an Krebs erkrankt. Sally Mugabe, die Frau des Staatspräsidenten, übergab die Pakete nach Aufrufen in Funk und Fernsehen vor Ort den Empfängern persönlich.

Else Sterner, die sehr bescheiden zusammen mit ihrer Haushaltshilfe Fanny Gleixner lebte, hat sich nur wenige Reisen gegönnt. Dreimal war sie jedoch im Heimatland ihrer Schützlinge, wo sie als *„Engel von Simbabwe"* von vielen bereits am Flughafen erwartet wurde. Aus Verehrung und Anhänglichkeit erhielten immer wieder Kinder aus den betreuten Familien ihre Namen nach Else Sterners Familienangehörigen: Natascha, Christa, Hansfried oder Lieselotte kann man nun sehr wohl auch in diesem afrikanischen Land treffen. 1980 nahm Else Sterner zusammen mit Tochter Christa an der hoffnungsfrohen Unabhängigkeitsfeier in Salisbury teil.

Auch für den Ausbau einer Schule in Simbabwe startete sie Hilfsaktionen, ohne jedoch die benachteiligten Kinder im eigenen Land zu vergessen. Sie war eines der ersten Mitglieder des Deutschen Kinderschutzbundes im Bodenseekreis. Mit „Glasnost und Perestroika" erschien ihr der Zeitpunkt gekommen, sich für die Aussöhnung mit dem Osten einzusetzen. Sie schrieb mehrfach an Michail Gorbatschow und hegte den Wunsch, Sotschi am Schwarzen Meer, das sie von einem Kuraufenthalt kannte, als Partnerstadt zu gewinnen. Daraus wurde letztendlich nichts. Aber für sich entschied Else Sterner, ihren ganz privaten Teil zur Völkerverständigung zu leisten: Sie hat als über Siebzigjährige mit einem Kurs begonnen und bis zu ihrem Tode im September 1993 allwöchentlich mit der Nachbarin Marianne Rauscher Russisch gelernt.

Ohne sie wurde die Simbabwe-Hilfe nicht mehr weitergeführt. Bleibende Wirkung jedoch hat die von ihr initiierte Gründung einer ersten Ortsgruppe von amnesty international am Bodenseekreis im Jahr 1969, aus der sich bis heute eine Reihe aktiver Gruppen entwickelt hat. Die sehr lebendige Ortsgruppe Friedrichshafen besteht mittlerweile seit 35 Jahren.

Frauen im Bodenseekreis: „Dem Tag mehr Leben geben"

Monika Kostros, die „Seele" eines überraschend lebendigen Ortes

ROTRAUT BINDER

Einfach wunderschön sei ihr Arbeitsplatz, sagt sie, und die Arbeit ebenso. Und bei gutem Wetter öffnet sie die Türen nach draußen, um die Schönheit des Ortes auch vom Schreibtisch aus genießen zu können. Sie blickt durch Arkaden in einen Park, auf eine hufeisenförmige Rasenfläche mit überdimensionaler Blumenschale, umrahmt von Linden, bekiesten Wegen und Hecken. Ungefragt erzählt Monika Kostros, sie habe es noch keinen Tag bereut, an dieser Arbeitsstelle 1999 in Friedrichshafen einen Neubeginn gewagt zu haben. Und sie findet es auch ideal, dass sie nur eben über die Straße gehen muss, um von ihrer Wohnung dorthin zu gelangen.

Nicht jeder wird eine solche Begeisterung nachvollziehen können, wenn sich herausstellt, dass mit dem

Monika Kostros am Friedhofsgebäude, das im Jahr 1925 nach den Plänen des Architekten Paul Bonatz gestaltet wurde. Sein bekanntestes Bauwerk ist der Stuttgarter Hauptbahnhof.

umschwärmten Arbeitsplatz der städtische Friedhof, mit der geliebten Arbeit dessen Verwaltung gemeint ist. Eine so aparte, lebhafte und fröhliche Frau an diesem Platz – wie konnte sie sich just dafür entscheiden?

Aus ganz persönlichen Gründen kam die Mutter einer Tochter mit 50 Jahren an den See, aus Hameln, ihrer Geburtsstadt, die ihr über Jahrzehnte persönlicher und beruflicher Lebensmittelpunkt war. Mit ihrer Ausbildung als Bankkauffrau hatte sie für ihren weiteren beruflichen Werdegang verinnerlicht, was Dienstleistung bedeutet. Der Kontakt mit Menschen, betont sie, sei ihr dabei immer das Allerwichtigste gewesen. Und so konnte sie sich auch vorstellen, nach ihrer Hochzeit 1970 als Verwaltungsangestellte bei der Stadt Hameln zu arbeiten; in so hohem Maße flexibel, um nacheinander verantwortlich zu sein für das Vorzimmer des Stadtdirektors und Baurats, das Theater, das Steueramt und zuletzt das Standesamt.

Die Arbeit in einem Standesamt umfasst die ganze Palette des Lebens: Geburt, Hochzeit und Sterbefall. Das ließ Monika Kostros wohl letztlich die Entscheidung sehr leicht werden, sich auf eine Stelle als Friedhofsverwalterin zu bewerben.

Die Hand einer Frau in der bis dahin ausschließlichen Männerwelt wurde schon bald nach ihrem Einstieg spür- und sichtbar: Seither hat der Besprechungsraum, in dem sie Beratungsgespräche führt, mit einer ansprechenden Ausstattung und dezentem Blumenschmuck Atmosphäre erhalten. Das tut auch den Angehörigen wohl, die sich vor der Beerdigung in der kalten Jahreszeit dort vor der Trauerfeier abgeschirmt und in angemessener Umgebung aufhalten können. Monika Kostros betont dankbar, dass man ihr freie Hand gab für derlei Veränderungen und bis heute ein offenes Ohr für ihre Ideen und Anliegen hat.

Sechs Bedienstete des Baubetriebsamtes erhalten über sie ihre Arbeitsanweisungen und Aufträge vom Grünamt bzw. der Friedhofsverwaltung. Dazu kommen Sozialhilfeempfänger, die stundenweise zur Arbeit verpflichtet wurden, Jugendliche und junge Erwachsene, die vom Gericht die Auflage zu gemeinnütziger Arbeit erhielten, und auch Männer, die in der nahen Obdachlosenherberge untergekommen sind und dafür Arbeitsstunden auf dem Friedhof ableisten müssen. Der Umgang miteinander ist respektvoll. Keine Frage: Diese Frau an dieser Stelle wird in jeder Hinsicht akzeptiert!

Monika Kostros definiert den Friedhof als einen „lebendigen Ort der Trauer, der Begegnung und der Fröhlichkeit." Es ist ihr überaus wichtig, dass trauernde und einsame Menschen sich hier angenommen fühlen. Das bedeutet auch durchaus, dass die Friedhofsverwalterin einmal einer älteren Dame die schwere Gießkanne ans Grab schleppt. Wer hierher kommt, findet Ansprache, wenn er sie sucht. Steinmetze und Gärtner verrichten alltäglich ihre Arbeit. Besucher kommen miteinander ins Gespräch und grüßen sich, sprechen sich auch ab wegen der Grabpflege in ihrer Abwesenheit. So hat der Friedhof eine hohe soziale Funktion. Manch einer geht ein- bis zweimal am Tag seine Runde, genießt das Ritual und die wunderschöne

Parkanlage. Wer nicht mehr gut laufen kann, darf hier den ihm gemäßen Rhythmus einhalten. Hier ist kein Rollstuhl, kein Gehwägelchen zu langsam oder im Weg.

Viele von den Stammbesuchern kennt Monika Kostros. Von einem älteren Ehepaar erzählt sie, das ihr besonders ans Herz gewachsen war – die schwer pflegebedürftige Frau im Rollstuhl, mit großer Liebe und Umsicht umsorgt von ihrem Ehemann. Noch heute erfüllt es die Frau von der Friedhofsverwaltung mit Trauer, dass dieser Mann vor seiner Frau sterben sollte.

Der Umgang mit Trauernden jedoch mache sie nicht traurig, sondern betroffen, erklärt Monika Kostros. Sie trägt viel schwarz, schon weil sie dies gerne mag, nicht weil sie es muss. Auch wenn sie selbst „nahe ans Wasser gebaut" hat, weint sie im Gespräch mit den Angehörigen nicht. Sie ist dabei ganz von der Aufgabe gefangen, beizustehen und einfühlsam zu unterstützen. Wer zu ihr kommt, hat das meiste bereits mit dem Bestatter geklärt und braucht fast „nur" noch ein Grab an einem schönen Platz. Dass das eine wichtige Entscheidung ist, die gut überlegt sein will, weiß die Beraterin. Man wechselt ein Grab nun einmal nicht nach Belieben, und darum darf der Kunde auch gerne erst anderntags seine Wahl endgültig treffen. An die möglichen Plätze wurde er vorher selbstverständlich geführt.

Wichtig ist es für die Verwalterin auch, dass sich der Abschied von den Verstorbenen würdig vollzieht. Sie kennt die Hemmungen und Ängste der Angehörigen vor dem Abschiednehmen und erzählt, wie eine junge Frau immer wieder voller Dankbarkeit zu ihr kommt, die vor einiger Zeit ihr Kind verloren hat. Die Mutter wollte vor der Bestattung ihr totes Kind nicht mehr sehen. Monika Kostros konnte sie davon überzeugen, dass es richtig sei, sich von dem hübschen kleinen Mädchen am Sarg zu verabschieden und es so in Erinnerung zu behalten. Genau das meint sie damit, wenn sie sagt, sie sehe es als ihre Aufgabe an, die Trauernden „an die Hand zu nehmen". Wer mit ihr zusammenarbeitet, schildert sie als sehr einfühlsam und aufgeschlossen. Und ihrem Vorgesetzten fällt für sie ohne langes Nachdenken sofort das passende Attribut ein: „Sie ist die Seele des Friedhofs!" Und so freuen sich auch viele der Besucher über die Begegnung mit Monika Kostros.

Wer sich in diesem Maße mit seiner Arbeit identifiziert, ist froh darüber, wenn Menschen sich bereits vor dem Tod mit der Art ihrer Bestattung gedanklich auseinander gesetzt haben. Man plane doch auch ganz selbstverständlich Geburtstage im Voraus und feiere sie nach eigenem Geschmack, argumentiert Monika Kostros. Nur zu gut kennt sie die Zweifel von Angehörigen, die sich bemühen, alles im Sinne des Verstorbenen zu erledigen, ohne dass er sich je konkret dazu geäußert hat. „Wer sich um seinen Tod nicht kümmert, geht feige aus dem Leben" – dieser Satz findet ihren Beifall. Tatsächlich wenden sich auch zunehmend Menschen an sie, die über ihre letzte Ruhestätte nachdenken – nicht zuletzt, weil sie keine Angehörigen haben oder aber nur solche, die weit entfernt wohnen.

Ein kompletter Umbruch in der Friedhofskultur sei zu beobachten, berichtet sie, ein unverkennbares Abrücken von starren Normen. Und das erfordert natürlich auch eine Reaktion der Friedhofsverwaltung, gelegentlich auch eine Anpassung der

Friedhofssatzung. So ist es etwa mittlerweile erlaubt, Fotos der Verstorbenen am Grabstein anzubringen. Um auf gleichem Stand zu sein, setzen sich seit kurzem Bestatter, Kirchen, Gärtnereien und Steinmetze immer wieder an einem Runden Tisch zusammen. Monika Kostros erweist sich als aufgeschlossene Dienstleisterin und Fürsprecherin für die notwendigen Änderungen und neuen Formen von Trauerfeiern und Bestattungen. Mit viel Sensibilität, aber auch der notwendigen Bestimmtheit geht sie dabei vor.

Die rasante Zunahme von Feuerbestattungen, die derzeit 60 Prozent betragen, erklärt sie zum einen mit den geringeren Kosten. Sie sind bei alten Menschen sehr wesentlich angesichts der kostspieligen Pflege, durch die oft ihr Erspartes aufgezehrt wird. Andererseits wird die Feuerbestattung aber auch mit Blick auf die sonst aufwändige Grabpflege gewählt, die in vielen Fällen nicht mehr gewährleistet werden kann. Beredtes Zeugnis für diese Nachfrage ist die Urnenwand, die ursprünglich für sieben Jahre vorhalten sollte. Sie ist nach nur drei Jahren bereits bis auf ein Fünftel belegt.

Auf aktuellem Stand zu sein und den Wünschen der Kunden entgegenzukommen, ist ein selbstverständlicher Anspruch der Friedhofsverwalterin, die sich mit ihren Kollegen in anderen Städten umsieht, um auch die Angebote zu kennen, die anderswo gemacht werden. Damit folgt sie konsequent ihrem erklärten Grundsatz, nicht stillzustehen und neugierig zu bleiben.

Traurig macht es sie, wenn die Trauerfeier und das Bestattungszeremoniell eine andere Wertschätzung des Toten vermitteln, als diese dann später beim Grabbesuch und bei der -pflege sichtbar wird. Sie kennt von ihrem täglichen Gang das annähernd zwölf Hektar große Friedhofsareal bis in den kleinsten Winkel und jede der rund 18 000 Grabstellen. Sie weiß deren Laufzeit, welche regelmäßig besucht werden und erinnert sich gut an die Verhandlungen mit den Angehörigen um die Ausstattung und Lage des Grabes. An neuen, unkonventionellen Bepflanzungen und Grabsteinen hat sie offensichtlich Freude. Verständlicherweise äußerst ungern klebt sie einen Zettel mit der Aufschrift „Bitte bei der Friedhofsverwaltung melden!" an den Grabstein, wenn die Grabstätte offenkundig vernachlässigt wird – Aufforderungen, denen leider oft lange keine Reaktion folgt.

„Du kannst dem Leben nicht mehr Tage geben, aber dem Tag mehr Leben." Weisheiten wie diese werden gerade bei Trauerfeiern zitiert und bringen zum Nachdenken, wenn es für manchen schon zu spät ist. Monika Kostros hat sich vorgenommen, alltäglich bewusst danach zu handeln und ihre Schwerpunkte im Leben zu setzen. Lesen, Musikhören und das Zusammensein mit Freunden zählt sie zu ihren ganz wichtigen Hobbys. Und Freundschaften pflegt sie weiter über die große Distanz zu ihrer Heimatstadt. Aber auch für die Menschen, die ihr in ihrer Alltagsarbeit beggenen, bringt sie eindeutig „mehr Leben" an einen Ort, von dem es heißt, dass er den Toten vorbehalten sei.

Frauen im Bodenseekreis: „Der Tower hat immer Recht"
Ria Draganow – eine Hobbypilotin mit Leidenschaft

SUSANN GANZERT

Ria Draganow ist leidenschaftlich Hobbypilotin und sie tut einiges dafür, um ihre Privatpiloten-Lizenz auch in diesem Jahr wieder verlängert zu bekommen. Sie fliegt viel und gern, dafür leidet sie beim Waldlauf – schließlich tut sie es wegen der körperlichen Leistungsfähigkeit und nicht zu ihrer Freude. Die 65-Jährige quält sich beim Konditionstraining im Fitness-Studio gemeinsam mit Menschen, die halb so alt sind wie sie selbst, und freut sich, dass die anderen dabei auch kräftig schwitzen. Aber spätestens unter der Dusche fragt sie sich: „Warum bin ich eigentlich so narrisch?" Oder auch: „Sollte ich mich nicht lieber hinsetzen und die Hände falten und warten – aber auf was? Auf mein Ableben, nur weil ich jetzt im Rentenalter bin? Ich weiß es nicht."

Eigentlich wollten wir über ihre Jugend in Bayern reden, über ihren Beruf im Flugzeugbau und über den Unterricht, den sie erst stellvertretend für einen Fluglehrer in der Schweiz übernahm, um ihn schließlich komplett und für viele Jahre zu übernehmen. Doch Ria Draganow schlägt gleich zu Beginn unseres Gesprächs die thematischen Grenzpfosten ein: Wir reden nur über die Freizeit-Fliegerei. Und sie hält sich (fast) dran, denn: *„Was angefangen wird, wird auch fertig gemacht."* Oder: *„Wenn ein Befehl erteilt wird, wird er ausgeführt."* Sätze, die sie seit frühester Kindheit begleiten und die sie auch heute noch lebt.

„Ich bin kein wichtiger Mensch" und „ich bin schon älter – oder alt", sagt die 65-jährige Ria Draganow, deren bayerische Sprache mit deftigen Sprüchen die richtige handfeste Würze erhält, die man dieser zierlichen Frau mit den sehnigen Händen auf den ersten Blick gar nicht zutraut.

1974 machte Ria Draganow den „Führerschein", der sie zum Fliegen mit einem einmotorigen Privatflugzeug berechtigt. Der theoretische Aufwand war groß und die fliegerärztliche Untersuchung ist seither immer wieder in regelmäßigen Abständen Pflicht – für jeden Berufs- und jeden Privat-Flugzeugführer und also auch für die 65-Jährige. Starten, landen, Platzrunden fliegen, bis man es beherrscht, und dann der erste Soloflug. Dabei hat man dann schon das eine oder andere Mal feuchte Hände und „ein klitschnasses Hemd am Rücken". Natürlich hat sie die Prüfungen bestanden, die theoretische und die praktische. Denn „was angefangen wird, wird auch fertig gemacht." Ihren ersten Alleinflug vor rund dreißig Jahren kommentiert Ria Draganow noch heute mit „Jesus, Maria" und erinnert sich an ihre unglaubliche und glücklicherweise nirgends aufgezeichnete hohe Pulsfrequenz, die sicher jeden Flugmediziner alarmiert hätte. Dass in der Fliegerei 0,0 Promille Alkohol schon 24 Stunden vor Flugantritt gilt, ist für sie Gesetz. Und ein anderes hat sie für sich zwingend aufgestellt: *„Der Tower hat immer Recht."* Kategorisch, denn eigentlich stellt sie so gerne Dinge in Frage und noch viel lieber widerspricht sie. Aber was hat die kleine Ria von ihrem Vater gelernt: „Wenn ein Befehl erteilt wird, wird er ausgeführt."

500 bis 600 Flugstunden hat sie seither absolviert und dabei auch ihre Lieblingsroute mit ihrem Flugzeug – „ein Teil davon gehört mir" – gefunden: Friedrichshafen – Salzburg und wieder zurück. 90 Minuten dauert der Oneway-Flug, bei dem sie in 3000 Fuß über N.N. die Bodenseeregion verlässt, um auf 5500 Fuß rasch in Richtung Salzburg zu fliegen. Ria Draganow kennt die Strecke aus dem Effeff und ruft sie sich ins Gedächtnis wie ein Bobfahrer oder Rodler die Eisbahn, die er gleich hinunterrauscht. Rechts vorbei am Forggensee, dann ein Gruß an die bayerischen Königsschlösser, links vorbei an Kempten und übers Allgäu, dann immer in der Nähe der A8 München – Salzburg entlang. „Das ist meine Navigationshilfe", verrät sie schmunzelnd. Rechts die Alpen, links die bayerischen Seen und München kann man durch die Dunstglocke erahnen. Über dem Chiemsee dann der erste Funkkontakt mit dem Tower in Salzburg, das schon von weitem grüßt. Der Flughafen liegt vor der Mozartstadt, aber genau hinter einem Hügel, sodass man ihn nicht schon von weitem sieht. Die Landebahn 34 oder 16 ist die ihrige. Landegebühren zahlen, Wetterinformationen für den Rückflug abholen und dann ...

Ria Draganow fliegt nicht zum Einkaufen nach Salzburg, auch nicht wegen der Mozartkugeln oder für einen „Verlängerten" oder einen „Melange" in einem der herrlichen Kaffeehäuser dieser wunderschönen Stadt an den Ufern der Salzach. „Seit zwei Jahren gibt es in Salzburg den von mir heiß umschwärmten Hangar 7", verrät sie. Dieses Bauwerk in Form einer ellipsoiden Halbschale erinnert sie sehr an den Stararchitekten Sir Norman Foster, er entwarf den „Hangar 7" – der Sir Norman Foster, der dem Berliner Reichstag die Glaskuppel aufsetzte und der unter anderem auch den Flugplatz von Hongkong mitten ins Meer verlegte. Wahrscheinlich war es ein österreichischer, von Foster inspirierter Architekt, der gleich neben dem Salzburger Flughafen dieses „faszinierende ovale Glashaus auf schrägen Stahlstützen" konstruierte und baute [Anm. der Red.: Für die Verwirklichung der Pläne war Architekt Volkmar Burgstaller zuständig]. Ria Draganow jedenfalls ist hingerissen. Zwar ist sie wegen Foster auch schon nach London (mit)geflogen, aber nach Salzburg kann sie sogar alleine fliegen und – entsprechendes Wetter vorausgesetzt – so oft sie will.

„Hangar 7" lockt die ehemalige Mitarbeiterin im Luftfahrtbereich der Firma Dornier auch wegen der Ausstellung alter US-amerikanischer und anderer Flugzeuge, wegen interessanter Maschinenteile, Konstruktionen und Handschriften. Und wegen des Alpha-Jets, zu dem sie eine ganz besondere professionelle Affinität hat.

Auf gleicher räumlicher Ebene wie die Fluggeräte gibt es eine Cafeteria im fernöstlichen Stil, in der das „Essen sündhaft gut schmeckt und sündhaft teuer ist". Und auf die Toiletten im Untergeschoss geht Ria Draganow auch, wenn sie nicht muss, „weil die so schön sind." Der Clou des „Hangar 7" ist aber, trotz 0,0 Promille, die Kuppel-Bar, die ab 22 Uhr geöffnet hat ... – einfach weil es „so herrlich ist unter der Glaskuppel. Dort wäre mein Wohnparadies."

Aber Ria Draganow muss ja wieder zurück, zuerst in Richtung deutsche Grenze, dann entlang der A 8 Richtung München, übers Allgäu – und neuzig Minuten nach dem Start setzt sie wieder auf der Häfler Landebahn auf.

Seit 1970 lebt Ria Draganow in Friedrichshafen. Sie kam mit ihrem Mann und den beiden Töchtern aus Frankreich an den Bodensee. Ihr Mann, ein gebürtiger Bulgare, war ebenfalls in der Flugbranche tätig und starb bereits vor vielen Jahren. Sich selbst sieht Ria Draganow als einen robusten Menschen, und dass sie ihrer inneren Faulheit nachgibt, passiert nicht so oft. Sie ist fest davon überzeugt, dass nur deshalb so wenige Frauen einen Flugschein haben, „weil sie vielleicht nicht zäh genug sind, es durchzustehen." Leider. Ria Draganow ist eine außergewöhnlich facettenreiche Frau, die keine Arbeit scheut, wenn sie für sich einen Sinn darin sieht.

Ihre Entscheidungen sind für Außenstehende manchmal ungewöhnlich, ihr Weg dorthin aber auch. So wie die Sache mit ihrem heiß geliebten Klavier, das sie einer Theatergruppe im Fallenbrunnen überlassen hat. Nicht aus Platzmangel, nicht wegen einer sentimentalen Anwandlung, sondern – vielleicht kann man es so nennen – „als Buße, ich weiß es nicht." – „Ich habe zwei selbständige Katzen", hatte sie sich vor einigen Jahren bei einem neuen Mini-Job-Arbeitgeber vorgestellt: Bärchen wurde 15 Jahre alt und Mimi 17. Beide Katzen wurden im Abstand von zwei Jahren krank und Ria Draganow haderte schwer mit sich, wegen der durch sie bestimmten Todesumstände ihrer Tiere. Sie wollte büßen und trennte sich von ihrem Klavier, weil sie den Vorschlägen des Tierarztes zugestimmt hat und sich nicht sicher ist, ob „man das darf".

Ria Draganow akzeptiert jede Religion, sofern sie nicht fanatisch ist. Als Bayerin fühlt sie sich mit der katholischen „weitgehend verbunden", die russisch-orthodoxe liegt ihr aber näher. Vor allem wegen des wundervollen Chores besucht sie in München oft die russisch-orthodoxe Kirche, denn bei diesem Gesang, „da denkst du, du stehst am Tor zum Paradies."

Weil sie Glück hatte in ihrem Leben und eigentlich ein „böser Kerl" sei, wollte sie einfach Gott – in diesem Fall der katholischen Kirche – ihre Reverenz erweisen. Eine regelmäßige Kirchgängerin war sie in den letzten drei Jahrzehnten nicht, auch weil sie nicht so früh aufstehen wollte ... und so putzte sie stattdessen ein Jahr lang die katholische Kirche St. Magnus in Fischbach. Zwei- bis dreimal pro Woche, jeweils für zwei Stunden.

Die Kirche ist wichtig: „Bei den Katholischen gibt es die Beichte und danach kann man wieder fluchen", sagt sie, ungestraft und natürlich auf bayerisch. Sie flucht, naturgegeben, oft, außer wenn sie Akkordeon spielt. Da müssen Kopf und Seele passen: „Wenn ich mich vorher geärgert habe, kann ich nicht spielen." Als ihr Klavier nicht mehr ihr Klavier war, buddelte sie das alte Akkordeon wieder aus und übt seither einmal pro Tag. „Ich kann nur nach Noten spielen", verrät Ria Draganow und dass ihr Repertoire nicht groß sei. Weil sie ja erst ein Stück richtig perfekt beherrschen muss, bevor sie sich einem anderen mit gleich hohem Anspruch widmet.

„*Ich mach von mir aus gar nichts, wenn ich nicht geschoben werde*" – ein Satz von Ria Draganow, über den man lange nachdenken kann, nachdenken muss, wenn ihn diese humorvolle, zielorientierte und gewiss etwas eigensinnige Cessna- und Piper-Pilotin sagt. Im Frühjahr 2006 steht die nächste flugmedizinische Untersuchung an und für diese hält sich Ria Draganow fit, aber sicher auch wegen Sir Norman Fosters „Hangar 7".

Frauen im Bodenseekreis: Medizin oder Musik? – Musik und Medizin!
Die Arbeitsmedizinerin Dr. Christine Kallenberg

SUSANN GANZERT

Brüche gefallen ihr, in der beruflichen Karriere, in der Musik und in ihrer Kleidung: *"Je älter ich werde, umso mehr kann ich Widersprüche stehen lassen. Brüche sind heilsam und nötig."*

Dr. Christine Kallenberg hat das Restaurant des Zeppelinmuseums im Hafenbahnhof für unser Gespräch vorgeschlagen. Dieser Treffpunkt bietet für das Gespräch Abstand vom Alltag, besticht durch Geradlinigkeit und offene Weite. Und dieser Treffpunkt ist ein Platz, der so gar nichts mit den beiden Seelen zu tun hat, die in Christine Kallenbergs Brust inzwischen sehr gut miteinander leben.

"You'll never walk alone" – das ist einer der ersten Sätze von Christine Kallenberg, als wir uns treffen, und von Anfang an ist klar: Diese Frau ist keine Einzelgängerin, sie liebt das Team – im familiären, im beruflichen und im musikalischen Kontext. Dr. Christine Kallenberg ist Arbeitsmedizinerin. Sie initiierte und leitet das Arbeitsmedizinische Zentrum am Klinikum Friedrichshafen. Seit 1998 ist sie Betriebsärztin am Klinikum Friedrichshafen, betreut dessen Mitarbeiterinnen und Mitarbeiter und zudem die des Häfler Rathauses, der Stadt Tettnang, des Landratsamtes und vieler Firmen aus der Region. Arbeitsmedizin ...

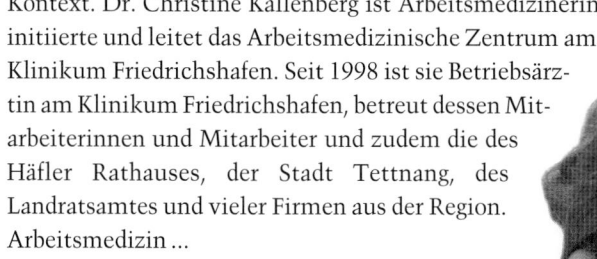

In den siebziger Jahren wollte sie, aus ganz persönlichen Gründen, Psychiaterin werden. Viele ihrer mütterlichen Vorfahren litten unter Depressionen. Diesem möglichen Erbe wollte Christine Kallenberg mit viel eigenem Wissen über Psychologie begegnen. Zu dieser Zeit war die angewandte Psychiatrie im Umbruch, die heftige Antibewegung öffnete auch der suchenden jungen Studentin die Augen. Was sie plötzlich deutlich sah, gefiel ihr nicht. Sie orientierte sich neu, studierte Medizin und Philosophie von 1972 bis 1979 in Frankfurt am Main. In der Krankenhauspraxis waren dann zu viele gekachelte Räume für sie, dazu schlechte Arbeitsbedingungen, wenig Heilung. Unbefriedigend. Christine Kallenberg wollte ein buntes und vielfältiges Leben. Sie hörte auf ihr Herz, ihren Bauch und die zwei Seelen in ihrer Brust: Musik und Medizin.

Klavier, Cello und Flöte hatte sie von Kindesbeinen an gelernt. Christine Kallenberg wollte Musik studieren. Nicht irgendwo und nicht irgendein Instrument. Der Klang der Renaissance übte einen ungeheuren Reiz auf sie aus, zog sie magisch an. An der Schola Cantorum Basiliensis, dem Basler Institut für alte Musik, übte und übte sie, um der Viola da Gamba die Klänge zu entlocken, die andere, wie der Spanier Jordi Savall, perfekt erklingen ließen. Doch sie stieß an ihre Grenzen – nicht wegen der Belastung, sie finanzierte das Musikstudium mit ärztlichen Notdiensten und Praxisvertretungen. Ihre Grenzen erreichte Christine Kallenberg, „weil ich nie so gut gespielt habe, wie ich eigentlich wollte."

Der Anspruch an sich selbst war zu hoch. Blockaden, physische Probleme und psychische Störungen machten sich bemerkbar, weil sie sich selbst nicht genügte. Sie stellte sich dem Problem: Experimentelles Üben machte sie glücklich, üben konnte Christine Kallenberg aber nur, wenn sie glücklich war ..., die depressiven Erfahrungen ihrer Ahnen tauchten auf. Aus der Traum von dem Beruf Musikerin, schweren Herzens wandte sich Christine Kallenberg wieder der Medizin zu. Musik gibt es für sie fortan nur noch aus reiner Freude. Seither spielt und singt sie unbeschwert was und wann sie will, und am liebsten mit guten Freunden.

Christine Kallenberg entdeckte die Arbeitsmedizin für sich: Hier sah sie die Möglichkeit, nicht zu nah am Krankenhausbetrieb dran zu sein, eigene sprachliche Fähigkeiten einzubringen und trotzdem mit Menschen zu tun zu haben.

Im Nordseeland Dithmarschen, hoch oben bei den wortkargen Friesen, startete sie 1988 ihre arbeitsmedizinische Karriere, lernte von der Pieke auf in einem überbetrieblichen Zentrum und von einem Chef, der über den eigenen Tellerrand blickte. „Querbeet" beschreibt Christine Kallenberg ihre damaligen Aufgaben. Sie erkannte bald: „Ich brauche die Wertschätzung anderer bei meiner Arbeit." Sie arbeitet als Ärztin grundsätzlich im Nonprofit-Bereich, „weil es mir um die Sache und nicht in erster Linie um das Geld geht."

Als Arbeitsmedizinerin lernt sie viel über die beruflichen und persönlichen Probleme anderer, hat Kontakt zu allen Bevölkerungsschichten. Ihre ernsthafte und seriöse Beratung für Arbeitgeber und Arbeitnehmer wurde hoch oben hinter den Deichen und wird hier im Süden geschätzt. Ihre Lebenserfahrung, ihre Persönlichkeit, ihr Einfühlungsvermögen helfen dabei. „Ich bin 53, das hilft mir ungemein", sagt Christine Kallenberg sachlich. Sie ist schnell und gründlich, erfasst in Sekunden das Wesentliche, macht fachlich korrekte Vorschläge, berät loyal und hilft bei der Entscheidungsfindung. Egal, wer sie um Hilfe bittet: Christine Kallenberg lässt sich nicht instrumentalisieren. „Jeder Tag ist anders, keiner ist langweilig", sagt sie heute – ihr Leben ist bunt und glücklich.

Aufgewachsen in Mainz und Darmstadt, studiert in Frankfurt und in der Schweiz, dann an die Nordsee und jetzt an den Bodensee – „back to the roots", lacht Christine Kallenberg. Ihr Lieblingsgroßvater ist in Frickingen geboren, als zwölftes Kind von Obstbauern. Die kleine Christine fuhr oft zu ihm nach Sigmaringen. Aus ihrem großen Rucksack kramt sie ein Foto: Bis unter die Haarwurzeln strahlt sie, auf einer Steintreppe sitzend, Kinderglück aus.

Sie fühlte sich im Norden wohl, doch Christoph – ihr Mann und Vater der heute zehnjährigen Tochter Luise – wollte in den Süden. So kam die kleine Familie vor einigen Jahren an den See und wohnt heute im Markdorfer Bischofsschloss. Christine Kallenbergs Affinität zu historischen Gebäuden ist wahrscheinlich auch familiär bedingt: Wer einen Historiker zum Vater hat, der sich mit der neueren und der Geschichte des deutschen Südwestens befasst, ist vorbelastet. Ob er will oder nicht. „In jede Kirche sollten wir als Kinder springen", erinnert sich Christine Kallenberg schmunzelnd an diese frühkindliche „Quälerei". Es fällt nicht schwer, sich lebhaft vorzustellen, wie sie sich beim Autofahren ein Tuch über die Augen band, um die vielen interessanten Gebäude nicht sehen zu müssen ...

Und heute? Heute wohnt sie im Turm des Bischofsschlosses zu Markdorf und schwärmt von der gigantischen Sicht, die der einstige Bischof von Konstanz sicher genauso genoss wie die heutigen Bewohner. „Ich schwebe in unserer Wohnung zwischen Himmel und Erde", sagt sie mit Blick auf den Sonnenuntergang über dem See, der jetzt gerade durch die Fenster des Hafenbahnhofs zu sehen ist.

Das Licht strömt in ihre Turmwohnung von allen Seiten, schwärmt die pragmatische Frau, die sich manchmal wie ein Burg(turm)fräulein und manchmal wie Pippi Langstrumpf kleidet. Auffällig ist es jedenfalls immer, und dass ihr Mann „es oft unmöglich findet, wie ich mich kleide", nimmt sie gelassen hin. „Ich bin eben ein bisschen eigen, das lebe ich auch in meiner Kleidung aus", gesteht sie und tut es selbstverständlich auch hier im eher konservativen und ein bisschen provinziellen Oberschwaben.

Ihr Mann Christoph ist Coach im Dornbirner Kompetenzzentrum, freischaffender Künstler und Hausmann, er sorgt für Tochter Luise und Frau Christine, engagiert sich in der Waldorfschule. Mutter und Tochter machen vieles gemeinsam, auch Hausmusik. Luise spielt Cello und singt, Christine Kallenberg kann sie auf einem der vielen Instrumente begleiten. Sie mag sie alle: Klavier, Cello, Blockflöte, Gambe und Saxophon. Die „Gießkanne" hat sie als Pendant zum manchmal frustrierenden Gambenstudium gewählt: stundenlang streichen und üben, dann zur Rettung der Seele Saxophon in der Soulband „Soul salvation". „Das half mir, mich musikalisch zu befreien und gerne aufzutreten."

Heute spielt sie in der Bigband des Landratsamts des Bodenseekreises, in der Zirkusband „Faustino" der Überlinger Waldorfschule und im Sommer zieht sie mit den „Carlina Leut' " durch die Lande. Mit Albin Richter, Multitalent auf Saiteninstrumenten und Sänger, und dem Profischlagzeuger William Widmann macht sie zudem Mittelaltermusik – nicht, weil Mittelalter in ist. Das Trio „Tres doux compains" will sein Mittelalterprogramm auf die Bodenseeregion zuschneiden. Was war um 1380 in den Klöstern und Burgen los? Welche Musik wurde gespielt? Wie war das Konstanzer Konzil musikalisch drauf? – Fragen, auf die „Tres doux compains" musikalisch Antworten sucht.

Poly(phonie) reize sie, macht ihr Leben so bunt, wie sie es mag. Mittelalterliche Musik, Soul, Zirkusmusik, Straßenkonzerte auf dem Frankfurter Hauptbahnhof, Benefizkonzerte für arme Zirkustiere oder Musik beim Gasthaus der Kunsthochschule Städel in Frankfurt am Main mit Peter Kubelka ... Christine Kallenberg ohne Musik ist unvorstellbar.

Christine Kallenberg engagiert sich natürlich auch in Organisationen. Als Mitglied und Referentin des Verbandes Deutscher Betriebs- und Werksärzte (VDBW) gründete sie das Frauenforum Arbeitsmedizin mit, mit der Intention, für Geschlechtergerechtigkeit in der Arbeitsmedizin zu kämpfen. Ein erster Erfolg ist für sie, dass in allen Texten des VDBW die weibliche Form verwendet wird: „Steter Tropfen höhlt den Stein", freut sie sich.

Die klassischen arbeitsmedizinischen Themen, wie höhenverstellbare Krankenbetten, sind aus Christine Kallenbergs Sicht längst erschöpfend bearbeitet. Jetzt geht es darum, sich mit der Arbeitsverdichtung und mit Kooperationshemmnissen der Berufsgruppen auseinander zu setzen. Wie können beispielsweise Pflegekräfte im Gesundheitsbereich gesund bleiben? Schlafstörungen, Reizbarkeit, Überlastung, Burn-out – was macht man damit? Was tun, damit es nicht so weit kommt? Vorschläge für eine bessere Arbeitsorganisation müssen erarbeitet werden, Hierarchien abgeflacht und Führungsverhalten in Frage gestellt werden. „Pflege ist eine Beziehungsaufgabe. Doch dazu kommen die Schwestern und Pfleger heute kaum noch", weiß sie aus dem beruflichen Alltag. „Weg vom Defizitmodell, hin zum Kompetenzmodell", sagt sie – Dr. Christine Kallenberg ist in einem ihrer Elemente.

Frauen im Bodenseekreis: „Was andere mit zehn Fingern können, kann ich auch ..."

Sabine Lorentz: Musiklehrerin, Geigerin und Zweiradmechaniker-Meisterin

SUSANN GANZERT

An diesem Beispiel würde sie einmal mehr ins Rollen kommen, die ewig junge Diskussion über die Lebensfrage: Ist es Zufall, Schicksal oder Vorsehung?

Zufall war es nicht, dass die Autorin dieser Zeilen ihr dreckverschmiertes Fahrrad in das Immenstaader Fahrradgeschäft schob, in dem sie den Drahtesel gekauft hatte. Die Kette war nicht mehr an Ort und Stelle, doch binnen Minuten wurde ihr geholfen: Sabine Lorentz kniete sich in ihrem kurzen Sommerrock auf den kalten Boden, schob ihre zehn Finger ohne zu zögern in Richtung schmieriger Kette und behob den Schaden mit einem vergnügten Lächeln auf den Lippen. Klar, nichts Besonderes – es gibt soooo viele handwerklich begabte Frauen. Aber bei wie vielen hängt hinterm Tresen an der Wand ein „Meisterbrief des Zweiradmechaniker-Handwerks", der nicht ihm, sondern ihr gehört?

Bei Sabine Lorentz ist das so, seit 1999. Da war sie Mitte 30 und es ödete sie immer an, dass die Kunden so oft fragten: „Haben Sie einen Mechaniker da?" Männern traut man(n) es einfach zu. Also hat sie sich irgendwann schlau gemacht, hat eine entsprechende Berufsschule gefunden und das EU-Recht half auch ein bisschen nach: Sie konnte die geforderten sechs Jahre Gesellentätigkeit in der Branche nachweisen und sie hatte eine abgeschlossene Berufsausbildung, zwar als Musikerin, aber Abschluss ist Abschluss.

Meine zweite Begegnung mit Sabine Lorentz war auch kein echter Zufall: Beim Neubürgerempfang der Gemeinde Immenstaad traf ich sie wieder, mit der Geige in der Hand und eindeutig als Konzertmeisterin der „Staadstreicher" oder, wie sie sich selber lieber nennen, der „Rädlemusik". Mit wetterfesten Goretexschuhen und Kargohosen spielte sie mit ihren Kollegen Wiener Kaffeehausmusik und das Lächeln in ihrem Gesicht erinnerte mich sofort an meine schmierige Fahrradkette. Ein Treffen, ein Gespräch über die Fahrräder hier und die Geige da – unausweichlich.

Seit 30 Minuten ist „'s Sporträdle" eigentlich geschlossen, nur hinten in der offenen Werkstatt brennt noch Licht und das typische „sssssssssssss" von einem in der Luft laufenden Hinterrad summt durch das Geschäft. Die 40-jährige Sabine Lorentz schaut, warum das Vorderlicht nicht so tut, wie es soll. Ihre drei Kinder, sieben, zehn und zwölf Jahre alt, sind schon lange mit Papa daheim und Mama räumt derweil das Familienunternehmen auf, räumt neue und frisch etikettierte Ware ein, macht die Tagesabrechnung und trifft sich mit mir. Ihre Hände erzählen davon, dass sie schon eine Weile an dem Rad schraubt ...

„Fahrrad war schon immer", antwortet Sabine Lorentz auf die sinnbildliche Frage nach dem Huhn und dem Ei, also dem Rad und der Geige. „Wenn du was kaputtbringst, kannst du es auch wieder ganz machen", hat ihr Vater, Berufsschullehrer, gesagt. Und weil das Fahrrad für das agile Kind immer Mobilität bedeutete, lernte es: „Was andere mit zehn Fingern können, kann ich auch." Dass Fahrräder irgendwann ihr Beruf würden, ahnte im Freiburg ihrer Kindertage wohl niemand, Sabine Lorentz wohl auch nicht. Dazu war sie viel zu offen, neugierig, lustvoll und auch spaßbetont. „1993 sind wir zusammengestoßen", sagt sie über die erste Begegnung mit ihrem Mann Bernd und mit ihrem heutigen Beruf. Vom ersten Geld als Musiklehrerin hatte sie sich ein Fahrrad gekauft. Blauäugig und, wie sie heute weiß, ohne jeglichen Sachverstand. Die täglichen Strapazen zwischen der Musikschule in Konstanz und der Wohnung in Salem setzten dem Fahrrad mehr zu als ihr selbst. Irgendwann brauchte sie ein Ersatzteil, fuhr den Meersburger Fahrradladen an und musste hören: „Für das Fahrrad würde ich aber kein neues Licht mehr kaufen." Unwidersprochen konnte sie dies nicht stehen lassen ... Das war der Beginn der Partnerschaft zwischen Sabine Lorentz und Bernd Rimmele: Drei Kinder haben sie inzwischen und sie lieben ihren gemeinsamen, familiären Arbeitsalltag. Schicksal?

Dass es eine Arbeit mit den Händen sein sollte, stand für Sabine Lorentz schon immer fest: Gleich nach dem Abitur wollte sie nicht schon wieder Schule, obwohl sie ja Geige studieren wollte. Aber „nonstop tönen: ihihihihihi" und immer nur Gymnastik mit der linken Hand? Viel zu eingeschränkt, schließlich träumte sie nie von einer Solokarriere, die nichts als Geigen zuließ. Zumal ihr Geigenspiel eher dem Zufall zu verdanken war ... *„Meine Karteikarte wurde falsch einsortiert"*, erinnert sich Sabine Lorentz an ihren ersten Schultag im Freiburger gymnasialen „Nonnenbunker" St. Elisabeth. Französisch als erste und Englisch als zweite Fremdsprache wollte sie lernen und wartete nun mit den vielen anderen Sextanerinnen darauf, dass ihr Name aufgerufen und sie der entsprechenden Klasse zugeteilt würde. Doch Sabine Lorentz wurde weder für „a", „b" noch „c" aufgerufen, sondern blieb „übrig" für die erstmals eingerichtete „m"(Musikzug)-Klasse. Aller Widerspruch war zwecklos – mitkommen hieß es. Blockflöte spielte die damals Zehnjährige zwar, doch wollte sie eigentlich kein anderes Instrument lernen. Der Lehrer bohrte, wollte wissen, was sie mochte, und schlug die Geige vor. Also gut, Geige, wo doch Papa noch eine alte im Schrank hatte. Vorsehung? So wie ihr schon in der Grundschule das Flötenspiel leicht gefallen war, war es dann auch mit dem anspruchsvollen Streichinstrument. Schwester Veronika vom Orden der heiligen Lioba leitete das Vororchester und staunte nicht schlecht über die schnellen Fortschritte der ungeübten Sabine, die zudem natürlich im Chor sang und früh wusste, dass sie nach dem Abitur erst einmal etwas anderes machen wollte.

„Wattebauschig" nennt sie ihr Aufwachsen im sehr harmonischen Elternhaus. Mama war immer da, regelte alles für die Kleine, nachdem die sechs Jahre ältere Schwester das Haus verlassen hatte. Zu nett, zu brav für Sabine Lorentz.

Freunde von ihr stammten aus einer Metzgerfamilie mit fünf Kindern im Markgräfler Land. Sabine Lorentz fragte als Abiturientin dort an, ob sie mitarbeiten dürfte. Sie, das Stadtkind, die Lehrerstochter und Geigenschülerin – wie exotisch. Einzige Bedingung: Für zwei Stunden wollte Sabine am Nachmittag frei, damit sie auf ihrer Geige für das Vorspielen an den Konservatorien üben konnte. Der Metzger schlug ein und testete sie am ersten Schlachttag gleich mal mit „Blutwurstrühren". Kein Job, den sie gern tat, aber sie tat ihn. Mit 16 Jahren hatte sie aufgehört, Fleisch und Wurst zu essen, und nun arbeitete sie in einer Metzgerei und im dazugehörigen „fleischigen" Haushalt. Es gefiel ihr trotzdem, auch das Kuttelnschneiden – *„die fassen sich toll an"*, erinnert sie sich bis heute –, handwerken, mit den Fingern fühlen. Hier lernte sie für zehn Leute kochen und dass Kartoffeln, egal ob im großen oder kleinen Topf, nun mal 20 Minuten brauchen. Jeden Tag Neues, mehr Verantwortung und immer noch Vegetarierin – sie wollte weder Wurst noch Schweinemett abschmecken, machte es deshalb nur „nach Geruch" an. Die Metzgersfrau staunte, kontrollierte die Aushilfe mit Familienanschluss aber nicht, sondern sagte: *„Wenn du sagst, es ist okay, ist es okay."* Mehr Vertrauen geht kaum. Zwischendurch immer mal wieder ein Vorspiel an einem Konservatorium und die Überlegung, dass anstelle des Geigenstudiums auch eine Winzerlehre denkbar sei.

Großfamilie, Metzgern – sie fand diese Welt so spannend, dass sie sie probieren musste und viel für ihr Leben mitnahm: *„Familienleben in der Selbständigkeit, das tät mir taugen"* – als Partner zusammenarbeiten, für die Kinder erreichbar sein in wichtigen Momenten, aber ihrer Entwicklung in Eigenständigkeit nicht im Wege stehen – so stellte sie sich ihr Leben vor. Das gefiel Sabine Lorentz beim Metzger im Markgräfler Land und bei der Bauernfamilie in Buggensegel am Bodensee, wo sie später half.

Dort stand sie im „dicksten Mist", als der Bauer über den Hof brüllte: „*Von Würzburg ist einer am Telefon.*" Mehr wusste er auch nicht und so marschierte sie mistig ins Haus, nahm den Telefonhörer und hörte: „*Wollen Sie Ihren Studienplatz nun antreten oder nicht?*" Nein, die Post mit der Zusage hatte sie nicht bekommen, die wurde ja auch zu ihren Eltern nach Freiburg geschickt und korrekt, wie diese waren, hatten sie auch diesen Brief nicht geöffnet. Sabine Lorentz entschied in Sekunden: „*Ja, ich komme.*" Ihre Mutter fand im Poststapel den Brief aus Würzburg und gab die zeitlichen Koordinaten telefonisch durch: In drei Tagen um 17 Uhr sollte die Immatrikulationsfeier in Würzburg sein. „*Sorry*", sagte die angehende Musikstudentin zum Bauern, schnappte ihren Schlafsack und ihre Geige und machte sich auf nach Würzburg. Außer ihr war dort niemand zur Erstsemestereinführung, aber im Sekretariat des Konservatoriums wurde noch gearbeitet. So erfuhr sie, dass sie einen ganzen Monat zu spät gekommen war: „*So war es eigentlich immer. Ich habe noch nie irgendwo normal angefangen.*" Zufall?

Auf die Frage nach ihren Zukunftsplänen warf sie ihrem Professor ein forsches „*Geige studieren und irgendwann dann schon wieder was Richtiges arbeiten*" entgegen und trat damit natürlich gleich in den ersten großen Fettnapf. Sie schob nach: „*Ich komme jetzt aus der Landwirtschaft und das hat mir gut gefallen.*" Vielleicht war es diese Offenheit, die die Jahre mit dem bei anderen Studenten gefürchteten Professor prägte: „*Bei dir ist er wie ein Löwe ohne Zähne*", staunten die Kommilitonen, die manchmal sogar heulend aus seinem Unterricht stürzten. Für Sabine Lorentz war die Studienzeit „*sehr stimmig*", auch die Wochen, als ihre Hand nach einem Fahrradunfall in Gips war.

„*Anfangs ist Geige nur Handwerk*", sagt sie – mit den Händen werken also, wie beim Kutteln schneiden, wie beim Fahrradkette einhängen, oder doch anders? Weil zu diesem Handwerk auch Talent, Begabung, Fleiß und Musikalität gehören?

Im ersten Geigen-Semester fiel ihr beinahe die Decke auf den Kopf: zwei Wochen Körperhaltung üben, dann leere Seiten spielen und das erste Konzert nach Wochen des „Trockenschwimmens": eine Tonleiter von ganz unten nach ganz oben. So trabte sie schon morgens um 7 Uhr in das Konservatorium, um Klavier zu spielen, und weil sie damit noch immer nicht ausgelastet war, beantragte sie ein zweites Hauptfach: Gesang. In der geforderten Begründung gestand sie mit aller Offenheit, keine „tiefschürfende Begabung" dafür zu haben, aber einen Sinn darin zu sehen im Hinblick auf die spätere Musikvermittlung. Abgelehnt. Aus Jux und Tollerei könne man an diesem Konservatorium keinen Gesang studieren, hieß es, und Sabine Lorentz wunderte sich im Sekretariat laut und vernehmbar: „*Ich bin eigentlich nur aus Jux und Tollerei hier.*" Zufällig stand dort neben dem Konrektor auch die Professorin für „Elementare Musikerziehung" und bot ihr dieses als zweites Hauptfach an. „*Musikalische Früherziehung – warum eigentlich nicht?*", überlegte die Studentin innerhalb von Sekunden, machte am gleichen Tag erfolgreich die Aufnahmeprüfung und ging in die Semesterferien. Richtig arbeiten, in der Metzgerei, auch um das Studium zu finanzieren. Der Job machte ihr immer noch Spaß, doch die Bedingungen änderten sich, sodass Sabine Lorentz einen Schlussstrich zog.

Geld brauchte sie trotzdem. Sie war kaum zurück am Würzburger Konservatorium, da meldete sich die Musikschule Aschaffenburg bei ihr, die ab sofort eine Musiklehrerin suchte. Sabine Lorentz sagte zu – ohne eine einzige Vorlesung, ein Seminar oder eine Praxisstunde „Elementare Musikerziehung" gehabt zu haben. Die Aschaffenburger waren auf sie gekommen, weil ihre künftige Professorin sie empfohlen hatte. *„Die ersten zwei Jahre waren der Hammer, ich kann jeden suizidgefährdeten Lehrer verstehen"*, erinnert sie sich zurück. Montags im Konservatorium lernte sie, wie sie die Stunde am vorherigen Donnerstag hätte geben müssen ... Es hat trotzdem funktioniert und die Zeit in Aschaffenburg war eine ihrer schönsten, auch wegen der tollen Musikschule, auch wegen der Kollegen und sicher auch wegen des schmalen Grats.

„Schön ist's, wenn's richtig ist" – das eherne Gesetz der klassischen Musik stellte Sabine Lorentz schon immer in Frage, auch in all den Jahren als Musiklehrerin, auch hier am See. *„Musik ist schön, wenn man mitsingen oder tanzen möchte"*, ist ihre Maxime. Irgendwann stieß sie hier am See zum Kammermusikverein Immenstaad. Erst als passives Mitglied, weil sie ihre ganze Energie in das Familienunternehmen steckte. Als sie dann bereit war, aktiv mitzuspielen, wurde Sabine Lorentz gleich Konzertmeisterin. Voller Ungeduld war sie bei der ersten Probe im Pfarrsaal und wusste plötzlich wieder, warum sie eigentlich nie im Orchester spielen wollte. Trotzdem blieb sie, brachte sich ein und das Orchester aus dem dunklen Pfarrsaal. Seither proben sie im Fahrradladen, *„da stinkt es zwar nach Gummi, aber die Akustik ist gut"*, überzeugte sie die anderen, die seither gemeinsam in der „Rädlemusik" musizieren.

„Ich kann so viel, da muss ich nicht mein Lebtag Musik unterrichten", entschied Sabine Lorentz sich für das Familienunternehmen, mit allem Wenn und Aber. Lioba, die Mittlere, lernt Geige – aber nicht bei der Mama – und sie wuchs, wie ihre Geschwister, zu großen Teilen bislang dort auf, wo Mama und Papa gemeinsam arbeiten: Dort, wo es nach Gummi riecht und wo die Akustik gut ist. *„Familie sein den ganzen Tag mit allen Härten, das ist uns wichtig"*, sagt Sabine Lorentz, schließt den Laden zu und radelt lächelnd und zufrieden heim.

Frauen im Bodenseekreis: Soldatin sein wäre gut!

Monika Schäfer ist Stadionsprecherin beim VfB Friedrichshafen

SARAH FESCA

Monika Schäfer ist Stadionsprecherin beim VfB Friedrichshafen Fußball in der Landesliga und genießt ihre Aufgabe und den Samstagnachmittag im Stadion. Vom Turnen zum Fußball, von der Polizistin zur Diplomfinanzwirtin und vom DJ in der Disco zur Stadionsprecherin in der Landesliga – Monika Schäfer ist eine wandlungsfähige Frau, und noch sind ihre Träume nicht ausgeträumt!

Zum Job als Stadionsprecherin kam Monika Schäfer ohne ihr eigenes Zutun. Eigentlich war sie nur die Freundin des Torwarts der Landesligamannschaft und sah ihren Schatz höchst selten. Denn ihr Job in der Diskothek beschäftigte sie nachts, tagsüber war er bei der Arbeit, abends beim Training und an den Wochenenden spielte er Fußball. Damit sie mehr Zeit füreinander hätten, schlug er ihr vor, ihn zum Training zu begleiten. Da saß sie nun auf der Tribüne oder am Spielfeldrand und langweilte sich so sehr, dass ihr Blick auf die Frauen fiel, die auf dem Nebenplatz trainierten. Schon bald spielte sie in der Damenmannschaft des VfB, die sich allerdings bereits wieder aufgelöst hat. Diese Damenmannschaft jedenfalls war zuständig für die Stadionbeschallung bei den Spielen und so wuchs sie in das hinein, was sie heute als „meinen einzigen ehrenamtlichen Beitrag für die Gesellschaft" bezeichnet.

Zuerst legte sie nur die CDs ein und war eigentlich nur anwesend. Doch bereits nach kurzer Zeit wuchs ihr Interesse und sie fing an Ideen zu entwickeln. Andere Lieder, extra für die jeweilige Situation ausgesucht, und die ganz spezielle Einstimmung der Zuschauer vor dem Spiel begannen ihr Freude zu machen. Als ihre Vorgängerin Verena Schmidle aufhörte, erhielt sie ihre Chance und sprach nun auch in das Mikrofon hinein. Das „notwendige Übel", wie sie es in der Rückschau nennt, begann ihr Spaß zu machen.

Sobald ein Tor des VfB Friedrichshafen fällt, spielt sie „La Bomba" ein und schon steigt die Stimmung im ovalen Rund des Zeppelinstadions. Vor dem Spiel, während der Aufwärmzeit der Mannschaften, legt sie nun deutsche Partymusik auf und gelegentlich eine CD, die ihr aktive Spieler mitbringen. Auch Songs aus den aktuellen Charts werden dabei immer mal wieder eingespielt, je nachdem, wie die Situation sich ergibt. Steht ein Punktekampf gegen einen ebenbürtigen Gegner an, schickt sie „die Jungs" mit „Who let the dogs out?" auf den grünen Rasen. Ist die gegnerische Mannschaft dagegen im hinteren Tabellendrittel zu finden, wird schon eher „Stand up for the champions" gespielt.

Als Stadionsprecherin beim Fußball begrüßt man die Zuschauer und die eigenen Spieler, grüßt Verletzte und erzählt die Neuigkeiten vom letzten Auswärtsspiel. Das alles findet vor dem eigentlichen Spiel statt. Ebenso erwähnenswert ist der Tabellenplatz des Gegners, seine Verletzten und sonstige Informationen, die rund um das Vereinsleben so anfallen. Richtig toll ist es natürlich, wenn die Zuschauer auf die Sprecherin reagieren, wenn sie nach dem Vornamen den Nachnamen brüllen, und das auch im Spiel. Und wenn sie nach dem Sieg alle gemeinsam „Die Fischerin vom Bodensee" singen. Das ist das Elixier der Frau am Mikrofon, wenn die Menschen im Rund mitgehen, wenn sie lebendig sind und wenn die Mannschaft den Funken überspringen lässt. „Wenn sie gewinnen, ist die Stimmung unvergleichlich!", beschreibt sie die Gefühle, die ihr dabei durch und durch gehen.

Das ist an sich erstaunlich, denn mit dem Torwart ist sie nicht mehr zusammen. Sie hat inzwischen einen anderen Freund, der nicht Fußball spielt und auch nicht aus Friedrichshafen kommt. Weil sie nicht mehr die richtige Nähe zur Mannschaft hat, weiß sie nicht mehr alle Spielernamen. Und manchmal muss sie schon warten, bis der Spieler sich umdreht und sie die Rückennummer sieht, damit sie etwas über ihn sagen kann.

Da kommt doch die Frage auf: Warum macht sie es dann? Es ist ein richtiges Ehrenamt: Außer dem Weihnachtsessen und einem Vertrag per Handschlag kurz vor Saisonschluss gibt es keine innere Verbindung zum VfB mehr. Gerade deshalb tut es ihr gut, wenn sie, nachdem sie mal an einem Samstag nicht da war, von Zuschauern angesprochen wird, weil ihre angenehme Stimme vermisst wurde. Doch da ihr augenblicklicher Heimatort Mochenwangen in der nächsten Saison auch in der Landesliga spielt, kommt ihr Herz ins Grübeln, dann muss sie sich überlegen, bei wem sie die Stadionsprecherin gibt. Denn was gibt es Besseres am Samstagnachmittag, als auf den Sportplatz zu gehen? Was für ein Glück, dass die Damenmannschaft beim TSV Berg, in der sie Verteidigerin ist, am Sonntagvormittag spielt.

Vielleicht siegt ja der Ehrgeiz, der ihr innewohnt. Etwas aufbauen und dann einem anderen überlassen? Nein, das will sie auf keinen Fall. Unvermeidlich kommt die Frage, warum sie nicht Trainerin geworden ist, wenn sie der Gesellschaft dienen will. Aber auch das ist leicht zu erklären, denn wegen ihres Ehrgeizes und ihrer Ungeduld ist sie als Schiedsrichterin bzw. Trainerin unmöglich, sagt sie selbst von sich. Außerdem fällt es ihr extrem schwer einzusehen, wenn jemand etwas nicht auf Anhieb kapiert. Das war schon auf dem Technischen Gymnasium so, das sie nach dem Realschulabschluss am „Klösterle" in Ravensburg besuchte.

Mathematik sei schließlich streng logisch, meint sie, das muss man doch verstehen. Weshalb es aus ihrer Sicht auch logisch war, zur Polizei zu gehen. Dort gibt es eine klare Struktur, richtig und falsch, und man braucht Durchsetzungsvermögen. Das alles hat sie gern, nur der Verdienst lag weit unter ihren Vorstellungen. Deshalb entschied sie sich fürs Studium der Allgemeinen Finanzverwaltung in Ludwigsburg und arbeitet jetzt beim Landkreis Biberach in der Hartz-IV-Stelle.

Zwei Träume leben noch in ihr: Sie möchte Soldatin sein, mit allen Konsequenzen. Vielleicht in Israel? Dort können Frauen in der Armee alles werden. Dafür würde sie sogar ihr geliebtes Ravensburg verlassen, was für keinen anderen Beruf in Frage käme. Der zweite Traum? Als Stadionsprecherin mitleben zu dürfen, nicht neutral sein zu müssen. Aufschreien, wenn der Gegner den Torwart angreift, sich ereifern, wenn der Schiedsrichter einen schlechten Tag hat, Jubelschreie ins Mikrofon schreien, wenn der Sieg auf dem Fuß liegt.

Aber das Leben hat immer noch einen anderen Trumpf in der Tasche: Ihr neuer Freund ist nebenberuflich DJ und teilt damit das Interesse an der Musik mit ihr. Sie kann sich vorstellen, eine Familie zu gründen, hierzubleiben, Motorrad zu fahren und weiterhin Stadionsprecherin zu sein. Gelegentlich möchte sie dann auch andere Spiele besuchen und immer ein Ohr für den Sprecher haben, denn auch die anderen haben gute Ideen.

In der vergangenen Saison hatte sie an vielen Samstagen Zeit für diese Hobbys, denn der VfB konnte wegen der Nationalmannschaft der Iraner, die in Friedrichshafen ihr WM-Quartier hatten, nicht mehr im eigenen Stadion spielen.

Das Stehaufmännchen
50 Jahre Badminton-Abteilung im VfB Friedrichshafen

GÜNTER ACKERMANN

Draußen lag Schnee. Mitten in Berlin und das Ende März. In der Halle aber herrschte brütende Hitze. Und das ohne Getränke. Die mussten extra noch an einer Tankstelle in Kreuzberg besorgt werden. Der Tag hatte wirklich nicht gut begonnen. Bedingt durch das Wetterchaos war der Häfler Tross erst um 1 Uhr nachts in der Hauptstadt angekommen – mit müden Knochen von der langen Autofahrt und dem anstrengenden Spiel gegen Wiesbaden am Tag zuvor. Nach wenigen Stunden Schlaf ging es am frühen Sonntagmorgen schon wieder raus zum Trainieren. Eine optimale Vorbereitung auf den wichtigsten Tag des Jahres sieht anders aus. Und dennoch: Am Ende floss Sekt, aber auch die eine oder andere Träne.

Wolf-Dieter Baier, Deutscher Jugendmeister 1990.

So ist der Sport eben. Man weiß nie, wie das Spiel ausgeht. Triumphe und bittere Niederlagen liegen oft ganz eng beisammen. Zwischen Jubel und Trauer entscheiden vielfach Kleinigkeiten, die erst Jahre später an Bedeutung gewinnen. Wenn man beispielsweise zurückblickt, auf Geleistetes und unerfüllte Träume. Die Badminton-Abteilung des VfB Friedrichshafen hat 2005 ihren fünfzigsten Geburtstag gefeiert. Ein solches Jubiläum weckt immer Erinnerungen. Wie hat alles begonnen? Wie war das damals? Was haben wir nicht alles erreicht?

Dazu gehört jener 25. März 2001 im verschneiten Berlin. Der Tag beleuchtet zwar nur eine kleine Episode in der 50-jährigen Geschichte der VfB-Abteilung. Mit einem Schlag aber hätten die Badminton-Spieler an jenem Sonntag aus dem Schatten ihres großen Bruders Volleyball treten können. Allen Widrigkeiten zum Trotz hatten die Spitzenspieler Pär-Gunnar Jönsson, Tomas Johansson, Rasmus Wengberg und Huaiwen Xu gekämpft, gerackert und geschwitzt. Sie haben alles gezeigt, was Badminton auszeichnet und weltweit rund 14 Millionen aktive Spieler fasziniert: schnelle Reflexe, Ausdauer, Konzentrationsfähigkeit und taktisches Geschick. Zum Gewinn der Deutschen Mannschafts-Meisterschaft fehlte jedoch der letzte Biss gegen Südring Berlin – und ein siegreiches Match. Vielleicht sogar ein einziger Ballwechsel trennte die Häfler damals vom ganz großen Triumph, dem sie nie zuvor und auch die Jahre danach nicht mehr so nahe kamen. Für die Vizemeisterschaft in der stärksten Liga der Welt – den Titel wiederholte der VfB 2002 – gab es dennoch Sekt, mit Tränen verdünnt.

VfB Friedrichshafen, Deutscher Badminton-Vizemeister 2001.

So ist der Sport eben. Freud und Leid liegen eng beieinander. Auch im eigenen Verein. Selbst wenn der ganz große Wurf mit der Mannschafts-Meisterschaft nicht gelang, feierte die Badminton-Abteilung im VfB in den fünfzig Jahren ihres Bestehens große Erfolge: Lang ist die Liste der Deutschen und Baden-Württembergischen Meistertitel im Einzel und Doppel bei den Aktiven und Junioren. Am Bodensee-Jugendturnier – in diesem Jahr in der 39. Auflage – haben Sportler aus bis zu zwölf Nationen teilgenommen. Und schließlich der Breitensport: Woche für Woche schlagen Hobbyspieler den runden Korken mit den 16 Gänse- oder Entenfedern über das 1,55 Meter hohe Netz. Friedrichshafen hat sich in Deutschland zu einem Badminton-Zentrum entwickelt. Nicht nur sportlich, sondern auch dank der perfekten Organisation von Bundesliga-Partien und Turnieren. Sogar Länderspiele wurden am Bodensee schon ausgetragen.

Daran mochten die Gründungsväter noch gar nicht denken, als sie 1955 die VfB-Abteilung aus der Taufe hoben. Zwei Jahre zuvor hatten Anni und Fritz Mader, Heinz Geesing, Adi Lehner, Karl Neuner-Jehle und Georg Rambeck den Badmintonclub Friedrichshafen gegründet. Bis Ende 1954 war der Verein auf 20 Mitglieder angewachsen und da die Trainingsmöglichkeiten nicht sonderlich gut waren, entschloss man sich, dem VfB Friedrichshafen beizutreten. Fritz Mader wurde erster Abteilungsleiter. Bis 1967 lenkte er die Geschicke, ehe die Ära Mayer begann. 37 Jahre lang führte Rudolf Mayer die Badminton-Abteilung. Mit Ehrennadeln überhäuft für sein außerordentliches Engagement, unter anderem vom Deutschen Badminton-Verband, vom Landesverband, von der Stadt Friedrichshafen und auch vom Land Baden-Württemberg, übergab „Rudi" 2004 an Sohn Peter Mayer. 160 Mitglieder hat die Abteilung heute.

Die große Stärke war schon immer der Wettkampfsport. Früh feierten die VfB-Badmintonspieler Erfolge und holten Titel an den Bodensee. Zugute kam dem Verein stets die hervorragende Jugendarbeit. Als Bettina Mayer 1986 die Deutsche Meisterschaft der Frauen gewann, war dies der Startpunkt für den Spitzensport in Friedrichshafen. Bruder Peter Mayer sowie Wolf-Dieter Baier und Claudia Vogelsang gehörten in den Folgejahren zur nationalen Elite. Auf Landesebene gewann Vogelsang zwölf Mal hintereinander den Einzeltitel – ein einsamer Rekord. Da knallten die Sektkorken.

Mit Spielertrainer Uli Rost gelang 1987 der ersten VfB-Mannschaft der Sprung in die 2. Bundesliga. Ein Kapitel mit Höhen und bitteren Rückschlägen begann. Unter der Regie der Trainer Knut Reuter und Thomas Mayer kämpfte sich der VfB stetig nach oben und erreichte 1995 die 1. Bundesliga – auch dank ausländischer Spitzenspieler wie Peter Knowles, Pär-Gunnar Jönsson, Henrik Bengtsson und Joanne Mudderidge.

Der Aufstieg endete jedoch bereits zwei Jahre später. Trotz eines sportlich errungenen dritten Platzes in der Meisterschaft musste der VfB absteigen – der Hauptsponsor hatte sich zurückgezogen, plötzlich war kein Geld mehr da. Es soll-

Claudia Vogelgsang, 25-fache baden-württembergische Meisterin.

te nicht die einzige Enttäuschung dieser Art sein. Zwar kehrte der Verein 1999 ins Oberhaus zurück, 2003 ereilte den VfB jedoch das gleiche Schicksal: Ohne Hauptsponsor war der Spielbetrieb in der 1. Bundesliga finanziell nicht mehr zu stemmen. Soll noch einer sagen, Geschichte wiederholt sich nicht. Eher schon bittere Tränen. Immerhin blickte Badminton-Deutschland für einige Jahre nach Friedrichshafen, wo Bundesliga-Feste vor mehreren hundert Zuschauern gefeiert wurden. Emotionen, Spannung und Dramatik gab es nicht nur beim großen Bruder Volleyball. Auch die Künstler mit dem Stahlkopf-Schläger kämpften um die deutsche Mannschafts-Meisterschaft. Nur gereicht hat es dazu nicht. So ist der Sport eben.

2004 folgte der erneute Abstieg. In der 2. Liga versucht der VfB derzeit wie schon einmal einen Neuanfang mit Eigengewächsen. Der Unterbau stimmt, das Umfeld ist geschaffen für eine Rückkehr in die 1. Bundesliga. Damit jener März-Tag von Berlin nicht der traurige Höhepunkt in der Abteilungsgeschichte bleibt. Und wer weiß: Wenn's draußen stürmt und schneit, verwandelt sich vielleicht eines Tages die VfB-Halle in ein Tollhaus, in dem Sekt und Tränen fließen – vor Freude.

Es muss nicht immer Walzer sein

Zwanzig Jahre Amateurtanzsportclub „ATC Graf Zeppelin Friedrichshafen"

WILFRIED GEISELHART

„O Mensch, lerne tanzen, sonst wissen die Engel im Himmel nichts mit dir anzufangen." Kein Geringerer als Kirchenvater Augustinus hat diesen Satz bereits im fünften Jahrhundert geprägt und damit dem Tanz eine grenzüberschreitende, fast spirituelle Bedeutung verliehen.

Dass Friedrichshafens Oberbürgermeister Josef Büchelmeier gerade dieses Zitat an den Anfang seines Grußwortes zum zwanzigjährigen Bestehen des Häfler Amateurtanzsportclubs „ATC Graf Zeppelin" gesetzt hat, zeigt eindrücklich, dass Tanzen auch im 21. Jahrhundert immer noch mit den gleichen sinnenfrohen Attributen in Verbindung gesetzt wird: mit Freude, Glücklichsein und Ausgelassenheit. Musikalische und tänzerische Ausdrucksformen gehören einfach zusammen und ergänzen sich, liegen in der menschlichen Natur und lassen Gemeinschaft entstehen.

Doch das ist nur die eine Seite der Medaille. Tanzen im Tanzsportclub bietet noch viel mehr. Wer Spaß an der Bewegung hat und ein wenig Musikalität mitbringt, findet eine Fülle von Möglichkeiten. Tanzen kann (fast) jeder erlernen. Schnuppern ist nicht nur erlaubt, sondern durchaus erwünscht. Es muss nicht immer nur Walzer sein. Wie wäre es mit fetzigen lateinamerikanischen Rhythmen wie Rumba oder Samba, mit klassischem Tango oder schwindelerregend schnellem Quickstep, mit Gruppentänzen, Modetänzen wie Salsa oder Mambo, mit Jazzdance oder mit Videoclip-Dancing? Kinder ab fünf Jahren lernen spielerisch, ein Gefühl für Rhythmus und Motorik zu entwickeln, und kommen im ATC Graf-Zeppelin genauso auf ihre Kosten wie Jungen und Mädchen im Teenageralter, ge-

Internationale Erfolge für den ATC ertanzten sich Tessy und Martin Korbély in den 90er Jahren.

Mit großem Eifer gehen die Breitensportler im ATC ihrem Hobby nach: hier ein „Tanz um die Jahrhundertwende" bei einer Aufführung während der IBO.

standene Erwachsene jeder Altersklasse, die ihre lang verstaubten Tanzschulkenntnisse wieder auffrischen möchten, bis hin zu rüstigen Senioren. Tanzen allein, als Paar oder in der Gruppe. Tanzen als Hobby oder mit sportlichen Ambitionen. Neben breitensportlichen Aktivitäten bietet der Verein die ideale Plattform zum Start und zum intensiven Betreiben des faszinierenden Turniersports.

Die Tochter ist längst flügge geworden

Zwanzig Jahre ATC Graf Zeppelin – mit einem begeisternden Galaball im vollbesetzten Hugo-Eckener-Saal des Graf-Zeppelin-Hauses wurde dieser Anlass am 17. September 2005 gebührend gefeiert. Natürlich auch ein Grund, um ein wenig zurückzublättern und in Erinnerungsalben zu stöbern.

Was am 1. Mai 1985 im Tochterverein des ATC Blau-Rot Ravensburg als zartes tanzsportliches Pflänzchen mit vierzehn Gründungsmitgliedern begann, hat sich in der Zwischenzeit beachtlich entwickelt, ist längst eigenständig geworden und hat seinen festen Platz im Häfler Vereinsleben gefunden. Noch im Gründungsjahr wurde in der Fischbacher Festhalle der erste Trainingsbetrieb mit zwei Hobbygruppen aufgenommen. Der Verein beteiligte sich darüber hinaus erstmals am „Internationalen Bodenseetanzsportfest", das damals noch in der Neuen Post in Oberteuringen ausgetragen wurde. Am 18. November 1988 wurde auf einer außerordentlichen Mitgliederversammlung die Selbständigkeit beschlossen und Martin Korbély zum Ersten Vorsitzenden des Vereins gewählt. Ein Jahr später begann man mit dem Turnierbetrieb und damals drei aktiven Paaren.

1989 erfolgte die Umbenennung in „ATC Graf Zeppelin Friedrichshafen e. V." Wegweisend war 1990 die Verpflichtung von Landestrainer Klaus Bucher, mit dem erstmals ein Profitrainer für Standardturnierpaare an den Bodensee kam. Mit Hilfe von Jörg-Henner Thurau und Joachim Krause – beide ebenfalls Landestrainer – konnten später weitere leistungssportliche Akzente gesetzt werden. Mitte der neunziger Jahre waren zwischenzeitlich fast dreißig Turnierpaare im ATC tanzsportlich aktiv.

Die Liste der sportlichen Erfolge auf nationaler und internationaler Ebene ist lang und kann sich sehen lassen. Man erinnere sich nur an den glanzvollen Sieg von Helga und Rudi Steidle in der Sonderklasse Senioren-I bei den „Italian Open" in Alassio im Juli 1991. Diese Leistung wurde zwei Jahre später von Tessy und Martin Korbély wiederholt, das Paar gewann außerdem in der gleichen Saison die „Malta Open". In verschiedenen Klassen gab es zahlreiche Landesmeistertitel zu feiern, wiederum durch das Ehepaar Korbély, durch Inge und Reimund Bey, Elisabeth und Rüdiger Gräbner, Marina und Reiner Schmidtke, Gabriele und Richard Bietry, Petra und Werner Brunner und zuletzt durch Katrin und Jürgen Kosch. Zahlreiche traditionsreiche Ballveranstaltungen und hochkarätige Turniere prägten das rege Vereinsleben, wie zum Beispiel die Austragung der Süddeutschen Meisterschaften der Senioren S-I im Jahr 1996, das Ranglistenturnier der Hauptklasse S-Latein 1998 oder die Baden-Württembergischen Landesmeisterschaften der Hauptgruppe A-Latein im Jahr 2004.

Nicht vergessen werden darf das langjährige Engagement des Vereins beim Internationalen Bodenseetanzfest, das in diesem Frühjahr bereits zum 25. Mal an verschie-

Petra und Werner Brunner sind zur Zeit das erfolgreichste Seniorenpaar des ATC.

Ein erfolgreiches Paar der Hauptgruppe II A-Latein (ab 28 Jahren) sind Diana Strobel und Thorsten Tagmann.

denen Austragungsorten mit annähernd fünfzig Turnieren rund um den Bodensee über die Bühne ging und bei dem der ATC Graf Zeppelin zum wiederholten Mal die Veranstaltung in der Ettenkirchener Ludwig-Roos-Halle organisierte und austrug.

Und wie sieht die Situation im Verein heute aus? Der ATC Graf Zeppelin darf optimistisch in die Zukunft blicken. *„Von Lustlosigkeit und Null-Bock-Mentalität ist bei uns keine Spur"*, so die zufriedene Aussage des Vorstands. Bei einem in jüngster Zeit konstant gebliebenen Mitgliederstand steht man im bundesweiten Vergleich durchaus gut da. Zweihundert tanzfreudige Kinder, Jugendliche und Erwachsene frönen ihrem Hobby oder ihrer sportlichen Ambition und trainieren derzeit in elf verschiedenen Gruppen bei sieben lizenzierten Trainern des Deutschen Tanzsportverbandes.

Faszination Turniertanz

„Offener Impetus", „gedrehtes Chasse", „Linkskreisel", „Telemark zu Promenadenposition" – tänzerische Schrittfolgen, die sich spannend anhören. Das wissen Hobby- und Turniertänzer. Die meisten, die schon mal ein hochklassiges Tanzturnier im Fernsehen oder sogar live erlebt haben, sind begeistert von der Eleganz, der tänzerischen Ausstrahlung, natürlich auch von den schönen Kleidern der Damen, vor allem aber von der scheinbaren Leichtigkeit, mit der die Paare übers spiegelglatte Parkett schweben. Sieht einfach aus, ist es aber nicht. Was viele neutrale Beobachter zum Leidwesen der Tänzer nicht wissen: Tanzsport ist nicht nur ein Genuss fürs Auge, sondern Leistungssport erster Güte und damit auch mit viel Trainingsfleiß, Trainingsschweiß und enormem zeitlichem Aufwand verbunden.

Im deutschen Amateur-Sport wird der Tanzsport in verschiedene Klassen eingeteilt – sowohl im Standard- als auch im Lateinbereich –, beginnend bei der D-Klasse, über die C-, B- und A-Klasse bis hinauf zur höchsten Stufe, der Sonderklasse S. Im Erwachsenenbereich wird darüber hinaus unterschieden zwischen der Hauptklasse und verschiedenen Seniorenklassen. Bei Turnieren wird die Leistung der einzelnen Paare durch Wertungsrichter beurteilt, in Vorrunden durch so genannte „verdeckte Wertung", in der Endrunde mit normalerweise bis zu sieben Paaren durch eine offene Wertung in Form von Platzziffern.

Standard- und Lateintanz, das ist: Langsamer Walzer, Tango, Wiener Walzer, Slow Foxtrott und Quickstep auf der einen, Samba, Cha-Cha-Cha, Rumba, Paso doble und Jive auf der anderen Seite. Das ist aber auch Rhythmus und Taktgefühl, Körperhaltung und Kondition, Eleganz und Sinnlichkeit pur. Insgesamt zehn Tänze, die in Takt, Tempo und Ausprägung sehr unterschiedlich sind und die es ihrer Charakteristik entsprechend zu interpretieren gilt.

Die *Samba* stammt in ihrer Grundform aus Brasilien beziehungsweise aus den alten Kreistänzen der Bantus. In Europa wurde sie zum traditionsreichen Turniertanz weiterentwickelt. In Wiegeschritten und Voltadrehungen, Rollen und Promenadenläufen bewegen sich die Paare wellenförmig durch den Raum.

Der *Cha-Cha-Cha* kommt aus Kuba. Er wurde aus dem Mambo entwickelt und 1975 von Gerd und Traute Hädrich nach Deutschland „importiert". Der Cha-Cha-Cha hat viele Elemente aus anderen Tänzen in sich aufgenommen, besonders aus Jazz, Beat und Disco. Seinen Grundcharakter, der ihn bei allen Altersstufen zum beliebtesten Lateintanz machte, hat er nicht verloren. In ihm kommen vor allem übermütige Ausgelassenheit und koketter Flirt zum Ausdruck.

Der Tanz für den „Latin Lover" ist die *Rumba*. Sie wurde vom Mambo-Bolero abgeleitet und ist als sinnlicher afro-kubanischer Werbungstanz mit der Habanera verwandt. Die Dame schwankt zwischen Hingabe und Flucht, der Herr zwischen Zuneigung und Selbstherrlichkeit. In Deutschland wurde die Rumba 1929 ins Turnierprogramm aufgenommen. Sie ist der Klassiker unter den Lateintänzen, erfordert Ausdruckskraft und Sparsamkeit der Mittel.

Als „Boogie-Woogie" wurde der *Jive* um 1940 von amerikanischen Soldaten nach Europa gebracht, in England zur jetzigen Form entwickelt und schließlich in das offizielle Turnierprogramm der Lateintänze übernommen. Der Jive bringt robuste Lebensfreude zum Ausdruck. Aus ihm entstand auch der noch schnellere Rock 'n' Roll.

Paso doble ist der europäische Beitrag zu den lateinamerikanischen Tänzen. Er wird im Gegensatz zu den eher stationären Tänzen Cha-Cha-Cha, Rumba und Jive über die ganze Fläche getanzt, denn der Paso doble ist eine in Spanien und Frankreich entstandene Darstellung des Stierkampfes mit Flamenco-Elementen. Die Dame stellt nicht – wie oft fälschlicherweise angenommen – den Stier dar, sondern das rote Tuch des Toreros, die Capa. Herr und Dame bewegen sich also gemeinsam um einen imaginären Stier.

Im Dreivierteltakt mit etwa dreißig Takten in der Minute getanzt, bietet der *Langsame Walzer* – international auch bekannt als Slow Waltz oder *English Waltz* – ein großes Spektrum an Interpretationsmöglichkeiten. Er entwickelte sich in den zwanziger Jahren des vergangenen Jahrhunderts in England aus dem Boston. Der Schwungtanz mit seinen gefühlvoll fließenden Pendelbewegungen ist seit 1926 Turniertanz.

Vom ursprünglichen Tango Argentino stammt der *Tango* ab. Dem Stakkato der Musik entsprechend, werden die ruckartigen, von knappen und schnellen Kopfbewegungen begleiteten Schritte im Knie weich abgefangen und vermitteln so einen Eindruck verhaltener Leidenschaft. Das erste Tangoturnier fand 1907 in Nizza statt.

Der *Quickstep* ist mit seinen 52 Takten pro Minute ein äußerst schneller und lebendiger Standardtanz. Im Gegensatz zum Langsamen Walzer ist die Körpergeschwindigkeit bei „Slow" fast die gleiche wie bei „Quick". Er gilt unter Kennern auch als der Sekt unter den Tänzen: perlend in seinen langgestreckten Bewegungen und spritzig in seinen Hüpfschritten.

Der *Slow Foxtrott* ist als eleganter Bruder des Quicksteps einer der schwersten Standardtänze. Er entstand um 1900 aus dem Ragtime und amerikanischer Marschmusik und entwickelte sich schnell zu den Klassikern des englischen Stils. Die raumgreifenden fließenden Bewegungen lassen den Slowfox zu einem echten Prüfstein des tänzerischen Könnens werden.

Der unbestrittene König der Standardtänze ist der *Wiener Walzer*. Er kann auf eine lange Tradition zurückblicken. Als alter Volkstanz, der vor allem im Alpenraum beheimatet war, wurde er wegen seiner „Ungezügeltheit" oft bekämpft. Mit seinen 60 Takten pro Minute liegt sein Reiz zweifelsohne in seinem berauschenden Körperschwung. Seit 1825 ist der Wiener Walzer europäischer Gesellschaftstanz, seit 1932 Turniertanz.

Dem Tanzsport verfallen
– Martin und Tessy Korbély leben für ihren Sport

Tanzen ist ihre Welt. Martin Korbély und Ehefrau Tessy sind seit mehr als dreißig Jahren „dem Tanzsport verfallen". Bald nach dem ersten Tanzkurs – damals noch in der legendären Häfler Tanzschule Barth im Pavillon an der Friedrichstraße – begannen sie in der Tanzschule Desweemer in Ravensburg mit dem Turniertanz in den Sparten Standard und Latein. 1981 stand das Paar kurz vor dem Aufstieg in die Hauptklasse A-Latein. „Dann war ich im sechsten Monat schwanger", erzählt Tessy Korbély, „und mein Kleid hat nicht mehr gepasst." Zwischenzeitlich gründeten und trainierten sie eine Tanzsportabteilung innerhalb der Betriebssportgemeinschaft der MTU. Nach fünf Jahren Babypause wollten sie es dann sportlich noch einmal wissen. Und wie: Zweimal wurden Korbélys Landesmeister in den

Schon in den siebziger Jahren waren die Korbélys als 10-Tänze-Paar aktiv.

Standardtänzen der Klasse A bei den Senioren I. Nach ihrem Aufstieg in die S-Klasse stellten sich auch internationale Erfolge ein, so 1993 die Siege bei den Italian Open und bei den Malta Open, das Viertelfinale bei den French Open in Paris oder ein beachtlicher 18. Platz bei den traditionsreichen British Open in Blackpool 1994.

Ihre tänzerische Erfahrung geben Tessy und Martin seit Jahren auch an jüngere Paare weiter. Beide haben die B-Lizenz als Trainer des Deutschen Tanzsportverbandes in den Standard- und lateinamerikanischen Tänzen. *„Trainieren, trainieren, trainieren"*, so der gutgemeinte Rat an junge Turnierpaare. Nicht zu vergessen: *„Man sollte versuchen, nach jedem Turnier seine eigene Leistung fair zu bewerten und nicht die Schuld bei Wertungsrichtern, Trainern oder sonst wo suchen."*

Für ihre langjährigen Verdienste wurden die Korbélys mit Ehrennadel und Ehrenbrief vom Tanzsportverband Baden-Württemberg und vom Württembergischen Landessportbund ausgezeichnet. Und wie steht's mit dem eigenen Nachwuchs? Fast logisch, dass Sohn Sascha von Kindesbeinen an die Tanzschuhe angezogen hat und – bis zu seiner studienbedingten Pause – zusammen mit verschiedenen Partnerinnen, zuletzt mit Sabine Schmidtke, auch schon große Erfolge ertanzt hat.

Als Gründungsmitglied war Martin Korbély auch erster Präsident des ATC. Nach ein paar Jahren als Sportwart übernahm er später wieder das Ruder und führt seither den Verein mit ungebremstem Engagement.

„Die überwiegende Mehrheit unserer Mitglieder betreibt Tanzen als Hobby, wobei die Freude an Bewegung und Musik einen wesentlich höheren Stellenwert hat als das reine Erlernen von Schritten und Figurenfolgen", stellt Korbély klar. *„Kinder ab fünf Jahren werden spielerisch und kindgerecht an das Tanzen herangeführt."*

Ganz anders sieht der Trainingsaufwand der Turnierpaare aus. Um die geforderte tänzerische Klasse und Harmonie aufs Parkett bringen zu können, betreiben Spitzenpaare ihren Leistungssport, der außerdem viel Kondition erfordert, mindestens ein bis zwei Stunden täglich. Auch an Wochenenden muss viel Zeit investiert werden. Bis zu zwanzig oder mehr Turniere, die nicht selten bis nach Hamburg, Bremen, Düsseldorf oder in andere deutsche Tanzhochburgen führen, müssen im Jahr getanzt werden, wenn die Klasse und das Niveau gehalten oder verbessert werden wollen. Regelmäßig kommen der Landestrainer von Baden-Württemberg, Joachim Krause, oder Jürgen Schlegel vom Nachbarverein ATC Blau-Rot Ravensburg – zusammen mit seiner Partnerin Ksenija Gorenc selbst mehrfacher Landesmeister und deutscher Meister der Hauptgruppe II S-Latein –, um für den nötigen tänzerischen Feinschliff zu sorgen. *„Der Turniersport wird heutzutage professionell und fast wissenschaftlich betrieben"*, betont der Experte. *„Bewegungsabläufe werden genauestens analysiert, im Training technisch in ihre einzelnen Bestandteile zerlegt und mit Hilfe des Trainers wieder zu einem harmonischen Gesamtbild zusammengefügt."*

Natürlich weiß Martin Korbély, dass das Tanzen in der öffentlichen Meinung und gesellschaftlichen Einschätzung Veränderungen unterworfen ist. *„Früher gehörte es für Jugendliche zum guten Ton, zumindest einen Tanzkurs zu besuchen"*, sagt der 49-jährige Betriebswirt. *„Das ist heute nicht mehr so. Die Tendenz ist generell rückläufig. Heutzutage spielt der Trendsport eine große Rolle. Fun ist in. Die Tanzschulen versuchen mit Discotanz oder Salsa den Geschmack der Jugendlichen zu treffen, wobei sicherlich auch die klassischen Tänze nicht zu kurz kommen. Der Tango erlebte vor ein paar Jahren durch den Tango Argentino eine regelrechte Renaissance."*

Auch das Alter der Zielgruppe hat sich verschoben. Die zahlenmäßig größte Altersgruppe ist im Verein im Bereich zwischen 25 und 45 Jahren angesiedelt. Aber egal, ob es sich um die kleinen „Tanzmäuse" handelt, um die quirlige Girlie-Formation „Honies", die sich zusammen mit ihrer Trainerin Eva Beißwenger dem Hip-Hop verschrieben haben, um die begeisterungsfähigen Breitensportler, um die MTV-Dance Gruppe von Sabine Haggenmüller, um diejenigen, die einfach einmal pro Woche das Tanzbein unter fachgerechter Anleitung schwingen wollen, oder um die derzeit aktiven Turniertanzpaare Werner und Petra Brunner, Jürgen und Katrin Kosch, Dr. Richard Schöllhorn und Monika Brunkow, Markus Fronius und Agnes Rybosch, Thorsten Tagmann und Diana Strobel: Einen Riesenspaß am gemeinsamen Tanzen haben alle. Tanzen im ATC Graf Zeppelin verbindet eben auch die Generationen. Daran soll sich auch in den nächsten zwanzig Jahren nichts ändern.

Es ist ein wenig wie Ballett auf Rädern

Ein Sonntag mit dem RRMV Solidarität e.V. Friedrichshafen

WOLFGANG RÖHM

Ein Sonntagmorgen im März. Es scheint mal wieder ein für diese Jahreszeit typischer nasskalter Sonntag zu werden. Es ist noch früh am Morgen und schon jetzt füllt sich der Parkplatz vor der Turn- und Festhalle in Friedrichshafen langsam mit Autos aus den Kreisen Biberach, Ravensburg und dem Bodenseekreis.

Sportlich gekleidete Kinder und Jugendliche, begleitet von ihren Trainern und Eltern, laden ihr Sportgerät aus den Autos und tragen es in die Halle. Das wertvolle Gerät soll ja nicht noch auf den letzten Metern durch einen Nagel oder eine Glasscherbe beschädigt werden. Es handelt sich um sündhaft teure Kunst- und Einräder, mit denen die Kunst- und Einradsportler an den Meisterschaften des Bezirks Oberschwaben im Kunstradsport teilnehmen werden. Ausrichter dieser jährlich stattfindenden Sportveranstaltung ist in diesem Jahr der RRMV Solidarität Friedrichshafen e.V.

Bereits am Tag zuvor haben Mitglieder und Helfer die Sportstätte für das wichtige Ereignis hergerichtet. Die 14 x 11 m große Fahrfläche wurde mit Klebestreifen

4er Kunstreigen: Steuerrohrsteiger.

markiert, Tische und Stühle für Kampfrichter und Besucher wurden aufgestellt, die Küche hergerichtet und nochmals der Boden gewischt, damit er am nächsten Tag nicht zu rutschig ist. Auch an diesem Morgen sind die Mitglieder des RRMV bereits eine Stunde in der Halle, bevor die ersten Sportler eintreffen, um Kaffee zu kochen, Brötchen zu schmieren und alles für den Wettkampf vorzubereiten. Die „Küchenmannschaft" wird wieder für das leibliche Wohl der Sportlerinnen und der Besucher sorgen. Die ersten Sportler sind bereits dabei, sich aufzuwärmen, sie werden die Zeit vor Beginn des Wettkampfs für einen letzten Trainingsdurchgang nutzen.

Gegen 10 Uhr haben die Kampfrichter ihre Plätze eingenommen und die erste junge Sportlerin steht bereit, mit ihrer Kür zu beginnen. Mit acht Jahren ist sie eine der Jüngsten und startet in der Altersgruppe Schülerinnen C. Leise Musik spielt im Hintergrund, als sie den beiden Kampfgerichten, bestehend aus jeweils zwei Kampfrichtern, das Zeichen gibt, dass sie mit ihrer Präsentation beginnt. In diesen endlos langen und doch wieder viel zu kurzen fünf Minuten darf sie ihr Sportgerät nicht mehr verlassen, was bedeutet, dass sie unter keinen Umständen den Boden berühren darf.

Die Nerven des Mädchens sind aufs Äußerste angespannt, denn es geht nicht nur um den Titel eines Bezirksmeisters, sondern um die Chance, sich für die Württembergischen Meisterschaften zu qualifizieren. Denn nur dort kann sie sich einen der begehrten Startplätze bei den Deutschen Schülermeisterschaften erkämpfen. Seit Monaten hat sie sich zusammen mit ihren Trainern und bei Lehrgängen u. a. an der Landessportschule in Tailfingen auf diese Wettkämpfe vorbereitet und nun kommt es auf diese fünf Minuten an, ob es weitergeht oder ob für sie die Wettkampfsaison in diesem Jahr beendet ist.

Aus einem „Katalog" mit über 120 zulässigen Übungen haben ihre Trainer 22 Übungen ausgewählt und auf einem Wertungsbogen eingetragen. Jeder der Übungen ist eine Punktzahl zugeordnet, die sie bei fehlerfreier Kür dafür erhalten kann. Jeder Fehler jedoch wird von der aufgestellten Punktzahl abgezogen. Diese Übungen hat sie in den Tagen und Wochen immer wieder geübt. Der Wertungsbogen liegt nun vor den Kampfrichtern, die darüber wachen, dass sie alle Übungen ohne Fehler und in der richtigen, auf dem Wertungsbogen vorgegebenen Reihenfolge absolviert. Nur keine Übung auslassen oder die Reihenfolge verwechseln. Dies würden die strengen Kampfrichter sofort mit dem vollen Punktabzug für die betroffenen Übungen bestrafen. Immer darauf achten, dass eine Übung für eine vollständige Runde gezeigt werden muss. Nicht mit den Armen wackeln, sonst gibt es, wie auch für andere Unsicherheiten, sofort Punktabzug. Und bloß keinen Sturz, auch nicht bei ihrer „Angstübung", dem Sattel-Lenkerstand.

Dann passiert es doch, beim Übergang auf eine neue Übung strauchelt sie und stürzt vom Rad – 2 Punkte Abzug. Jetzt nicht aufgeben, wieder aufsteigen, weitermachen – die Trainerin zittert an der Seite mit ihr mit. Die Uhr tickt gnadenlos weiter. Wenn sie nicht alle Übungen in der vorgegebenen Zeit schafft, werden ihr die Punkte für die dann noch fehlenden Übungen auch noch abgezogen. Endlich sind die fünf Minuten vorüber, sie ist enttäuscht, den Tränen nahe – noch ein flüchtiger

***2er Kunstrad:
Steiger Schultersitz.***

Knicks vor dem Kampfgericht und zittern, bis die Wertungsbogen der beiden Kampfgerichte ausgewertet sind. Die Kampfrichter vergleichen nochmals ihre Markierungen auf den Bogen und diskutieren eine Übung, die sie unterschiedlich gesehen haben. Am Ende hat es dann zwar nicht für einen Platz auf dem Siegertreppchen gereicht, aber die Qualifikation zu den Landesmeisterschaften hat sie in der Tasche. Nun heißt es in den nächsten Wochen weiterhin üben, üben, üben.

So geht es nun den ganzen Tag weiter, Sportler folgt auf Sportler. Jede und jeder, egal ob Schüler, Jugendlicher oder Aktiver, muss sich über die verschiedenen Meisterschaften auf Kreis-, Bezirks-, Landes- und Bundesebene für die jeweils nächste Stufe qualifizieren, unabhängig davon, ob sie oder er zum ersten Mal antritt oder bereits amtierender Deutscher, Europa- oder sogar Weltmeister ist. So werden an diesem Nachmittag auch die Deutschen Meister im 2er Kunstfahren und der amtierende Europameister an den Start gehen.

Im 2er Kunstfahren wird ein Teil der Übungen auf zwei Kunsträdern gefahren, wobei es vor allem auch auf Synchronität ankommt. Etwa in der Mitte der Kür wird eines der Räder an einen Helfer übergeben und ab dann geht es zusammen auf einem Rad weiter. Es sind beeindruckende Momente, wenn eine Sportlerin, auf dem Sattel stehend, ihre Sportkameradin noch schultert und diese sich dann noch auf ihre Schultern stellt, immer hoffend, dass der Schwung für die vorgeschriebene Runde auch ausreicht.

Ein ständiges Auf und Ab, wie bei den Sportlerinnen und Sportlern – rauf auf den Sattel, wieder runter, rauf auf Lenker und Sattel oder emotional, wenn es besonders gut oder überhaupt nicht klappt –, so war auch die Vereinsgeschichte des veranstaltenden RRMV Solidarität Friedrichshafen e.V.

RRMV steht für Rad-, Roll- und Motorsportverein und ist sowohl ein Hinweis auf die Geschichte als auch auf eine mögliche Zukunft des Vereins. Geschichte deshalb, da in der Vergangenheit auch aktiv Motorsport betrieben wurde, Zukunft, weil man sich bei der Namensgebung die Möglichkeit offen halten wollte, auch andere Sportarten wie z. B. Rollschuhlauf anzubieten.

Der Rad-, Roll- und Motorsportverein Solidarität e.V. Friedrichshafen ist einer der alten Radfahrvereine in Deutschland und einer der ältesten Vereine in Friedrichshafen. Die Gründung der Ortsgruppe Friedrichshafen des Arbeiter-Radfahrer-Bundes im August 1912 fiel in eine Zeit des radfahrerischen Umbruchs.

Zur Vorgeschichte

Der Arbeiter-Radfahrer-Bund (ARB) selbst konnte bereits 1912 auf eine ereignisreiche Geschichte zurückblicken. Ein erster Gründungsversuch 1893 hatte nur kurzen Bestand, die Organisation wurde im gleichen Jahr wieder verboten. Nachdem dieser erste Versuch so kläglich gescheitert war, kam es 1894 zu einer erneuten Gründung des Verbandes.

Gegründet wurde der ARB als Reaktion auf die Sozialistengesetze, die ein Aufkommen der Sozialdemokratie im Kaiserreich verhindern sollte. In dieser Zeit wurde auch der Grundstein für viele andere Sportvereine und Sportverbände gelegt, so auch für den Deutschen Turnerbund. Von der anfänglichen Zielsetzung der politi-

6er Einrad: Torfahrt.

schen Agitation – dies war in den ersten Verbandsstatuten tatsächlich schriftlich so niedergelegt worden – kam man schnell wieder ab, um einem erneuten Verbot zuvorzukommen.

1896 kam es dann zur Gründung des ARB „Solidarität" mit einer zentralistischen Organisationsform. Bereits in der ersten Woche nach der Gründung des Verbandes traten elf neue Vereine bei und die Mitgliederzahl wuchs von anfänglich 476 Mitgliedern im Jahre 1876 auf 144 000 im Gründungsjahr der Ortsgruppe Friedrichshafen (1912). Bis zum Ausbruch des Ersten Weltkrieges war der ARB der zweitgrößte Arbeitersport-Verband des Deutschen Reiches.

In die Zeit der Gründung der Ortsgruppe Friedrichshafen fiel auch, dass das Fahrrad für einen Arbeiter erschwinglich wurde. So sank der Preis von 120 bis 160 Mark im Jahr 1886 auf ca. 53 bis 60 Mark im Jahr 1907. Der Durchschnittslohn eines Industriearbeiters lag in dieser Zeit bei ca. 14 Reichsmark in der Woche.

Eine Statistik des Bezirksamtes Mannheim aus dieser Zeit – alle Radfahrer mussten sich während der Kaiserzeit bei den Behörden melden – zeigt, dass die Zahl der Rad fahrenden Fabrikarbeiter von anfänglich 370 im Jahr 1899 auf 1540 im Jahr 1908 anstieg, während sie bei der Rad fahrenden Mittelschicht und dem Bürgertum (Kaufleute, Gewerbetreibende usw.) von 1200 auf unter 500 sank. Rad fahrende Frauen waren in dieser Zeit eindeutig in der Minderheit – die Statistik weist 1909 gerade mal 170 Frauen aus. Eine Ursache hierfür war sicherlich auch die damalige Mode mit ihren knöchellangen Kleidern und Röcken. In diese Zeit des radfahrerischen Umbruchs fiel die Gründung des ARB Ortsgruppe Friedrichshafen im Gasthaus Dorfkrug.

1912 – 1933

Nach dem Ersten Weltkrieg wurde der Verein neu aufgebaut und die Ortsgruppe konnte beachtliche Erfolge im Kunst- und Reigenfahren verzeichnen, sodass sie im Oberland zu einer der stärksten Ortsgruppen wurde. Auch wurden wie in den meisten Radfahrvereinen dieser Zeit Tourenfahrten, unter anderem nach Wien und Paris, angeboten, die einen hohen Zulauf hatten.

Der Verein zählte damals über 300 Mitglieder, wobei auch der gesellige Teil sicherlich nicht zu kurz kam. Das Jahr 1933 brachte dem Verein ein tragisches Ende: Auflösung aus politischen Gründen. Dieses Schicksal teilte der ARB mit fast allen Vereinen, die durch die Nazis aufgelöst oder gleichgeschaltet wurden.

In den fünfziger und sechziger Jahren betätigten sich die Mitglieder des Vereins vor allem im Kunstradsport, aber auch Motorsport und Geschicklichkeitsfahren standen in der Zeit noch hoch im Kurs. In den verschiedenen Disziplinen gingen Häfler Sportlerinnen und Sportler an den Start und erzielten unter anderem sehr gute Erfolge im 4er Reigenfahren, im 1er und 2er Kunstrad sowie im 4er und 6er Einradfahren. Einige Bezirks-, Württembergische und Süddeutsche Meistertitel gingen nach Friedrichshafen, auch bei Deutschen Meisterschaften wurden gute Platzierungen herausgefahren.

Seit 1950 veranstaltet der Verein regelmäßig Radsportveranstaltungen in der Turn- und Festhalle in der Scheffelstraße. 1960 wurden bei einer mehrtägigen Internationalen Motorsportveranstaltung auf dem Riedlewaldgelände viele Gäste aus Liechtenstein, Österreich und der Schweiz empfangen.

Wie sehr das Wohlergehen eines Vereins vom persönlichen Engagement Einzelner abhängig sein kann, zeigte sich auch in den kommenden siebziger und achtziger Jahren. Inzwischen hatten die Gründungsmitglieder von 1950 ein hohes Alter erreicht und vielen von ihnen war es nicht mehr möglich, im Verein mitzuarbeiten. Zeichnete sich Ende der siebziger Jahre noch ein Aufwärtstrend im Kunstradsport ab, folgte Anfang der achtziger Jahre ein Rückschlag nach dem anderen. Nacheinander mussten die langjährigen Trainer, die in den fünfziger und sechziger Jahren den Verein zu vielen Erfolgen geführt hatten, und weitere Mitglieder des Vorstands, unter anderem auch der langjährige Vorsitzende Ernst Simma, ihr Amt aus gesundheitlichen Gründen abgeben. Dies führte den Verein in eine Krise, was sich vor allem an der sinkenden Mitgliederzahl von 80 Mitgliedern (1964) auf 33 (13 Jugendliche und 20 Erwachsene) im Jahre 1987 bemerkbar machte. Die bisher gut gehende Motorsportsparte musste wegen mangelnden Interesses aufgegeben werden und auch im Kunstradsport ging es bergab.

Mit ein Grund für die geringe Mitgliederzahl war sicherlich auch – und das gilt auch heute noch –, dass es sich beim Kunstradsport um eine Randsportart handelt, die zu Unrecht nur wenige Zuschauer in ihren Bann zieht. Nur durch intensive Werbung im engsten Freundes- und Familienkreis der verbliebenen Mitglieder und hohen persönlichen Einsatz des neuen Trainers Josef Lieber konnte der Verein diese Krise überstehen. Bereits 1982 konnten wieder erste Erfolge im Kunstradsport erzielt werden.

1982 erfolgte die Aufnahme in den Württembergischen Landessportbund, was u. a. wieder eine Änderung des Vereinsnamens in Rad-, Roll- und Motorsportverein Solidarität Friedrichshafen e.V. mit sich brachte. In diese Zeit fiel auch der erste Fernsehauftritt von Sportlerinnen des RRMV. Der 4er Einradreigen durfte sein Können bei der damals beliebten Fernsehsendung „Ein Platz an der Sonne" zeigen. Auch im Einradfahren wurden wieder Erfolge erzielt und einige wichtige Titel gingen nach Friedrichshafen.

Durch Teilnahme am EBA-Programm (Erweitertes Bildungsangebot), das später durch das Programm „Kooperation Schule und Sport" abgelöst wurde, ist es möglich geworden, Kunstradfahren einem größeren Kreis an Kindern und Jugendlichen bekannt zu machen. Zusammen mit Schulen wurden Kurse im Kunst- und Einradfahren angeboten. Hierbei entdeckten viele Kinder und Jugendliche ihr Interesse an dieser ästhetischen Sportart und traten in der Folge dem RRMV bei. Auch ein Europameister und ein Mitglied der japanischen Nationalmannschaft und Teilnehmerin bei Weltmeisterschaften drehten beim RRMV ihre ersten Runden. Folglich wuchs die Mitgliederzahl über die folgenden Jahre stark an und schwankt zurzeit um die 100 Mitglieder. Davon sind über zwei Drittel Kinder und Jugendliche.

Aber genug Geschichte
– zurück zu unserer Bezirksmeisterschaft

Der Himmel hat inzwischen aufgemacht, die Sonne scheint, aber unbeeindruckt von dem schönen Wetter geht es in der Turn- und Festhalle weiter bis in den späten Nachmittag. Zwischenzeitlich gehen die Einradsportlerinnen des RRMV an den Start. Der 6er Reigen Schülerinnen nimmt heute zum ersten Mal an einem Qualifikationswettkampf teil. Entsprechend aufgeregt sind natürlich Kinder, Eltern und nicht zuletzt die Trainerinnen.

Einradfahren ist zurzeit hoch im Trend, verlangt sehr viel Gleichgewichtssinn und Gefühl für schwierige und synchrone Bewegungsabläufe. Es ist ein klein wenig wie Ballett auf Rädern. Ab einer bestimmten Stufe wird nahezu die gesamte Kür rückwärts gefahren. Bei solchen Mannschaftssportarten ist natürlich entscheidend, dass sich die Sportler aufeinander verlassen können, frei nach dem Motto 4/6 Freunde/Freundinnen müsst ihr sein. Ist eine Mannschaft in sich zerstritten, sind gute Leistungen nicht möglich.

Die sechs meistern ihre Übung mit einigen Unsicherheiten und Fehlern, was sich in den Wertungen niederschlägt. Dazu noch ein Sturz und die Qualifikation ist futsch. Tränen fließen. Die Trainerinnen, selbst niedergeschlagen, versuchen ihre Schützlinge zu trösten – eigentlich war das Ergebnis für einen ersten Wettkampf doch ganz gut. „Im nächsten Jahr wird es, wenn ihr fleißig weitertrainiert, sicherlich klappen", meint eine der Betreuerinnen.

Die Trainerinnen, nun selbst an der Reihe, meistern ihre Übungen im 4er Einrad-Juniorinnen mit nur wenigen Fehlern. Das Publikum schaut ge-

1er Kunstrad:
Frontlenkerstand.

**1er Kunstrad:
Steuerrohrsteiger.**

bannt, wie die vier jungen Damen, ausschließlich rückwärts fahrend, eine Übung an die andere reihen. Jetzt nur kein Sturz bei der Mühle – und schon sind die sechs Minuten und 28 Übungen mit einer neuen Bestleistung vorüber. Die vier sind also bestens für die nächsten Meisterschaften gerüstet. Ein Trost für die Kleinen ist sicherlich auch, dass es bei den „ganz Großen", auch wenn sie Deutsche Meister sind, nicht immer gleich gut klappt und auch sie den einen oder anderen Sturz zu verzeichnen haben.

Der Wettkampf ist vorbei, die Vorbereitungen für die Siegerehrung sind in vollem Gange. Alle Teilnehmer setzen sich in einem großen Halbkreis um das Siegerpodest und werden entsprechend ihrer Altersgruppe, Sportart und Punktzahl nacheinander aufgerufen. Zur Erinnerung gibt es eine Urkunde, ein kleines Präsent und für die jeweils drei Besten eine Medaille und die Glückwünsche durch Veranstalter und einen Vertreter der Stadt Friedrichshafen.

Der offizielle Teil ist vorüber. Jetzt muss noch die Halle aufgeräumt werden, denn am nächsten Morgen soll hier wieder Schulsport stattfinden. Durch ein eingespieltes Team geht die Arbeit rasch voran: Geschirr spülen, Markierung von der Wettkampf- und Trainingsfläche entfernen, Müll wegbringen, leere Getränkekästen verstauen, Geschirr wegräumen und und und. Wenn alle Arbeit getan ist, setzt man sich noch zusammen, trinkt etwas und lässt den Tag nochmals Revue passieren. Was war gut, was sollten wir beim nächsten Mal anders, besser machen, haben die Brötchen gereicht, wie viel Getränke sind noch übrig?

Ach, übrigens, was machen wir am 1. Mai? Sollen wir mal wieder eine Radausfahrt oder eine Wanderung anbieten? Natürlich darf das Gesellige bei einem Verein nicht zu kurz kommen. Ist alles für den nächsten Show-Auftritt vorbereitet? Inzwischen ist es dunkel und ein arbeitsreicher und ereignisreicher Tag für Sportler, Trainer und Helfer geht zu Ende. Machen wir Feierabend, also tschüss dann, man trifft sich bei der nächsten Meisterschaft oder am 1. Mai.

Die Weltelite des Segelsports segelt vor der Schlosskulisse

Zehn Jahre Match Race Germany in Langenargen

HERMANN STAHL

Bereits im zehnten Jahr segelte an Pfingsten 2006 die Weltelite des Segelsports beim Match Race Germany vor der Schlosskulisse in Langenargen. Match Race ist eine sehr publikumsfreundliche Variante des Segelsports [1] und erfuhr durch den Gewinn des America's Cup durch die Schweizer „Alinghi"-Crew 2003 auch am Bodensee kräftigen Aufwind. Der nächste America's Cup wird 2007 vor Valencia in Spanien ausgetragen – diesmal auch mit deutscher Beteiligung. Die Vorbereitungen für dieses spektakuläre Segelsportereignis laufen auf Hochtouren. Allein acht Crews, die in Valencia um den America's Cup segeln, waren in Langenargen im Boot, darunter auch das deutsche Team mit Steuermann Jesper Bank.

Das Match Race Germany ist von dem Weltseglerverband in die höchste Kategorie eingestuft. Gesegelt wird um 25 000 Euro Preisgeld und wichtige Punkte für die Match Race Weltrangliste und die Gesamtwertung der Swedish Match Tour, an

Vor der Schlosskulisse in Langenargen kämpft die Weltelite des Segelsports um den Sieg beim Match Race Germany.

deren Ende jedes Jahr 200 000 Euro Preisgeld und wertvolle Sachpreise vergeben werden. Es wird von Organisationschef Eberhard Magg, der Speedwave Rudi Magg GmbH, Harald Thierer und Bernhard Müller von der Agentur Visioneo und dem Match Race erfahrenen Yacht-Club Langenargen veranstaltet. Rund sechzig Helfer sind bei der Veranstaltung ehrenamtlich im Einsatz.

Schon 1991 und 1992 brachte der Yacht-Club Langenargen Weltmeister, Olympiasegler und Admiralscupgewinner an den Start zum Match Race um den Europa-Cup nach Langenargen. Damaliger Hauptsponsor war BMW. Der Sieg ging 1991 an den Neuseeländer Russel Coutts, den erfolgreichen America's Cup Steuermann, und 1992 an den Schweden Per Petterson.

Auch die Lokalmatadore Rudi Magg (Platz 5) und Jörg Diesch (Platz 2 und 10) waren damals im Wettkampf mit dabei. Jörg Diesch aus Friedrichshafen stand sogar 1991 im Finale mit Russel Coutts. Leider hat sich der Hauptsponsor zurückgezogen, sodass eine Fortführung des Europa-Cups nicht möglich war.

Im Jahre 1997 hat dann Eberhard Magg, inzwischen selbst unter den zehn weltbesten Match Racern geführt, die Match Race Idee aufgegriffen und konsequent weiterentwickelt. Neben dem reinen sportlichen Wettkampf auf dem Wasser umfasst das Top-Segelereignis ein anspruchsvolles Rahmenprogramm an Land mit Live-Konzerten und Freizeit-Events.

Schirmherr Justizminister Goll (Zweiter von rechts), der die Veranstaltung 2005 besuchte, dankte bei der abschließenden Siegerehrung dem Team Match Race Germany für die herausragende Segelsportveranstaltung.

Knallharte Zweikämpfe Boot gegen Boot beim Match Race erfordern höchste Konzentration, seglerisches Können und ausgefuchste Strategie. Es kommt nicht auf die gesegelte Zeit an: Gewonnen hat, wer als Erster die Ziellinie quert.

Beim Match Race steht das Startschiff mit der Wettfahrtleitung im Mittelpunkt. Sie wird von Rudi Magg wahrgenommen, dem eine erfahrene Crew zur Verfügung steht. Vom Wettfahrtleiter wird erwartet, dass er schnell den richtigen Kurs für eine Wettfahrt auslegen lässt und das vorgesehene Programm (etwa 100 Starts in fünf Tagen) bei den gegebenen Windverhältnissen durchbringt. Rudi Magg kennt das Bodenseerevier vor Langenargen wie seine Westentasche und hat eine ausgefuchste Bojenlegermannschaft zur Verfügung, sodass es ihm bisher immer gelungen ist, das Programm in den zur Verfügung stehenden Wettfahrttagen erfolgreich durchzuführen. Den beiden Bojenleger-Booten steht für das Aufholen der Bojengewichte je eine elektrisch angetriebene Seilwinde mit 1000 Meter Perlonseil zur Verfügung. Sie wurde von Clubmitgliedern entwickelt und ermöglicht es, Bojen bei Windrichtungsänderungen auch bei größeren Wassertiefen in kürzester Zeit zu verlegen. Für das international zusammengesetzte Schiedsrichterteam stellt der Yacht-Club ebenfalls zwei Mitglieder.

Mehrere Schlauchboote mit geübten Schiffsführern bringen die Medienvertreter hautnah an die Regattaschiffe heran. Beim Wechsel der Seglercrews auf dem Wasser erfolgt der Transport mit diesen Schlauchbooten, um möglichst schnell das Match Race fortsetzen zu können. An Land ist das Match Race Büro Anlaufstelle für Mannschaften, Helfer und Informationshungrige. In direktem Funkkontakt werden vom Startschiff die Ergebnisse an das Büro übermittelt und auf einer großen Informationstafel für die Zuschauer angezeigt. Im Pressebüro werden ankommende Medienvertreter betreut und mit aktuellen Nachrichten versorgt. Moderne Kommunikationsmittel werden zur Benutzung angeboten. Fester Bestandteil des Match Race ist der bekannte Segelkommentator Christoph Schumann, der es versteht, auch Seglerlaien den Match Race Segelsport verständlich zu machen.

Beim Match Race Germany wird seit 2004 auf Yachten vom Typ Bavaria 35 Match mit fünf Crewmitgliedern gesegelt, die dann während des Jahres für Unternehmensveranstaltungen zur Verfügung stehen. Zuvor wurde das Match Race auf Kielbooten vom Typ Diamant 2000 mit Dreimanncrews ausgetragen.

Zur Begrüßung der Weltklassesegler lädt der Yacht-Club Langenargen ins traditionsreiche Schloss Montfort ein. Die Match Race Segler werden vorgestellt, Vertreter des öffentlichen Lebens und der Verbände, Sponsoren, Medienvertreter und Helfer sind die Gäste. Der stimmungsvolle Abend bietet reichlich Gelegenheit, mit den Spitzenseglern, Weltmeistern und Olympiasiegern ins Gespräch zu kommen.

Das Rahmenprogramm der fünftägigen Veranstaltung bietet viel Livemusik, gepflegte Gastronomie, Doppeldecker-Flugschauen, Fallschirmspringen, Bungee-Jumping, Beach-Volleyball, Open Air Kino und natürlich auch ein Kinderprogramm. Täglich wird nach den Wettfahrten eine öffentliche Pressekonferenz mit den Seglern, mit Schiedsrichtern, Wettfahrtleitung und Segelkommentator abgehalten. Zahlreiche Sponsoren laden Mitarbeiter und wichtige Kunden nach Langenargen ein, um diesen Spitzensport zum Anfassen vor malerischer Kulisse zu präsentieren.

Das Match Race Germany hat für die Region auch einen bedeutenden wirtschaftlichen Wert. Viele Übernachtungen, Rahmenprogramm, Gastronomie und Dienstleistungsbranche sorgen für Umsätze in den heimischen Unternehmen. Der Imagewert für den Bodensee und für Langenargen ist beträchtlich, zumal in über hundert Ländern der Erde über das Match Race Germany berichtet wird.

Schon vor dem Beginn der Match Race Regatta sind umfangreiche Vorbereitungen zu treffen. Die Langenargener Uferpromenade wird in eine fröhlich-bunte Landmeile verwandelt. Unter anderem wird eine Tribüne aufgestellt, um den Zuschauern optimale Bedingungen zu bieten. 2005 wurden während der mehrtägigen Veranstaltung 35 000 Zuschauer gezählt. Eine Crew ist mit dem Aufbau des Zeltes als Treffpunkt und zur Verpflegung der Sportler, Teilnehmer und Zuschauer beschäftigt. Landbegrenzungsbojen werden ausgelegt. Das Regattamaterial – d. h. Signalfahnen, Funkgeräte und Schlauchboote usw. – muss bereitgestellt werden. Und was oft vergessen wird: Alles muss auch wieder aufgeräumt werden. Und zum Schluss wird bei der Manöverkritik festgehalten, was beim nächsten Mal besser gemacht werden kann. Alles in allem sind beim hochkarätigen Match Race Germany rund sechzig ehrenamtliche Helfer im Einsatz.

Das wohl spektakulärste Match Race hob Eberhard Magg 1998 aus der Taufe. Im Hafen des Wassersportzentrums Gohren wurden zehn Windmaschinen, angetrieben von MTU Motoren, installiert. Tribünen wurden aufgestellt und bis zu fünftausend Zuschauer verfolgten die „Schachzüge" der Spitzensegler auf dem Wasser. Alexander Mayer schrieb in der Schwäbischen Zeitung: *„In ihrer spektakulärsten und attraktivsten Disziplin, dem Match Race, haben die Segler Kurs auf neue Ufer genommen: Segeln in einer 150 mal 70 Meter großen Hafen-Arena und unterstützt* von zehn Windmaschinen hat in Kressbronn die Herzen der Zuschauer erobert." Baumaßnahmen im Hafen in Gohren ließen leider eine Fortführung dieses spektakulären Segelereignisses nicht mehr zu. Das Match Race kehrte wieder an seinen Ursprungsort, die Uferpromenade in Langenargen vor der Schlosskulisse, zurück.

Ein weiterer Höhepunkt des Match Race Germany war sicherlich 2003, als der frisch gebackene America's Cup Gewinner Jochen Schümann mit seinem Schweizer Team „Alinghi" sich zum Match Race Germany meldete. Der dreimalige Olympiasieger aus Penzburg, der zuletzt bei den Olympischen Spielen 2000 in Sydney im Soling Match Race Finale Silber gewonnen hatte, sagte: *„Ich freue mich auf den Start im Match Race Germany, doch uns ist klar, dass die Konkurrenz sehr, sehr stark sein wird und wir selbst lange nicht mehr auf kleinen Match Race Booten trainiert haben."* Und weiter: *„Es ist eine Art doppeltes Heimspiel für mich, weil der Bodensee sowohl Deutschland als auch meine zweite Heimat Schweiz repräsentiert."*

Großes Lob erhielt das Veranstaltungsteam Eberhard Magg, Harald Thierer und der Yacht-Club Langenargen vom Kommodore des deutschen America's Team, Willy Kuhweide, Olympiasieger von 1964 im Finn Dinghi: *„Was hier im letzten Jahrzehnt gewachsen ist, verdient Beifall."* Und auch Jesper Bank, Steuermann des deutschen Teams, freute sich über die Teilnahme in Langenargen: *„Nirgendwo sonst gibt es eine so intime Stimmung wie am Bodensee. Segler, Veranstalter, Sponsoren und Fans sind ganz dicht zusammen. Das macht uns riesigen Spaß. Jeder ist ein Teil der Veranstaltung."* Aber auch die Vertreter der Gemeinde Langenargen, allen voran Bürgermeister Rolf Müller, machen keinen Hehl daraus, diese attraktive Veranstaltung als Dauereinrichtung beizubehalten. Durch die weltweite Medienpräsenz wirbt sie für die Sonnenstube am Bodensee.

Initiator Eberhard Magg resümiert: *„Segeln und insbesondere das Thema America's Cup boomen in Deutschland. Wir fühlen uns als etablierte Match Race Veranstaltung als Teil dieser neuen Begeisterungswelle. Es ist schön zu sehen, dass die Saat, die wir vor zehn Jahren ausgebracht haben, jetzt Früchte trägt."*

---

[1] Match Race nennt man eine Regatta, bei der jeweils zwei Bootsteams in einem taktischen Duell in mehreren Läufen gegeneinander segeln, wobei jeweils zwei Schiedsrichter in begleitenden Motorbooten auf die Einhaltung der Regeln achten. Im Fleet Race dagegen kämpft Flotte gegen Flotte [Anm. der Redaktion].

Kaninchen auf Chicagos Flughafen
Wie ich den Schüleraustausch mit Peoria erlebte

MARTHA DUDZINSKI

Schon im Januar hatte ich mich für den Austausch mit Friedrichshafens Partnerstadt Peoria im Sommer 2005 angemeldet, was mir ermöglichte, dass ich mich länger auf die Reise freuen konnte. Der erste Aufenthalt im „Land der unbegrenzten Möglichkeiten" – das musste entsprechend gewürdigt werden!

Die Aufregung kannte keine Grenzen, und nach einigen Vortreffen war es endlich so weit: Am 29. Juli, der übrigens der zweite Tag der Sommerferien war, standen alle pünktlich zu einer Zeit auf, zu der sich unsere nachtaktiven Altersgenossen gerade erst nach Hause begeben hatten. Auch wenn alle müde und nur begrenzt handlungsfähig waren, hat Willi Huster, der Vorsitzende des Peoria Clubs Friedrichshafen, zur allgemeinen Freude gleich die ersten Fotos für die Homepage geschossen. Nach einer halben Stunde Flug nach Frankfurt und anschließendem schier ewigem Warten auf dem Flughafen, das viele mit Stöbern in den – so schien

Wir können die Reise in die amerikanische Partnerstadt nur empfehlen!

es – endlosen Gassen der Duty-free Shops oder wahlweise mit fasziniertem Anstarren der Anzeigetafeln verbrachten, war es endlich so weit: Der Transatlantikflug Frankfurt – Chicago konnte beginnen.

Das Flugzeug sah aus, wie man es aus den Filmen kennt: unfassbar lange Gänge mit je zwei Sitzen rechts und links und einer fünfsitzigen Reihe in der Mitte. Zur grenzenlosen Begeisterung einiger Teilnehmer befand sich auf dem Vordersitz jedes einzelnen Passagiers ein kleiner Bildschirm, sodass man unabhängig voneinander den Flug mit dem Ansehen verschiedener Filme und Sendungen verbringen konnte. Die Zeit verging – wortwörtlich – wie im Fluge, und schlappe neun Stunden später waren wir in Chicago, der drittgrößten Stadt der Vereinigten Staaten von Amerika und – ganz nebenbei – der Stadt mit der zweitgrößten polnischen Bevölkerung gleich nach Polens Hauptstadt Warschau.

Die Sonne schien hell, alles schien uns die Ankunft so angenehm wie möglich machen zu wollen. Als wir schließlich unsere Taschen in den kleinen Bus luden, der uns nach Peoria bringen sollte, machte sich allgemeine Aufregung breit. Einige Teilnehmerinnen bestanden steif und fest darauf, auf einer neben der Zufahrt gelegenen Rasenfläche ein Kaninchen zwischen den Büschen gesehen zu haben. Doch trotz der schamlosen Behauptungen, das seien durch die Müdigkeit hervorgerufene Halluzinationen, mussten sich nach und nach immer mehr Reisende eingestehen, dass sich tatsächlich Langohren auf dem Gelände des Flughafens frei bewegen konnten, wie uns Heinz Ewald, der mit seiner Frau Susanne unsere Gruppe betreute, bestätigte.

Daraufhin folgten drei Stunden Busfahrt auf amerikanischen Straßen, die uns die Vorstellung, wie wir sie aus den Filmen kannten, bestätigte: nämlich voll mit den typisch amerikanischen Trucks, deren Motor wie eine Nase heraussteht, und der großen Mehrheit amerikanischer Automarken, die wir später noch genauer kennen lernen sollten, ebenso wie die überraschend große Zahl von Stretchlimousinen. Als wir bei einer Ansammlung von Fastfood-Restaurants, die praktischerweise alle an ein und demselben Rastplatz waren, hielten, fiel die nächste typisch amerikanische Eigenschaft im Zusammenhang mit Autos auf: Der Motor wurde einfach angelassen, selbst wenn einer ausstieg und in eines der Restaurants ging. Diese kleine Handlung eines hungrigen Amerikaners machte uns gleich zwei Dinge bewusst: dass die Amerikaner ihren Mitmenschen wesentlich mehr Vertrauen bezüglich ihrer Autos schenken – viele haben keine Angst, das Fenster oder eben den ganzen Wagen offen stehen zu lassen – und ebenso die untergeordnete Rolle, die der Einfluss der Kraftfahrzeuge auf die Umwelt spielte. Denn hier in Deutschland käme wohl kaum einer auf die Idee, den Motor laufen zu lassen, während er zum Essen geht, sei es nun aus Liebe zur Umwelt oder aus Sparsamkeit, der hohen Spritpreise wegen. Nach all diesen Erkenntnissen über die amerikanische Automobilbranche kamen wir schließlich in Peoria an, wo wir von unseren Gastfamilien mit selbst gemalten Plakaten, die uns willkommen hießen, empfangen wurden. Hier trennten sich fürs Erste die Wege unserer Gruppe, und jeder – bis auf wenige, die gemeinsam untergebracht waren – musste sich alleine in der Welt der „Amis" zurechtfinden.

Überall begegneten einem Dinge, die einem schon aus dem Fernsehen bekannt waren, wie die aus Querbalken gefertigten Häuserwände und die Häuser ganz am Ende eines Grundstückes, das sich wie eine gigantische grüne Fußmatte aus perfekt gestutztem Gras meist ohne Zaun bis zur Straße streckte.

Fast an jedem Haus hingen große amerikanische Flaggen und auch auf vielen Autos konnte man den berühmt-berüchtigten amerikanischen Patriotismus in Form von schleifenförmigen Aufklebern erkennen, deren Aufschrift meist für Unterstützung der Soldaten im Irak plädierte. Schon früh machte sich bemerkbar, dass nicht jeder Amerikaner Anhänger des Präsidenten ist und nicht jeder Unterstützer der Truppen auch hinter dem Irakkrieg steht. Das brachte ich in Erfahrung, als meine Familie, an deren Hausfassade eine große amerikanische Flagge und an deren Autos mehrere der oben genannten Schleifenaufkleber hingen, auf die Erwähnung ihres Staatsoberhauptes sehr empfindlich reagierte. Und als ich mich wegen der Aufkleber wunderte, erklärte sie mir, dass es unfair sei, die Soldaten dafür leiden zu lassen, dass sie dem Befehl dieses Präsidenten gehorchen müssten.

Meine Gastfamilie machte mir auch den schon oben erwähnten Umgang mit Autos noch klarer. Abgesehen davon, dass jedes Familienmitglied – Vater, Mutter und meine 16-jährige Austauschpartnerin, die seit knapp drei Monaten ihren Führerschein hatte – ein eigenes Auto hatte und es auch oft benutzte, erklärte man mir, dass man in Amerika ohne Auto praktisch unbeweglich ist. Die öffentlichen Verkehrsmittel, die ich im Übrigen nie zu Gesicht bekam, sind laut meiner Austauschpartnerin unzuverlässig und auch Fahrradfahren ist viel zu gefährlich, was nicht nur am gefährlichen Fahrstil vieler, besonders junger Autofahrer liegt, sondern auch vor allem daran, dass Straßen oft weder Fuß- noch Fahrradwege vorzeigen können. Also wundert es nicht, wenn sich der durchschnittliche Amerikaner der Diktatur der Infra-

Zwei, die sich verstehen: Martha (li.) und ihre Austauschpartnerin.

Einmal Indianer spielen...

struktur unterwirft und ergeben zum eigenen Auto greift, sobald er mit 16 den Führerschein machen darf.

Das Faszinierende war auch die Einstellung zu den Benzinpreisen, die gerade während unseres Aufenthaltes gestiegen waren – etwas unter 3 Dollar pro Gallone zahlte man dort – was etwa 55 Cent pro Liter entspricht. Während sich besonders die Jugend beschwerte, die den Sprit verständlicherweise selber zahlen musste, versuchte ich ihnen klarzumachen, dass ihre Preise geradezu traumhaft waren im Vergleich zu dem, was unsereins für das Füttern seines Fahrzeugs zahlen muss. Doch trotz der für sie hohen Spritpreise fuhren sie ohne Skrupel überallhin, selbst wenn es nur zum knapp 50 Meter entfernten anderen Ende der Straße ging.

Neben dieser verschwenderischen Angewohnheit im Zusammenhang mit Autos stellten sich auch die Gerüchte um amerikanische Essgewohnheiten bald als wahr heraus. Überaus häufig ist das Ritual, spontan zu einem der ungeheuer vielen Fastfood-Restaurants zu fahren. Dazu kommt eine riesige Auswahl an kulinarischen Expressdiensten, wie sie hierzulande nicht nachvollziehbar ist. Dass diese Restaurants wesentlich günstiger sind als bei uns, erklärt außerdem, dass es dort möglich ist, jeden Tag in einem von ihnen zu speisen, sei es nun aus Faulheit, weil man selber nichts kochen will, oder aus Appetit auf Nahrungsmittel, denen man ihre fettreichen Zukunftspläne gegenüber dem menschlichen Körper geradezu ansieht.

Der große Preisunterschied zwischen unserem und dem amerikanischen Markt macht sich nicht nur bei Öl und Nahrungsmitteln bemerkbar, sondern besonders auch bei Kleidung. Dass die Vereinigten Staaten ein absolutes Shoppingparadies sind, dürfte allgemein bekannt sein – nicht umsonst wurde uns empfohlen, von den zwei zugelassenen Koffern einen leer zu lassen, um genug Platz für die Einkäufe zu haben, im Gegenteil: Beim Packen zur Heimfahrt wurde es sogar eng. Denn nicht nur die paradiesische Auswahl an Bekleidungsgeschäften ließ unsere Herzen höher schlagen, sondern auch die Feststellung, dass in Deutschland sündhaft teure Markenkleidung dort bis um die Hälfte billiger war. So war meine Austauschpartnerin höchst überrascht, dass die Schuhe, die sie als normale Sportschuhe ansah, bei uns nicht nur ein Statussymbol geworden sind, sondern auch einen entsprechenden Preis erlangt haben.

Und um weit verbreiteten Klischees entgegenzutreten, möchte ich hiermit hervorheben, dass Mitglieder des männlichen Geschlechts es ebenfalls genossen, sich in den so genannten „Malls", die man als große Einkaufszentren, vergleichbar mit dem „Lindaupark" oder dem „LAGO" in Konstanz, bezeichnen kann, nur dass die Gebäude etwa die vierfachen Ausmaße und mindestens eine ebenso viel größere Auswahl an Bekleidung haben, praktisch neu einzukleiden.

Auch die berühmte amerikanische Offenheit bekam besonders ich sehr stark zu spüren – doch im äußerst positiven Sinn. Denn wie das Schicksal so spielt, hatte ich gerade während unseres Aufenthaltes in Peoria Geburtstag, was von der Familie dementsprechend gewürdigt wurde. Nicht nur, dass man mir eine Torte, deren Geschmacksrichtung ich wählen durfte, mit der Aufschrift „Happy Birthday, Martha!" anfertigen ließ, mir wurden auch zwei Feiern organisiert: eine mit der Familie, wobei ich von Familienmitgliedern, die ich noch nie zuvor gesehen hatte, hohe Geld- und Sachgeschenke bekam, und noch eine zweite mit den Freunden meiner Austauschpartnerin. Und als ob dies alles noch nicht genug wäre, ließen sie am vortägigen Baseballspiel auf der großen Leinwand während der Spielpause Glückwünsche für mich anzeigen und vom Stadionsprecher ausrufen.

An meinem Geburtstag wurde mir noch ein anderes Detail bewusst, das ich schon vorher einige Male bemerkt hatte: die große Wertschätzung von Fotos in materieller Form, also nicht nur auf der Digitalkamera – die Tatsache, dass ich drei Bilderrahmen zum Geburtstag bekam, spricht wohl eindeutig für sich! In jeder Situation wird geknipst, was das Zeug hält, und im gesamten Haus an den Wänden verteilt beziehungsweise in zig Fotoalben gesammelt.

Dass die Staaten jedoch wesentlich mehr zu bieten haben als die üblichen Klischees, wurde uns während des Aufenthaltes ebenfalls klar. Denn die „unbegrenzten Möglichkeiten" waren besonders für die Jugendlichen – vielleicht abgesehen vom Führerschein – weniger zutreffend, da in Amerika Alkohol und Nachtclubs erst ab 21 legal sind und es auch sonst nur wenige Möglichkeiten gibt, abends auszugehen. Kein Wunder also, dass alle hellauf begeistert davon waren, dass man in Deutschland mit 16 schon die Freiheit eingeräumt bekommt, Bier, Wein und Sekt zu trinken, während man bis halb eins in der Disco tanzt. Im Übrigen scheint Deutschland in den Vorstellungen der Amerikaner das traditionelle Biertrinkerland zu sein. Denn wenn man jemanden kennen lernte, konnte man sicher sein, in den ersten zehn Minuten gefragt zu werden, ob man schon einmal auf dem Münchner Oktoberfest gewesen sei.

Ebenso überraschend schien es für manch einen zu sein, dass wir nicht liebend gern in Trachten die Freizeit verbringen. Das war ein Erlebnis, das wohl allen Deutschen dort widerfahren ist: eine für uns unerklärlich naive Frage, hervorgerufen durch die amerikanische Unwissenheit über andere Länder.

Manche Austauschpartner schienen Deutschland nicht nur für ein anderes Land auf einem anderen Kontinent zu halten, sondern für einen anderen Planeten. Nachdem ich leicht empört die Frage beantwortet hatte, ob es bei uns Coca-Cola gebe, war meine Austauschpartnerin etwas beschämt, geradezu verängstigt zu fragen, wie bei uns die Musik- und Filmindustrie funktioniere, ob wir amerikanische Filme und Lieder übersetzt bekämen. Ebenso fragte eine Amerikanerin, ob man denn während ihres Aufenthaltes in Deutschland auch einen Kurzurlaub in Ägypten verbringen könnte, da dies doch so nah sei. Allerdings kann man ihnen die Unwissenheit nicht übel nehmen, da sich die amerikanischen Medien, wie ich festgestellt habe, fast ausschließlich mit dem eigenen Land beschäftigen und man kaum die Gelegenheit hat, sich über andere Länder und deren Lebensweise zu informieren.

Natürlich mussten auch wir Deutschen uns eingestehen, dass wir allein durch das Sehen von amerikanischen Filmen und Serien nicht das Land selbst kannten, doch das konnten wir neben dem Mittendrin-statt-nur-dabei-Programm in den Gastfamilien auch bei den zahlreichen Programmpunkten aufholen. Neben dem Besuch bei „CAT" alias „Caterpillar", einem der weltweit größten Hersteller von Baumaschinen, dessen Firmensitz in Peoria liegt, wo wir erfuhren, dass jedes Produkt erst hergestellt wird, wenn es bereits einen Abnehmer dafür gibt, und dass 90 Prozent aller Bagger gelb und 98 Prozent aller Baggerkabinen klimatisiert sind, bestanden die Ausflüge jedoch mehr aus spaß- als aus bildungsorientierten Aktivitäten, was wohl auch allen recht war. Da war zum Beispiel die „Limousine Scavenger Hunt", bei der wir gemeinsam mit unseren Austauschpartnern auf eine Schnitzeljagd der etwas anderen Art geschickt wurden: Jedem Team mit farbigem Teamtrikot, das hinterher jeder behalten durfte, wurde jeweils eine eigene Stretchlimousine mit Chauffeur zur Verfügung gestellt!

Der Tagesausflug nach Chicago war sicher eines der größeren Highlights unserer Amerikareise. Denn dort besuchten wir zum einen das „Skydeck", das oberste Stockwerk des „Sears Tower", eines der höchsten Gebäude der Welt mit einem Ausblick, den sich nur jemand ausmalen kann, der schon auf einem vergleichbar hohen Gebilde gewesen ist – was bei einer Höhe von 512 Metern eher unwahrscheinlich ist –, und wir hatten außerdem die Möglichkeit, fast den ganzen Tag damit zu verbringen, die Innenstadt mit ihren Geschäften zu erkunden. Allerdings kam sehr schnell die Ernüchterung, als uns klar wurde, dass die Läden hauptsächlich Produkte führten, die unser Taschengeld mehr als überstiegen, und so fanden sich die meisten früher oder später im „H & M" wieder, welches zum Schock der Deutschen

Ein Besuch bei CAT gehört dazu.

Die etwas andere Schnitzeljagd mit der Stretchlimousine.

in Amerika praktisch unbekannt ist. Also wurde uns die große Ehre zuteil, den Amerikanern unseren Shoppingtempel vorzustellen, der dort jedoch – typisch amerikanisch – viel größer und anbetungswürdiger war als unser einheimischer. Damit konnte dessen Anhängerschaft noch einige weitere begeisterte Gläubige erringen, bis zuletzt die gesamte Reisegruppe erschöpft, aber glücklich spät nachts mit ihren Errungenschaften nach Hause kam.

So verstrich ein angenehmer Tag nach dem anderen, und kaum hatten wir uns umgesehen, waren die drei Wochen um und wir waren nach verzweifelten Versuchen, sämtliche Habseligkeiten in unseren Koffern zu verstauen, und nach tränenreichen Abschiedsszenen schon wieder auf dem Weg nach Hause.

Hier blieben uns neben dem „Jetlag" nur noch Erinnerungen in Form von Fotos, einer von Christian Pieper genial gemachten DVD, die alle unsere Ausflüge in Bild und Ton mit tollen Effekten unterstrich, und unseren zahlreichen Einkäufen aus dem „Land der unbegrenzten Möglichkeiten". Geblieben ist auch die Vorfreude auf dieses Jahr 2006, in dem wir das 30-jährige Jubiläum der Städtepartnerschaft zwischen Peoria und Friedrichshafen feiern, welches uns und vor allem mir eine doppelte Freude bietet, denn neben dem Gegenbesuch der Amerikaner erhalte ich die Chance, ein ganzes Schuljahr bei „meiner" Gastfamilie zu verbringen. So befinde ich mich höchstwahrscheinlich gerade in Peoria, während Sie dies hier lesen, und empfehle jedem nur, es mir gleichzutun und eine Reise in unsere Partnerstadt in Illinois, USA, zu unternehmen.

Chronik des Bodenseekreises für das Jahr 2005

ILSE LEINWEBER

Verwaltungsreform

Nach der Eingliederung von zehn ehemals staatlichen Sonderbehörden im Zuge der Verwaltungsreform des Landes arbeiteten beim Landratsamt Bodenseekreis zum Jahresende 1002 eigene Beschäftigte (einschließlich 55 beurlaubter Mitarbeiterinnen) sowie 61 Landesangestellte und -beamte.

Zunächst blieben die Mitarbeiter der neu eingegliederten Ämter in ihren bisherigen Amtsgebäuden in Markdorf, Tettnang und Überlingen. Da die Anbindung der so entstandenen Außenstellen jedoch auf Dauer zu teuer wäre, beschloss der Kreistag die Auflösung der Außenstellen, die Zusammenlegung der Dienststellen in Friedrichshafen und den Neubau eines weiteren Verwaltungsgebäudes an der Albrechtstraße neben dem bereits bestehenden Nebengebäude. Das siebenstöckige Gebäude wird als Investorenmodell von der Fränkel AG erbaut und dann für 20 Jahre an den Landkreis vermietet. Danach geht es in das Eigentum des Bodenseekreises über. Anfang September wurde mit den Bauarbeiten begonnen.

Hartz IV

Am 1. Januar 2005 trat das neue Sozialgesetzbuch II – besser bekannt als „Hartz IV" – in Kraft, das Arbeitslosen- und Sozialhilfe zusammenführte. Der Bodenseekreis hatte sich als einer von fünf Landkreisen in Baden-Württemberg für das Optionsmodell entschieden und ist – zunächst für einen Versuchszeitraum von sechs Jahren – als kommunaler Träger für die Betreuung aller

Im Oktober 2006 wird der Neubau bezogen.

Langzeitarbeitslosen im Kreis zuständig. Zur Umsetzung dieser Aufgabe wurde mit rund 70 Mitarbeitern eine komplett neue Arbeitsverwaltung aufgebaut. Die Mitarbeiter der neuen Sachgebiete „Hilfen zur Arbeit" fanden ihren Sitz zunächst im alten Finanzamt in Friedrichshafen.

Rund 3800 Empfänger von Arbeitslosengeld II werden durch Zahlungen unterstützt. Fallmanager und Arbeitsvermittler kümmern sich gemeinsam um die möglichst schnelle Wiedereingliederung ins Berufsleben.

Eingliederung des Landeswohlfahrtsverbandes

Durch die Auflösung der Landeswohlfahrtsverbände in Baden-Württemberg zum 31. 12. 2004 wurden die Landkreise für die Eingliederungshilfe von körperlich, geistig und seelisch behinderten Menschen zuständig. Beim Sozialamt des Bodenseekreises wurde ein eigenes Sachgebiet aufgebaut.

Rund 1900 behinderte Menschen erhalten finanzielle Unterstützung für voll- und teilstationäre Eingliederungshilfen, wie etwa die Unterbringung in Pflegeheimen, in Werkstätten oder für die ambulante Betreuung in Sonderschulen.

Die Ausgaben für diesen Bereich betrugen 2005 rund 29,3 Mio Euro. Diese Zahl macht deutlich, dass eine Behindertenplanung für den Bodenseekreis dringend notwendig ist. Diese wurde Ende 2005 in Angriff genommen.

Neuer Tarifvertrag für den öffentlichen Dienst

Am 1. Oktober 2005 trat ein neuer Tarifvertrag für den öffentlichen Dienst in Kraft. Die größte Tarifreform seit über 40 Jahren führte zu einer tiefgreifenden Umgestaltung des bisherigen Tarifrechts für den öffentlichen Dienst.

780 Arbeiter/innen und Angestellte des Bodenseekreises sind davon betroffen. Große Änderungen gab es beim Entgelt, das sich mehr an der Leistung der Mitarbeiter orientieren soll. Eine Flexibilisierung der Arbeitszeit ist ebenfalls Ziel des neuen Tarifvertrags. Unterschiedliche Regelungen für Angestellte und Arbeiter entfallen künftig.

Waldburg-Zeil-Kliniken übernehmen Tettnanger Klinik

Nach mehrjährigem Ringen um einen kostendeckenden Betrieb hat der Kreistag am 8. Juni 2005 entschieden, die kreiseigene Klinik Tettnang GmbH an die Waldburg-Zeil-Kliniken zu übertragen. Eine Weiterführung in eigener Regie war nach den Defiziten der vergangenen Jahre für den Bodenseekreis nicht mehr leistbar. Mit dem Trägerwechsel wurden der Bestand des Hauses und die Arbeitsplätze gesichert. Mit 5,1 Prozent der Anteile behält der Bodenseekreis auch künftig ein Mitspracherecht am Klinikbetrieb und bleibt Eigentümer der Gebäude.

Sperrmüll auf Abruf

Die zwei Straßensammlungen pro Jahr von Sperrmüll, Altholz sowie von Kühl- und Bildschirmgeräten machten schon seit Jahren Probleme. Unsortierte Abfälle, unzulässige Problemstoffe, Mülltourismus und organisierte Sperrmüllsammler führten oft zu chaotischen Verhältnissen auf den Straßen und zu ansteigenden Entsorgungskosten. Ab Januar 2005 wurde deshalb zunächst in fünf Gemeinden als Pilotversuch die Abholung sperriger Abfälle auf Abruf durchgeführt. Jeder Haushalt erhält zwei Gutscheine, mit denen er eine Abfuhr von Sperrmüll beantragen kann. Die Abholung erfolgt in der Regel drei bis vier Wochen später. Nach dem erfolgreichen Pilotversuch wird das neue Sammelsystem ab 2006 in allen 23 Gemeinden des Bodenseekreises eingeführt.

Ausbau der Bodenseegürtelbahn

Der Ausbau der Bodenseegürtelbahn ist seit 1999 Aufgabenschwerpunkt im Nahverkehrsplan des Bodenseekreises. Nach dem Einsatz von InterRegioExpress-Zügen galt das Augenmerk der Regional-Bahn-Verbindung zwischen Friedrichshafen und Überlingen. Mit dem Ausbau neuer Haltepunkte wurden die regionale Anbindung erheblich verbessert und neue Fahrgast-Potenziale für die Schiene erschlossen. Da die Bodenseegürtelbahn nur eingleisig ist, musste zunächst die Haltestelle in Manzell als Kreuzungsbahnhof ausgebaut werden. Das rund 250 m lange Überholgleis wurde – zusammen mit der Inbetriebnahme eines neuen elektronischen Stellwerks in Friedrichshafen – im Jahr 2004 realisiert. Damit konnten im Herbst 2005 die neuen Haltepunkte in Manzell, Fischbach und Kluftern gebaut und in Betrieb genommen werden.

Auch in die Modernisierung der Bahnhöfe in Uhldingen-Mühlhofen und Markdorf wurde investiert. Der Bodenseekreis will bis zur Fertigstellung des gesamten Ausbauprojektes 1,6 Mio. Euro in den Ausbau der Schiene investieren.

Katamarane zwischen Friedrichshafen und Konstanz

Fridolin und Constanze heißen die beiden Katamarane, die seit dem 6. Juli 2005 die Städte Konstanz und Friedrichshafen im Stundentakt verbinden. In 53 Minuten erreichen die Doppelrumpfschiffe ihr Ziel – in unmittelbarer Nähe zu den jeweiligen Innenstädten. Eigner der Katamaran-Reederei sind jeweils zur Hälfte die Stadtwerke Konstanz GmbH und die Technischen Werke Friedrichshafen GmbH.

Mit der neuen Direktverbindung rücken die beiden größten Städte am Bodensee näher zusammen und hoffen auf regen wechselseitigen Besuch, nicht nur von Touristen.

„Kater 05"

Unter dieser Bezeichnung fand am 18. Juni 2005 im gesamten Bodenseekreis eine Katastrophenschutz-Vollübung statt. Unter der Leitung des Katastrophenschutzstabes waren Feuerwehren aus dem gesamten Kreisgebiet, Deutsches Rotes Kreuz, Technisches Hilfswerk, DLRG und Johanniter-Unfallhilfe ebenso im Einsatz wie Polizei, Bundespolizei und Bundeswehr. Insgesamt waren über 1400 ehrenamtliche Helferinnen und Helfer beteiligt, davon allein mehr als 140 Personen als Verletztendarsteller. Das Übungsszenario ging von der fiktiven Annahme aus, dass der Bodenseekreis von einem Erdbeben mittlerer Stärke betroffen wäre. Die Staatssekretärin im Bundesinnenministerium Ute Vogt, MdB, nahm die Übung zum Anlass, dem THW acht neue Mannschaftsfahrzeuge zu übergeben, darunter auch eines für das THW im Bodenseekreis.

Schulsporthallen

Im Herbst 2005 wurden zum Schuljahresbeginn zwei neue Schulsporthallen am Bildungszentrum Markdorf (Baukosten 4,5 Mio. Euro) und an den beruflichen Schulen in Überlingen (Baukosten 5,9 Mio. Euro) eingeweiht. Beide Hallen verfügen über eine Dreifeld-Sporthalle mit Gymnastikhalle und Fitnessraum. Neben dem Schulsport steht das zusätzliche Hallenangebot auch für den Vereinssport zur Verfügung.

Bundestagswahl 2005

Bei der vorgezogenen Bundestagswahl am 18. September 2005 wurde im Wahlkreis Ravensburg-Bodensee Dr. Andreas Schockenhoff (CDU) mit 49,6 Prozent der Erststimmen als Abgeordneter wiedergewählt. Die Abgeordnete Petra Selg (GRÜNE) verpasste den Wiedereinzug in den neuen Bundestag. Der langjährige Abgeordnete Rudolf Bindig (SPD) war nach acht Wahlperioden nicht mehr angetreten.

Von den Zweitstimmen entfielen – bei einer Wahlbeteiligung von 79,0 % – auf CDU 42,0 %, SPD 27,3 %, FDP 12,2 %, GRÜNE 11,6 %, DIE LINKE 3,3 % und Sonstige 3,6 %.

Anschlag auf die Bodensee-Wasserversorgung

Besorgnis über die Grenzen des Bodenseekreises hinaus verursachte im Oktober 2005 ein Bekennerbrief mit der Androhung von Anschlägen durch Pflanzenschutzmittel auf die Wasserentnahmestellen der Bodensee-Wasserversorgung vor Sipplingen. Nach aufwändiger Suche unter Wasser konnten Taucher vier Behältnisse mit Pflanzschutzmitteln in Nähe der Entnahmestellen vom Seegrund bergen. Zu einer Verunreinigung des Trinkwassers kam es zum Glück jedoch nicht. Die Ermittlungen von Polizei und Staatsanwaltschaft nach den Tätern dauern noch an.

Jahreschronik 2005 der Gemeinden des Bodenseekreises

Gemeinde Bermatingen
Jan.: Fragebogenaktion zur Gemeindeentwicklungsplanung. März: Aktionstag für die Flutopfer in Südostasien. Grundschule nimmt am Schulbezirkswettkampf „Jugend trainiert für Olympia" teil. Mai: Gemeinderat beschließt Renovierung der restlichen Fassaden am Rathaus Ahausen und Fertigstellung des Fußwegs entlang der Bergstraße. Juni: Adler am Kriegerdenkmal wird durch eine originalgetreue Replik ersetzt. Juli: 25. Ahauser Mostfest. „Tag der offenen Tür" im Kindergarten St. Jakobus Ahausen. Aufstellung der neuen Ortseingangsschilder. Tod des Alt-Bürgermeisters Kurt Lange. Gemeindeentwicklungsplan beschlossen. Aug.: Gabi Wäschle und Norbert Haaser von der DLRG-Ortsgruppe Bermatingen/Markdorf werden Europameister im Rettungsschwimmen. Deutschland-Tour führt durch die Gemeinde. Sept.: Am „Tag des offenen Denkmals" werden Beispiele handwerklicher Kunstfertigkeit vor Ort erläutert. Enthüllung der neuen Informationstafel am ehemaligen Kloster Weppach. Gemeinderat beschließt Bebauungsplan „Hofäcker II/Erweiterung". Okt.: Schulbücherei erhält Spende aus dem Erlös des Herbstbasars des Kindergartens Ahausen. Gemeinderat beschließt den Erwerb eines neuen Löschfahrzeuges. Die BermAgenda Gruppe „Wanderwege" bringt die einheitliche Wanderwegbeschilderung des Bodenseekreises im Gemeindegebiet an. Installation einer festen Fußgängerampel in der Salemer Straße. Dez.: Kirchenkonzert des Männerchors Fischbach. Gemeinderat beschließt Regenwasserkonzept. Ortsvorsteher und Gemeinderat Hubert Ehinger erhält die Goldene Ehrennadel des Gemeindetags Baden-Württemberg.

Gemeinde Deggenhausertal
Februar: Ernennung von Walter Hohl und Monika Schley zu Standesbeamten. 4. März: Box-Länderkampf in Wittenhofen zwischen Deutschland und Ungarn. Präsentation der Gemeinde auf der IBO. 17. März: Der älteste Bürger der Gemeinde, Karl Hummer aus Harresheim, feiert 95. Geburtstag. 18. März: Alexander Ilg, Fa. Sägezahn, erhält im Rahmen der internationalen Sanitärfachmesse ISH in Frankfurt den Pontos-Umweltpreis 2005. 7. April: Bürgerversammlung mit Ehrung der Deutschen Vizemeisterin beim ADAC-Fahrradturnier in Lübeck 2004 Karin Sturm. 7. Mai: Spielplatzeinweihung im Neubaugebiet „Untere Breite II". Juni: Neue Wanderkarte Deggenhausertal. Fertigstellung der neuen Schulräume und des Schulhofs. Juli: 40 Jahre Camphill Dorfgemeinschaft Lehenhof. Aug.: Hallenbad Wittenhofen erhält ein Kinderplantschbecken. 18. Aug.: Baubeginn für den provisorischen Geh- und Radweg bis Urnau. 30. Aug.: Armin Miller und Gary Schmidt bringen am Dorfgemeinschaftshaus in Deggenhausen mit Genehmigung der Gemeindeverwaltung ein Graffiti an. Sept.: Hallenbad & Wellnessbereich Wittenhofen – AQUATAL wird eröffnet. Einweihung des Spielplatzes in Untersiggingen. Okt.: TWF bringt Erdgas ins Deggenhausertal.

16. Okt.: Albin Richter eröffnet das „Forum an der Aach" in Deggenhausen. Okt.: Erneuerung St. Georgsweg in Limpach. 23. Okt.: 25 Jahre Waldorfkindergarten in Untersiggingen. Dez.: Eröffnung der Jugendmediothek. 10-jähriges Jubiläum des Fördervereins Deggenhausertal und erstmalige Einrichtung einer Geburtstagsaktion für Ferienkinder.

Gemeinde Eriskirch

Jan.: Hr. Obinger wird neuer Dirigent der Musikkapelle. 9. Jan.: Verabschiedung des Mariabrunner Pfarrers Martin Danner. Dr. Klein wird Vorstandsvorsitzender des Turn- und Sportvereins. Bebauungsplan „Aspen" zur Ansiedlung von Betrieben wird rechtskräftig. Frühjahr: SWR dreht einen Film über „Die Irisblüte am Bodensee". Frühjahr bis Nov.: Innensanierung der kath. Kirche „Maria Himmelfahrt". 23. Juni: Bei Fundament-Sanierungen an der Mariabrunner Kirche wird der historische Quellweiher von 1752 wiederentdeckt und saniert. Sommer: Gemeinderat beschließt Lärmschutzmaßnahmen an B 31 neu. Jahnstraße wird ausgebaut. Die asphaltierten Riedwege werden in einen naturnahen Zustand zurückgebaut und eine neue Radweg-Brücke über die Schussen wird erstellt. Fertigstellung der beiden Kreisverkehrsplätze „Riedkreisel" am Einkaufszentrum und „Obstkreisel" in Schlatt. Herbst: Bemühungen für ein Regionalplanänderungsverfahren in den Standorten „Seewald" und „Waldesch" zur Aussiedlung des Obstgroßmarktes Spanagel.

Gemeinde Frickingen

11. März: Landbäckerei Baader erzielt im Rahmen des Wettbewerbs des Südwest-Fernsehens und des bad.-württ. Wirtschaftsministeriums „Prima-Klima-Betrieb" den 2. Platz. 30. April: 20-jähriges Betriebsjubiläum der Schreinerei Gut in Altheim. Mai: Anlässlich des Aktionstags der Deutschen Gesellschaft für Mühlenkunde und Mühlenerhaltung öffnet das Gerbermuseum zur Lohmühle seine Pforten. 3./12. Juni: Einweihung des Feuerwehrhauses; Bürgermeister Böttingers wird mit der Silbernen Ehrennadel des Landesfeuerwehrverbandes Baden-Württemberg ausgezeichnet. 5. Juni: Oldtimerkorso anlässlich des Museumsfests beim „Tüftler-Werkstatt-Museum" Altheim. 11. Juni: 20-jähriges Bestehen der Jugendfeuerwehr Frickingen. 8. – 10. Juli: 25-jähriges Jubiläum des Vereins für Deutsche Schäferhunde e.V., Ortsgruppe Heiligenberg-Frickingen. Juli: Im Zuge der Renaturierungsarbeiten an der Bruckfelder Aach wird die Wehranlage beseitigt und ein Hochwasserschutz geschaffen. 10./11. Sept.: 10. Frickinger Herbstmarkt. Okt.: Ausbesserung der Bahnhofstraße und Fertigstellung der Straße Oberauäcker. 18. Okt.: Bürgerversammlung zum Thema „Leitbild Gemeinde Frickingen – wichtige Zukunftsprojekte". 20-jähriges Jubiläum der Katholischen Frauengemeinschaft Altheim. Nov.: Bauhof erhält neues Fahrzeug. Autohaus Reichle in Altheim „Werkstatt des Jahres". 1. Dez.: 1. Frickinger Wirtschaftsrat-Kalender wird an alle Haushalte ausgeteilt. Im Jahresverlauf werden die Regenüberlaufbecken Steigen und Ahäusle saniert.

Stadt Friedrichshafen

Jan.: Einrichtung einer Busverbindung zwischen Vorarlberg und dem Bodensee-Airport. Eröffnung der Gotthilf-Vöhringer-Schule, Fachschule für Logopädie. Feb.: 60. Jahrestag des alliierten Luftangriffs auf Ittenhausen. David L. Gilson wird neuer Dirigent des Stadtorchesters Friedrichshafen. Ingenieurin Susanne Schlötzer erhält den Dr.-Ilse-Essers-Preis. Umbau der ehemaligen Sparkassen-Zentrale K 42 beginnt. März: Jubiläumskonzert 100 Jahre Stadtorchester Friedrichshafen. April: Karl-Olga-Haus feiert 25-jähriges Jubiläum. 25 Jahre Schulmuseum Friedrichshafen. 30 Jahre Schalmeienkapelle Ailingen. Juni: Erste Stadtmeisterschaft Friedrichshafen für Fahrtensegler. Taufe der beiden Katamarane auf den Namen Fridolin und Constanze. 10-jähriges Bestehen des Freundeskreises Polozk. 15. Internationales Stadtfest. 25-jähriges Jubiläum des Freundeskreises Schulmuseum. 40 Jahre Fanfarenzug Graf Zeppelin. Tannenhagschule feiert 40. Geburtstag. Albert Merglen, General a. D., feiert 90. Geburtstag. 30 Jahre Schüleraustausch zwischen St. Dié und dem Graf-Zeppelin-Gymnasium. Juli: Bundespräsident Horst Köhler besucht Friedrichshafen. Ausstellung „Objekt und Emotion – Sammler und ihre Maybachs" im Zeppelin-Museum. ZF Friedrichshafen AG wird 90 Jahre. Jugendfeuerwehr Friedrichshafen feiert ihren 40. Geburtstag. Johannes Weindel wird neuer Chef der Klinikum Friedrichshafen GmbH. Schmitthenner-Siedlung feiert 70. Geburtstag. Aug.: Deutschlandtour macht Station in Friedrichshafen. Sept.: 30 Jahre städtisches Krankenhaus Friedrichshafen. Oktober: Fußball-WM 2006 – Iranische Nationalmannschaft schlägt ihr Quartier in Friedrichshafen auf; Maria Beig feiert 85. Geburtstag. Nov.: 25-jähriges Jubiläum des Rock 'n' Roll Club Friedrichshafen. Zeppelin-Museum eröffnet die Ausstellung „Industriefotografie Friedrichshafen". Dez.: Spatenstich für den Bau des Medienhauses K 42. Ernst Haller veröffentlicht das Buch „Seewein". 50. Todestag von Ludwig Dürr. Daimler-Chrysler verkauft MTU an Finanzinvestor EQT.

Gemeinde Hagnau

18. – 20. März: Internationale Diatoniker-Tage „Knöpfletreffen". 23. März: Die Gemeinden Immenstaad und Hagnau vereinbaren den Anschluss von Flurstücken der Gemarkung Hagnau an die öffentlichen Abwasseranlagen der Gemeinde Immenstaad. 21. April: Gemeinde präsentiert sich auf der IBO. 27. April: Belagsanierung der Frenkenbacher Straße. Tod von Alt-Gemeinderat, Hotelier und Fremdenverkehrsvereinsvorstand Johann „Hans" Meßmer. 7. Mai: Ausstellungseröffnung „Südliche Impressionen" Bodensee – Dalmatien – Italien mit Werken von Ernst Reinhard Zimmermann (1881–1939), Vorstellung des Ausstellungskataloges. 17. – 24. Mai: Sanierung der Kreisstraße 7746 im Waldbereich zwischen Hagnau u. B 33. 21. Mai: Vernissage der Rathausausstellung von Lisa Heim. 4. Juni: Museumsfest. 23. Juni: Bewilligung der Sanierung und Umgestaltung des Strandbads aus dem Ausgleichsstock. 7. Juli: Empfang für die neue badische Weinprinzessin Carolina Matzat im Winzerhaus. 15. Juli: Start des Anruf-Sammel-Taxis für die Verbandsgemeinden Hagnau, Stetten, Meersburg und Daisendorf. 31. Juli: Bürgermeister Blümcke hält auf Einladung von Gemeindeamtmann Pretali die

Festrede bei der Altnauer Bundesfeier. 8. August: Freiluftkonzert des Mozart-Barock-Ensembles des Liederkranzes „Weiler in den Bergen" nahe Schwäbisch Gmünd. 15. Aug.: Kinder malen im Museum im Rahmen der Ferienspiele. 11. Sept.: Die Gemeinde beteiligt sich am bundesweiten „Tag des offenen Denkmals" mit einer Ausstellung des Kirchenschatzes in der katholischen Kirche. Okt./Nov.: Vollsperrung der B 31 wegen Sanierungs- und Belagsarbeiten. 5. Nov.: Winzerverein erhält Ehrenpreis des Badischen Weinbauverbands für besondere Qualität im Bereich Bodensee. 19. Nov.: Dorfwanderung. 11. Dez.: Klaus Keller und Ludwig Meichle werden zu Ehrenmitgliedern des Musikvereins ernannt. 13. Dez.: Gemeinderat stimmt der Planung rund um das ehemalige Strandbad zu einer Uferlandschaft zu. 14. Dez.: Werner Hiestand wird für 31 Jahre Tätigkeit als Vorstandsmitglied im Verkehrsverein Hagnau geehrt.

Gemeinde Heiligenberg

März: Die Feuerwehr Heiligenberg, Abt. Hattenweiler erhält neues Löschfahrzeug LF 10/6; Verleihung des Förderpreises für ehrenamtliches Engagement im Bodenseekreis 2004 an den Narrenverein Wolkenschieber, die DRK Ortsgruppe Heiligenberg und den Heimatverein, Projekt „Altes Rathaus". April: Pfarrer Gert Ehemann feiert 40-jähriges Ordinationsjubiläum. April: Neugestaltung der Außenanlagen im Freibad. Baumaßnahmen am Regenüberlaufbecken (RÜB) in Heiligenberg-Steigen. EU-Abgeordnete Elisabeth Jeggle besucht die Gemeinde auf Einladung des CDU-Agrarausschusses. Mai: Eröffnung des neuen Probelokals des Musikvereins Wintersulgen im Gemeindehaus. Tag der Begegnung in der Camphill Schulgemeinschaft Föhrenbühl. Grundschule Heiligenberg-Wintersulgen ist Gastgeber des europäischen Schulprojekts „Comenius 1". Gemeindewald Heiligenberg erhält Gütesiegel für ökologische Waldwirtschaft. Gartenfestival auf Schloss Heiligenberg. Juni: Einweihung des Kreuzweges. Sennhof verfügt über Internetauftritt. Juni: Gemeinderatsbeschluss zur Änderung des Flächennutzungsplanes im Bereich „Ziegelhalde". Juni: Spatenstich für Erweiterungsbau beim Bildungszentrum Salem. 30-jähriges Bestehen der Gesamtfeuerwehr und 125-jähriges Bestehen der Abt. Heiligenberg sowie Kreisfeuerwehrtag. Juli: Fürstenberg-Classics auf Schloss Heiligenberg. Anbringung von Hinweisschildern am Sennhof. Aug.: Fürstlich Fürstenbergisches Rosenfestival auf Schloss Heiligenberg. 1. Lindenfest auf dem historischen Postplatz. 11. Sept.: Vorführung „Restaurieren von Kulturdenkmalen als Arbeitsprozess" durch ADI Hummel GmbH anlässlich des Tags des offenen Denkmals. Sept.: Abschluss der Generalsanierung des Feuerwehrgerätehauses in Hattenweiler. Susanne Erlecke als Dekanin und Pfarrerin der Kirchengemeinde Salem und Heiligenberg ins Amt eingeführt. Okt.: Bürgergespräche in den Teilorten mit Bürgermeister Frank Amann. 50-jähriges Jubiläum der Johanneskirche in Heiligenberg. Gemeinderat beschließt Schließung der Schlachthäuser in Hattenweiler und Wintersulgen und die Fusion der Wirtschaftsförderungsgesellschaften West und Ost. Nov.: Heiligenberg im ARD-

Bilderbuch Deutschland. Dezember: Gemeinderat beschließt die Bildung der Eigenbetriebe Wasserversorgung und Abwasserbeseitigung sowie Aufstellung des Bebauungsplans „Amalienhöhe II". Dez.: 130-jähriges Vereinsjubiläum der Kameradschaft Wintersulgen e. V.

Gemeinde Kressbronn
5. Jan.: Erwin Bohner erhält die Bürgerplakette. März: Dieter Mainberger wird Vorsitzender im Kreisbauernverband. Der Förderpreis des Kreises geht an die Hospizgruppe und den Verein Hof Milz. 4. März: 50-jähriges Jubiläum der Jugend-Musikschule. 10. März: Der Frey-Nötzel-Preis geht an die Hospizgruppe und das Realschüler-Projekt „Brücken Bauen" zwischen den Generationen. 23. April: 200-Jahre Musikverein in der Festhalle. 19. Mai: Stapellauf der beiden Katamarane von der Bodan-Werft. 11. Juni: 50 Jahre neuapostolische Kirche. 26. Juni: Bezirks-Kinderturnfest Bodensee + Ravensburg. 24. Juli: 25 Jahre Halleluja-Singers. 30. Juli – 5. Aug.: Die Jugendkapelle macht eine Konzertreise in Ungarn. 19. Aug.: Die Deutschlandtour der Radsport-Weltelite führt durch Kressbronn. 22. Aug.: Hochwasser an der Argen. September: Denkmalstiftung Baden-Württemberg zeichnet die Hofanlage Milz als „Denkmal des Monats" aus. 24. Okt.: Präsentation einer Wirtschaftskonzeption für Kressbronn durch Diplomand M. D. Nägele. 29. Okt.: Herbstkonvent des Alemannischen Narrenrings in der Festhalle anlässlich 20 Jahre Haidachgeister. Kinderspielstadt „Bad Kresselnau" wird von der Landesregierung ausgezeichnet. 5. Nov.: Die Deutsche Gesellschaft für Medaillenkunst und die Gemeinde Kressbronn vergeben in Dresden erstmals den Hilde-Broër-Preis. 7. Nov.: Das Ehepaar Missenhardt erhält den Denkmalschutzpreis Baden-Württemberg für die Restauration ihres Bauernhauses in Gattnau. 4. Dez.: Orgelweihe in der katholischen Kirche.

Gemeinde Langenargen
9. Jan.: 50-jähriges Jubiläum der Narrenzunft d'Dammglonker. 10. Jan.: Radsportler Stefan Löffler erhält den Förderpreis der Franz-Josef-Krayer-Stiftung. 22. Jan.: Nach elf Jahren übergibt Holger Maas den Kreisvorsitz der SPD an Jochen Jehle. 24. Jan.: Eduard Hindelang wird in Stuttgart der Ehrentitel Professor durch Ministerpräsident Erwin Teufel verliehen. 6. März: Michael Gierer übernimmt den Ersten Vorsitz des Kulturvereins. 12. März: Präsentation der Performance „Klangzeichnen" auf der IBO. 20. März: Eröffnung der Sommerausstellung „Rudolf Großmann 1882 – 1941" im Schloss Montfort. 2./3. April: Deutsch-französisches Kindermusical im Münzhof „Pigeon Vole – Ein kleiner Floh in geheimer Mission". 29. April: Verleihung des Bundesverdienstkreuzes am Bande an Hans-Joachim Kurz. Mai: 1. Preis für die Nachwuchs-Saxophonisten der Jugendmusikschule beim Bundeswettbewerb in Nürnberg. Beim bundesweiten Unternehmenswettbewerb „Erfolgsfaktor Familie 2005" wird die Bäckerei Metzler durch Bundeskanzler Gerhard Schröder ausgezeichnet.

1. Mai: Der erste renovierte Hafenkran wird von Bürgermeister Müller in Betrieb genommen. 29. Juni: Die D-Junioren des Fußballvereins Langenargen werden Bezirksmeister. 1. Aug.: Bürgermeister Müller nimmt die Ehrenfahne

des Europarates entgegen. 19. Aug.: Oberdorf empfängt die 5. Etappe der Deutschland-Tour. 10. Sep.: Die aguti-Produktentwicklung + Design gewinnt den „Großen Preis des Mittelstandes". 12. Okt.: Gisela Scherbarth wird Vorsitzende des neu gegründeten Partnerschaftsvereins Langenargen/Noli. 29. Okt.: Die Gemeindenpartnerschaft Langenargen und Noli wird mit einem Festakt an der ligurischen Küste besiegelt. 3. Nov.: Spatenstich für das Dorfgemeinschafts- und Feuerwehrhaus in Oberdorf. 25. Nov.: 50 Jahre Abteilung Tischtennis des TV 02.

Stadt Markdorf

4. Jan.: Senioren ziehen aus dem Königin-Paulinenstift Friedrichshafen ins ehemalige Markdorfer Krankenhaus um. 22./23. Jan.: Landschaftstreffen der Vereinigung Schwäbisch-Alemannischer Narrenzünfte. 24. Jan.: Richtfest für die Sporthalle am Bildungszentrum. 30. Jan.: Jürgen Schwab vom System- und Softwarehaus TechniData AG ist „Unternehmer des Jahres/Mittelstand". 25. Feb.: 25 Jahre Josef-Wagner-Stiftung. 2. März: Campingplatz Wirtshof im Steibensteg und der slowenische Campingplatz in Bled besiegeln Partnerschaft. 6. März: Neubildung der Seelsorgeeinheit Markdorf. 30. März: Firma J. Wagner GmbH erhält „Bundespreis für hervorragende innovatorische Leistungen im Handwerk 2005". 9. April: 80-jähriges Bestehen des Musikvereins Riedheim. 9. April: 10-jähriges Bestehen der „Zukunftswerkstatt". 15. April: Firma Conti Temic GmbH feiert Betriebsaufnahme am neuen Standort in Markdorf. 23. April: „Turnverein Markdorf 1880 e.V." feiert 125-jähriges Bestehen.

8. Mai: 25. Dixie-Fest; „Tag der Wirtschaft"; Vorstellung des neuen Einkaufsführers der Aktionsgemeinschaft in Kooperation mit der Agendagruppe und dem Südkurier. 11. Mai: Beerdigung von Josef Lohr, Altbürgermeister in Riedheim. 5. Juni: Pfarrer Werner Reihing feiert 50-jähriges Priesterjubiläum und wird mit der Goldenen Ehrennadel der Stadt Markdorf ausgezeichnet. 24. – 26. Juni: 20 Jahre Fanfarenzug Markdorf. 3. Juli: Inbetriebnahme des Wasser-Hochbehälters in Ittendorf-Breitenbach. 4. Juli: Gründung des „Freundeskreises der Pestalozzi-Schule Markdorf e.V." 25. Juli: „Förderverein Grundschule Leimbach" gegründet. 24. Aug.: Beim „Wandertreff 2005" mit dem SWR4 Bodensee Radio und dem Schwäbischen Albverein, Ortsgruppe Markdorf, nehmen mehr als 200 Wanderer bei der Tour „Einmal Gehrenberg und zurück" teil. 14. Sept.: Gründung der Interessengemeinschaft „neues Stadtmarketing". 24. Sept.: 30 Jahre Christliches Bildungswerk. 1. Okt.: Amtseinführung von Pfarrer Ulrich Hund. 8. Okt.: Übergabe des Rohbaus des Jugendvereinsheimes bei der Trendsportanlage an die Stadt und die Vertreter des Jugendforums. 11. Okt.: Gemeinderat beschließt den Beitritt Markdorfs zur neuen „Wirtschaftsförderung Bodenseekreis". 18. Okt.: Gründung des Vereins „Kinderwohnheim Humahuaca e.V." zur Förderung junger Indios in Argentinien. 27. Okt.: Markdorfer Kunstverein wird gegründet. 23. Nov.: Seniorentreff Markdorf feiert 25-jähriges Bestehen. 25./26. Nov.: Einweihung der neuen Sporthalle beim Bildungszentrum und Tag der offenen Tür. 22. Dez.: Spatenstich für den Neubau einer öffentlichen Bibliothek

und eines Kreativzentrums am Bildungszentrum.

Gemeinde Meckenbeuren
Jan.: Jubiläumsumzug zum 55-jährigen Bestehen der Narrenzunft Kehlen. Feb.: Die Stiftung Liebenau baut eine Energiezentrale. Der Gemeinderat gründet einen Ausschuss für die stadträumliche Entwicklung und Förderung des Einzelhandels (ASE). März: Die Stiftung Liebenau modernisiert und erweitert ihre St. Gallus-Werkstätten. Der Bebauungsplan „Ehrlosen Nord-Ost", Teilbereich I, wird beschlossen. April: Ehrung von Fritz Weber für seine dreißigjährige Mitgliedschaft im Gemeinderat. Eröffnung des Wanderwegs (Schussenweg) von Mochenwangen bis Eriskirch. Auf Initiative des Forums Ökologie der Lokalen Agenda 21 wird die Bürgerbaum-Allee ins Leben gerufen und zusammen mit der neuen Beschilderung des Jakobusweges eröffnet. Die evangelische Paulusgemeinde feiert die Neugestaltung des Kirchenareals. Der Vorsitzende des DRK-Ortsvereins Tettnang Viktor Grasselli übergibt nach 28 Jahren sein Amt an Markus Gessler. Juni: Die Rohrbrücke in Eichelen wird saniert. Eröffnung des Modellparks Minimundus in Liebenau. Nach 34 Dienstjahren wird der Standesbeamte Ernst Jäger in den Ruhestand verabschiedet. Zur neuen Standesbeamtin wird Manuela Kugler-Brötzel bestellt. Juli: Auf der Brochenzeller Straße wird ein neuer Fußgängerüberweg eingerichtet. Ehrung von Dr. Josef Sauter für seine 25-jährige Mitgliedschaft im Gemeinderat. September: Goldenes Priesterjubiläum von Pater Richard Zehrer (St. Verena, Kehlen). Fertigstellung des renovierten Bahnhofschuppens und Neusetzung des Gedenksteins in Gerbertshaus. Meckenbeuren wird Mitglied im „Bund am Säntis". Okt.: Dr. Berthold Broll wird neuer Vorsitzender im Vorstand der Stiftung Liebenau. Ministerpräsident Günter Oettinger besucht das Ravensburger Spieleland und nimmt am Verkehrstraining mit Schülern der Eduard-Mörike-Schule teil. Nov.: Die Bodensee-Oberschwaben-Bahn stellt drei neue Triebwagen vor. Spatenstich der Stiftung Liebenau und der Gemeinde für die Sanierung der Villa Gaissmaier und die Bebauung des alten Bauhofgeländes.

Stadt Meersburg
16. Jan.: Benefizkonzert von Stadtkapelle und Knabenmusik zugunsten der Opfer der Flutkatastrophe in Südostasien. 11. Feb.: Amtsantritt der neuen Bürgermeisterin Sabine Becker. Entwurfsplanung für die Modernisierung des Kindergartens im Sommertal wird vorgestellt. März: Im Skigebiet Sonnenkopf präsentiert der Bildhauer Christoph Strolz aus St. Anton die Meersburg aus 5000 Kubikmetern Eis und Schnee. April: Das Meersburger Sommerprogramm wird um neue Themenführungen erweitert. Kammermusikabend im Rahmen des Internationalen Bodenseefestivals im Spiegelsaal; Osterkonzert der Knabenmusik und Klavierabend im Rahmen der Internationalen Schlosskonzerte. Mai: Gewerbeleistungsschau im Toren. Bodenseeweinmesse, Neues Schloss. 18. Juni – 1. Nov.: Doppelausstellung Friedensreich Hundertwasser „Sein Traum vom Leben" im neuen Schloss und in der Bibelgalerie. Meersburg beteiligt sich zum ersten Mal an der „Bischofszeller Rosenschau".

Juli: Open-Air Konzert-Arena mit „ABBA-Mania" und „Die jungen Tenöre" und „Eine italienische Nacht" auf dem Schlossplatz. Gemeinderat beschließt die Errichtung einer Skulpturengruppe am Hafen durch den Bildhauer Peter Lenk. August: 40 Jahre Weinstube Haltnau. Jazz-Konzert im Rahmen der Internationalen Schlosskonzerte. 4. September: Im Rahmenprogramm für die Hundertwasser-Ausstellung tritt der Performance-Künstler „Tausendwasser" mit Magie, Balance und Tanz auf. Okt.: Klassen- und Fachzimmer der Sommertalschule werden mit dem Datenserver der Schule vernetzt. 7. – 9. Oktober: Mittelaltermarkt auf dem Schlossplatz. Für die Sendung „Europäische Herbstbräuche" ist ein Fernseh-Team des SWR drei Tage in Meersburg unterwegs. Gemeindeverwaltungsverband feiert 30-jähriges Bestehen im Neuen Schloss. 29. Okt. – 1. Nov.: Das Kulturamt organisiert in Verbindung mit dem Museumsverein in San Gimignano eine Ausstellung, bei der künstlerische Belege zu Meersburgs Historie präsentiert und Meersburger Weine vorgestellt werden. Gemeinderat verabschiedet die langjährigen Pächter des Ratskellers Elke und Hans-Peter Heber. Gemeinderat beschließt Beitritt der Stadt in die Wirtschaftsförderungsgesellschaft Bodenseekreis. Der Internet-Auftritt der Stadt Meersburg geht online. Weihnachtliche Barockmusik im Rahmen der Internationalen Schlosskonzerte.

Gemeinde Neukirch
17. Jan.: Erdgasanschluss und Konzessionsvertrag mit der Firma Thüga-Gasversorgung. 22. Jan.: Der Gorilla-Club Russenried feiert sein 25-jähriges Jubiläum. 22. Feb.: Umzug der Klassen aus Wildpoltsweiler in die Neukircher Schule. Aus dem Schulhaus in Wildpoltsweiler entsteht das Dorfgemeinschaftshaus. April: Beschilderung der Wanderwege. 10. Juni: Spatenstich für den Rad- und Gehweg zwischen Mehetsweiler und Gunzenweiler mit Ausbau der K7701. 25./26. Juni: Einweihung des neuen Schulgebäudes. 19. Sept.: Besuch des Regierungspräsidenten Hubert Wicker. 22. Sept.: Besuch einer städtischen Delegation in der Partnerstadt Szanda in Ungarn und Unterzeichnung eines Kooperationsabkommens.

8./9. Okt.: Einweihung des Dorfgemeinschaftshauses in Wildpoltsweiler. 12. Nov.: Erster Seniorenhock im Josef-Zacher-Saal. 9. Dez.: Goppertsweiler Gasthof „Zum Hirsch" wird mit dem Gault Millau ausgezeichnet.

Gemeinde Oberteuringen
13. März: 50-jähriges Bestehen der evangelischen Kirche Oberteuringen. 3. Juni: Abbruch des Bauhofer Hauses in der Eugen-Bolz-Straße. 15. Juni: Elisabeth Schwientek-Würtenberger feiert 101. Geburtstag. Juli: Bezug des neuen evangelischen Pfarrhauses. 2. – 3. Juli: 25. Dorffest „Teuringer Sonntag". 13. Aug.: Sprengung des 1924 gebauten Rotachwehrs bei Unterteuringen. 24. Aug.: 80. Geburtstag des ehemaligen Bürgermeisters und Ehrenbürgers Franz Xaver Kreuzer. 1. Sept.: Eva und Bernhard Langlois feiern Diamantene Hochzeit. 3. Sept.: Erste Skate Night. 15. Sept.: Baubeginn für ein Regenüberlaufbecken oberhalb des Feuerwehrhauses. 21. Sept.: Die neuen Wanderwegeschil-

der werden montiert. 13. Okt.: Baubeginn für den Zuleitungssammler Neuhaus. 17. Nov.: Zur 160-Jahr-Feier der Partnergemeinde Tübach spielt der Schulchor das Kindermusical „Last Minute Rucky". 10. Dez.: Das Teuringer Provinztheater führt „Die drei Könige im Schwabenland" auf.

Gemeinde Owingen
Jan.: Gemeinderat beschließt das Großprojekt Sporthalle. 27. April: Weiterer Spatenstich im Rahmen der Erschließungsmaßnahmen im Baugebiet „Mehnewang". April: Abschluss des Bebauungsplanverfahrens „Griesbühl". 2. Juni: Einweihung des Heinz-Sielmann-Weihers im Billafinger Urstromtal im Beisein des Namensgebers Prof. Heinz Sielmann und Frau zu seinem 88. Geburtstag. Mai: Modernisierung der Heizung und Elektroanlagen in der Hauptschule. September: Gemeinderat gibt Ingeneieurplanung zur Wasserversorgung in Auftrag. Dez.: Verbesserung der Internetanbindung der Gemeinde durch eine DSL-Verbindung. 29. Juli – 1. Aug.: 850-Jahr-Feierlichkeiten in Taisersdorf.

Im Laufe des Jahres wurden außerdem u. a. der Lyrikweg in Owingen, die neue Allee in der Überlinger Straße und der Boule-Platz des deutsch-französischen Vereins errichtet.

Gemeinde Salem
22. Feb.: Baubeschluss für die Erweiterung und Sanierung des Bildungszentrums. 20. März: 200-jähriges Jubiläum des Münsterchores Salem. April: Bürgerversammlungen in allen Teilorten mit Neuwahl der Ortsreferenten (ohne Grasbeuren). 12. April: Gemeinderat beschließt Renovierung der ehemaligen Molke in Altenbeuren. 1. Mai: Erlebnisbus wird der Öffentlichkeit präsentiert. 14. Mai: Die Neuregelung des Schulbudgets wird beschlossen. 20. Juni: Spatenstich zur Erweiterung und Sanierung des Altbaus beim Bildungszentrum. 23. Juni: Dr. Bernard Bueb, Rektor der Schule Schloss Salem, wird verabschiedet.

3. Juli: Einweihung des Dorfgemeinschaftshauses Mittelstenweiler. 5. Juli: Bundespräsident Horst Köhler besucht Schloss Salem. 8. Juli: Grundschule Beuren gewinnt mit Musikprojekt beim Wettbewerb „Kinder zum Olymp". 12. Juli: Sanierung der Musikschule Salem wird beschlossen. 22. Juli: Bauernmarkt feiert 10-jähriges Bestehen. 23./24. Juli: Einweihung des neuen Wertstoffhofes und des Bauhofes. 25. Juli: Verabschiedung des Rektors der Hauptschule Salem, Gerhard Schöpflin. 29. – 31. Juli: 25 Jahre Schlossseefest. 6. Aug.: Spatenstich beim Kreisverkehr Neufrach. 3. Sept.: Zisterziensertag in Schloss Salem. 8. Sept.: Maria Hummelbühler feiert 100. Geburtstag. 15. Sept.: 20 Jahre Jugendfeuerwehr. 25. Sept.: Amtseinführung von Dekanin Susanne Erlecke. 22. Okt.: Beschlussfassung zur Zusammenlegung der beiden Wirtschaftsförderungsgesellschaften im Bodenseekreis. 22. Okt.: 50-jähriges Jubiläum der Hermann-Auer-Grundschule Neufrach. Buchvorstellung „Salem – Bilder aus vergangener Zeit", Band 2. 26. Okt.: Richtfest für den Schulerweiterungsbau beim Bildungszentrum Salem. 28. – 30. Okt.: 40-jähriges Jubiläum des Fanfarenzuges. 8. Nov.: 100. Geburtstag von Lilo Fark. 9. Nov.: Amtseinführung von Rektor Emil Bauscher, Hauptschule Salem. 16. Nov.: Verabschiedung von Rektor Franz-Dieter Fuchs, Fritz-Baur-

Grundschule Mimmenhausen. 25. Nov.: Verkehrsfreigabe beim Kreisverkehr Neufrach.

Gemeinde Sipplingen

Das Wandernetz wird grundlegend saniert, neue Wanderwege werden angelegt. Neun geführte Themenwanderungen „Sipplinger Steiluferlandschaft erleben" werden durchgeführt. Weitere Entbuschungsmaßnahmen und Herstellung von ökologisch wertvollen Magerrasenflächen werden im Rahmen des Landschaftspflegeprogramms umgesetzt. Ein neuer Ortsplan mit Wanderkarte wird erstellt. April: Nach dem schweren Unwetter mit Überschwemmungen im Ortsgebiet werden Hochwassersicherungsmaßnahmen durch ein Ingenieurbüro erarbeitet. Der Westhafen sowie die Turn- und Festhalle werden saniert. Die Parkplatzerweiterung westlich des ehemaligen Bahnhofs wird fertiggestellt. Eine Bürgerinitiative verhindert die Einrichtung von Mobilfunkantennen. Sipplingen bleibt Mitglied in der IBT. Der seitherige Rektor der Grund- und Hauptschule Manfred Strasser wird Rektor der Wiestorschule in Überlingen.

Sipplingen feiert 850-jährigen Geburtstag mit eindrucksvollen Jubiläumsveranstaltungen während des gesamten Jahres. Der Höhepunkt ist das Jubiläumsfest „2 Tage Mittelalter am See" am 23. und 24. Juli. In der Tourist-Information wird die prähistorische Sammlung von Bernhard Regenscheit an die Gemeinde übergeben. Im Bereich der Entnahmestelle der Bodensee-Wasserversorgung werden zum Jahresende Giftbehälter im See gefunden. Die Täterschaft ist noch nicht festgestellt.

Gemeinde Stetten

29. Jan.: Verabschiedung des ausscheidenden Bürgermeisters Gerhart Höfflin nach 24-jähriger Amtszeit. 31. Jan.: Amtseinführung des neu gewählten Bürgermeisters Siegmund Paul. 28. Mai: 10-jähriges Jubiläum der Jugendfeuerwehr. 29. Mai: Fahrzeugweihe des neuen Feuerwehrautos LF 10/6. 14. Juni: Erste Sitzung der Gemeinderäte aller Gemeinden des Gemeindeverwaltungsverbandes in Stetten. 19. Juni: Erstmalige Veranstaltung „Spiel und Spaß am See" anlässlich des Natürlich Mobil-Tages. 13. Sept.: Baubeginn im Neubaugebiet „Untere Braite". 15. Oktober: Festakt anlässlich des 30-jährigen Jubiläums des Gemeindeverwaltungsverbandes Meersburg mit den Gemeinden Meersburg, Uhldingen-Mühlhofen, Daisendorf, Hagnau und Stetten. 17. Okt.: Grundsatzbeschluss des Gemeinderates zur Sanierung und Erweiterung der Turnhalle.

Stadt Tettnang

14. – 16. Januar: Landschaftstreffen Oberschwaben-Allgäu der Vereinigung Schwäbisch-Alemannischer Narrenzünfte. 28. Jan.: Verabschiedung von Klaus Gomm als Leiter des Polizeipostens Tettnang. 25. Feb.: Einweihung der Außenstelle Tettnang des Kinder- und Jugendheimes Linzgau in der Lindauer Straße. 13. März: Altarweihe in der Pfarrkirche St. Dionysius in Hiltensweiler. 20. März: Unternehmer Josef Mössmer stirbt mit 83 Jahren. 12. April: Pfarrer Alfons Thanner erhält die Verdienstmedaille des Landes Baden-Württemberg. 24. April: Pfarrer i. R. Erhard Winter begeht sein 50-jähriges Priesterjubiläum. 28. April – 11. Mai.:

Veranstaltungen von Spectrum Kultur zeigen „Lebendigen Barock" im Neuen Schloss. 14. Mai: Weihe von Martin Bernhard zum Diakon. 30. Mai: Baubeginn für die Erweiterung des Feuerwehrgerätehauses. 16. Juni: Besuch von Ministerpräsident Günther Oettinger. 10. – 13. Juni: Während des Besuchs einer Delegation aus St. Aignan wird eine Straße in Bechlingen-West nach der Partnerstadt benannt. 25. Juni: 100-jähriges Bestehen der Firma Franz Gaissmaier. 1. Juli: Übergabe des Bodenseekreiskrankenhauses an die Waldburg-Zeil-Kliniken. 17. Sept.: 75 Jahre TSV Handballer. 19. Sept.: Einweihung des IT-Kompetenzzentrums der Elektronikschule im Schäferhof. 27. Sept.: 25 Jahre Förderkreis Heimatkunde. 1. Okt.: Das Tourist-Info-Büro zieht in die ehemalige Sparkassenfiliale in der Montfortstraße. 27. Okt.: Grundsteinlegung für das Erweiterungsvorhaben der Firma ifm im Gewerbegebiet „Bechlingen-Nord". 4. Nov.: Abschluss der Kanalbauarbeiten „Alter Feuerwehrplatz". 9. Nov.: Gemeinderatsbeschlüsse zum Ausbau des Bärenplatzes und für die Wohnanlage „Alter Feuerwehrplatz". 12. Nov.: Erschließung des Gewerbegebietes „Tannau-West". 18. Nov.: 40-jähriges Jubiläum der Manzenbergschule. 5. Dez.: 25 Jahre Landfrauenverband Tettnang.

Stadt Überlingen

1. Jan.: Krankenhaus Überlingen geht mehrheitlich an die Hegau-Bodensee-Hochrhein-Kliniken GmbH mit Sitz in Singen. Das Staatliche Forstamt Überlingen wird bei der Unteren Forstbehörde des Landratsamtes Friedrichshafen angesiedelt. 12. Jan.: Tod von Manfred Fuhrmann, Dr. phil. Dr. iur. h. c., em. O. Prof. für Literaturwissenschaft an der Uni Konstanz. 7. Feb.: Bruno Müller, Erbauer der Sternwarte verstirbt. 14. Feb.: Erweiterungsbau der Grundschule Nußdorf wird eingeweiht. 25. Feb.: Tod von Miky Ampoitan, Kapellmeister und Musiklehrer. 4. März: Im Rahmen des Landeswettbewerbes „Zukunftsfähige Stadterneuerung" zeichnen das Wirtschaftsministerium und die Architektenkammer Baden-Württemberg die Stadt mit einem Preis auf regionaler Ebene aus. Gewürdigt werden die Bemühungen um die Sanierung des Steinhauses, des Torkels und der Greth. 9. März: Gemeinderat beschließt die Gründung der „Privatklinik Krankenhaus Überlingen" als Tochtergesellschaft des Krankenhauses. 1. April: Städt. Musikschule unter neuer Leitung von Ralf Ochs und Erwin Gäng. 2. April: Conrad Huther, Unternehmer und Politiker, verstirbt. 9. April: Verlegung von „Stolpersteinen" des Künstlers Gunter Demmig vor dem Bauamt in der Bahnhofstraße. Bis 1930 lebten hier der jüdische Landrat Hermann Levinger und Tochter Barbara, die 1944 aus Furcht vor Deportation in Wiesbaden den Freitod wählten. 15. April: 50-jähriges Jubiläum des Gesang- und Musikvereins Nußdorf. 17. April: 50 Jahre „Kneipp- & Vital-Hotel Röther". 10.–12. Juni: Alpenvereins-Boulder-Cup anlässlich des 50-jährigen Bestehens des Alpenvereins sowie Festakt mit Ehrung der Gründungsmitglieder. 29. Juni: Einweihung des neuen Ruhehauses für Saunagäste in der Bodensee-Therme. 2. Juli: Wolkenkuckucks-Kinderladen feiert 25-jähriges Bestehen. 5. Juli – 20. Nov.:

Ausstellung „1100 Jahre Kunst in Überlingen" in der Städt. Galerie „Fauler Pelz". 8. Juli: Verabschiedung von Bernhard Bueb, Gesamtleiter der Schule Schloss Salem. Nachfolgerin wird Ingrid Sund. 8. Juli: Eröffnung des Blütenwegs im Stadtgraben. 11. Juli: Spatenstich zum neuen Schlachthof auf den Reutehöfen. 15. Juli: Eröffnung des Gartenkulturpfades. 21. Juli: Spatenstich für den Neubau einer Mensa bei der Realschule. 22. Juli: Verabschiedung von Waldemar Scheyhing als Schulleiter der Wiestorschule. Nachfolger wird Manfred Strasser.

25.–28. Aug.: Queen Christina Nations-Cup (QCNC) für 6mR-Yachten erstmals am Bodensee in Überlingen. 29. Aug.: Überlingen gewinnt beim bundesweiten Wettbewerb „Entente florale – Unsere Stadt blüht auf" eine Goldmedaille. 1. Sept.: Dorothee Kuczkay, ehemalige FDP-Stadträtin, verstirbt. 2. Sept.: Kommunikationsdesigner Regina und Olaf Jäger erhalten einen „IF design award" in der Kategorie „exzellentes Design" für die Gestaltung der Ausstellung „Traum der Weisen" in Stift Zwettl. 13. Sept.: Dr. Karl Birkle, Begründer der nach ihm benannten Rehabilitationsklinik, verstirbt. 16. Sept.: Bernhard Bueb, ehemaliger langjähriger Gesamtleiter der Schule Schloss Salem, erhält das Bundesverdienstkreuz. 26. Sept.: „Diehl BGT Defence" erhält die „Ehrennadel der deutschen Luftfahrt". 30. Sept.–3. Okt.: Feierlichkeiten zum Jubiläum „50 Jahre Kneipp-Heilbad Überlingen", zur Goldmedaille beim Wettbewerb „Entente florale" sowie zur 15-jährigen Städtepartnerschaft mit Bad Schandau. 30. Sept.: Franz Widenhorn, langjähriger Leiter des städtischen Hochbauamtes, geht in den Ruhestand. Nachfolger ist Helmut Köberlein. Okt.: Das Krankenhaus Überlingen eröffnet zur Erweiterung des Leistungsangebotes die „Seeklinik Überlingen" als staatlich konzessionierte Privatklinik und das „Golf-Clinic-Therapiezentrum". 2. Okt.: Abschluss der Renovierung der katholischen Kirche in Nesselwangen. 8. Okt.–20. Jan. 2006: Ausstellung „Justus Hermann Wetzel. Komponist und Schriftsteller in Berlin und Überlingen" im Städt. Museum. 19. Okt.: Gemeinderat spricht sich für die Neugründung einer Wirtschafts-Förderungsgesellschaft (WFG) für den gesamten Bodenseekreis aus. 21. Okt.: Wiedereröffnung des sanierten Alten- und Pflegeheims St. Franziskus. 26. Okt.: Bodensee-Therme erhält beim internationalen Architekturwettbewerb für Sportstätten „IOC/IAKS Award 2005" eine Goldmedaille. 29. Okt.: 25-jähriges Bestehen der „Mississippi Steamboat Chickens". 22. Nov.: Alois Mutz, Pfarrer i. R. in Andelshofen, verstirbt. 25. Nov.: Einweihung der Biogasanlage auf Hof Schönbuch. 3. Dez.: Eröffnung der neuen Kreissporthalle beim Schulzentrum. 10. Dez.: Motorschiff „MS Überlingen" auf Abschiedsfahrt. 14. Dez.: Regierungspräsident Hubert Wicker übergibt Anerkennungsurkunden für zwei neue gemeinnützige Stiftungen. Die „Stiftung zur Förderung kultureller Zwecke in der Region des Rotary Club Überlingen" dient der finanziellen Förderung und Unterstützung kultureller Zwecke, vornehmlich in der westlichen Bodensee-Region. Zweck der „Peter-Kluthausen-Stiftung" ist die Förderung junger Menschen im Bereich der Bildung sowie Aus- und Weiterbildung.

Gemeinde Uhldingen-Mühlhofen
9. Jan.: Neujahrsempfang. 10. Feb.: Gelöbnis der Patenbatterie 3/295 aus Immendingen in Unteruhldingen. 13. März: KunstconTakt-Markt. 23. April: 30-jähriges Jubiläum Jugendfeuerwehr Uhldingen-Mühlhofen. 24. April: Museumsfest in den Pfahlbauten. 1. Mai: Saisonstart Erlebnisbus. 5. Mai: Mittelalter-Gruppe „Seehaufen e.V." in Unteruhldingen. 29. Mai: Eröffnung „Haus der Fragen und Historischer Zeitweg" in Unteruhldingen. 3. Juni: Nacht der Unternehmen vom Handel- u. Gewerbeverein. 10. Juni: Erste Flaschenpost am Bodensee. 11. Juni: 40-jähriges Jubiläum Schützenverein Oberuhldingen e.V. 12. Juni: Tag der offenen Gärten. 19. Juni: Natürlich Mobil. 25. Juni: Biwak in Unteruhldingen der Patenbatterie. 2. Juli: 41. Pfahlbauregatta vom Segelclub Unteruhldingen e.V. 5. Juli: Besuch von Bundespräsident Horst Köhler und Ministerpräsident Günther Oettinger. 23. Juli: 25. Uhldinger Hafenfest. 24. Sept: 75 Jahre Freiwillige Feuerwehr Unteruhldingen.

Zusammengestellt nach den Angaben der Bürgermeisterämter durch das Kreisarchiv Bodenseekreis, Friedrichshafen.

Neue Veröffentlichungen über den Bodenseekreis

1. Allgemeines

1.1 Geschichte allgemein

Zimmermann, Wolfgang/Priesching, Nicole [Hrsg.]: Württembergisches Klosterbuch. Klöster, Stifte und Ordensgemeinschaften von den Anfängen bis in die Gegenwart. Ostfildern: Thorbecke, 2003. 664 S.

1.2 Vor- und Frühgeschichte

Hasler, Norbert u. a.: Im Schutze mächtiger Mauern. Spätrömische Kastelle im Bodenseeraum. Frauenfeld etc.: Amt für Archäologie des Kantons Thurgau etc., 2005. 116 S.

1.4 Mittelalter und frühe Neuzeit

Burmeister, Karl Heinz: Graf Johann II. von Montfort-Rothenfels (ca.1490 – 1547). In: Schriften des Vereins für Geschichte des Bodensees und seiner Umgebung 123, 2005, S. 33 – 57.

Burmeister, Karl Heinz: Der Bodensee im 16. Jahrhundert. In: Montfort 57, 2005, 3, S. 228 – 262.

Ososinski, Tomasz: Prinzessin Katharina von Montfort (1503 – 1548). Ein Beitrag zur Geschichte der Beziehungen zwischen Polen und den Grafen von Montfort. In: Montfort 57, 2005, 3, S. 263 – 269.

1.5 19./20. Jahrhundert

Hakelberg, Dietrich: Wooden Shipbuilding on Lake Constance before 1900. In: Carlo Beltrame [Ed.]: Boats, Ships and Shipyards. Proceedings of the Ninth International Symposium on Boat and Ship Archaeology Venice 2000. Oxford. 2003, S. 195 – 200.

1.6 Gegenwart

Berndt, Edwin: Wahrnehmungshorizonte und Mobilitätsverhalten der Bevölkerung in der Bodenseeregion. Ergebnisse repräsentativer Meinungsumfragen. Bregenz: o.Vlg. 2005. 29 S. (Institut für sozialwissenschaftliche Regionalforschung Veröffentlichungen; 1).

Bodensee-Oberschwaben Verkehrsverbund [Hrsg.]: Mit bodo auf Tour. Ravensburg: Hrsg., 2005. 66 S.

Boger, Kerstin u. a.: Bodensee-Handbuch – Highlights. Lindau: Multi Media Verlag, 2005. 168 S.

Göppel, Walter u. a.: Regenerative Energien in der Region Bodensee-Oberschwaben. Ravensburg: Regionalverband Oberschwaben, 2005. 60 S. (Regionalverband Bodensee-Oberschwaben; Info Heft No. 8).

Internationale Bodenseekonferenz (IBK) [Hrsg.]: Grenzüberschreitende Mobilitätsmanagementkonzepte in der Region Bodensee. Konstanz u. a.: Hrsg., 2005. 15 S.

Internationale Bodenseekonferenz (IBK) Kommission Umwelt Plattform „Klimaschutz und Energie" [Hrsg.]: Klimaschutz am Bodensee. Bilanz und Perspektiven. Empfehlungen für Aktivitäten der IBK bis 2010. Stuttgart: Umweltministerium Baden-Württemberg, 2005. 138 S.

Internationale Gewässerschutzkommission für den Bodensee (IGKB) [Hrsg.]: Der Bodensee. Zustand – Fakten

– Perspektiven. 2. korr. Auflg. Bregenz: o.Vlg., 2004. 177 S.

Köhler, Stefan / Seczer, Christian: Rankings und Online-Erhebungen. Die Region Bodensee-Oberschwaben im bundesweiten Vergleich. Ravensburg: Regionalverband Bodensee-Oberschwaben, 2005. 87 S. (Regionalverband Bodensee-Oberschwaben; Info Heft No. 7).

Landratsamt Bodenseekreis – Gesundheitsamt [Hrsg.]: Freiwillig engagiert für Gesundheit. Ein Projektbericht mit Praxisbeispielen im Bodenseekreis. Friedrichshafen: Hrsg., 2005. 27 S.

Landratsamt Bodenseekreis – Kontaktstelle Agenda 21 – [Hrsg.]: Zwischenbericht Okt. 2003 – Dez. 2005. Friedrichshafen: Hrsg., 2005. unpag.

Ostendorp, Wolfgang: Von Brüssel nach Bregenz. Die Umsetzung der EG-Wasserrahmenrichtlinie zwischen Europäischer Kommission und Alpenrhein. In: Schriften des Vereins für Geschichte des Bodensees und seiner Umgebung 123, 2005, S. 217 – 255.

Scherff, Klaus: Die Bodensee-Schiffsbetriebe. Von den Anfängen bis heute. Heidelberg / Ubstadt-Weiher / Basel: Verlag Regionalkultur, 2004. 125 S.

Schlecker, Elmar: Aufbau eines Landschafts-Informationssystems und landwirtschaftliche Gewässerschutzberatung im Einzugsgebiet der Seefelder Aach. Freiburg i. Br.: Institut für Landespflege, 2004. 260 Seiten / XXI. (Culterra; 37).

Schützenkreis Bodensee [Hrsg.]: 1955 – 2005. 50 Jahre Schützenkreis Bodensee. o.O.: o.Vlg., 2005, unpag.

Siebler, Josef: Ein Schiff – gehasst und geliebt. Schiff um Schiff zum größten Mobilitätsanbieter – die Stadtwerke Konstanz GmbH erweitert ihr Angebot mit dem Katamaran. In: Konstanzer Almanach, 2006, S. 3 – 6.

Südkurier-Medienhaus <Konstanz> [Hrsg.]: Der Katamaran. Die geniale Verbindung. Das Katamaran-Magazin des Südkurier. Konstanz: Hrsg., 2005. 26 S.

Vorarlberger Landesmuseum [Hrsg.]: Schifffahrt am Bodensee. Vom Einbaum zum Katamaran. Steißlingen: Culturis Verlag Ernst Troll, 2005. 176 S.

Werner, Stefan u. a.: Badedermatitis – Ökologie und Auftreten des Auslösers Trichobilharzia franki am Bodensee und Entwicklung von Maßnahmen zur Verhinderung des Befalls. In: Schriften des Vereins für Geschichte des Bodensees und seiner Umgebung 123, 2005, S. 257 – 274.

1.7 Literatur

Burger, Oswald: Der Bodensee-Literaturpreis der Stadt Überlingen. In: Schriften des Vereins für Geschichte des Bodensees und seiner Umgebung 123, 2005, S. 139 – 207.

Göser, L. Lorenz: Editha Spiegel – Annäherung an eine eigenwillige Schriftstellerin. In: Kressbronner Jahrbuch 18, 2005, S. 27 – 28.

Hierholzer, Christel [Hrsg.]: Bodensee-Gedichte aus zwölf Jahrhunderten. Eine Anthologie. Eggingen: Isele, 2005. 229 S.

Hildenbrand, Manfred / Schmider, Christoph: Heinrich Hansjakob. Leben – Werk – Wirken. Heinrich-Hansjakob-Gedenkstätte „Kartaus" in Freiburg i.Br. In: Heinrich-Hansjakob-Brief 119, 2005, S. I – VIII.

Hofmeister, Wernfried [Hrsg.]: Hugo von Montfort. Das poetische Werk. Mit einem Melodie-Anhang von Agnes

Grond. Berlin/New York: de Gruyter, 2005. 237 S. (de Gruyter Texte).

Lorenz, Matthias N.: Auschwitz drängt uns auf einen Fleck. Judendarstellung und Auschwitzdiskurs bei Martin Walser. Stuttgart: Metzler/Peschel, 2005. 560 S.

Magenau, Jörg: Martin Walser. Eine Biographie. Reinbek bei Hamburg: Rowohlt, 2005. 623 S.

Menz, Maria: Briefwechsel mit Martin Walser. Band 1. Hgg. v. Claus-Wilhelm Hoffmann. Eggingen: Edition Isele, 2005. 439 S.

Oldenburg, Ralf: Martin Walser. Bis zum nächsten Wort. Eine Biographie in Szenen. Meerbusch bei Düsseldorf: Lehrach, 2003. 217 S.

Schürle, Wolfgang [Hrsg.]: Iso Camartin: Ein Künstler, wie er im Buche steht. Laudatio auf Martin Walser zur Verleihung des Oberschwäbischen Kunstpreises 2005. Eggingen: Edition Isele, 2005. 14 S.

Schweinsberg, Klaus: Kein eindimensionaler Mensch: „ed". Kulturpreis des Bodenseekreises für die Publizistin Erika Dillmann. In: DJV Blickpunkt 20, 2005, 1, S. 10.

1.8 Kunst und Architektur

Beye, Peter u. a.: Von Albers bis Zürn. Kunstankäufe der Oberschwäbischen Elektrizitätswerke OEW 1998 – 2005. Lindenberg i. Allg: Fink, 2005. 160 S.

Blübaum, Dirk: Anmerkungen zu Hermann Kaspar. Kunst, Politik und das Zeppelin Museum von 1938. In: Wissenschaftliches Jahrbuch Zeppelin Museum Friedrichshafen 2005, S. 8 – 25.

Dathe, Stefanie/Sprenger, Kai-Michael: Rudolf Wachter im Neuen Schloss Kisslegg. Biberach: Biberacher Verlagsdruckerei, 2005. 63 S.

Dippel, Andrea: „Alle meine Freunde..." Der Bildhauer Berthold Müller-Oerlinghausen im Dialog mit Künstlern seiner Zeit. Friedrichshafen: Gessler, 2005. 64 S. (Kunst am See; 29).

Dippel, Andrea: Eine Gruppenausstellung zum zeitgenössischen Marienbild. Sei gegrüßt, Maria! Friedrichshafen: Kulturamt Bodenseekreis, 2005. 19 S.

Draenert, Marion: Kompendium Draenert. Immenstaad: Draenert, 2005. unpag.

Galerie Schlichtenmeier [Hrsg.]: Julius Bissier 1893 – 1965. Aquarelle – Eiöltempera – Holzschnitte – Monotypien – Tuschen. Stuttgart: Hrsg, 2005. 40 S.

Geiger, Stephan: Max Ackermann. Vom Gegenstand zur Abstraktion – Die Jahre am Bodensee. Konstanz: Galerie Geiger, 2004. unpag.

Heimat- und Geschichtsverein Hagnau am Bodensee e. V. [Hrsg.]: Ausstellungskatalog – Malerfamilie R. S. Zimmermann. Werke der Söhne Ernst Karl Georg Zimmermann (1852 – 1901) und Alfred Zimmermann (1854 – 1910). Hagnau: Hrsg., 2004. 104 S. (Hagnauer Geschichte und Geschichten).

Heimat- und Geschichtsverein Hagnau am Bodensee e. V. [Hrsg.]: „Südliche Impressionen" – Bodensee – Dalmatien – Italien.

Heimat- und Geschichtsverein Hagnau am Bodensee e. V. [Hrsg.]: Malerfamilie Reinhard Sebastian Zimmermann. Ernst Reinhard Zimmermann (1881 – 1939). Hagnau: Heimat- und Geschichtsverein e. V., 2005. 135 S. (Hagnauer Geschichte und Geschichten).

Henze, Wolfgang: BMO. Vortrag zur Eröffnung der Ausstellung „Alle meine Freunde ..." In: Kressbronner Jahrbuch 18, 2005, S. 87 – 90.

Hübner, Ute: „Zwischen Laut und Licht". Dietlinde Stengelin – Bilder aus den letzten Jahren. Gaienhofen: Hermann-Hesse-Höri-Museum, 2005. 56 S.

Kracht, Inge [Hrsg.]: Inge Kracht 2003 /2004. Langenargen: o.V., 2005. unpag. (Katalog; 3).

Kulturamt der Stadt Konstanz / Kunstkontor Frankfurt a. M. [Hrsg.]: Alissa Walser Zeichungen, Sascha Anderson Acht Gedichte. Konstanz/ Frankfurt a. M.: Kulturamt / Kunstkontor, 2005. 23 S.

Kulturamt Bodenseekreis Friedrichshafen / Städtisches Kunstmuseum Singen [Hrsg.]: Bruno Epple – Der Maler. Friedrichshafen / Singen: Hrsg., 24 S.

Kulturstiftung der ZF Friedrichshafen AG / Zeppelin Museum Friedrichshafen [Hrsg.]: Sybille Kroos. arrabiata. Friedrichshafen: Hrsg, 2005. 32 S.

Kulturstiftung der ZF Friedrichshafen AG/Zeppelin Museum Friedrichshafen [Hrsg.]: Ingo Baumgarten. Stadt am See. Fr'hafen Hrsg., 2005. 32 S.

Kunststiftung Hohenkarpfen Hausen ob Verena / Städtisches Kulturamt Überlingen [Hrsg.]: Hans Fähnle 1903 – 1968. Ein Maler der Verschollenen Generation. Hausen ob Verena / Überlingen: Hrsg., 1999. 43 S.

Lenk, Peter: Peter Lenk Skulpturen. Bilder, Briefe, Kommentare. Konstanz: UVK, 2005.

Lenz, Christian: Hans Purrmann. „Im Kräftespiel der Farben". Gemälde – Aquarelle. Mit Beiträgen von Felix Billeter und Ralph Melcher. München: Hirmer, 2006. 303 S.

Ruppert, Harald: Ein anerkannter Philosoph der Linie. Kulturpreis 2003 für Diether F. Domes. In: Heilige Kunst 2002/2003, S. 302 – 303.

Schaden, Christoph: Claudio Hils. Industrie_Zeit_Raum. Lindenberg i. Allg.: Fink, 2005. 47 S.

Scharpf, Manfred: Phönix II Spuren. Ein Konzept der Versöhnung. Flughafen Friedrichshafen 8. 5. bis 19. 6. 2005. o.O.: o. Vlg., 2005. unpag.

Schaugg, Gerhard: Kaltenmark. Viermalfünf auf Sechsmaldrei. Arbon a. B.: Kunsthalle Prisma, 1994. 16 S.

Schlegel, Franz-Xaver / Blashofer, Anke: Christoph Dornier – Werke aus fünf Jahrzehnten. Stuttgart: Galerie Königsblau, 2005. 52 S.

Seifert, Christian Tico: Beiträge zu Leben und Werk des Lindauer Malers Jakob Ernst Thomann von Hagelstein (1588 – 1653). In: Wiss. Jahrbuch Zeppelin Museum FN 2005, S. 101 – 111.

Stark, Barbara u. a.: Eigenwillig. Künstlerinnen am Bodensee 1900 bis 1950. Konstanz: Wessenberggalerie, 2005. 120 S.

VBKW Region Bodensee-Oberschwaben [Hrsg.]: Spiel. o.O.: o.Vlg., 2006. unpag.

Voss, Susanne / Karrer, Claudia: SEh-REISE. Museumsführer rund um den See. Deutschland, Österreich, Schweiz, Liechtenstein. München u.a.: Prestel, 2005. 192 S.

Weller, Barbara u.a. [Hrsg.]: „Zwischen Laut und Licht". Dietlinde Stengelin – Vier Jahrzehnte Malerei. o.O.: o.V., 2005. 68 S.

3. Bermatingen

Grund- und Hauptschule Deggenhausertal, Immenstaad, Uhldingen-

Mühlhofen, Hauptschule u. Realschule BZ Salem: Geschichte und Geschichten unserer Heimat erzählt und bearbeitet von Schülern der Grundschule Bermatingen, Frickingen, Heiligenberg, Mimmenhausen, Neufrach; Sonderschule Salem-Stefansfeld; o.O.: o.Vlg., o.J. 160 S.

4. Deggenhausertal

Nash, Beate: „Vorarlberg in Oberschwaben?" Architekt und Zimmermeister Alexander Ilg im Gespräch (Deggenhausertal). In: Entree. Leben & Wohnen am See. 3, 2005, S. 88 – 91.

5. Eriskirch

Gemeinde Eriskirch [Hrsg.]: Jahresbericht Eriskirch 2005.

6. Frickingen

Gemeinde Frickingen [Hrsg.]: Feuerwehrhaus Frickingen. Stockach: Primo, 2005. unpag.

Gemeinde Frickingen [Hrsg.]: Jahresbericht 2005/2006.

7. Friedrichshafen

7.1 Geschichte

Binzberger, Peter: Spuren des Erinnerns. Rückblick auf ein bewegtes Leben. Sersheim: Hartmann Verlag, 2004. 255 S. (Donauschwäbische Prosa Reihe 12).

Haller, Ernst: Seewein. Die Geschichte des Weinbaus in und um Friedrichshafen. Friedrichshafen: Verlag Robert Gessler, 2005. 202 S.

Oellers, Jürgen: Tag der Befreiung. Der 29. April 1945 und seine Bedeutung für die Stadt Friedrichshafen. In: Südkurier, Überlingen vom 29. 4. 2005.

7.2 Industrie

Deutschland, Heinz: Landung und Katastrophe des Luftschiffes LZ 4 am 4. August 1908 in Stuttgart-Echterdingen im Bericht einer Augenzeugin. In: Wissenschaftliches Jahrbuch Zeppelin Museum Friedrichshafen 2005, S. 27 – 54.

EADS Deutschland GmbH [Hrsg.]: Ein Unternehmen im Wandel der Zeit. Immenstaad: Hrsg., o.J. unpag.

Gollbeck-Eckener, Inge: Hugo Eckener. Luftschiffkapitän. In: Taddey, Gerhard / Fischer, Joachim: Lebensbilder aus Bad.-Württemberg. Stuttgart 2001, Bd. 20, S. 405 – 421.

Meighörner, Wolfgang: Objekt + Emotion. Sammler und ihre Maybachs. Friedrichshafen: Zeppelin-Museum, 2005. 2005. 58 S.

Ritscher, Gudrun: Arbeiten auf einem Luftschiff. Die Besatzung der Passagierschiffe LZ 127 Graf Zeppelin und LZ 129 Hindenburg. In: Wissenschaftliches Jahrbuch Zeppelin Museum Friedrichshafen 2005, S. 79 – 99.

ZF Friedrichshafen AG – Hauptverwaltung <Friedrichshafen> [Hrsg.]: ZF-Konzern. Auf einen Blick. Friedrichshafen: Hrsg, 2004. 23 S.

ZF Friedrichshafen AG [Hrsg.]: ZF bewegt 1915 – 2005. Friedrichshafen: Hrsg., 2005. 144 S.

7.3 Gegenwart

Freundeskreis Polozk e.V. [Hrsg.]: 10 Jahre Freundeskreis Polozk e.V. Friedrichshafen. Friedrichshafen: Hrsg., 2005. 38 S.

Stadt Friedrichshafen – Amt für Umwelt und Naturschutz [Hrsg.]: Gewässerbericht 2000. Zustände, Entwicklungsziele und Maßnahmen. Friedrichshafen: Stadt Friedrichshafen,

2000. 116 S. / 1 Karte. (Schriftenreihe Umwelt der Stadt Friedrichshafen; 1).
Stadt Friedrichshafen – Amt für Umwelt und Naturschutz [Hrsg.]: Umwelt- und Nachhaltigkeitsbericht 2003. Umweltsituation und Maßnahmenbilanz 1990–2002. Friedrichshafen: Stadt Friedrichshafen, 2003. 152 S. (Schriftenreihe Umwelt der Stadt Friedrichshafen; 2).
Stadt Friedrichshafen / Umweltministerium Baden-Württemberg [Hrsg.]: 4. Internationaler Kommunaler Klimaschutzkongress. Friedrichshafen u. a.: Hrsg, 2005. 129 S.
Stadt Friedrichshafen [Hrsg.]: Friedrichshafen – Gemeinderat und Stadtverwaltung. Mering: Weka, 2005. 20 S.
VfB Friedrichshafen – Abteilung Badminton – [Hrsg.]: 50 Jahre VfB Friedrichshafen Badminton. Friedrichshafen: Hrsg., 2005. 30 S.

7.4 Bauten
Kessler, Michael: Jesus, Hilfe der Kranken. Krankenhauskapelle Friedrichshafen. In: Heilige Kunst 2002/2003, S. 263.

7.5 Kultur
Freundeskreis für Kirchenmusik in der Evangelischen Gesamtkirchengemeinde Friedrichshafen e. V.: Freundeskreis für Kirchenmusik. o.O.: o.Vlg., o.J. unpag.
Zeppelin-Museum Friedrichshafen [Hrsg.]: Wissenschaftliches Jahrbuch 2005.

7.6 Teilorte
Döhmann, Angrit [Hrsg.]: Wie es früher war. In einem Dorf in Oberschwaben 1900 – 1950. Ailinger Geschichten. Tettnang: Senn, 2004. 144 S.

9. Heiligenberg
Camphill Dorfgemeinschaft Hermannsberg [Hrsg.]: 25 Jahre 1976 – 2001. Camphill Dorfgemeinschaft Hermannsberg. Heiligenberg-Hermannsberg: Hrsg., 2001. 48 S.
Feuerwehr Heiligenberg [Hrsg.]: 125 Jahre Freiwillige Feuerwehr Heiligenberg. 30 Jahre Gesamtwehr Heiligenberg, Hattenweiler, Wintersulgen. Kreisfeuerwehrtag Bodenseekreis. Heiligenberg: Hrsg., 2005. 82 S.
Geibel, Notburg: Himmlisches Viereck. Hegau – Linzgau – Bodensee. (Betrachtungen zu Heiligenberg und Betenbrunn). Messkirch: Panorama im Gmeiner Verlag, 2005. 160 S.

10. Immenstaad
Draenert: Draenert – SALONfähig mit exklusiven Polsternmöbeln. In: Entree. Leben & Wohnen am See, 3, 2005, S. 146 – 147.

11. Kressbronn
Gemeinde Kressbronn [Hrsg.]: Kressbronner Jahrbuch 18, 2005. 96 S.
Grammel, Elisabeth: Die letzten Baracken. Die Zeit der Behelfsheime ist 60 Jahre nach Kriegsende endgültig vorbei. In: Kressbronner Jahrbuch 18, 2005, S. 25 – 26.
Jugendmusikschule Kressbronn [Hrsg.]: 50 jähriges Jubiläum der Jugendmusikschule Kressbronn. Musikerziehung für die Jugend im Herzen der Öffentlichkeit. Kressbronn: Hrsg., 2005. 17 S.
Klöckner-Marseglia, Manuela: 50 Jahre Jugendmusikschule. In: Kressbronner Jahrbuch 18, 2005, S. 58 – 59.
Musikverein Kressbronn e. V. [Hrsg.]: 1805 – 2005. 200 Jahre Musikverein

Kressbronn. Festschrift zur 200-Jahr-Feier des Musikvereins. Kressbronn: Hrsg. 2005. 76 S.

Sachs-Gleich, Petra: Die Hofanlage Milz in Kressbronn-Retterschen. In: Denkmalpflege in Baden-Württemberg 34, 2005, 2, S. 52 – 59.

Sachs-Gleich, Petra: Hofanlage Milz. Kurzbilanz eines ausgefüllten Jahres 2005. In: Kressbronner Jahrbuch 18, 2005, S. 94 – 95.

12. Langenargen

Bücherei im Münzhof [Hrsg.]: Jahresbericht 2005.

Fuchs, Andreas: Ortsgeschichtliche Fachbibliothek im Gemeindearchiv Langenargen. Bestandsübersicht. Langenargen: Bürgermeisteramt, 2005. 54 S. (Veröff. des Gemeindearchivs; 3).

Gemeinde Langenargen [Hrsg.]: Jahresbericht 2005.

13. Markdorf

Freyas, Hubert: Die Toten des 2. Mai 1945. Der 16-jährige Josef Gutemann erlebte die Geiselerschießung an der Markdorfer Kirchenmauer. In: Südkurier, Überlingen v. 2. 5. 2005.

Landratsamt Bodenseekreis – Bau- und Liegenschaftsamt [Hrsg.]: Neubau Sporthalle Bildungszentrum Markdorf. o.O.: o. Vlg., 2005, unpag.

Vorstand des Turnvereins <Markdorf> [Hrsg.]: 125 Jahre Turnverein Markdorf. Festschrift zum 125-jährigen Jubiläum Turnverein Markdorf 1880 e.V. Markdorf: Hrsg., 2005. 93 S.

14. Meckenbeuren

Friedel, Josef: Seelenbeschrieb der Pfarrei St. Johann Baptist Obereschach 1766. Eine personengeschichtliche Quelle der Pfarrei und ihrer ehemaligen Filiale Meckenbeuren. Meckenbeuren: Kulturkreis Meckenbeuren, 2005. 66 S. / unpag. (Materialien zur Ortsgeschichte Meckenbeuren; 5).

Kath. Pfarramt St. Jakobus Maior <Brochenzell> [Hrsg.]: Sankt Jakobus Brochenzell. Meckenbeuren: Hrsg., 2005. 31 S.

Sportverein Kehlen e.V. [Hrsg.]: 50 Jahre Sportverein Kehlen 1954 – 2004. Festschrift zum Jubiläum. Meckenbeuren-Kehlen: Hrsg., 2004. 100 S.

15. Meersburg

Bihrer, Andreas: Der Kaiser vor Meersburg. Politik und Handlungsspielräume des Bayern in Schwaben (1330 – 1338). In: Schriften des Vereins für Geschichte des Bodensees und seiner Umgebung 123, 2005, S. 3 – 32.

Nowak, Diethard: Die Gemarkungsgrenzsteine der Meersburger Lande. Meersburg, Daisendorf und Stetten. Meersburg: o.Vlg., 2005. 69 S. 4 Anlagen / 1 CD-ROM.

Stadt Meersburg [Hrsg.]: Jahresbericht 2005.

16. Neukirch

Gemeinde Neukirch [Hrsg.]: Jahresrückblick. Das Jahr 2005 in der Gemeinde.

Gemeinde Neukirch [Hrsg.]: Rückblende 2005: wichtigste Ereignisse.

17. Oberteuringen

Gemeinde Oberteuringen [Hrsg.]: Jahresrückblick 2005.

18. Owingen

Beck, Ernst: Spaziergang durch Billafingen. Gehen – Sehen – Erleben. Ein

Linzgaudorf stellt sich vor. Owingen/ Billafingen: Gemeinde/Ortsverwaltung, o.J. unpag.

19. Salem

Burkhard, Anton: Vom Bodensee an den Neckar. Eine Ausstellung von Bücherschätzen aus der ehemaligen Zisterzienserabtei Salem in der Universitätsbibliothek Heidelberg. In: Badische Heimat 85, 2005, 2, S. 307 – 310.

Dechow, Irmgard / Hepperle, Thomas: Von der Landwirtschaftlichen Kreiswinterschule Salem zur Fachschule für Landwirtschaft Überlingen (1919 – 1998). Überlingen: Verein landwirtschaftlicher Fachabsolventen, 2005. 129 Seiten.

Fleischer, Andrea: Zisterzienserabt und Skriptorium. Salem unter Eberhard I. von Rohrdorf (1911 – 1240). Wiesbaden: Reichert, 2004. 266 S. / 48 Tafeln. (Imagines Medii Aevi; Interdisziplinäre Beiträge zur Mittelalterforschung ; 19).

Geschichtsprojekt der Klasse 9b Schule Schloss Salem [Hrsg.]: Das Stefansfelder Dorfbuch. Die Geschichte von Salem-Stefansfeld. Stefansfeld: Hrsg, 2005. 44 S.

Gommeringer, Hugo: Salem. Bilder aus vergangener Zeit. Bd. 2. Horb a. N.: Geiger, 2005. 84 S.

20. Sipplingen

Binder, Kurt u.a.: Sipplingen. Vom Pfahlbaudorf zum Ferienort. Sipplingen: o.Vlg, 2005. 144 S.

22. Tettnang

Heidtmann, Peter: Ernte-Abend. Bäuerinnen erzählen aus ihrem Leben. Tettnang: Förderkreis Heimatkunde / Landfrauenverband, 2005. 109 S. (Heimat-Zeichen ; 6).

Kuhn, Elmar L. u.a.: Der Paulinerorden in Deutschland. Beiträge zu seiner Geschichte und Gegenwart. Tettnang: Senn, 2005. 256 S.

Musikverein Obereisenbach, Tettnang-Obereisenbach [Hrsg.]: 1906 – 2006. 100 Jahre Musikkapelle Obereisenbach. Festschrift zum Jubiläumsjahr 2006. o.O.: o.Vlg., 2006, 34 S.

Ott, Anton: Manches hat sich bestätigt, eines kam hinzu. In Wirren von Terror und Krieg (2). In: Förderkreis Heimatkunde Tettnang, Kurier 2005, 32, S. 5 – 6.

Stadt Tettnang [Hrsg.]: Jahresbericht Stadt Tettnang 2005.

Pfarrer Weber, Fässler, Zita: Christliches Brauchtum in der Pfarrei Tannau. o.O.: o.Vlg., 2005. unpag.

23. Überlingen

Allgaier, Peter: Schöne Aussichten am Weinberg. Ihren Traum vom Haus mit Seesicht erfüllte sich Familie Doderer (Überlingen). In: Entree. Leben & Wohnen am See. 3, 2006, S. 54 – 59.

Allgaier, Peter: Wächter der Moderne. Bauhaus-Stil am Wasserschlösschen (Überlingen). In: Entree. Leben & Wohnen am See. 3, 2006, S. 16 – 25.

Brunner, Michael / Harder-Merkelbach, Marion: 1100 Jahre Kunst und Architektur in Überlingen (850 – 1950). Sonderausstellung: 1100 Jahre Kunst und Architektur in Überlingen (850 – 1950). Städt. Galerie Überlingen 5. Juli – 20. November 2005. Petersberg: 2005.

Dechow, Irmgard / Hepperle, Thomas: Von der Landwirtschaftlichen Kreiswinterschule Salem zur Fachschule für Landwirtschaft Überlingen (1919 – 1998). Überlingen: Verein landwirtschaftlicher Fachabsolventen. 2005. 129 Seiten.

Dietrich, Wilhelm R.: Arzt und Apotheker im Spiegel ihrer alten Patrone Kosmas und Damian. Kultbasis, Kultweg, Kultzeichen, Kultorte in Baden-Württemberg. (Überlingen u. Nussdorf S. 136 – 139). Warthausen. 2005.

Drtil, Hans u. a.: BGT. Die Geschichte eines Hochtechnologie-Unternehmens. Überlingen: 2005.

Floetemeyer, Sylvia: Eva Beate Fuhrmann und ihre Cousine erlebten den Einmarsch der Franzosen in Überlingen hautnah mit. „Plötzlich pfiffen Kugeln über uns hinweg." In: Südkurier, Überlingen v. 30. 4. 2005.

Landratsamt Bodenseekreis – Bau- und Liegenschaftsamt [Hrsg.]: Sporthalle Berufliche Schulen Überlingen. o.O.: o.Vlg., 2005, 15 S.

Löffler, Herbert: Historische „Fischerreise" am Überlingersee. In: Plattform 11/12, 2002/2003, S. 144 – 149.

24. Uhldingen-Mühlhofen

Köninger, Joachim: Tauchsondierungen in der spätbronzezeitlichen Ufersiedlung Unteruhldingen-Stollenwiesen. In: Plattform 11/12, 2002/2003, S. 150 – 151.

Nowak, Diethard: Gebhardsweiler und der ehemalige Hof Oberriedern. Meersburg: o.Vlg, 2005. 110 S.

Schoebel, Gunter: Fünf neue Häuser im Pfahlbaumuseum.
In: Plattform 11/12, 2002 / 2003, S. 4 – 35.

Nachbemerkungen: Es kann hier nur eine Auswahl der Neuerscheinungen geboten werden. Texte dieses Jahrbuches werden in der Bibliographie nicht nochmals eigens aufgeführt. Alle hier genannten Schriften können im Kreisarchiv Bodenseekreis Friedrichshafen eingesehen werden. Autoren, Herausgeber, Gemeinden, Verlage und Leser werden um Mitteilung einschlägiger Veröffentlichungen an die Redaktion gebeten.

Elmar L. Kuhn / Ingrid Hanisch

Leben am See – Autorinnen und Autoren

Günter Ackermann
Redakteur Südkurier, Friedrichshafen

Angelika Banzhaf
Betriebswirtin VWA und freie Journalistin, Tettnang

Rainer Barth
Dipl.-Verwaltungswirt, Friedrichshafen

Ernst Beck
Ortsvorsteher a.D. von Billafingen, Owingen

Dr. med. Wilhelm Beiter
Arzt für Allgemeinmedizin, Friedrichshafen-Berg

Sabine von Bellersheim
Freie Journalistin, Wasserburg

Rotraut Binder
Lehrerin, Friedrichshafen

Jürgen Bleibler
Dipl.-Bibliothekar, Leiter der Zeppelin-Abteilung
Zeppelin Museum Friedrichshafen, Tettnang-Kau

Oswald Burger
Berufsschullehrer, Überlingen

Dorothea Cremer-Schacht
Projektgruppe Fotografie am Bodensee, Konstanz

Erika Dillmann
Freie Journalistin, Tettnang

Sebastian Dix, Katamaran-Reederei Bodensee GmbH,
Unternehmenskommunikation, Friedrichshafen

Martha Dudzinski
Schülerin Graf-Zeppelin-Gymnasium Friedrichshafen

Sarah Fesca
Lehrerin, Ortschaftsrätin in Ailingen, Friedrichshafen

Sylvia Floetemeyer
Freie Journalistin, Uhldingen-Mühlhofen

Susann Ganzert
Freie Journalistin, Immenstaad

Brigitte Geiselhart
Freie Journalistin, Friedrichshafen

Wilfried Geiselhart
Diplom-Mathematiker, Friedrichshafen

Ingrid Hanisch
Sachbearbeiterin Kreisbibliothek, Friedrichshafen

Michael Hartwig
Fachjournalist, Radolfzell

Dr. Eckhard John
Musikwissenschaftler, Freiburg

Max Kitt
Schreinermeister, Zimmermann, techn. Lehrer, Überlingen

Gerhard Kersting
Biologe, Leiter des Naturschutzzentrums Eriskirch

Martin Kohler
Zollbeamter und Photographica-Spezialist, Friedrichshafen

Andreas Köster
Sozialdezernent Bodenseekreis, Friedrichshafen

Elmar L. Kuhn
Kreisarchivar des Bodenseekreises, Überlingen

Ilse Leinweber
Bodenseekreis, Hauptamt

Walter Liehner
Stadtarchivar, Überlingen

Egon Ludwig
Vorsitzender des Filmclubs Friedrichshafen, Friedrichshafen

Thomas Marktanner †
Postbeamter i.R., Langenargen-Oberdorf

Dr. Jeannine Meighörner
Journalistin, PR-Consultant, Friedrichshafen

Hildegard Nagler
Redakteurin Schwäbische Zeitung Friedrichshafen

Sabine Ochaba
Öffentlichkeitsarbeit Zeppelin Museum, Friedrichshafen

Jürgen Oellers
Archivar, kommissar. Leiter Stadtarchiv Friedrichshafen

Dr. Bernhard Oßwald
Gymnasiallehrer, Markdorf

Wolfgang Röhm
Systemingenieur, 1. Vorsitzender und Pressewart des RRMV Solidarität Friedrichshafen

Dr. Hartmut Semmler
Wiss. Mitarbeiter im Stadtarchiv Friedrichshafen

Hermann Stahl
Dipl.-Ing. (FH), Betriebswirt (VWA),
ehrenamtl. Pressemann des Yacht-Club Langenargen

Wolfgang Stolba
Fachjournalist, Friedrichshafen

Christel Voith
Gymnasialrätin, Redakteurin Leben am See,
Friedrichshafen

Helmut Voith
Oberstudienrat, Redakteur Leben am See,
Friedrichshafen

Roland Weiss
Redakteur Schwäbische Zeitung Tettnang

Dr. Charles Weston, Stellv. Leiter Öffentlichkeit
Diehl VA Systeme, Überlingen

Bildnachweis

Amateurtanzsportclub ATC Graf Zeppelin
 Friedrichshafen: 349 (Dirk Diestel), 350 (privat),
 351 (Gerhard Knabe), 352 (privat), 355 (Erich Hauser)
Archiv der Luftschiffbau Zeppelin GmbH,
 Friedrichshafen: 107 (oben)
BA (Berufsakademie) Ravensburg: 211, 215
Banzhaf Angelika, Tettnang: 240 – 244
Barth Rainer, Friedrichshafen: 272 – 284
Beiter Dr. Wilhelm, Friedrichshafen (Privatarchiv):
 91 – 103
Bellersheim Sabine von, Wasserburg: 202, 204, 205
Binder Rotraut, Friedrichshafen: 325
Bodensee-Shantymen: 207
Bruker Manfred, Überlingen: Zeichnungen aus:
 „Der Überlinger Münster-Bau. Von der Nikolaus-
 Kapelle zur gotischen Stadt-Kirche": 125 – 127
Deutsches Volksliedarchiv Freiburg i.Br., Universität
 Freiburg: 188 (Abdruckrecht: Meisel Verlag)
Diehl VA Systeme, Überlingen (Dietmar Reimer):
 217 – 225
Fesca Sarah, Friedrichshafen: 343

Floetemeyer Sylvia, Uhldingen-Mühlhofen: 124, 129

Foto Siegfried Lauterwasser, Archiv, Überlingen: 197, 198

Gälle Karl, Tettnang: 320

Ganzert Susann, Friedrichshafen: 333, 334, 337

Geiselhart Brigitte, Friedrichshafen: 17; 296, 299 – 306

Historisches Unternehmensarchiv Dornier GmbH, Immenstaad: 107 (unten)

Hoadley Eric, „Friends of Friedrichshafen": 371 – 377

Kästle Felix, Ravensburg: 293

Katamaran-Reederei Bodensee GmbH, Friedrichshafen (Stephan Senftleben): 235 – 237

Kath. Pfarramt St. Nikolaus, Überlingen: 137, 139

Kersting Gerhard, Eriskirch: 287 – 292

Keutner Christiane, Überlingen: 178, 180

Kitt Max, Überlingen (privat): 76, 77, 90

Kohler Martin, Friedrichshafen, Privatarchiv: 58 – 73

Kram Günter, Friedrichshafen: 357 – 364

Kreisarchiv Bodenseekreis, Friedrichshafen: 21 (Aus: Landesordnung, S. 19), 23 (Aus: Adel im Wandel, S. 203), 27 (ebenda S. 214)

Kunze Gretel, Markdorf (Nachlassverwalterin R. P. Litzenburger): 167, 168, 170, 175, 176 (G. Kunze); 172 (Kunstverlag Josef Finke); 173 (Wolfgang Kreder)

Landesdenkmalamt Baden-Württemberg, Außenstelle Tübingen (Bernd Caesar): 131, 138

Landratsamt Bodenseekreis: 379, 381

Logo Owinger Kulturkreis: 142

Ludwig Egon, Friedrichshafen: 313 – 314

Marktanner Thomas †: 257 – 270

Meighörner Dr. Jeannine, Friedrichshafen: 213

Morstadt Christa, Immenstaad, privat: 321, 323

MTU Friedrichshafen GmbH, Friedrichshafen, MTU Fotostelle: 226 – 234

Mühlenweg Dr. Regina, Konstanz, privat: 165

Owinger Kulturkreis (Klaus Schielke, Owingen): 143 – 151

Privat: 298; 316, 319

Projektgruppe Fotografie am Bodensee, Cremer-Schacht, Dorothea, Konstanz: 155 – 164

Rieger Gabriele, Stockach: 201

Schriftenreihe der Propaganda-Abteilung Südost
Heft 4/ 1943. Aus: „Wir schlagen die kostbarste Brücke der Welt" – Zwei Jahre Soldatensender Belgrad (Rückseite der Broschüre): 187
Seckinger Karin, Stadt Friedrichshafen: 210
Stadtarchiv Friedrichshafen: 44 – 56
Stadtarchiv Überlingen: 132, 133, 134
VfB Friedrichshafen, Abtlg. Badminton:
345 (Sven Heise, Gengenbach); 346, 348 (Günter Kram, Friedrichshafen)
Voith Christel, Friedrichshafen: 112, 113
Voith Helmut, Friedrichshafen: 6 – 8; 105, 110; 114, 122; 152, 154; 203, 206; 245 – 250
Weber&Weiß, Confiserie, Friedrichshafen: 251 – 256
Weiss Roland, Tettnang: 317
Haus Württemberg: 10, 11, 13, 18, 19
Yacht-Club Langenargen: 365 – 368
Zeppelin Museum Friedrichshafen: 116 – 120

Sponsoren

Aich & Co. GmbH, Tettnang
EADS Deutschland GmbH, Immenstaad
Diehl BGT Defence GmbH & Co.KG, Überlingen
Fränkel AG, Friedrichshafen
Kulturstiftung der ZF AG, Friedrichshafen
LBS Landesbausparkasse Baden-Württemberg, Stuttgart und Karlsruhe
MTU Friedrichshafen GmbH
Sparkasse Bodensee, Friedrichshafen
Sparkasse Salem-Heiligenberg, Salem
Technische Werke GmbH, Friedrichshafen
Zwisler GmbH & Co. KG, Tettnang

Aufgeführt sind Sponsoren, deren Zusagen bis zum 9. August 2006 eingegangen sind.

Inhaltsverzeichnis

VORWORT DER HERAUSGEBER …… 5

GESCHICHTE UND GEGENWART

Brigitte Geiselhart …… 6
„Adel heute" – Mit Blick zurück in die Zukunft
Ein Besuch bei Herzog Friedrich und Herzogin Marie
im Schloss Friedrichshafen

Elmar L. Kuhn …… 20
Vom Fluchen, Saufen, Heiraten und Bauen
Recht und Gesetz in der Grafschaft Tettnang

Jürgen Oellers …… 34
„…mit allen Zugehörungen und Unterthanen
derselben und so fort einverleibt"
Territoriale Neugestaltung in Oberschwaben und
am Bodensee vor 200 Jahren

Hartmut Semmler …… 43
Symbol für den Wiederaufbau der Stadt
50 Jahre Rathaus Friedrichshafen

Martin Kohler …… 58
AkA – eine (fast) vergessene Kamerafabrik
1949 kam die „Apparate und Kamerabau GmbH"
nach Friedrichshafen

Max Kitt …… 76
Lehrjahre sind keine Herrenjahre
Meine Schreinerlehre in den fünfziger Jahren

Wilhelm Beiter …… 91
Vom Polizeidiener zum Narrenbüttel
Aus der Ortsgeschichte von Friedrichshafen-Berg

Jürgen Bleibler …… 105
Die „Libelle" kam zurück nach Friedrichshafen
Die Ausstellung „Zeppelins Flieger" beleuchtete die
Entwicklung des Flugzeugbaus im Zeppelin-Konzern
und seinen Nachfolgebetrieben

KULTUR

Sabine Ochaba 114
Zwischen Zeppelinen, Motoröl und Ölgemälden
Zehn Jahre Zeppelin Museum Friedrichshafen

Sylvia Floetemeyer 124
Von „Apostelwäschern" und kecken Engeln
Manfred Bruker kennt Baugeschichte und
Innenleben des Überlinger Münsters

Walter Liehner 130
Die Kriegergedächtniskapelle im
St. Nikolaus-Münster in Überlingen
Entstehungsgeschichte eines Gesamtkunstwerks

Ernst Beck 142
Wie holt man Kleinkunst aufs Land?
Der Owinger Kulturkreis

Helmut Voith 152
Leiter des Kreiskulturamtes – ein Traumberuf?
Kreisarchivar Elmar L. Kuhn wurde 2005
die Ehrendoktorwürde Dr. paed. h. c. verliehen

KUNST UND KÜNSTLER

Dorothea Cremer-Schacht 155
Auf der Suche nach Schönheit und Harmonie
Die Fotografin und Verlegerin Lotte Eckener
(1906 – 1995)

Bernhard Oßwald 167
Kunst als Dialog
Roland Peter Litzenburger (1917 – 1987)

MUSIK

Oswald Burger / Eckhard John 178
„Es geht alles vorüber..."
Der Komponist Fred Raymond in Überlingen

Erika Dillmann   197
  Der Engel auf Goldgrund feiert 2006 Jubiläum
  40 Jahre Birnauer Kantorei

Sabine von Bellersheim   202
  Ob Blech oder Holz – gespielt wird überall
  Jugendmusikschulen Kressbronn und Langenargen

Michael Hartwig   207
  Die Windjammer kommen!
  Die Bodensee-Shantymen bringen Segelromantik

INDUSTRIE UND GEWERBE

Jeannine Meighörner   210
  „Frau Inschenör ist nichts zu schwör"
  Die Berufsakademie Ravensburg und
  ihre Ingenieurs-Studentinnen in Friedrichshafen

Charles Weston   217
  Marktführende Expertise für Verteidigung,
  Luftfahrt und Innere Sicherheit
  Der Teilkonzern Diehl VA Systeme in Überlingen

Wolfgang Stolba   226
  Dieselantriebe mit Esprit
  Die MTU-Gruppe entwickelt, fertigt und plant
  Elektroniksysteme im eigenen Hause

Sebastian Dix   235
  Zusammenwachsen übers Wasser...
  Mit dem Katamaran von Friedrichshafen nach
  Konstanz und zurück

Angelika Banzhaf   240
  Die älteste Baustoffhandlung im oberschwäbischen
  Bodenseegebiet ist 100 Jahre jung
  Franz Gaissmaier GmbH &. Co. KG in Tettnang

Helmut Voith   245
  In Seppi Recks Pralinen lodert Pfeffer
  Neues aus einer Tettnanger Feinbäckerei

Christel Voith   251
    Zeppeline zum Anbeißen
    Handgeschöpfte Schokoladenspezialitäten vom
    Traditionshaus Weber&Weiß in Friedrichshafen

NATUR UND UMWELT

Thomas Marktanner   257
    Aus der wechselvollen Geschichte des Argentales
    Eine historische Wanderung von Langenargen
    bis Schloss Achberg

Rainer Barth   272
    Ein berühmtes Panorama und viel Unbekanntes
    Der Höchsten

Gerhard Kersting   287
    Von Kolkraben, Milanen und Störchen
    Die Vogelwelt einer Mülldeponie

Hildegard Nagler   293
    „Man muss den See richtig suchen…"
    Niedrigwasserstand im Winter 2005/06

SOZIALES

Brigitte Geiselhart   296
    Das Leben als unschätzbare Form des Daseins
    Dialysestation Friedrichshafen und Interessen-
    gemeinschaft der Dialysepatienten und Nieren-
    transplantierten Bodensee-Oberschwaben

Andreas Köster   309
    Bodenseekreis bekämpft Langzeitarbeitslosigkeit
    Das Kreissozialamt und Hartz IV

Egon Ludwig   312
    Vielfarbig wie der Regenbogen
    Das Vereine-Haus „Spektrum" in Friedrichshafen

Roland Weiss 316
  „Deus est caritas"
  Pater Berno Rupp aus Meckenbeuren

Rotraut Binder 321
  Der Engel von Simbabwe
  Erinnerung an Else Sterner aus Immenstaad,
  Gründerin von ai am Bodensee

FRAUEN IM BODENSEEKREIS

Rotraut Binder 325
  „Dem Tag mehr Leben geben"
  Monika Kostros, die „Seele" des
  Städtischen Friedhofs Friedrichshafen

Susann Ganzert 329
  „Der Tower hat immer Recht"
  Ria Draganow – Hobbypilotin mit Leidenschaft

Susann Ganzert 333
  Medizin oder Musik? – Musik und Medizin!
  Die Arbeitsmedizinerin Dr. Christine Kallenberg

Susann Ganzert 337
  „Was andere mit zehn Fingern können,
  kann ich auch..."
  Sabine Lorentz: Musiklehrerin, Geigerin und
  Zweiradmechaniker-Meisterin

Sarah Fesca 342
  Soldatin sein wäre gut!
  Monika Schäfer ist Stadionsprecherin beim
  VfB Friedrichshafen

SPORT

Günter Ackermann 345
  Das Stehaufmännchen
  50 Jahre Badminton-Abteilung VfB Friedrichshafen

Wilfried Geiselhart 349
   Es muss nicht immer Walzer sein
   Zwanzig Jahre Amateurtanzsportclub
   „ATC Graf Zeppelin Friedrichshafen"

Wolfgang Röhm 357
   Es ist ein wenig wie Ballett auf Rädern
   Der RRMV Solidarität e.V. Friedrichshafen

Hermann Stahl 365
   Die Weltelite des Segelsports vor der Schlosskulisse
   Zehn Jahre Match Race Germany in Langenargen

PARTNERSCHAFTEN

Martha Dudzinski 371
   Kaninchen auf Chicagos Flughafen
   Wie ich den Schüleraustausch mit Peoria erlebte

ÜBERSICHTEN

   Chronik des Bodenseekreises 379
   für das Jahr 2005
   Jahreschronik 2005 der Gemeinden 383
   des Bodenseekreises
   Veröffentlichungen über den Bodenseekreis 396

Autorenliste 405
Bildnachweis 407
Sponsoren 409
Inhaltsverzeichnis 410
Impressum 416

Impressum

Herausgeber:	Landrat Siegfried Tann, Bodenseekreis
	Oberbürgermeister Josef Büchelmeier, Stadt Friedrichshafen
	Oberbürgermeister Volkmar Weber, Stadt Überlingen
Redaktion:	Christel und Helmut Voith
Verlag:	Lorenz Senn GmbH & Co. KG, Tettnang
Layout / Druck:	Bodensee Medienzentrum GmbH & Co. KG, Tettnang
Buchbinderei:	Sigloch Buchbinderei GmbH & Co. KG, Blaufelden
ISBN-10:	3-88812-525-1
ISBN-13:	978-3-88812-525-6